変貌する雇用・就労モデルと労働法の課題

野川 忍
山川隆一
荒木尚志
渡邊絹子
[編著]

商事法務

はしがき

　本書は、その精力的な研究活動を通じて学界・実務界に大きな貢献をされてきた野川忍教授の還暦を記念し、教授を敬愛する研究者・実務家が集い、企画したものである。

　現在、労働法が直面している最も重要な課題は、雇用・就労モデルが変容し、労働者像の多様化が進行する中で、働く人々にどのように実効性のある保護と適切な利害調整メカニズムを提供するかということであろう。かつては一括して労働法の保護の対象として把握されてきた「労働者」が、その雇用形態についていえば、正規・非正規、管理職・非管理職、無期雇用・有期雇用、フルタイム・パートタイム、直接雇用・間接雇用（派遣）等と多様化し、その属性についていえば、壮年男性のみならず女性、高齢者、若年者、外国人、障害者等、多様な属性を持つ者が労働市場に参加している。こうした労働者の雇用形態や属性の多様化に応じて、規制の見直しや新たな規制の導入も進行しつつある。また、こうした労働者内部における多様化と同時に、労働者の外延、すなわち、労働者とそれ以外の就業者の境界線も明白ではなくなってきている。その結果、働く人々に対する施策を考える場合には労働法のみならず社会保障や税制等の隣接領域の施策も視野に入れて検討を行う必要が高まっている。このような現在の労働法が直面する重要課題に対して、野川教授の基本構想を踏まえて取り組んだ成果が本書である。

　本書は、まず雇用・就労モデルおよび労働者像の変化がもたらす問題の所在を包括的に検討した後（第1章）、これらの変化が法政策を考える際にどのような課題を投げかけ、また、いかなる対応を要請しているのかについて、法学、企業実務、経済学それぞれの立場から論じている（第2章）。そして、労働法学の立場から、個別的労働関係における労働者概念とその外延、そして集団的労働関係における労働者概念について、それぞれ踏み込んだ考察を加える（第3章）。さらに、正規・非正規雇用に関する実務的・理論的課題について、労使実務、経済学、そして法学の立場から検討している（第4章）。以上がい

はしがき

わば総論的考察にあたる。

　次に、各論的検討として、まず、有期労働契約を取り上げる。すなわち、2012年労働契約法改正によって導入された無期転換ルール、雇止め法理の明文化、有期労働契約を理由とする不合理な労働条件の禁止という3つの新規定について、解釈論上の問題の解明に取り組んでいる（第5章）。そして、パートタイム労働者については、パートタイム労働法の2014年改正も踏まえた最先端の検討が（第6章）、派遣労働者については、なお混沌とした状況にある派遣労働関係の法的構造の解明が（第7章）、それぞれ詳細に行われている。また、高齢者雇用については、2012年の高年齢者雇用安定法の改正を踏まえつつ、広い視野からの高齢者雇用政策の課題を論じ（第8章）、障害者雇用については、福祉的就労問題に焦点を当てて、その労働法・社会保障法上の位置づけが検討されている（第9章）。そして、最後に、労働者概念が最も議論されてきた場面でもある労災保険法上の労働者概念と特別加入制度の問題点についての考察を行う（第10章）。

　雇用モデルないし労働者概念の多様化に対しては、まさに多様なアプローチが可能であるし、その処方箋も多様でありうる。本書は、この問題に、法律学の研究者のみではなく、経済学や企業実務の知見を踏まえて検討を加えた点に特色があると思われる。このような検討は野川教授の幅広い人的交流によって可能となったものである。本書の考察が、雇用モデル・労働者像の変化に対応した新たな労働法の方向を指し示すことができていれば幸いである。

　本書の刊行については、株式会社商事法務の櫨元ちづる氏に献身的なご尽力を頂いた。記して謝意を表したい。

2015年3月

　　　　　　　　　　　　　　　　　　山川隆一・荒木尚志・渡邊絹子

凡　例

《法令名略語・条文の引用》

○条文の引用は原文どおりとしたが、原則として新字体・アラビア数字に置き換えた。
○主な法令名の略語は以下のとおりとした。

育児介護法	育児休業、介護休業等育児又は家族介護を行う労働者の福祉に関する法律
均等法	雇用の分野における男女の均等な機会及び待遇の確保等に関する法律
憲法	日本国憲法
高齢者雇用安定法	高年齢者等の雇用の安定等に関する法律
最賃法	最低賃金法
障害者雇用促進法	障害者の雇用の促進等に関する法律
障害者総合支援法	障害者の日常生活及び社会生活を総合的に支援するための法律
障害者総合支援法施行規則	障害者の日常生活及び社会生活を総合的に支援するための法律施行規則
職安法	職業安定法
精神保健福祉法	精神保健及び精神障害者福祉に関する法律
賃金支払確保法	賃金の支払の確保等に関する法律
入国管理法	出入国管理及び難民認定法
派遣法	労働者派遣事業の適正な運営の確保及び派遣労働者の保護等に関する法律
パートタイム労働法	短時間労働者の雇用管理の改善等に関する法律
労衛法	労働安全衛生法
労基法	労働基準法
労基則	労働基準法施行規則
労契法	労働契約法
労災保険法	労働者災害補償保険法
労災則	労働者災害補償保険法施行規則
労組法	労働組合法
労働契約承継法	会社分割に伴う労働契約の承継等に関する法律

《判例の引用》

○判例の引用は原文どおりとしたが、原則として新字体・アラビア数字に置き換えた。
○年月日・出典の示し方は以下のとおりとした。

凡　例

　　最三小判平成 24・2・21 民集 66 巻 3 号 955 頁
　　　＝最高裁第三小法廷平成 24 年 2 月 21 日判決最高裁判所民事判例集 66 巻 3 号 955
　　　頁
○出典は主なものを 1 つのみ示した。表示に当たっては、原則として公式判例集を優先したが、一般に目にすることが困難なものの場合には例外的に扱った。
○主な判例集の略語は以下のとおりとした。

　　民集　　　　　　大審院・最高裁判所民事判例集
　　労民集　　　　　労働関係民事裁判例集
　　判時　　　　　　判例時報
　　労判　　　　　　労働判例
　　労経速　　　　　労働経済判例速報
　　労旬　　　　　　労働法律旬報
　　中労時　　　　　中央労働時報
　　別冊中労時　　　別冊中央労働時報

《文献略語》

○主な文献略語は以下のとおりとした。
（単行本）
　　荒木　　　　　荒木尚志『労働法〔第 2 版〕』（有斐閣、2013）
　　菅野　　　　　菅野和夫『労働法〔第 10 版〕』（弘文堂、2012）
　　土田　　　　　土田道夫『労働契約法』（有斐閣、2008）
　　西谷　　　　　西谷敏『労働法〔第 2 版〕』（日本評論社、2013）
　　野川　　　　　野川忍『新訂労働法』（商事法務、2010）
　　水町　　　　　水町勇一郎『労働法〔第 5 版〕』（有斐閣、2014）
　　講座○巻　　　日本労働法学会編『講座 21 世紀の労働法 1〜8』（有斐閣、2000）
　　争点　　　　　土田道夫＝山川隆一編『労働法の争点』（有斐閣、2014）
　　百選　　　　　村中孝史＝荒木尚志編『労働判例百選〔第 8 版〕』（有斐閣、2009）
（雑誌等）
　　季労　　　　　季刊労働法
　　ジュリ　　　　ジュリスト
　　判タ　　　　　判例タイムズ
　　法協　　　　　法学協会雑誌
　　法教　　　　　法学教室
　　法時　　　　　法律時報
　　法セ　　　　　法学セミナー
　　民商　　　　　民商法雑誌
　　労協　　　　　日本労働協会雑誌

凡　例

労研　　　日本労働研究雑誌
労働　　　日本労働法学会誌
論究ジュリ　論究ジュリスト

編著者・執筆者紹介

■編著者■

野川　忍（のがわ　しのぶ）　　　　[1−1担当]
　明治大学法科大学院法務研究科教授

山川　隆一（やまかわ　りゅういち）　[7−1担当]
　東京大学大学院法学政治学研究科教授

荒木　尚志（あらき　たかし）　　　　[2−1担当]
　東京大学大学院法学政治学研究科教授

渡邊　絹子（わたなべ　きぬこ）　　　[10−1担当]
　筑波大学ビジネスサイエンス系准教授

■執筆者（執筆順）■

荻野　勝彦（おぎの　かつひこ）　　　[2−2担当]
　トヨタ自動車株式会社

鶴　光太郎（つる　こうたろう）　　　[2−3担当]
　慶應義塾大学大学院商学研究科教授

橋本　陽子（はしもと　ようこ）　　　[3−1担当]
　学習院大学法学部教授

竹内（奥野）寿（たけうち（おくの）ひさし）[3−2担当]
　早稲田大学法学学術院教授

熊谷　謙一（くまがい　けんいち）　　[4−1担当]
　国際労働財団アドバイザー

編著者・執筆者紹介

三宅　龍哉（みやけ　たつや）　　　　　［4−2担当］
　　富士通株式会社

安藤　至大（あんどう　むねとも）　　　［4−3担当］
　　日本大学総合科学研究所准教授

成田　史子（なりた　ふみこ）　　　　　［4−4担当］
　　弘前大学人文学部専任講師

川田　知子（かわだ　ともこ）　　　　　［5−1担当］
　　中央大学法学部准教授

小畑　史子（おばた　ふみこ）　　　　　［5−2担当］
　　京都大学大学院人間・環境学研究科教授

水町　勇一郎（みずまち　ゆういちろう）　［5−3担当］
　　東京大学社会科学研究所教授

両角　道代（もろずみ　みちよ）　　　　［6−1担当］
　　慶應義塾大学法科大学院教授

小西　康之（こにし　やすゆき）　　　　［8−1担当］
　　明治大学法学部教授

永野　仁美（ながの　ひとみ）　　　　　［9−1担当］
　　上智大学法学部准教授

vii

目　次

はしがき　　　　　　(i)
凡　例　　　　　　　(iii)
編著者・執筆者紹介　(vi)

第1章　序論——問題の所在　　　　　　　　　　　　　　　　1

1-1　雇用・就労モデルの変化と労働者像の多様化をめぐる労働法の課題
　………………………………………………（野川　忍）………3
　序　本稿の課題 …………………………………………………………3
　I　「労働者」をめぐる議論の現状 ……………………………………6
　　1　議論の整理 …………………………………………………………6
　　2　労働者の中の多様性 ………………………………………………7
　　　(1)　雇用社会における立体的構造 …………………………………7
　　　(2)　正規労働者と非正規労働者との関係 …………………………8
　　　(3)　正規労働者と非正規労働者——それぞれの課題 ……………9
　　　　(a)　正規労働者をめぐる政策課題 ………………………………9
　　　　(b)　非正規労働者への対応 ………………………………………10
　　　　(c)　正規＝非正規区分の将来 ……………………………………14
　　　(4)　労働者の人的属性と法の対応——高齢者、女性、障碍者 …15
　II　労働者性と労働契約をめぐる課題 ………………………………17
　　1　問題の土台 …………………………………………………………17
　　2　労働契約の画定 ……………………………………………………22
　　3　労働契約の意義 ……………………………………………………23
　　4　労働契約の意義と労働者性問題との錯綜 ………………………25
　III　労働者類似の就労者への法的対応 ………………………………26
　　1　自営業者と労働者 …………………………………………………26

	2	ボランティア等 …………………………………………………28
Ⅳ		労働者のエンタイトルメント——参加と保護によるサポート …………29
Ⅴ		結語——政策と解釈論の有機的連携へ ………………………………30

第2章　労働者像の変化と法政策のあり方　　31

2-1　労働者像の変化と法政策のあり方——法学の立場から
　　　　　………………………………………（荒木　尚志）………33
Ⅰ　はじめに …………………………………………………………………33
Ⅱ　労働者の多様化についての社会認識と法的把握の齟齬 ………………35
　1　呼称による非正規把握と法的把握 ……………………………………35
　2　非正規雇用実務と法的規制の齟齬 ……………………………………37
　　(1)　非正規雇用と有期・無期契約 ………………………………………37
　　(2)　非正規雇用と労働条件規制 …………………………………………39
Ⅲ　正規・非正規の二分把握と法政策 ………………………………………41
　1　「正社員」(正規雇用)の概念 …………………………………………42
　2　正規雇用の概念整理と非正規雇用に対する法政策 …………………44
　3　正規・非正規の処遇格差問題 …………………………………………46
Ⅳ　多様化する労働者に対する法規制と集団的労使関係システム ………50
　1　労働者・就業形態の多様化と法規制の対応 …………………………50
　2　日本におけるデロゲーションの課題 …………………………………51
Ⅴ　結　　語 …………………………………………………………………54

2-2　現場の実情を踏まえた法政策の検討——企業実務の立場から
　　　　　………………………………………（荻野　勝彦）………57
Ⅰ　はじめに——労働者像の変化 …………………………………………57
　1　かつての労働者像 ………………………………………………………57
　2　多様化する労働者像 ……………………………………………………58
Ⅱ　基本的な考え方 …………………………………………………………60

ix

目　次

　　1　現実的・漸進的な取組み ………………………………………60
　　　(1)　構造要因と循環要因 …………………………………………61
　　　(2)　移行コスト ……………………………………………………63
　　2　多様性の尊重 ……………………………………………………64
　　3　集団的労使関係の重視 …………………………………………65
　　4　予見可能性の向上 ………………………………………………66
　Ⅲ　求められる法政策 …………………………………………………67
　　1　多様な正社員／限定正社員 ……………………………………67
　　2　新しい労働時間制度 ……………………………………………72

2-3　労働法政策の検討——経済学の立場から ……（鶴　光太郎）………81
　Ⅰ　イントロダクション ………………………………………………81
　Ⅱ　経済学者の視点、労働法学者の視点 ……………………………82
　　1　実り多いコラボレーションに必要な視点とは：比較制度分析のアプローチ
　　　 …………………………………………………………………………83
　　2　エビデンスに基づいた現実的な制度改革に向けて …………84
　Ⅲ　規制改革会議の取り組み（その1）：限定正社員の雇用ルールの整備 ………85
　　1　解雇規制緩和論への疑問 ………………………………………86
　　2　働き方の様々な問題と結びつく正社員の無限定性 …………88
　　3　限定正社員の雇用終了ルールはどうなるのか ………………89
　　4　無限定正社員システムという「岩盤」 ………………………90
　Ⅳ　規制改革会議の取り組み（その2）：労働時間規制の見直し …………91
　　1　なぜ労働時間改革が必要なのか ………………………………91
　　2　日本の労働時間規制の評価と問題点 …………………………92
　　3　規制改革会議が提言した三位一体の労働時間規制改革 ……93
　　4　労働時間の新たな適用除外制度の概要 ………………………94
　　5　「エビデンスに基づいた政策」の具体例としての労働時間改革 …………95
　Ⅴ　終わりに ……………………………………………………………97

第 3 章　労働者概念をめぐる法的課題　　99

3-1　「労働者」と「準労働者」——労働者概念の総論として
　　　　　　　　　　　　　　　　　　　　　　　（橋本　陽子）……101
はじめに——「労働者」概念の重要性 ……………………………………101
Ⅰ　「労働者」の判断基準 …………………………………………………102
　1　労働基準法上の「労働者」 …………………………………………102
　　(1)　個別的労働法における「労働者」 ………………………………102
　　(2)　労基法上の「労働者」の判断基準 ………………………………103
　　(3)　裁判例の傾向 ………………………………………………………103
　2　労働契約法上の「労働者」 …………………………………………105
　3　労働組合法上の「労働者」の判断基準 ……………………………105
　　(1)　労基法上の「労働者」との異同 …………………………………105
　　(2)　労組法上の労働契約概念？ ………………………………………109
　4　民法の「雇用」との関係 ……………………………………………111
　5　取締役の労働者性・従業員性 ………………………………………111
Ⅱ　家内労働者の保護 ………………………………………………………112
　1　家内労働の定義 ………………………………………………………112
　2　家内労働法の制定 ……………………………………………………113
　　(1)　戦前の状況 …………………………………………………………113
　　(2)　家内労働法の制定に至る経緯 ……………………………………114
　　　(a)　最低賃金法における最低工賃の決定 …………………………114
　　　(b)　臨時家内労働調査会の設置 ……………………………………116
　　　(c)　家内労働審議会の答申 …………………………………………117
　　(3)　家内労働法の内容 …………………………………………………117
　　(4)　家内労働者は「労働者」か「自営業者」か ……………………117
　3　在宅ワーク ……………………………………………………………119
　　(1)　情報技術の進展による新たな在宅就業の進展 …………………119
　　(2)　在宅就労問題研究会の設置 ………………………………………120

目　次

　Ⅲ　「準労働者」の概念の可能性 …………………………………………121
　　1　「準労働者」とは何か …………………………………………………121
　　　(1)　ILO の「契約労働（contract labor）」……………………………122
　　　(2)　ドイツにおける「労働者類似の者」……………………………123
　　2　「準労働者」概念の可能性 ……………………………………………126
　　　(1)　「準労働者」概念のメリット ……………………………………126
　　　(2)　「準労働者」概念のデメリット …………………………………127
　　　(3)　私　　見 ……………………………………………………………128
　むすび ………………………………………………………………………130

3-2　集団的労働関係における労働者概念 …（竹内（奥野）　寿）………131
　Ⅰ　はじめに …………………………………………………………………131
　Ⅱ　労組法 3 条の労働者性の判断 …………………………………………133
　　1　最高裁判決の到達点 …………………………………………………133
　　　(1)　労働者性の判断基準及び判断要素 ………………………………133
　　　(2)　判断要素を評価する視角 …………………………………………136
　　　(3)　相手方との「関係において」の労働者性、労組法 7 条 2 号の「雇用する労働者」との関係 ……………………………………138
　　2　労使関係法研究会報告書 ……………………………………………139
　　3　小　　括 ………………………………………………………………141
　　4　考　　察 ………………………………………………………………142
　　　(1)　労組法上の労働者性についての基本的な考え方 ………………142
　　　(2)　労組法上の労働者性の判断基準 …………………………………146
　　　(3)　相手方との関係に照らした判断要素の検討・「関係において」の労働者性判断 ……………………………………………………148
　Ⅲ　労組法 7 条 2 号の「雇用する労働者」との関係 ……………………150
　Ⅳ　労基法、労契法上の労働者概念との関係 ……………………………151
　Ⅴ　独禁法との関係 …………………………………………………………153
　Ⅵ　むすび ……………………………………………………………………156

第4章　正規・非正規の区別と実務的・理論的課題　　157

4-1　正規・非正規の区別と労働問題——労働組合の立場から
　……………………………………（熊谷　謙一）……159
はじめに …………………………………………………………………159
Ⅰ　非正規労働と労使関係 ……………………………………………160
　1　臨時工問題と職場の対応 ………………………………………160
　2　パートタイム労働者問題の展開 ………………………………163
　　(1)　パートタイム労働者の登場 ………………………………163
　　(2)　パートタイム労働者の増加 ………………………………164
　3　「契約社員」の活用と疎外 ……………………………………166
　4　派遣と請負による間接雇用化 …………………………………168
　　(1)　派遣労働の登場と変質 ……………………………………168
　　(2)　労働者派遣制度と職場 ……………………………………169
　　(3)　請負労働と偽装請負 ………………………………………170
Ⅱ　労働協約と労使協定 ………………………………………………172
　1　行政の調査から …………………………………………………172
　2　労使協定と労働協約の状況 ……………………………………174
Ⅲ　労働法制と職場 ……………………………………………………175
　1　労使関係法制 ……………………………………………………176
　　(1)　労働組合法制 ………………………………………………176
　　(2)　労働者代表法制 ……………………………………………177
　2　労働者保護関係法制 ……………………………………………178
　　(1)　立法政策の一貫性 …………………………………………179
　　(2)　「均等待遇」の原則 ………………………………………180
　　(3)　正規労働者への転換 ………………………………………181
　　(4)　有期雇用契約の規制 ………………………………………181
　　(5)　間接雇用化への対応 ………………………………………182
むすびに～今後に向けて ………………………………………………183

目　　次

　　1　集団的労使関係の再構築 ……………………………………………183
　　2　国際的な連携の推進 ……………………………………………………185

| 4-2 | 正規労働者に対する人事管理の構造と課題——経営側の立場から
……………………………………………（三宅　龍哉）………189

はじめに …………………………………………………………………………………189
Ⅰ　日本企業の競争環境 ……………………………………………………………190
　1　経済成長の時代 ……………………………………………………………191
　2　デジタル化の進展 …………………………………………………………191
　3　バブルの崩壊 ………………………………………………………………192
　4　グローバル化 ………………………………………………………………192
　5　ビジネスモデルの変革へ …………………………………………………193
Ⅱ　企業の内部環境の変化 …………………………………………………………194
　1　組織の"成熟化" ……………………………………………………………194
　2　グローバル化の進展 ………………………………………………………194
　3　ICTの進展とワークスタイルの変化 ……………………………………195
　　⑴　ホワイトカラーの仕事の変質 …………………………………………196
　　⑵　労働時間による管理の限界 ……………………………………………196
　　⑶　「部下が何をしているかがわからない」 ………………………………197
Ⅲ　人材マネジメントの潮流 ………………………………………………………197
　1　成果主義 ……………………………………………………………………197
　　⑴　背景1——年功的処遇の限界 ……………………………………………198
　　⑵　背景2——労働時間から成果へ …………………………………………199
　　⑶　成果主義の人事制度 ……………………………………………………200
　　⑷　富士通の成果主義人事制度 ……………………………………………201
　2　裁量労働制 …………………………………………………………………203
　3　グローバル化 ………………………………………………………………205
　4　評価制度 ……………………………………………………………………208
　　⑴　コンピテンシー評価 ……………………………………………………209

(2) パフォーマンス評価 …………………………………………………209
　　5　ダイバーシティ ………………………………………………………211
　むすび …………………………………………………………………………212

4-3　正規雇用労働者の労働条件——経済学の視点から
　　　　　　　　　　　　　　　　　　……………（安藤　至大）………215
　Ⅰ　はじめに ……………………………………………………………………215
　Ⅱ　経済学の視点 ………………………………………………………………216
　　1　個人の選択と交換の利益を考える …………………………………216
　　　(1) 個人の選択 …………………………………………………………216
　　　(2) 分業と交換 …………………………………………………………217
　　2　市場における自発的な取引と政府による介入 ……………………217
　　　(1) 個別取引への政府介入 ……………………………………………217
　　　(2) 雇用に関する規制 …………………………………………………219
　　3　経済学の発展と雇用関係の分析 ……………………………………221
　　　(1) ゲーム理論と契約理論 ……………………………………………221
　　　(2) サーチ理論 …………………………………………………………222
　Ⅲ　正規雇用が選ばれる理由 …………………………………………………223
　　1　使用者が労働者を無期雇用で雇う2つの理由 ……………………223
　　　(1) 安定した雇用を望む労働者から対価を得られるから …………224
　　　(2) 企業特殊的な技能形成を労働者に行わせるため ………………226
　　2　使用者が労働者を直接雇用で雇う理由 ……………………………227
　　3　使用者が労働者をフルタイムで雇用する理由 ……………………228
　　4　正規雇用が減少する理由 ……………………………………………228
　　5　労働者はなぜ正規雇用を求めるのか ………………………………229
　Ⅳ　多様な正社員 ………………………………………………………………230
　　1　無限定正社員と限定正社員 …………………………………………230
　　2　大企業の正社員と中小企業の正社員 ………………………………231
　Ⅴ　異なる雇用形態の間にある一長一短の関係 ……………………………232

目　　次
　　1　労働条件はどのように決まるのか ……………………………………232
　　2　参加条件と誘因条件を満たす契約設計 ………………………………232
　　3　異なる雇用形態の間にある一長一短の関係 …………………………233
Ⅵ　これからの「正規」雇用とは ……………………………………………234
　　1　一企業内での安定は難しい時代に ……………………………………234
　　　(1)　高度経済成長期の結果としての長期雇用 ………………………234
　　　(2)　大企業型の正規雇用は人事部を通じた間接雇用の側面がある …………235
　　2　人々が求める雇用の安定と社会的な適材適所の実現を両立させるために
　　　　………………………………………………………………………………236
　　　(1)　外部労働市場を通じた途切れない雇用の実現 …………………237
　　　(2)　産業別労働組合取組みや派遣会社の活用による安定の実現 …………237
Ⅶ　おわりに ……………………………………………………………………238

4-4　労働者の多様化と従業員代表制のあり方――国際比較も含めて
　　　………………………………………（成田　史子）………241
Ⅰ　はじめに ……………………………………………………………………241
Ⅱ　現行の集団的労使関係の問題点――過半数代表制および労使委員会制度
　　………………………………………………………………………………243
　　1　過半数代表 ………………………………………………………………244
　　2　労使委員会 ………………………………………………………………245
Ⅲ　従業員代表制度に関するこれまでの学説 ………………………………246
　　1　1987年前後の議論 ………………………………………………………246
　　　(1)　1987年以前 …………………………………………………………246
　　　(2)　1987年労基法改正とそれに対する議論 …………………………247
　　2　1990年代後半以降の議論 ………………………………………………251
　　　(1)　法改正・立法の動き ………………………………………………251
　　　(2)　学説上の議論 ………………………………………………………252
　　　　(a)　1998年労使委員会の設置 ………………………………………252
　　　　(b)　労働契約法立法過程およびそれ以降 …………………………252

|　　3　小　　括 …………………………………………………………256
|Ⅳ　考　　察 ……………………………………………………………257
|　　1　現行制度の問題点 …………………………………………………257
|　　2　新たな集団的労使関係制度の構築方法の検討 …………………258

第5章　有期労働契約と新たな法規制　　　　　　　　　　　263

5-1　無期転換ルールの解釈上の課題（労契法18条）
　　　　　　　　　……………………………………（川田　知子）………265
Ⅰ　はじめに ………………………………………………………………265
Ⅱ　無期転換ルール ………………………………………………………266
　　1　概　　要 …………………………………………………………266
　　2　「同一の使用者」について …………………………………………267
　　3　無期転換の申込みと承諾 …………………………………………268
　　4　無期転換申込権の放棄 ……………………………………………269
　　5　クーリング期間 ……………………………………………………270
　　6　無期転換後の労働条件 ……………………………………………271
Ⅲ　無期転換ルールの意義・問題点と解釈上の課題 ……………………272
　　1　無期転換ルールの意義と問題点 …………………………………272
　　2　無期転換制度は法律による労働契約の締結強制か？ ……………273
　　3　無期転換ルールの濫用 ……………………………………………275
　　4　無期転換後の労働条件 ……………………………………………277
　　5　無期転換後の雇用保障について …………………………………280
　　6　無期転換労働者の人事労務管理上の課題 ………………………282
Ⅳ　おわりに ………………………………………………………………284

5-2　雇止めの法規制をめぐる課題（労契法19条）
　　　　　　　　　……………………………………（小畑　史子）………287
Ⅰ　はじめに ………………………………………………………………287

目　次

Ⅱ　雇止め法理と労契法19条 …………………………………………288
　1　雇止め法理 …………………………………………………………288
　2　労契法19条 …………………………………………………………290
Ⅲ　労契法18条と同法19条 ……………………………………………291
Ⅳ　雇止め法理と労契法19条の影響 …………………………………292
　1　雇止め法理の影響 …………………………………………………292
　2　労契法19条の影響 …………………………………………………293
　　(1)　労契法17条2項との関係 ……………………………………293
　　(2)　使用者・企業の対応 …………………………………………294
　　(3)　増加が懸念される紛争 ………………………………………295
Ⅴ　労契法19条をめぐる課題と契約の両当事者の行動 ……………295
　1　合理的期待をめぐる課題 …………………………………………295
　2　使用者による有期労働契約の活用 ………………………………297
　　(1)　使用者の対応 …………………………………………………297
　　(2)　適性判断と有期労働契約 ……………………………………298
　　(3)　ジャストインタイムシステムと有期労働契約 ……………300
　3　労働者による有期労働契約の活用 ………………………………306
　4　小　括 ………………………………………………………………308
Ⅵ　おわりに ……………………………………………………………308

5-3　不合理な労働条件の禁止と均等・均衡処遇（労契法20条）
　　………………………………………………（水町　勇一郎）………311
Ⅰ　労契法20条と立法経緯 ……………………………………………311
　1　労契法20条の規定 …………………………………………………311
　2　立法に至る経緯 ……………………………………………………312
　　(1)　民主党マニフェスト（2009年）と有期労働契約研究会報告書（2010年）
　　　…………………………………………………………………………312
　　(2)　雇用形態による均等処遇についての研究会報告書（2011年）…………313
　　(3)　労働政策審議会の建議（2011年12月）と改正労契法の成立（2012年

　　　　8月）……………………………………………………………315
　Ⅱ　労契法20条の趣旨・性質──「差別禁止」か「不利益取扱い禁止」か？
　　　………………………………………………………………………317
　　1　趣　　旨 …………………………………………………………317
　　2　性　　質 …………………………………………………………317
　　　(1)　労契法20条の規定と学説 …………………………………317
　　　(2)　EUにおける法規制のあり方 ………………………………318
　　　　(a)　EU指令 …………………………………………………318
　　　　(b)　フランス …………………………………………………319
　　　　(c)　ドイツ ……………………………………………………321
　　　(3)　考　　察 ……………………………………………………323
　　　　(a)　EUの法規制との異同と考察の視点 ……………………323
　　　　(b)　有利な取扱いまで禁止しているか ………………………324
　　　　(c)　「差別禁止」と峻別すべきか ……………………………325
　Ⅲ　労契法20条の内容と判断枠組み──「均衡」か「均等」か？　判断のあり
　　　方は？……………………………………………………………………328
　　1　「不合理な労働条件の相違の禁止」の意味・内容 ………………328
　　2　合理性（不合理性）の判断基準・枠組み ………………………331
　　　(1)　施行通達と学説 ……………………………………………331
　　　(2)　合理性（不合理性）判断の類型と例 ……………………332
　　　(3)　合理性（不合理性）判断の方法──労使交渉のプロセスをどう考慮す
　　　　る か？……………………………………………………………336
　Ⅳ　課題──他の法理・条文との関係等 ……………………………338

第6章　パートタイム労働者　　　　　　　　　　　　341

6-1　パート処遇格差の法規制をめぐる一考察──「潜在能力アプローチ」
　　　を参考に……………………………………（両角　道代）………343
　はじめに ………………………………………………………………343

目　　次
Ⅰ　問題点の整理 …………………………………………………………344
　1　学説・判例・立法政策の発展 ……………………………………344
　　(1)　公序等に基づく格差規制 ……………………………………344
　　(2)　立法による格差規制 …………………………………………346
　2　問題の所在 …………………………………………………………348
　　(1)　格差規制の是非をめぐる議論の意義 ………………………348
　　(2)　新8条の意義と解釈上の問題 ………………………………348
　　(3)　パート格差規制の理論的根拠 ………………………………350
　　(4)　考　察 …………………………………………………………352
Ⅱ　潜在能力アプローチ …………………………………………………354
　1　センの潜在能力アプローチ ………………………………………354
　2　労働法理論としての「潜在能力アプローチ」 …………………357
Ⅲ　パート格差規制の根拠と「不合理な差異の禁止」 ………………359
　1　「潜在能力アプローチ」からの示唆 ……………………………359
　2　新8条の解説について ……………………………………………362
　　(1)　新8条と均等・均衡待遇 ……………………………………362
　　(2)　不合理性の意味 ………………………………………………363
　　(3)　不合理性の判断と「その他の事情」 ………………………365
　　　(a)　基本的な考え方 ……………………………………………365
　　　(b)　「その他の事情」 …………………………………………367
むすびに ……………………………………………………………………368

第7章　派遣労働者　　　　　　　　　　　　　　　　　　　371

[7-1]　労働者派遣関係の法的構造――私法上の権利義務の観点から
　　　　……………………………………（山川　隆一）………373
はじめに ……………………………………………………………………373
Ⅰ　派遣元・派遣先の関係 ………………………………………………375
　1　派遣元と派遣先の契約関係 ………………………………………375

		2	労働者派遣契約の性質・内容 ……………………………………376
		3	派遣先の指揮命令と労働者派遣契約 ……………………………379
			(1) 派遣先の指揮命令の法的性格 ………………………………379
			(2) 派遣先の指揮命令権の取得根拠 ……………………………382
	Ⅱ	派遣先と派遣労働者の関係 …………………………………………384
		1	指揮命令関係 ………………………………………………………384
		2	指揮命令以外の関係 ………………………………………………386
		3	黙示の労働契約の成否──派遣先の指揮命令の位置づけとの関連 ……389
	Ⅲ	派遣元と派遣労働者の関係 …………………………………………393
		1	問題の所在 …………………………………………………………393
		2	派遣労働者の労働義務 ……………………………………………394
		3	その他の義務 ………………………………………………………396
おわりに ………………………………………………………………………399

第8章　高齢者雇用　　401

8-1　中高年齢層における就労・生活と法政策　…（小西　康之）………403

Ⅰ　はじめに ………………………………………………………………403
Ⅱ　中高年齢者雇用対策の歴史的展開 …………………………………405
　1　失業対策事業への失業者の生活の「依存」 ………………………405
　2　労働市場における高齢者の適正配置 ………………………………407
　　(1)　雇用対策法の制定 …………………………………………………407
　　　(a)　適職の選定等 …………………………………………………407
　　　(b)　中高年齢者の雇用率 …………………………………………408
　　(2)　中高年法の制定 ……………………………………………………409
　　　(a)　適職の開発 ……………………………………………………410
　　　(b)　中高年雇用率制度 ……………………………………………410
　　　(c)　中高年齢者の雇用奨励措置 …………………………………411
　　(3)　小　括 ………………………………………………………………412

目　次

　　3　企業の雇用維持による高年齢者の生活の安定 …………………412
　　　(1)　中高年法の改正 …………………………………………412
　　　　(a)　高年齢者雇用率制度 …………………………………413
　　　　(b)　選定職種への雇入れの推進 …………………………414
　　　(2)　雇用維持政策の進展 ……………………………………415
　　　(3)　定年制を基礎とした雇用維持政策 ……………………416
　　　　(a)　60歳定年制に向けての端緒 …………………………416
　　　　(b)　高年法による60歳定年制の制度化 …………………416
　　　　(c)　65歳までの雇用延長の動きと差別禁止規制の登場 …418
　　　(4)　小　括 ……………………………………………………418
　Ⅲ　中高年層の就労・生活に関しての法政策のアプローチ ………419
　Ⅳ　検討課題──就労を基礎とした生活の発展にむけての対策 …422
　　1　高年齢雇用継続給付制度の見直し ………………………………422
　　2　失業給付制度と公的老齢年金制度の将来 ………………………423
　　3　「年齢」の意義と年齢差別禁止法制導入の可能性 ……………424
　　4　中高年齢層に着目した労働市場の整備 …………………………426
　Ⅴ　おわりに …………………………………………………………426

第9章　障害者雇用　　　　　　　　　　　　　　　　　　　429

9-1　働く障害者の「労働者性」の検討 …………（永野　仁美）………431
　Ⅰ　はじめに …………………………………………………………431
　Ⅱ　障害者の就労の状況 ……………………………………………433
　　1　障害者の就労の場 …………………………………………………433
　　2　障害者の就労の実態 ………………………………………………435
　Ⅲ　「働く障害者」の労働者性と労働法の適用の有無 ……………436
　　1　労働市場で雇用されて働く障害者 ………………………………437
　　　(1)　労基法上の労働者の判断基準 …………………………437
　　　(2)　雇用されて働く障害者の労働者性 ……………………438

　　　　　　　　　　　　　　　　　　　　　　　　目　次

　　2　福祉的就労の場で働く障害者 …………………………………438
　　　(1)　2007年通知の内容…………………………………………438
　　　(2)　就労継続支援A型・B型で働く障害者の労働者性………440
　Ⅳ　「働く障害者」の賃金・工賃 ………………………………………442
　　1　労働市場で雇用されて働く障害者 ……………………………443
　　　(1)　最低賃金の減額特例 ……………………………………443
　　　(2)　賃金水準 ………………………………………………444
　　2　福祉的就労の場で働く障害者 …………………………………445
　　　(1)　減額特例・工賃の支払い ………………………………445
　　　(2)　賃金・工賃水準 …………………………………………445
　　　(3)　利用料の支払い ……………………………………………447
　Ⅴ　福祉的就労で働く障害者への労働法の適用可能性 ……………448
　　1　2007年通知の問題点 ……………………………………………449
　　2　B型利用者の就労の実態と課題 ………………………………451
　　3　福祉的就労における就労条件の保障 …………………………452
　Ⅵ　終わりに …………………………………………………………454

第10章　労災補償と労働者　　　　　　　　　　　　455

10-1　労災保険法上の「労働者」概念をめぐって
　　　　　　　　……………………………………（渡邊　絹子）………457
　Ⅰ　はじめに ……………………………………………………………457
　Ⅱ　労災保険の適用範囲 ………………………………………………459
　　1　適用事業 …………………………………………………………459
　　2　労基法上の「労働者」概念 ……………………………………460
　Ⅲ　労災保険法の適用範囲に関する議論状況 ………………………463
　　1　働き方の多様化と労災保険の適用問題 ………………………464
　　2　労災保険法上の「労働者」をめぐる議論 ……………………465
　Ⅳ　特別加入制度の概要とその問題点 ………………………………470

目　次

　　　1　加入対象者 …………………………………………………………471
　　　　⑴　中小事業主等 …………………………………………………471
　　　　⑵　一人親方等 ……………………………………………………471
　　　　⑶　特定作業従事者 ………………………………………………472
　　　　⑷　海外派遣者 ……………………………………………………472
　　　2　保険給付等 ………………………………………………………473
　　　3　特別加入制度の問題点 …………………………………………473
　　Ⅴ　むすびにかえて ……………………………………………………476

事項索引 ……………………………………………………………………479
判例索引 ……………………………………………………………………481

第 1 章　序論——問題の所在

1-1　雇用・就労モデルの変化と労働者像の多様化をめぐる労働法の課題

1-1　雇用・就労モデルの変化と労働者像の多様化をめぐる労働法の課題

野川　忍

序　本稿の課題

　労働法は、その定義のいかんにかかわらず、「労働者」を主要な対象としてきた。労働法が法体系として、また学問上の領域として確立していなかった時代から、日本の民法典は典型契約の一つとして「雇傭」を明記しており、そこでは「労務ニ服スル」義務を負う側の契約当事者を「労務者」と呼んでいたが、契約の規律内容としては特に「労務者」を特別な存在として法的対応を行うという姿勢はなかった。しかし、工場法の制定に始まる労働法制の展開や学説の進展により、特別な包括的対応を法の世界で行うべき対象として「労働者」という概念が確立されるようになった[1]。労働者を対象とする以上、「労働者」の具体的な定義・範囲・法的意義等が問われてしかるべきであるが、労働法が法制度や法学の一領域として確立しつつあった過程においては、「労働者」の典型である「過酷な労働に従事する被用者」の救済や生活の改善が喫緊の課題であったことなどから、労働法の課題はむしろそれら被用者を保護し、

---

1) 日本の実定法において初めて「労働者」という名称を用いたのは昭和20年制定の（旧）労働組合法であるが、戦前においても、制定には至らなかったものの、労働組合法案においてすでに明確に「労働者」という名称を用いていた（昭和6年議会提出法案）。

第1章　序論──問題の所在

あるいは支援するための法理や法政策の構築が中心となり、労働者という対象についての検討・議論が活発に展開されるという状況にはなかった[2]。

しかし、少なくとも先進資本主義国のほぼすべてにおいて、雇われて労働に従事する人々に対する最低労働条件の法定、社会保険や社会保障のさまざまな手法によるサポートシステムの構築、団結権を保障して労働組合の結成と活動を認容ないし助成する周到な仕組み、さらには失業の防止や救済を基軸とする労働市場政策の展開も共通にみられるようになり、あらためてそれらの法政策の対象である労働者とは誰なのかという問いがクローズアップされるようになった。その背景は複合的である。

まず、「雇われて働く人々」の内実が多様化を強め、「労働者」であることに異論がなくても、正規労働者－非正規労働者、管理職労働者－非管理職労働者、無期雇用労働者－有期雇用労働者、フルタイム労働者－パートタイム労働者、直接雇用労働者－派遣労働者といった雇用形態ごとの相違がもたらす課題が増大し、他方では女性、高齢者、若者、外国人、障碍者など人的属性の相違から生じる問題もクローズアップされるようになった。要するに、労働基準法や労働組合などが適用対象としてきた労働者のプロトタイプから、労働者の実態が急速な多様化をみせていることが明確になりつつある。しかも、それは基本的労働法規が全く時代遅れになったというわけではなく（そうであるなら労働関係法令の抜本的なリセットをめざすこととなろう）、それらが想定しえなかった労働者像が細胞分裂のように拡大して、十分な対応が不可能になったという形で顕在化している。

また、労働者については労働基準法、労働契約法、労働組合法という基本法規のそれぞれにおいて定義されているが、実際には労働契約という契約によって相手方（使用者）に対し労務を給付する契約当事者の一類型であるという理解も定着している。そしてこの労働契約についても、かねてより継続していた

---

[2] 日本と諸外国において労働者概念をめぐる議論がいかに展開されてきたかについては、鎌田耕一「労働者概念の生成」労研624号（2012）5頁以下、JILPT労働政策研究報告書No.18「「労働者」の法的概念：7ヶ国の比較法的考察」（2005）参照。

1-1 雇用・就労モデルの変化と労働者像の多様化をめぐる労働法の課題

議論に新たな展開がみられるようになり、民法における雇用契約と労契法や労基法上の労働契約との異同[3]、労組法16条の労働契約と労働契約法や労基法上の労働契約との関係[4]などについて、議論は新たな段階に入りつつあるのが現状である。

さらに、そもそも法の適用対象としての「労働者」像が大きくゆらいでいることも見逃せない。労基法上の労働者性については、同法9条の定義にもかかわらずさまざまな見解が提出されてきたが、ここに至って、労契法の制定、労組法上の労働者性をめぐる最高裁判決の頻出など新たな状況が生まれており、「法の適用対象としての労働者」という共通のテーマを惹起させている。

加えて、被用者ではなく、また労組法も含めてあらゆる労働法令の対象でもないことが明らかであっても、何らかの就労活動に従事している人々には特別な保護や対応が必要な場合もあるのではないかという問題意識が生じていることも注目すべきであり、自営業者や請負、(準)委任などの契約により働く人々に対する法的対応の是非やその内容が議論されるようになっている[5]。

このように労働者像の多様化は、労働者という概念の明確化という理論的課題のみならず、どのような就労者に対してどのような法的対応を行うべきかと言う政策課題をも生じさせ、広汎な議論を巻き起こしているのである。そこで本稿では、こうした錯綜する諸問題を整理し、労働者像についての議論につき

---

3) 労働契約をめぐるこれらの議論の経緯については石田眞「労働契約」籾井常喜編『戦後労働法学説史』(労働旬報社、1996) 615頁以下、鎌田耕一「雇傭・請負・委任と労働契約」横井芳弘=篠原敏雄=辻村昌昭編『市民社会の変容と労働法』(信山社、2005) 151頁以下、皆川宏之「就業形態の多様化と労働契約の『変貌』」手塚和彰=中窪裕也編集代表『変貌する労働と社会システム』(信山社、2008) 255頁以下。

4) この点については、野川忍「労組法16条の労働契約」荒木尚志=岩村正彦=山川隆一編『菅野和夫先生古稀記念論文集 労働法学の展望』(有斐閣、2013) 551頁以下参照。

5) 自営業者等の非労働者に対する法的対応を検討したものとして、島田陽一「雇用類似の労務供給契約と労働法に関する覚書」西村健一郎ほか編『下井隆史先生古稀記念 新時代の労働契約法理論』(信山社、2003) 27頁以下、柳屋孝安「非労働者と労働者概念」講座1巻128頁以下、大内伸哉「従属労働者と自営労働者の均衡を求めて」『中嶋士元也先生還暦記念 労働関係法の現代的展開』(信山社、2004) 47頁以下。

第 1 章　序論——問題の所在

一定の問題提起を行うこととする。

I　「労働者」をめぐる議論の現状

1　議論の整理

　上記のように、労働者をめぐる議論はさまざまな側面を有している。それらは、第一に、労働法の具体的法令は誰を適用対象としているのか（いわゆる「労働者性」の問題）、第二に、各法令の対象者である労働者の諸属性に対応した法制度はどうあるべきか（パートタイム労働者、派遣労働者、高齢者等への法的対応の問題）、第三に労働者が締結当事者である労働契約とはいかなる契約で、それは他の労務供給契約とはどのように異なるのか（労働契約の画定の問題）、第四に労働者ではない就労者に対する特別な法的対応の要否及びその具体的内容の如何（労働者類似の就労者への法的対応の問題）という四つの問題側面として一応の整理ができるであろう。しかし、これらの問題はそれぞれ無機的に独立しているわけではない。特に、労働者性の問題と労働契約の画定の問題とは強い交錯関係を有することは言うまでもない。労働契約が締結され、展開されているのならば、当該契約における労務供給者が「労働者」であるということになるのが論理的帰結である。仮に労働者性の画定と労働契約との確定が、結果として完全に一致するのであれば、二つの問題は同じ内容を異なる側面から検討しているに過ぎないこととなるが、もし、「労働者」であるが「労働契約」の主体でない者がおり、あるいは「労働契約」の主体であるが「労働者」でない者がいるのであれば、二つの問題をそれぞれ独自に検討することは十分に意味があろう[6]。以下では、この点を踏まえつつ、以上の四つの問題についていかなる議論がなされているのかを概観する。

2　労働者の中の多様性

(1)　雇用社会における立体的構造

　雇用によって経済社会が構成されている現在の雇用社会において、働く人々の就労の多様性は、労働者と非労働者との区別を困難にしているだけでなく、労働者であるという点で共通性を有していても、実際の就労形態の相違が大きく、一律の法的ルールはそぐわないと言わざるを得ない。妊娠―出産という固有の事情を抱える女性とそれがない男性とが同じ職場で働くとすれば、女性の事情に応じたルールが不可欠であることは言うまでもないし、労働者派遣という仕組みによって働く派遣労働者と派遣先に雇用されて働く労働者とは、同じ業務に従事していても、自らに指揮命令権を行使する派遣先との法的関係が全く異なることから、非常に広い範囲で別段の法的対応が必要となる。

　現在の雇用社会は、人事上の区別としての正規と非正規、人的属性の相違としての男性と女性という大きな区別に加え、非正規労働者の類型自体が多様化し、また人的属性においても男女の軸だけでなく高齢者と青壮年、障碍者と健常者、外国人と日本人というさまざまな新しい区別の軸が生じている。高度成長期のように、労働市場の中核には男性青壮年の正規労働者が位置付けられ、女性、高齢者、非正規労働者はおしなべて周辺的な労働力と位置付けられて、そのほとんどが正規労働者の扶養によることが選択肢として想定されている、という時代はすでに終了している。

　現在の雇用社会のこれほどの多様化に、法的対応は追いついていない。均等法、派遣法、パートタイム労働法など次々と具体的法令が制定されているにも関わらず、それらの法令は、多様な労働者像の実態を十分にとらえきれておらず、新たな課題を次々と生じているのである[7]。

---

6)　労働者と労働契約とがそれぞれオーバーラップしない領域があると考える場合には、さらに問題は複雑化しうる。たとえば、労働者でない者への一定の保護や特別な法的コントロールの必要性如何を検討するに当たって、「労働者でなくても労働契約を締結している者」を対象とするか、あるいはそれに限定するか、といった問題が生じうるからである。

(2) 正規労働者と非正規労働者との関係[8]

　正規労働者と非正規労働者とは、前者が期間の定めのない労働契約により使用者の広範な人事権の対象として採用された者、後者はそうでない者の包括的表現であると一応区別されよう[9]。この区分が意味を有するのは、前述のように雇用形態において多様化しているのは、正規労働者ではなく非正規労働者の類型だからである。要するに、正規労働者という概念の中身はほとんど変化がなく、増え続ける非正規労働者の類型が拡大しつつあるというのが実情である。この実状を踏まえ、正規労働者と非正規労働者という区分を前提として、それぞれに固有の課題への対応が模索されている。すなわち、正規労働者については長時間労働、健康確保、ワークライフバランス、評価システム等であり、非正規労働者については賃金など労働条件の改善、正規化への道筋などの共通課題に加え、パート労働者や有期雇用労働者などの下位区分ごとに課題がある。

　そこでまず正規労働者と非正規労働者との区別に固有の課題を確認する必要があるが、正規労働者も非正規労働者も法令上の定義があるわけではなく、その内実も流動的である[10]。現在検討されている内容も、正規と非正規の厳密な区別を留保したうえでの、具体的課題ごとの分析・検討であって、正規と非

---

7) たとえば非正規労働者の不安定な雇用、正規と非正規の多様な差別、職業教育の不備など。

8) 非正規労働者をめぐる法的課題については、すでに多くの分析・検討が進められている。差し当たり JIL 雑誌 636 号（2013）特集「非正規労働者と「多様な正社員」」、同607 号（2011 年特別号）特集「非正規雇用をめぐる政策課題」、季労 237 号特集「有期・パート・派遣法制の基本的視座」（2012）、等に掲載された諸論考参照。

9) 非正規労働者の定義は、一般に正規労働者との対比においてなされる。この点については有田謙二「非正規雇用労働者をめぐる法的諸問題」ジュリ 1377 号（2009）25 頁以下参照。また国際的にも、フルタイムかつパーマネントによる働き方を典型的雇用労働としてその他の働き方を非典型雇用と考えているとみなしうる（JILPT 資料シリーズ 79「欧米における非正規雇用の現状と課題」（2010））。

10) 特に最近は正規労働者の処遇改革を目的として限定正社員という概念も提示されたり、非正規労働者の典型的類型としてのパート労働者について正社員との均等待遇を義務付ける範囲が拡大されつつあるなど、両者の流動化は促進されつつある。

1-1 雇用・就労モデルの変化と労働者像の多様化をめぐる労働法の課題

正規の概念区分を明確化しようとする動きはほとんど見られない。

確かに、喫緊の課題は、具体的な働き方の多様性に即応した適切なルールや政策の在り方であって、むしろその作業の中から正規＝非正規という従来型の区別を超えた労働者像の体系化が実現されることも想定される。ただ、他方で企業社会における人事の実際は、なお正規と非正規との区別を土台として展開されていることから、このような実態の変化と理論的な作業とがどう影響しあい、また適切妥当な方向への模索を協働していけるのかが問われているといえる。

(3) 正規労働者と非正規労働者——それぞれの課題
(a) 正規労働者をめぐる政策課題

正規労働者は、期間の定めのない労働契約によって雇用されていること、従事すべき業務や勤務場所等の限定がきわめて小さいこと、プロモーションの基幹的なラインに位置づけられていることなどを共通の特性とする。

上記のように、これまで労働法上の論点とされてきた多くの問題は、ほぼ正規労働者を対象としてきた。長時間労働、ワークライフバランス、労使関係をめぐる課題など、いずれもその具体的な対象は正規労働者であった。

これらの課題については、労基法の繰り返しの改正や均等法、労働契約承継法などの制定、度重なる行政の通達や指針による政策対応などを通してその解決が図られてきたが、21世紀に入ってから、グローバル化による国際競争の激化、長期にわたる不況による労働市場の沈滞などによって非正規化が予想以上に進み、その結果正規労働者の就労実態がますます過酷化して、重責による精神的失調の拡大、恒常的な長時間労働によるワークライフバランスの喪失、さまざまなハラスメントの増大などが深刻化している。

2013年の規制改革会議雇用WGが提示した「ジョブ型正社員」概念は、こうした正規労働者の苦境を改善するための問題提起として注目された。そこでは、現在の正規労働者が「無限定」な就労にあることに問題の本質があることが指摘され、具体的な改善案として、勤務地や職種などを当初から限定した契約により就労する「ジョブ型正社員＝限定正社員」の構想が提示されてい

第1章　序論──問題の所在

る[11]。各企業の人事制度改革を促すこの構想は、正規労働者の固定的なイメージを変え、正規＝非正規の区分に代わる新しい働き方の体系化に一歩を進める嚆矢となりうるものと思われるが、なおその実現には法制度や政策の具体的な対応が不可欠であるのみならず、労使に受け入れられるか否かが重要な課題となる[12]。

　正規労働者という概念は、労働者を基幹労働力と縁辺労働力に二分して前者に企業への絶対的帰属を求めた旧来型の人事制度を色濃く反映しており、高度成長期とは比較にならない多様化を示している就労の現実にそぐわないし、非正規労働者との差別的処遇を固定化する傾向も否定できない。正規労働者をめぐる諸課題の克服は、正規＝非正規という区分自体を今後どう変えていくのかという基本問題への対応なくしては実現できないであろう[13]。

　(b)　非正規労働者への対応[14]

　まず、非正規労働者に共通する課題は、雇用の安定と公正な処遇である[15]。これまで非正規労働者に関して起こってきた紛争の多くが、このどちらかの問題をめぐって争われてきた。言い換えれば、この二つの課題について一定の見通しが立つのであれば、非正規労働者という就労形態自体が全面的に否定されるわけではないとも言える。この点、先進諸国においては一定の対応がなされ

---

[11]　規制改革会議雇用ワーキング・グループ報告書（2013）は、ジョブ型正社員という概念を用いているが、その後職務や勤務地を限定するという趣旨を重視して限定正社員という概念が一般化した。

[12]　労働組合の最大中央団体である連合は、限定正社員構想に対しては「解雇しやすくなる」などとして一貫して危惧を表明している（差し当たり、連合のホームページ内での見解として http://www.jtuc-rengo.or.jp/roudou/seido/kiseikanwa/02.html）。

[13]　正社員をめぐる課題を雇用形態の多様化や非正規労働者との関係において検討したものとして高橋康二「限定正社員区分と非正規雇用問題」JILPT Discussion Paper 12-03（2012）、JILPT 労働政策研究報告書 No.158「「多様な正社員」の人事管理に関する研究」（2013）。

[14]　非正規労働者全体をめぐる課題については、川田知子「非正規雇用の立法政策の理論的基礎」JIL 雑誌 636 号（2013）4 頁以下、奥田香子「非正規雇用をめぐる政策課題」労研 607 号（2011）58 頁。

[15]　この点を重視して非正規労働者の処遇を検討するものとして川田・前掲注14）参照。

1-1 雇用・就労モデルの変化と労働者像の多様化をめぐる労働法の課題

ている。すなわち、正規労働者に対して労働時間が短いパートタイム労働者については同一（価値）労働同一賃金原則を適用することを基軸として処遇についての均等待遇をはかることが普及しているし、不安定雇用については、ドイツのように解雇や労働条件の変更に対して強い規制を加える国においては有期労働契約の締結自体を制約する方式をとり、米国のように外部労働市場が充実している国においては転職市場の活性化により対応することが可能となる[16]。しかし、日本の法制度も実態も、このような対応はなされておらず、各非正規雇用の形態ごとに個別の政策対応を行っているのが実情である。

　第一に、パートタイム労働者については、1993年にパートタイム労働法が制定されて以来、数度の改正を重ねて一定の体系が整えられている。すなわち、当初のパートタイム労働法は行政によるパートタイム労働者の雇用管理適正化対応が主たる内容であって法規範としての意義は小さいものであったが、2007年の改正によってパートタイム労働者と正規労働者との均等待遇および均衡処遇などを内容とする公正な処遇が明記されるところとなり、曲がりなりにも非正規労働者共通の課題の一つに対して本格的な規制が行われることとなった。この均等待遇・均衡処遇の拡大に向けて、2014年には均等待遇が保障されるパートタイム労働者の要件を緩和する方向への改正がなされた[17]。

　パートタイム労働者については、とりわけ他の非正規労働者の類型に比べれば無期雇用の比率が大きいこと、パートタイムという就労形態についてはワークライフバランスや雇用形態の選択肢としての意義などの観点から比較的ポジ

---

[16] 欧米各国の非正規労働者に対する法的対応については、JILPT報告書・前掲注9）参照。

[17] 具体的には、8条に定められた均等処遇要件から「無期雇用」を除く内容である。パートタイム労働法に関する検討としては、当初の法制定前後の論点を扱ったものとして水町雄一郎「パートタイム労働法の経緯と問題点」労研35巻8号（1993）30頁以下、大脇雅子「パートタイム労働法の概要と問題点」季労170号（1994）6頁、小嶌典明「パートタイム労働と立法政策」ジュリ1021号（1993）39頁等、またその後の改正の経過とそれに伴う諸課題については、厚生労働省「今後のパートタイム労働対策に関する研究報告書」（2011）、連合総研「パート労働法改正の効果と影響に関する調査研究報告書」（2012）。

第 1 章　序論——問題の所在

ティブな評価が可能であることなどから、これを働き方の有益な選択肢としてとらえたうえで（この点は派遣労働と大きく異なる）処遇の公正さをどう確保するかが最重要の課題となっているといってよい。国際的にみても、パートタイム労働者は常に非典型労働形態の中心的な類型として定着しており、今後もそうした状況は異ならないものと予想される。

　第二に、有期雇用労働者については、特にドイツ等大陸ヨーロッパ諸国の法規制との相違がつとに指摘されているところである。日本の法規制は、民法628条及び労基法14条に明らかなように、基本的には有期雇用を例外的な雇用形態と想定しているにも関わらず、実務においては非正規労働の一形態として幅広く利用されている[18]。「有期雇用とは、業務が一定期間で終了することなどの客観的事情による例外的な雇用形態である」という認識はほとんどないと言えよう。その結果、有期雇用は「有期」であるがために雇用が不安定であるという問題と、「非正規労働者」であるがために労働条件が低劣であるという課題の双方を内包することとなる。とりわけ前者の問題については、一方では期間を定めることによって期間満了という事実によって自由に雇用を終了させることができ、他方で労働者に対しては雇用継続を期待させて他への転職を自制させることができるという、使用者の Skim-Creaming（いいとこどり）が横行し、その結果雇い止めされた労働者からの労働契約上の地位の確認を中心とする訴訟が頻発するようになった。そこで 2012 年に、労契法の改正によって雇い止めに関する判例法理が実定法のルールとしてリステートされ（19条）、長期の期間雇用の繰り返しについては労働者に無期雇用転換権を付与することによって対応することとなった（18条）。併せて有期雇用労働者に対する不合理な取扱いの禁止規定を置き、非正規労働者共通の課題について有期労働者の特性に即した対応もしている[19]。これらの新しい規制はそれぞれ課題も指摘されているが、少なくとも有期雇用という形態に法的コントロールが及ぶこととなった点は評価しうる。今後は、有期雇用もパートタイム労働と同様

---

[18] 有期労働契約によって就労する労働者の数にはいくつかの統計があるが、総務省労働力調査では 892 万人と推定している（労働力調査基本集計 I - I（2013 年 1 月））。

1-1　雇用・就労モデルの変化と労働者像の多様化をめぐる労働法の課題

に働き方の選択肢の一つとしてそれ自体は積極的に位置づけ、処遇や安定雇用への一定の合理的なルールの形成に向かうのか、ドイツなどのように無期雇用を原則とする方向を模索するのかの原理的な問題に決着をつけたうえでの対応が望まれる。

　第三に、派遣労働という非正規労働の形態は最も問題をはらんでいる。雇用形態を法的に根拠づける契約形態が、派遣元―派遣先―派遣労働者の三者間に錯綜するという複雑さを呈していることに加え、派遣労働者が、雇用責任を負わずに指揮命令権のみを行使する派遣先に使用されるという特異な立場に置かれる点も類似を見ない特殊性である。1985 年に制定された派遣法は、もともと労働者供給を原則として全面的に禁止する職安法 44 条の適用除外制度として労働者派遣という類型を創出し、これを厳しく規制しつつ事業としての展開をはかるものであって、いわゆるアムテスティー（= Amnesty。違法であったものを法的コントロールを施したうえで合法化する措置）の性格を有していた。ところがそれ以降、派遣法は度重なる改正を経て、認められる業務の自由化や手続きの簡易化等が進み、企業における有効な労働力利用システムとして定着している[20]。その内実は、事業規制法としての合理的体裁を整えるという積極的な面も有していたが、他方で、職安法 44 条の規範に変更はないので、この進展は、本来禁止されているはずの労働力利用形態が歯止めなく拡大するという意味も有することとなる。そこで派遣法の改正にあたっては、主として派遣労働者の雇用の安定を目的として、派遣先と派遣労働者との労働契約関係を促す方向での新しい規定が次々と付加されていった[21]。しかし、これらの規定

---

19) 20 条。なお、労契法改正による有期労働契約の法規制については、野川忍『わかりやすい労働契約法〔第 2 版〕』（商事法務、2012）172 頁以下、ジュリ 1448 号特集「労働契約法改正と新しい労働契約ルール」（2012）所収の諸論考、唐津博「有期雇用（有期労働契約）の法規制と労働契約法理」労働 121 号（2013）25 頁、第一東京弁護士会労働法制委員会編『改正労働契約法の詳解 Q&A でみる有期労働契約の実務』（労働調査会、2013）等参照。

20) 2012 年の派遣法改正については、老月梓「労働者派遣法改正法の概要」季労 239 号（2012）12 頁、ジュリ 1446 号特集「理論・実務からみた労働者派遣法改正」（2012）所収の諸論考、および同号座談会「労働者派遣法改正法をめぐって」参照。

13

第1章　序論——問題の所在

はいずれも特定の要件のもとにおかれ、今なお原則としては、派遣労働者がどれほど派遣先において長期に就労し、実質的に派遣先に雇用されている労働者と同等もしくはそれ以上の緊密なつながりを派遣先と構築していても、あらためて派遣先が当該派遣労働者との労働契約の締結を合意しない限り、派遣労働者は労働契約上の責任を派遣先に問うことはできない[22]。近年に至って派遣先に対して派遣労働者に対する雇用主としての地位の確認や労働条件に関する一定の対処を求める法的紛争が目立つ[23]が、こうした事態の根底には、契約責任を負うことなく指揮命令権を行使しうるという派遣先の地位をどう法的に規制するかという問題がある。そしてそれは、労働者供給を禁止した職安法44条が供給先について何も規制をしていないことと併せて、今後正面から検討すべき課題として残っていると言えよう。

　(c)　正規＝非正規区分の将来

　労働者の雇用形態が、期間の定めなく雇用されて雇用保障と強大な人事権の下に置かれる正規労働者とそうでない非正規労働者に二分され、それぞれについて次々と生じる諸問題についてもこの二区分を軸として法的・政策的対応を検討するという手法は、どちらに区分される労働者像についても多様化と交錯とが進む時代にあっては限界がある。たとえば限定正社員という類型を想定した対応もこの二区分を前提としたものであって、正社員の間にさらに格差をもたらし、非正社員との間の流動性が生じる可能性を見通せないことが指摘されている[24]。また、有期雇用労働者やパートタイム労働者など非正規労働者の

---

21) 派遣先の雇用申し入れ義務や雇用みなし規定などは40条の枝番号条文に定められているが、すでに同条の枝番号条文は40条の9にまで達している。
22) ただし、法人格否認の法理が適用可能な場合などきわめて特殊な実態がある場合は別である。
23) 伊予銀行・いよぎんスタッフサービス事件（最二小決平成21・3・27労判991号14頁）、パナソニックプラズマディスプレイ事件（最二小判平成21・12・18民集63巻10号2754頁）、マツダ防府工場事件（山口地判平成25・3・13労判1070号6頁）等。
24) たとえば高橋・前掲注13）では、限定正社員制度をとる企業においては、非正規従業員から限定正社員への移行や限定正社員から正社員への移行はあまり生じていないことが指摘されている。

類型ごとに実定法を制定し、その中身を改定しながら諸課題を克服しようとする対応も、各類型がそれぞれ交錯する領域が拡大していることや、各類型の外延や境界線が複雑化していることなどを踏まえると、正規労働者と非正規労働者という基本的な区分を土台として、もぐらたたきのように非正規労働者ごとの規制を行っていくことには限界がある。正規労働者の特権の解消と非正規労働者の公正な処遇の確立という課題の克服は、将来的には、正規＝非正規という区分自体の解消と、雇用形態についての新たな類型の整備が不可欠となるであろう。

⑷ **労働者の人的属性と法の対応——高齢者、女性、障碍者**

労働者の中の多様性は、雇用形態によってだけでなく人的属性によっても拡大している。高度成長期には労働市場の中核を担うのは青壮年の健康な日本人男性であるというゆるぎない原則があった。女性や高齢者、外国人や障碍者の雇用は例外的かつ周辺的な事態と認識されていたことは間違いない。

しかし、女性の労働市場への参画が本格化し、極端なほどの少子高齢社会が実現し、労働市場の国際化と障碍者の社会参加の保障が一般化している現在では、大人であればどのような人的属性にあっても就労機会を確保されるべきであるという認識が定着しつつある。またこのことは他方で、これまで中核的労働力を担ってきた男性青壮年の働き方の改革をも促すこととなっている。ワークライフバランスの理念は、従来家庭責任を専業主婦に任せてきた典型的なサラリーマンの働き方を根本的に変えることを中心的な内容としているのである[25]。

この点、日本の法制度はいずれの人的属性についても適切な対応を示しえていない。まず女性については、均等法の改正によってすでに性を理由とする職場での差別は包括的に禁止され、また妊娠・出産という女性固有の事情を対象

---

25) ワークライフバランスという概念については、浅倉むつ子「労働法におけるワーク・ライフ・バランスの位置づけ」労研599号（2010）41頁以下、また国際的動向についてはJILPT労働政策研究報告書No.151「ワーク・ライフ・バランス比較法研究＜最終報告書＞」（2012）参照。

第1章　序論——問題の所在

とした規制も改善されているにも関わらず、労働市場における女性の働き方はいまだに非正規雇用が一般的であり、正規労働者についても、いわゆる「グラス・シーリング」が指摘されるなどプロモーションにははっきりとした限界がある。この点は、法的対応や政策の対応の限界を示すものであって文化的・社会的な要因が根強いのか、あるいはなお法制度や政策の対応が不足しているのか、慎重な検討が必要であるが、女性自身が現在の正規労働者の働き方を必ずしも志向していない現状[26]は、正規＝非正規の区分自体の再考という課題がここでも立ちはだかっていることを示唆するものと言える。均等法の改正が一つの区切りを迎え、育児介護法も充実しつつある現在、女性の雇用をめぐる諸課題の克服も、正規労働者と非正規労働者の区分の見直しを含めた雇用形態の在り方全体との関連において模索されるべきであろう。

また、高齢者については、急速に拡大する少子高齢社会を前提として、就労意欲の高い日本の高齢者につき、引退年齢を引き上げるべく年金と雇用の双方について制度的対応が進んでいる。2012年には高年齢者雇用安定法9条から2項が削除され、65歳までの雇用が保障されることとなった[27]。今後の課題としては、さらに高齢までの雇用機会をどう用意できるか、若年者とのポストの奪い合いが生じないための措置、60歳から65歳までの就労の選択肢をどう拡大するかなどが考えられるが、これも雇用形態の在り方全体との関係を射程に入れる必要があろう。

これに対し、障碍者と外国人については、雇用政策や社会保障政策などとは全く別の観点が必要となる。障碍者については労働能力に心身の事情から支障があることを前提とした雇用の在り方を考えることとなるので、人権保障を前提として、障碍者固有の雇用形態、処遇等を検討することとなる。現行の障害者雇用促進法はこれらの課題を包括的に扱う形にはなっておらず、抜本的な改正も視野に入れた対応が必要となろう。また外国人に対する雇用政策がきわめ

---

[26] この点を指摘するものとして金井郁「「多様な正社員」施策と女性の働き方への影響」JIL雑誌636号（2013）63頁。
[27] 65歳までの雇用を義務付けた2012年改正については、ジュリ1454号特集「高齢者雇用の時代と実務の対応」（2013）所収の諸論考参照。

て消極的であることは 1980 年代後半からの外国人労働者激増のころから指摘されている[28]が、改善は進んでいない。人的国際化全体が遅れている日本の象徴ともいえる現状は思い切った政策の見直しが不可欠であろう。

II 労働者性と労働契約をめぐる課題

1 問題の土台

労基法、労組法など個々の労働法令は、労働者という人的属性を有する者のみを対象として、一般の「人」には付与されない権利を付与し、また特別な法的対応を施している。これらの実定法規が制定された当時、そこに定義された労働者に該当するか否かが現在ほど深刻な問題として意識されなかったのは、8 時間労働制や労働災害からの救済など、現業部門で過酷な労働に従事する人々への効果的かつ機能的な法制度の構築が最優先であって、それらの典型的な労働者群の周辺に位置する人々への対応にまで想定が及ばなかったためである[29)30]。しかし、人間の就労形態は、経済状況の進展、産業構造の変遷、人口動態などいくつもの要素にともなって大きく変化する。労基法が制定され、施行されていった昭和 20 年代には労働力人口の過半数が第一次産業に属していたが、その後就労人口の構成は激変し、21 世紀の今日、第三次産業に従事する者が就労者の 6 割以上を占める[31]。また、周知のように職場の労働環境

[28) 外国人労働者をめぐる雇用政策の問題点については、野川忍『外国人労働者法』(信山社、1993)、同「外国人労働者法制をめぐる課題」季労 219 号(2007)4 頁参照。

[29) これらの典型的労働者らが置かれた実状については、農商務省商工局『職工事情』(1903)、細谷和喜蔵『女工哀史』(改造社、1925)、横山源之助『日本の下層社会』(岩波書店、1898)などのルポルタージュに詳しい。そのいずれにおいても、非人間的な労働形態への制度的対応の必要性と緊急性とが明確に示されている。

[30) なお、工場法の制定時にはそこで保護される職工の範囲につき一定の議論が見られている。詳細は鎌田耕一「個人請負・業務委託型就業者をめぐる法政策」季労 241 号(2013)57 頁参照。

第 1 章　序論——問題の所在

も情報通信手段の高度化や女性の進出などによって就労形態の変貌を余儀なくさせている。さらには、国際競争の激化から各企業は過酷なコストカットを強いられ、業務の外注化、従業員の非正規化が進んだ。これらの変化は、一面で労働者の業務に裁量の余地を拡大し、指揮命令により就労する者という側面を弱くさせる方向につながるとともに、他面で実際には特定の企業等に専属的に労務給付をしているにも関わらず委託や請負等の契約形態で働く者を増大させた。実態のこのような変化のいずれもが、労働法令の適用対象である労働者とは誰かという問いを生じさせたのである。

　労働者性をめぐる議論は、たとえばフランスのように統一的労働法典を有しない日本においては、法令ごとに個別に具体化せざるを得ないのが実情である。

　要するに、労働者性をめぐる議論は、労働行政の管轄する労働者保護法令、労働組合と使用者との関係を中心とする労使関係法令、職安法等により構成される雇用政策法令（労働市場法令）、そして個々の労働関係を基礎づける労働契約関係法令という法体系上の類型に即して展開されることとなる。

　まず、労基法を中心とする労働者保護法制については、その違反に対して労働者を使用する者に刑罰が用意され、法の執行について行政の監督・取締などの作用が機能するという特徴を有するため、「労働者」の意義と範囲は厳格に画定される傾向があるが、労組法は団体交渉を軸とする労使関係についてルールと枠組みを提供する法規なので、そこに規定する「労働者」も、団体交渉制度を享受しうる立場の者という観点から理解されることとなる。そして労契法は、民事的観点から労働契約という契約の締結当事者として労働者を構想する。このような理由から、労基法はその 9 条において労働者を「事業に使用されて賃金を支払われる者」と定義し、労組法は「賃金、給料その他これに準ずる収入によって生活する者」と定め、労契法は「使用者に使用されて労働し、賃金を支払われる者」と規定しているのである。こうして、労働者性をめぐる議論はそれぞれの規定の解釈論として展開されることとなるが、他方で、当然

---

31)　平成 17 年の国勢調査では就業者の 67.3% が第三次産業で働いている。

1-1 雇用・就労モデルの変化と労働者像の多様化をめぐる労働法の課題

ながら各法規は相互に深く関連し合って機能しているのみならず、労働者という同一の概念を用いながら法令の性格や機能によってその意味が全く異なるということはありえない。そこで課題となるのは、労働者という概念に、法令の相違を超えて普遍的な共通の意義があるとすればそれはどのようなものなのか、また逆に、それぞれの法令ごとに相異なる労働者の意義とはどのようなものなのかである。

これについては、第二次大戦後に労働法令の基盤が整ってからのち、個々の法令の相違を超え、労働法が対象とする労働者とは「従属労働に従事する者」として、実定法の如何に関わらず「労働者」を統一的な概念として考える見解が強く主張された[32]。この従属労働論は、ドイツのワイマール期に開花した精緻な労働法学の成果と、一定の思想的基盤とによって構築された考え方で多数の賛同を得たが、たとえば労組法の適用対象たる労働者が常に労基法の適用対象であるとまでは言えないことが明らかであるように、具体的な法の適用対象を確定するための基準を提示するものではなく、むしろ労働者性を考える上での理念としてとらえるべきものであった。その後、労働者性に関する行政の見解を示した1985年の労働基準法研究会報告書[33] は、労働者であるか否かの判断基準の中心に「使用従属性」を据え、その具体的な判断要素として指揮命令の存在や報酬の労務対価性等を提唱したため、少なくとも労働者とは従属的な労働を余儀なくされる者であるという観念が一般化したが、これについての反対説も盛んに提唱され[34]、現在では特に統一的な概念によることなく各法

---

32) 従属労働論はすでに第二次大戦前から提唱されていたが（津曲蔵之丞『労働法原理』（改造社、1932）223頁、232頁など）、戦後も有力な見解として定着していた。片岡昇『現代労働法の理論』（日本評論社、1967）14頁、久保敬治『新版労働法』（ミネルヴァ書房、1972）3頁、外尾健一『労働団体法』（筑摩書房、1975）28頁以下、山本吉人『雇用形態と労働法』（総合労働研究所、1970）84頁以下。なお従属労働論の評価については西谷敏「現代市民法と労働法」前田達男ほか編『片岡昇先生還暦記念　労働法学の理論と課題』（有斐閣、1988）45頁以下参照。
33) 労働基準法研究会報告「労働基準法の『労働者』の判断基準について」(1986)。
34) 吾妻光俊『労働法』（青林書院、1956）288頁、有泉亨「労働者概念の相対性」中労時486号（1969）2頁、石川吉右衛門『労働組合法』（有斐閣、1978）37頁等。

19

第 1 章　序論——問題の所在

令ごとに適用対象としての労働者の範囲をより的確に画定するための検討が盛んである[35]。

一方、裁判例においては、たとえば労基法上の労働者につき多くの限界事例に関する裁判例が頻出したが、少なくとも労基法 9 条の解釈基準について最高裁による明確な見解は出されていない。ただ最高裁は、横浜南労基署長（旭紙業）事件（最一小判平成 8・11・28 労判 714 号 14 頁）において、労災保険法上の労働者は労基法 9 条の労働者と同一であることを宣明し、基本的には前掲労働基準法研究会報告書に沿った解釈が示されている。

他方で労基法の定義する労働者概念は、労契法 2 条 1 項が定義する労働者概念とほぼ重なる。したがって、両者は基本的に同一であるとする考え方が強い[36]。ただ、労契法制定から未だ日の浅い段階では、裁判所の見解は熟成していない。

一方、労組法 3 条が定義する労働者像は、労基法・労契法とは異なって、憲法 28 条が保障する労働基本権を享受しうる主体として想定されており、労働契約により就労する労務給付者を核としつつ、団体交渉制度によってその勤労条件を適正な内容として確保し、かつ向上させることが合理的であるような存在として位置づけられる[37]。これについては、2010 年から 11 年にかけて、委託契約による自営業者と出演契約によるオペラ歌手について 3 件の最高裁判決が出され、それぞれ高裁段階で混乱を見せていた司法判断を整理してかなり明確な判断基準を示すに至っている。そして学説は、概ねこれに賛同しているものの、なお疑念も呈されている[38]。

これらに対し雇用政策法の分野に属する職安法や雇用保険法などについては、そもそも労働市場の適正なコントロールという目的を前提として、どのよ

---

[35]　菅野 109 頁以下、590 頁以下、荒木 51 頁以下、西谷 27 頁、水町 68 頁等。
[36]　荒木 51 頁、菅野 104 頁、土田 47 頁等。もちろん、労基法は事業に使用される労働者のみを対象としているほか、同居の親族のみを使用している事業には適用されないので、具体的な適用範囲は異なる。
[37]　菅野 590 頁以下。
[38]　代表的な見解として川口美貴「労働者概念の再構成」（関西大学出版部、2012）。

1-1 雇用・就労モデルの変化と労働者像の多様化をめぐる労働法の課題

うな人々にいかなる政策対応を行うかが法の具体的内容を構成するので、労働者という概念をあらかじめ設定してこれに限定した規定を設けるという発想自体がなじまない。したがって、特に法概念としてその適用対象たる労働者性を議論することはあまり実益がない。

　以上のような概観から言えるのは、第一に、「労働者」という概念の、法令ごとの相違を超える統一性を検討すること自体の意味があらためて問われるということであり、第二に、それにもかかわらず、労基法研究会報告書が採用した「使用従属性」という労働者性判断の基準が、労組法をはじめとする他の法令の適用対象たる労働者の確定についても使用され、かなりの混乱を招いていることからも明らかなように、労働者という概念には一定の普遍性ないし共通性が必要であり、その模索はなお到達点を見ていないという点である。

　これらの点を踏まえたうえで、あらためて労働法の領域における労働者概念の普遍性をどこに求めるかについて考えると、労基法、労契法、労組法のいずれもが使用しているもう一つの重要な概念である「労働契約」と労働者との関係が一つのポイントとなることが推定できる。すなわち、契約類型として労働契約の具体的意義が明確になれば、労働契約の一方当事者が労働者であって、ただ各法令はその目的に沿って当該労働契約の対象としての労働者概念に一定の修正を加えているものとの理解が可能となるからである。この点、これまであまり重視されてこなかった点であるが、労働者を定義するいずれの法令も、労働契約の当事者が労働者であるとの定めを置くことはなく、かえって労働者という概念と労働契約という概念を別々に定めていることは注目される[39]。すなわち、仮に労働契約という概念が各法令の相違を超えて統一的に理解できるとすれば、法令ごとの「労働者」概念は、労働契約の一方当事者という共通の意味を中核としてそれに法令ごとの目的や趣旨に沿った修正を加えたものと理解することを可能にする。逆に、労働契約という概念もまた、法令ごとに異なる意義を有するとすれば、労働者概念も労働契約概念も非常に複雑な様相を

---

39) たとえば労契法でさえ、労働者の定義には、労働契約の当事者という明確な意味は示されていない。

第 1 章　序論——問題の所在

呈することとなり、むしろ立法的な解決の妥当性が議論されるべきであるという判断が生じうるであろう。

2　労働契約の画定

　労働者性の判断枠組みや具体的判断基準をめぐる議論は、実は労働契約とは何かという議論と交錯しながら展開してきた。特に前記従属労働論においては、特別な法的対応を必要とする労働者とは、従属労働に従事する者であり、従属労働への従事は市民法上は対等な関係における労働契約によって生じるという前提が見られ、労働者性の問題とはすなわち労働契約の意義をいかに画定するかという問題と不可分に論じられてきたのである。

　確かに、労基法は「使用される」という形態で働く者を労働者としたうえで労働契約の規律を定めているから、そこでは従属労働に従事する契約を締結した者が労働者であって保護される対象であるとの判断が導かれうることは間違いない。労基法から 60 年ほど経て制定された労契法も、使用されることを労働者の定義の中心に置いたうえで労働契約の規制を行っているから、労働者と労働契約とは一体の概念であるとの考え方の蓋然性は否定できない。　しかし、他方で、労組法においては、労働者について使用されることを要件としていない（3 条）し、また労働契約は労働者の定義とは全く関係なく規制の対象とされている（16 条）。さらにいずれの法令も前述のように労働者と労働契約とは別に規制対象となっており、労働契約の画定は労働者性の問題と必ずしも一致する必然性は有しないと言える。要するに、労働契約とは何か、それは各法令においてどのような内実を有しているのかという問題は、労働者性の問題とは別に独自に論じられうるのであって、たとえば労基法における労働契約の意義が明確になっても、ただちに労基法上の労働者がそこにおける労働契約の一方当事者と一致するという結論は導きえないこととなる。

　この点、労働契約という概念が実定法上の根拠を持たなかったときから、民法は雇傭という契約類型を明記しており、それは現行民法においても雇用という契約類型として維持されていることを踏まえると、まずはこの雇用と労働契

約との異同が明確になることが、労働契約の各法令ごとの意義を理解するうえでも出発点となりえよう。

3 労働契約の意義

　労働契約という概念は、第二次大戦後に労基法や労組法等の基本的な労働関係法令が規制の対象として「労働契約」という概念を用いてから一般化した。民法の雇用とそれらの法令が定める労働契約との異同は早くから議論の対象となってきた[40]が、現在では、労働契約も民法の雇用も一方当事者が相手の指揮命令下に労務に従事することを内容とする契約であって基本的に同一であるという理解が有力である[41]。ただ、民法の雇用に対して労働契約という別の呼称が用いられているのは、相手方である使用者との関係において不当な不利益をこうむりがちな労働者に対する保護などの観点から特別な法規制を及ぼす対象として位置付けるためであるということになる。しかし近年になって、労働契約と民法の雇用とは峻別されるべきであるという見解が有力に主張されている[42]。その一つによれば、もともと民法制定の段階では、雇傭という契約類型の一方当事者として労務者という概念はあったものの、そこに保護の対象という評価的意味はこめられていなかっただけではなく、指揮命令権が雇傭の不可欠の権利であるとは認識されていなかったとされる[43]。そして雇傭とは、

---

[40] 労働契約をめぐる議論の経緯は、石田眞「労働契約論」籾井常喜編『戦後労働法学説史』（労働旬報社、1996）615頁以下、中窪裕也「労働契約の意義と構造」講座4巻2頁以下。

[41] 秋田成就「労働契約論」『沼田稲次郎先生還暦記念　労働法の基本問題（下巻）』（総合労働研究所、1974）503頁以下、菅野86頁、荒木46頁、西谷13頁等。また民法においても、雇用契約と労働契約の同一性が一般的な認識であった（我妻栄『民法講義Ⅴ　債権各論（上）』（岩波書店、1954）47頁、来栖三郎『契約法』（有斐閣、1974）737頁）。

[42] 萬井隆令『労働契約締結の法理』（有斐閣、1997）15頁以下、鎌田・前掲注3)「雇用・請負・委任と労働契約」。また民法でも大村敦志『基本民法Ⅱ〔2版〕』（有斐閣、2005）1頁以下は雇用契約と労働契約の相違を示唆している。

[43] 鎌田・前掲注3) 159頁以下。

第 1 章　序論——問題の所在

まさに役務そのものを提供する形態の役務供給契約であって、役務提供契約の他の類型である請負は役務の成果が契約の目的であり、有償の労務供給協約として雇傭と酷似する準委任とは、単に指揮命令を受けずに契約上の労務に従事するだけではなく、その独立性が契約の相手方との信頼関係によって生じるものであるというのである[44]。

　労働契約と雇用契約とを峻別する見解の眼目は、指揮命令権を伴わない労務供給契約を労働契約の概念からはずし、ひいては雇用でもないとして労働者保護にかかる法規制のすべてを非適用としてしまうこれまでの考え方を克服し、労働契約でなくても雇用であるならば、たとえば契約終了に関する解雇権濫用法理の類推適用を可能とするという点にある。ところが逆に労働契約の意義については必ずしも一致した見解はない。これについては、なお従属労働という概念を再評価し、労働契約を特徴づける従属性を、これまでの人的な従属性から経済的な従属性に拡大することで、契約類型に関わらず客観的に労働契約とみなしうる形態で就労する就業者への保護をもたらそうという立場も考えられよう[45]。しかし、たとえば労基法は労働者を「使用され」て「労働の対償」たる「賃金」を受ける者としており、労契法が労働者をほぼ同様に定義していることから、労働契約は使用されて働くこと、すなわち指揮命令を受けて労働することとそれに対する対価としての賃金を受け取ることを内容とする契約であると考えるのが自然である。そのうえで、そのような意味での労働契約であるか否かについては、労働契約について法規制を加える労基法や労契法等の趣旨・目的から客観的に確定されるべきであるということになろう。

　このような解釈は、労働者性の判断枠組みとどのような関係を有するであろうか。この点、仮に、労働契約が労働法令の適用についてのみ使用される概念であってさしあたり民法の雇用とは峻別されるとしても、労基法、労契法、労組法のいずれもが、労働契約という概念と労働者という概念を別に定めていることの意味はなお検討の必要があることを確認すべきである。たとえば労組法

---

[44] 鎌田・前掲注3) 200頁。
[45] 川口・前掲注38) 参照。

3条の労働者についての最高裁の判断は、全く労働契約という概念に拘泥することなく、実態としていくつかの具体的判断基準にあてはまる者を労働者としている。この判断からは、労働契約の締結当事者ではない者も労働者でありうるという論理的な帰結をみちびくことができる。また、労基法は強制労働の場合でも適用されるから、指揮命令に服することの合意がなくても実態として指揮命令によって労働に従事している者（人身売買によって日本で働かされている外国人など）は労基法上は保護されるべき労働者である。労契法については労働契約の締結当事者が同法の労働者であると言えようが、以上のように労基法も労組法も労働契約と労働者とは法規制の対象概念として完全にオーバーラップするものとは言えないと考えられるのである。

4　労働契約の意義と労働者性問題との錯綜

こうして、労働法令に定める労働者と労働契約とは、多くの場合に実際上の一致を見るとしても、「労働契約の締結当事者が労働者である」、あるいは「（当該法令において）労働者とされる者が締結している労務供給契約が労働契約である」とは言えないということになる。要するに必要となるのは、各法令それぞれについて「労働者」とは誰か、「労働契約」とは何かをあらためて確定することであって、各法令の目的や趣旨を超えた統一的な労働者概念も統一的な労働契約概念も定立することはできないといえるのである。

このような帰結が望ましいものでないことは言うまでもない。当然ながら労基法についても労組法についても、立法者が労働者概念と労働契約概念の基本的な一致を前提としていなかったとは考えにくい。しかし、雇用形態や就労形態のめまぐるしい多様化は、労働者についても労働契約についても各労働法令制定当時には予想もしていなかった限界事例や不都合をもたらしている[46]。

---

46) 労働契約概念が、日本的雇用慣行の定着と深化を前提として展開されてきたことは周知のとおりである（土田道夫『労務指揮権の現代的展開』（信山社、1999）、中窪・前掲注40））が、同慣行の変容とそれに伴う雇用形態、就労形態の多様化が進めば、労働契約概念もそれに応じて多様化することは必然的であったといえる。

今後の方向性としては、労働者や労働契約という概念が法令を超えて一致するように各法令に使用されたそれぞれの概念を再整理するか、そのような一致を否定して労働者についても労働契約についても適用法令ごとに新たな概念により区別する（労働者については被用者、就労者などの概念が考えられるし、労働契約については就労契約、業務従事契約等が考えられよう）という選択肢がありうるが、いずれにせよ、抜本的な再編が必要であることは間違いない。

III 労働者類似の就労者への法的対応

1 自営業者と労働者

　自営業者に一定の法的保護を与えようとする見解は、いくつかの共通の前提を有する。一つは、労働契約に近似する契約類型で働く者を対象とすることであり、もう一つは、自然人のみを対象とすることである[47]。

　このことは、逆に労基法や労組法の想定する労働者に該当しないことが明らかであっても何らかの特別な法的対応が必要であると考えられる理由に即応している。すなわち、これまで具体的に検討の対象とされてきた限界事例は、庸車運転手であれカスタマーエンジニアであれ企業や劇場等に専属の芸術家であれ、相手方に対して自らの利益を確保すべき手段を明確に制限されているとみなされる人々であり、しかもその制限は、当該就労の具体的な内容や手段・態様等について相手方の一方的決定を基本的性格としている。したがって、契約の原理である交渉と合意による権利義務の確定というシステムがなじみにくい点に共通性を有すると言える。しかし、日本の労働法令はいずれも、その適用対象を「労働者」に限定しており、上記のような実質的な保護必要性が認めら

---

[47] 鎌田・前掲注 30)「個人請負・業務委託型就業者をめぐる法政策」、大内・前掲注 5)「従属労働者と自営労働者の均衡を求めて」、島田・前掲注 5)「雇用類似の労務供給契約と労働法に関する覚書」、柳屋孝安「非労働者と労働者概念」講座 1 巻 128 頁以下等。

れたとしても、労働者でない者には労基法も労組法も労契法も原則として適用されないし、とりわけ労基法のように刑罰法規としての性格を有する法規は、類推適用もできないということになる[48]。

この点、これまで実際に問題となってきた就労者の類型はそれほど多くはない。委託や請負などの契約形式をもとに専属的に相手方の指定する業務に従事する個人自営業者と、劇場や放送会社などと出演・演奏等の契約を締結して指定された演目の実施に従事する芸術家、芸能員等が主要類型であって、後者も広い意味では個人自営業者の一環としてとらえうる。これに加えて労働者ではないが類似の存在として保護の必要性が課題となるのがボランティアとして福祉や教育等の活動に従事する人々であろう。これらを超えて、たとえば零細企業の経営者や専属性を特徴としない自営業者などについては、事業法や会社法などの領域にも関わるより広範な観点からの検討が必要であり、個々の事例においてその働き方に一定の保護が必要であるとの評価が導かれうるとしても、労働法の観点からの検討のみで解決の道が見いだされるとはいえないであろう。

就労者のうち労働者に類似する者に関する検討は、比較法の手法をも含めて一定の蓄積がある[49]。ドイツやフランスなどでは労働者に類似する類型の就労者のうち一部について、労働法制の対応を可能にしており、アメリカでも労働協約の適用などを通じて自営業者にも労働法制を部分的に及ぼしうる仕組みが定着している[50]。また日本においても、少なくとも労組法の領域においては、労契法上の労働契約ないし民法上の雇用契約によらなくとも、事業への恒常的組み入れや契約内容の一方的決定、報酬の賃金性などの観点から同法3条の労働者であることを認めており、これは労働者の概念を相対化することによ

---

[48] 労基法については民事的効力についてのみ類推適用の余地がありうるとの考え方はありうる。

[49] 比較法については、JILPT労働政策研究報告書No.18「「労働者」の法的概念：7ヶ国の比較法的考察」(2005) に詳しい。

[50] JILPT報告書・前掲注49)、鎌田耕一「労働者概念の生成」労研624号 (2012) 5頁以下。

第1章　序論——問題の所在

って個人自営業者の一部を労働法制の対象に取り組む手法の一環であると言える。これに対して、労働者に対する法的対応を明確に限定したうえで、自営業者に対しては独自の法制度によって新たな法的コントロールをほどこすという方向もありうる[51]。

前記のように、自営業者が労働法の領域で問題となるのは、自然人として相手方の業務を専属的に行っている場合である。仮にこのような自営業者に限定した労働法上の対応を考えるとすれば、労働契約についても労働者についてもその内容がこれまで以上に相対化されつつある現在、労働法制の一定のカバリッジをこれらの自営業者に及ぼす方向はあながち無理とは言えないように思われる。実定法の新たな制定や改変がもたらす波及効果、外的影響を考慮すると、この方向での検討がいっそう進むことが優先されるべきであろう。

2　ボランティア等

事業性のある個人自営業者に対し、NPO などに属してボランティア活動に従事する就労者については、有償である場合には労働者である可能性があり、まずその可能性について検討されることとなる。また、指揮命令関係が希薄であっても相手方との間に労務そのものを供給する契約が締結されているとみなしうるのであれば民法の雇用契約に該当するものとして法的対応が可能となるし、場合によっては労契法上の労働者とみなしうる指揮命令関係が認められる場合もありえよう。

これに対し、無償ボランティアについては労働法の直接の適用も、また類推適用などの手法も原則としては考えられない。労働者性の判断も労働契約の意義も、労働と報酬との対価関係が基本的前提となっているからである。また、無報酬による他者への貢献はまさに自由な意思によってなされるべきであって、それが認められない場合は強制労働と等しくなろう。しかし、無償ボランティアであっても、労働者であれば提供されるべき保護の一切が不必要だとは

---

[51] 大内・前掲注5) はこの点を強調する。

言えない。たとえば災害補償のシステムなどはまさに無償の社会的労働だからこそ必要であるともいえる[52]。また、日常的介護などを想定すると労働時間についても一定の制限は必要となりうる。したがって、ボランティアの就労形態を明確化したうえでの実定法による保護の仕組みは十分に検討に値するといえる。

テレワーク・在宅ワークについても、すでに一定の検討の蓄積があり、それが単に就労場所が自宅などであって指揮命令を受ける立場にある場合には労働者として労働法制の直接的な保護を受けうること、そうではなく業務を受注して自宅等でこれに従事する事業者タイプの場合には、家内労働法の適用が考慮されるほか、厚生労働省はパンフレットを作成して適正な就労のための政策的対応を提供している[53]。在宅ワークという就労形態がより拡大すれば、家内労働法の抜本的改正を含めた総合的対応が必要となることは言うまでもないが、これに加えて、労働者性判断の枠組みや労働契約・雇用契約の意義との関係を整備する必要も生じるものと思われる[54]。

Ⅳ　労働者のエンタイトルメント——参加と保護によるサポート

多様化する労働者像をめぐっては、以上のほか、現行労働法制の直接的な対象となりえない就労者の代表制をどう確保するか、また社会保障制度への組み込みの在り方も課題となる。これまでの労働組合は、一企業一組合という基本的な形態を土台として、労働組合の組織範囲と従業員としての企業への所属とが一致することが前提であった。しかし、すでに状況は大きく変わり、非正規

---

[52] 山口浩一郎「NPO活動のための法的環境整備」労研515号（2003）21頁以下（30頁）。
[53] 厚生労働省「在宅ワーカーのためのハンドブック」(2009)（http://www.mhlw.go.jp/bunya/koyoukintou/zaitaku/100728-2.html）参照。
[54] たとえば事業者型の在宅ワーカーであっても、労組法3条の労働者であると認められることは十分に考えられるし、労組法16条の意味での労働契約が締結されているとみなされる可能性も否定できない。

労働者の組織率の向上や、企業を超えた組織化の取り組みも進んでいる。労組法上の労働者の範囲は労基法や労契法より広いことが確認されている現在、形式上自営業者であっても労働組合を結成し、あるいは加入することが可能な者は多数存在することを踏まえると、まずはそれらの人々の組織化が円滑に進められることが必要となろう。非正規労働者の代表制も基本的には組織化が促進されることで確保されるべきであるが、非正規労働者固有の課題について、どのようにその代表制を実現するかはなお検討されるべき課題である。

社会保障法制については、すでに年金、医療保険、災害補償の諸領域で労働者・自営業者の垣根は実質的に低くなりつつある。しかし、雇用保険についてはなお労働者性が基本的な適用要件となるし、自営業者やボランティアの業務災害についての補償も極めて限定的である。社会保障と税の一体的改革の流れの中で、働く人々のための社会保障法制をどう体系的に確立するかは、今後本格的に検討されるべき重要な課題といえよう。

V　結語——政策と解釈論の有機的連携へ

労働者像の多様化は、諸法令からみて労働者として自明の存在である者の類型が多様化しているという意味と、労働者という概念そのものが再考を迫られているという意味であらゆる労働法上の課題と結びついている。このような課題の克服は、解釈論と立法論との緊密な連携が余儀なくされるのみならず、政策との協働も不可欠となろう。労働法の体系を洗い直し、その過程で会社法や各事業法、あるいは社会保障や税に関する諸施策についても射程においた検討が必要となる。本書はそのための橋頭保となるべき目的を有しているが、本稿がそのための問題提起となっていれば幸いである。

第 2 章　労働者像の変化と法政策のあり方

2-1　労働者像の変化と法政策のあり方──法学の立場から
2-2　現場の実情を踏まえた法政策の検討──企業実務の立場から
2-3　労働法政策の検討──経済学の立場から

2-1 労働者像の変化と法政策のあり方
　　──法学の立場から

荒木　尚志

I　はじめに

　現在、労働法政策が直面する最大の課題は、労働者・雇用関係の多様化に対してどのように実効性のある対応を行うかである。

　労働者の多様化が進展していることについては、すでに多くの指摘があり、本書でも随所で論じられているので、ここでは労働者像の多様化を4つに整理して指摘するにとどめる。

　第1に、伝統的雇用システムが暗黙裏に前提としてきた正規雇用の比率が低下し、労働市場に多様な非正規雇用者が参入してきた。2014年7-9月期の労働力調査によると、非正規雇用の全労働者に占める比率は、37.1％に至っている[1]。そして非正規労働者の内訳は、「パート」「アルバイト」「労働者派遣事業所の派遣社員」「契約社員・嘱託」等多様である。なお、労働力調査による非正規雇用の把握は職場における呼称によっている問題点については、次項で詳しく検討する。

　第2に、正規雇用内部でも、まさに「多様化する正社員」や「限定正社員」といった新たな概念が議論されているように[2]、多様化が進展している。2013

---

1) 総務省統計局「労働力調査 2014 年 7-9 月期平均（速報）」。

第 2 章　労働者像の変化と法政策のあり方

年から施行された 2012 年改正労働契約法により、5 年を超えて有期契約を反復更新された有期契約労働者には、別段の合意をしない限り労働条件は同一のまま、無期契約へ転換する権利が与えられており（労契法 18 条）、2018 年からは、労働条件は有期契約時代と同一で無期契約に転換する労働者群が登場することになる。

　また、就労形態に着目すれば、既存の労働時間制度の適用除外制度や裁量労働制に加えて、現在、立法化が議論されている「高度プロフェッショナル制度」では、通常の労働時間規制に服さずに就労する労働者が登場する。場所的にも既存の事業場外労働に加えて、テレワーク等の新たな就労スタイルの拡大普及が政策課題となっている。

　第 3 に、労働者の人的属性に着目すると、諸施策の展開により、女性、高齢者、障害者、外国人等、男性壮年をモデルとした雇用システムからすると多様な人々の労働市場参入が、今後も拡大していくであろう。

　第 4 に、労働者と労働者以外の就業者（独立自営業者等）との境界が不分明になるとともに、労働法の守備範囲や他の隣接法領域の施策との調整等が新たな課題として浮上するような労働者類似の就業者が増えてきている。

　このように多様な労働者が多様な就業形態で働く今日の雇用社会において、労働法政策はいかにあるべきかが問われている。この問題については、本書における野川論文でも包括的に検討されており、筆者も論じたことがある[3]ので、本稿では、次の諸点に焦点を絞って論ずることとしたい。すなわち、第 1 に労働者の多様化についての社会認識と法的把握のズレの問題を、第 2 に、正規（正社員）・非正規（非正社員）という二分把握と法政策の関係を、第 3 に、

---

2) 厚生労働省「雇用政策研究会報告書　持続可能な活力ある社会を実現する経済・雇用システム」（座長：樋口美雄慶應義塾大学教授）(2010)、厚生労働省「『多様な形態による正社員』に関する研究会報告書」（座長：佐藤博樹東京大学教授（当時））(2012)、同「『多様な正社員』普及・拡大のための有識者懇談会報告書」（座長：今野浩一郎学習院大学教授）(2014) 等参照。

3) 荒木尚志「雇用社会の変化と法の役割」荒木尚志責任編集『現代法の動態 3　社会変化と法』（岩波書店、2014）3 頁、6 頁以下。水町勇一郎「非正規雇用と法」同書 29 頁以下も参照。

多様化する労働者・就業形態に対する法政策のあり方と集団的労使関係システムの関係を取り扱う。

II 労働者の多様化についての社会認識と法的把握の齟齬

　労働者の多様化、とりわけ増大する非正規雇用や「多様化する正社員」等について労働法政策を議論する場合の一つの問題は、労働者の多様化についての企業社会や社会一般の認識と法的把握にはズレがあることである。このズレを認識し、そのギャップを埋めることから始めないと、制度論・政策論もすれ違ってしまい、生産的な議論が困難となる。

1　呼称による非正規把握と法的把握

　非正規雇用問題を論ずる場合、総務省統計局の労働力調査における雇用形態に関する調査に依拠するのが通例である。しかし、労働力調査における雇用形態把握は、周知の通り、呼称による把握である。すなわち、調査票では「今の仕事について　雇われている人は勤め先での呼称を記入してください」という質問項目があり、「正規の職員・従業員」「パート」「アルバイト」「労働者派遣事業所の派遣社員」「契約社員・嘱託」「その他」の選択肢から答えることとなっている[4]。このように職場での呼称によったのは、「事業所におけるパートやアルバイトなどの取扱いが必ずしも明確ではなく．雇用者本人が自らの雇用形態を正確に把握していない可能性があるため[5]」とされる。

　企業社会において、いわゆる終身雇用ないし長期雇用システムの対象と観念されてきた「正規の職員・従業員」と、それ以外の非正規雇用、すなわち「パ

---

[4]　総務省統計局「労働力調査の解説（第3版）」(2011) 136頁（付録1 2「労働力調査特定調査票」）(http://www.stat.go.jp/data/roudou/pdf/hndbk.pdf)。

[5]　総務省統計局・前掲注4) 62頁（第7章把握事項）。

第 2 章　労働者像の変化と法政策のあり方

ート」「アルバイト」「労働者派遣事業所の派遣社員」「契約社員・嘱託」等、名称は様々でも、ともかく「非正規雇用」として、「正規雇用」とは雇用保障にも処遇にも大きな相違がある労働者が存在していることは、公知のことで、そうした「非正規雇用」に分類されている労働者を捕捉しようとしたものであろう。つまり企業社会や人事実務においては、長期雇用慣行に服する正社員（正規雇用）と、そうではない非正社員（非正規雇用）とが区別された。そして、非正規雇用として位置づけられた労働者については、使用者が「非正規雇用だからいつでも解雇できるはず」とか「非正規雇用だから正社員より処遇が劣るとしても当然のこと」といった意識で人事管理が行われてきた可能性がある[6]。

　こうした取扱いが、法律上も当事者の契約自由に委ねられていたのであれば、法的な問題は生じない。確かに、正社員と非正社員との間に処遇格差があったとしても、少なくとも 2007 年短時間労働者法（以下、パート労働法）8 条が「通常の労働者」と一定の要件を満たしたパート労働者との差別的取扱禁止規制を導入するまでは、非正社員と位置づけられた労働者に対する処遇格差に対する法規制は存在しなかった。

　しかし、非正規雇用の不安定雇用問題に直接関係する当該労働者の労働契約が無期契約か有期契約かという点については、19 世紀末以来施行されている民法自体に由来し、今日に至るまで厳然として非正規雇用労働者に対しても適用される法的規制があった。法的には重要な意味を持つ契約の期間の定めについての認識が、実務における「正規・非正規」の二分把握ではほとんど欠落していたように思われる。そのことが、2013 年に調査項目が改正されるまで、国の労働力調査においても労働契約の期間について調査してこなかったことにもつながっていたように思われる。

　他方、法規制は存在せず、当事者の契約自由・人事管理上の工夫に委ねられ

---

[6] 厚生労働省・非正規雇用のビジョンに関する懇談会「望ましい働き方ビジョン」（座長：樋口美雄慶應義塾大学商学部長（当時））(2012) 5 頁も、「非正規雇用」と称されることにより、法の正規の保護や雇用の安定が守られなくてもよいなど誤って理解されてきた面がある、と指摘する。

ているにもかかわらず、それがあたかも規制によって実務上の対応ができないと誤解されている場面もあるようである[7]。

こうした企業社会ないし実務上の認識と法的把握の齟齬について、非正規雇用に焦点を当てて確認しておこう。

2 非正規雇用実務と法的規制の齟齬

(1) 非正規雇用と有期・無期契約

当該労働者が無期労働契約（期間の定めのない労働契約）で雇用されている場合、その解雇には解雇権濫用法理の適用があり、客観的に合理的理由を欠き、社会通念上相当と認められない解雇は無効となる。この判例法理は、明文化された時期こそ、2003年労基法改正時（その後、2007年の労働契約法制定時に労契法16条に移行）であったが、1970年代には確立していたものである[8]。

したがって、「パート」と呼称されていても、その労働契約に期間の定めが合意されていたことが立証できなければ、当該パート労働者は無期契約で雇用されていることとなり、そうすると、その解雇には上記解雇権濫用法理が適用される。他方、有期契約で雇用されている「パート」の期間満了には解雇権濫用法理は適用されず、自動終了するのが原則である。このように、労働契約の期間の有無によって雇用保障には法的に大きな差異が生ずるが、実務においても統計調査においても、この点の認識はいかにも希薄であったように思われる。その結果、2012年労働契約法改正につながる有期労働契約規制の立法政策の検討に当たっても、果たして、非正規雇用の何パーセントの労働者が有期労働契約で雇用されているのかが従来の政府統計では把握できず、急遽、別途の調査を行う必要があった[9]。

---

7) これは、特に近時の労働法制の改革論においても、しばしば指摘される問題点である。例えば濱口桂一郎「労働政策過程をどう評価するか」季労245号（2014）70頁参照。
8) 解雇権濫用法理の確立については、西谷敏＝野田進＝和田肇編『新基本法コンメンタール労働基準法・労働契約法』（日本評論社、2012）395頁〔荒木尚志執筆〕およびそこに掲記の文献参照。

第 2 章　労働者像の変化と法政策のあり方

「パート」は期間の定めのある契約（有期労働契約）で雇用されていることが多いと推測されていたと思われるが、平成 23 年調査で新規項目としてパート労働者に関する期間の定めの有無を事業所単位で問うたところ、期間の定めのある事業所割合が 51.4%、期間の定めのない事業所が 48.6% と、ほぼ半々である[10]。半分の事業所ではパート労働者について明確に期間を定めていないのが実態のようであるが、果たして、かかる事業場の使用者は、期間の定めをしていない無期パート労働者の解雇に解雇権濫用法理の適用があることを認識しているのであろうか。「パート」という非正規労働者だから解雇法理など問題とすることなく解雇できると誤解している可能性はないだろうか。

既述のように、有期労働契約が期間満了時に更新されない場合には、当該雇用関係は自動終了する。これは解雇ではないため、解雇権濫用法理の適用もないのが原則である。しかし、最高裁の 1974（昭和 49）年判決[11] および 1986（昭和 61）年判決[12] により、使用者の有期労働契約の更新拒否について、いわゆる「雇止め法理」と呼ばれる判例法理が形成された。すなわち、「雇止め法理」によると、有期契約が反復更新され実質的に無期契約と異ならない状態に至っている場合および労働者が期間満了後も雇用継続を合理的に期待するに至っている場合、雇止めには、解雇権濫用法理が類推適用され、客観的合理的理由を欠き、社会通念上相当と認められないときは、雇止めの効力は否定される。この判例法理は 2012 年労働契約法改正で労契法 19 条として明文化されるが、上記のように 1970 年代から 80 年代にかけて、既に形成されていた。

平成 23 年調査によると、期間の定めのある事業所（51.4%）を母集団とした場合、その 26.9% が「パートから終了を申し出なければ、自動的に更新する」と回答している[13]。この場合、労働者には雇用継続期待が生じ、雇止め法理

---

9) 厚生労働省労働基準局により平成 21 年そして平成 23 年に「有期労働契約に関する実態調査」が行われた。
10) 厚生労働省「平成 23 年パートタイム労働者総合実態調査（事業所調査）の概況」(http://www.mhlw.go.jp/toukei/itiran/roudou/koyou/keitai/11/dl/gaikyou.pdf)。
11) 東芝柳町工場事件・最一小判昭和 49・7・22 民集 28 巻 5 号 927 頁。
12) 日立メディコ事件・最一小判昭和 61・12・4 労判 486 号 6 頁。

により（現在では労契法19条により）、客観的合理的理由を欠き、社会通念上相当と認められない場合には、当該雇止めの効力は否定される。この点も、使用者はどの程度認識しているのであろうか。

さらに、有期労働契約で雇用されている場合、その期間中途の解雇には、無期契約における解雇（労契法16条）よりも、さらに厳格な「やむを得ない事由」がある場合でなければ解雇することはできない。このルールも現在では2007年の労契法17条1項で明確化されているが、労契法制定前においても、1898年施行の民法628条から導かれる規範であると解するのが一般であった[14]。しかし、実務では非正規雇用であるためであろうか、期間中途の解雇であることすら意識せずに解雇する事例にことかかない[15]。

(2) 非正規雇用と労働条件規制

他方で、労働者の8割をパートとして活用している企業の人事担当者は、2012年労働契約法改正で導入された無期転換5年ルール（労契法18条、2013年4月より施行）について、（世上懸念されているような）5年を超える前に雇止めするといった対応については、「8割の人を入れ替えるようなことはやっていられ」ないので、無期化するが、現在、有期契約の期間ごとに行っている労働条件見直しが、そのまま無期化すると不可能となるという認識を示している[16]。しかし、こうした労働条件見直しは無期化したとしても不可能となるわけではないことは、施行通達も確認している[17]。

---

13) 厚生労働省・前掲注10) 表4-3。
14) しかし、これと異なる解釈をする下級審裁判例が生じ始めたために労契法17条1項で明確化を図ったという経緯については、荒木尚志＝菅野和夫＝山川隆一『詳説労働契約法〔第2版〕』（弘文堂、2014）168頁参照。
15) 例えば、労働者派遣契約解約を理由とする派遣労働者の契約期間中途の解雇が無効とされたプレミアライン（仮処分）事件・宇都宮地栃木支決平成21・4・28労判982号5頁、年末終期の契約を5月末終期の契約に変更した後、その終期到来前の5月17日に行った中途解雇が無効とされたアンフィニ（仮処分）事件・東京高決平成21・12・21労判1000号24頁、高校の塾生の期間満了前の解雇が無効とされた学校法人東奥義塾事件・仙台高秋田支判平成24・1・25労判1046号22頁等。

第 2 章　労働者像の変化と法政策のあり方

　正規と非正規の労働条件格差については、2007 年までは法規制の対象とはされてこなかった[18]。非正規雇用たる地位は、企業内では一種「身分」的に観念されているかもしれないが、労基法 3 条が差別的取扱い禁止を定めた「社会的身分」とは、個人の意思によっては変更できない社会的分類と解されているので、非正規雇用という契約（合意）によって取得した地位は、ここにいう「身分」にはあたらない。このように非正規雇用についての処遇格差問題には法規制が欠如していたからこそ、立法による新たな規制の導入が論じられ、2007 年パート労働法 8 条（2014 年改正では要件を緩和して 9 条となる）により通常労働者と同視されるパート労働者についての差別的取扱禁止が、2012 年労働契約法改正により、有期契約労働者と無期契約労働者との労働条件の相違が「不合理なものであってはならない」との規制が、そして、2014 年改正パート労働法新 8 条により、パート労働者と通常労働者の待遇の相違が「不合理なものであってはならない」との規制が導入されることとなった。

　つまり、正規・非正規の二分把握による思考枠組みを離れた場合に、法的に規制されておらず当事者の対応に委ねられている事項と、法規制によって当事者が契約自由によって対応することのできない事項についての整理が十分になされていない実務状況がうかがわれる。加えて、パート労働法は差別的取扱禁

---

16) 守島基博＝大内伸哉『人事と法の対話』（有斐閣、2013）41 頁以下で、イオンのグループ人事部長二宮大祐氏は「いまだと、この時給は、この期間までですよ、半期経ったらもう一回見直しますよということです。これを放っておいたら、そこまで無期になってしまって、もう変えられなくなってしまいます。お互いに良くありません。いまだと、そういう部分は、雇用契約とセットでやっているのです。」と発言している。

17) いわゆる労契法施行通達は「有期労働契約の更新時に、所定労働日や始業終業時刻等の労働条件の定期的変更が行われていた場合に、無期労働契約への転換後も従前と同様に定期的にこれらの労働条件の変更を行うことができる旨の別段の定めをすることは差し支えないと解されること。」としている（平成 24 年 8 月 10 日基発 0810 第 2 号「労働契約法の施行について」第 5 の 4（2）ク）。無期化した場合、一般に労働条件の見直しは就業規則の合理的変更法理によって可能である（労契法 10 条）。

18) 唯一、丸子警報器事件・長野地上田支判平成 8・3・15 労判 690 号 32 頁が、公序良俗違反を根拠として 2 割を超える格差について違法と判断した例があったのみで、これも一裁判例にすぎず判例法理として確立したものではなかった。

止というハードローによる差別禁止規制（均等取扱規制）の他に、いわゆる均衡取扱については、禁止規制ではなく努力義務規定というソフトロー規制を用いている（2014年パート労働法10条〜12条）。また、派遣労働者の労働条件格差問題については未だ禁止規定は存在せず、派遣先労働者との均衡を考慮した待遇の確保の配慮義務が設定されるにとどまっている（派遣法30条の2）。これらの錯綜した規制状態は、法律家にとっても決してわかりやすいものではない。こうした状況が、一方で、従来からの正規・非正規の二分把握の固定観念からの脱却を困難とし、他方で、立法政策をめぐる議論を輻輳させる要因となっている可能性がある。

Ⅲ　正規・非正規の二分把握と法政策

　以上のように、企業の人事管理実務においては、なお、正規・非正規の二分把握が強固に根付いていることが伺われる[19]。そして、これは法律論や立法政策にも大きく影響する問題である。この正規・非正規の二分把握については、二つの、しかし相互に関連した問題を検討しておく必要がある。第1に、正社員とはいかなる労働者を指すと理解するのか、そして第2に、非正規雇用問題に取り組む場合、非正規雇用という不安定・低処遇の雇用をなくし正規雇用化を目指すのか、それとも、正規・非正規の二極化した雇用モデルから連続的なグラデーションのある多様な雇用モデルを目指すのか、という問題である。

---

19) 例えば、内閣府「労働市場改革専門調査会第4次報告」（会長：八代尚宏国際基督教大学教養学部教授）(2008)、厚生労働省・非正規雇用のビジョンに関する懇談会・前掲注6)、守島＝大内・前掲注16) 30頁以下（二宮発言）、48頁（守島発言）、290頁以下（守島発言）等も参照。

第 2 章　労働者像の変化と法政策のあり方

1　「正社員」（正規雇用）の概念

　第 1 の「正社員」あるいは正規雇用としてどのような労働者を想定するのかについては、論者によってイメージが異なるために議論の混乱を招いていたように思われる。例えば、「『多様な形態による正社員』に関する研究会報告書」は、「いわゆる正社員」を「雇用が安定しており、かつ、職種、勤務地、労働時間等の制約がない正社員」としている[20]。ある人事担当者も「何でもやります」「どこにでも行きます」「いつでも働きます」「65 歳・60 歳まで働き続けます」「一定の試験をクリアしているということでいえば、優秀」という「正社員 5 点セット」を満たしているものが「正社員」であると把握している[21]。

　これらの正社員把握は、守島の定義によれば、3 つの正社員（中核的正社員、準中核的正社員、周辺正社員）の中の中核的正社員のみを把握する立場といえる。非正規雇用のビジョンに関する懇談会（以下「非正規ビジョン懇」）でも、当初、正規雇用を①労働契約の期間の定めはない、②所定労働時間がフルタイムである、③直接雇用である、に加えて④勤続年数に応じた処遇、雇用管理の体系、⑤勤務地や業務内容の限定がなく、時間外労働がある、という 5 項目で把握する議論がなされていた。

　しかし、非正規ビジョン懇は、最終段階で、正規雇用を、④⑤は除き、諸外国で一般的な典型・非典型雇用のメルクマールとされる①②③によって把握する立場に整理された。すなわち、正規雇用とは、①無期契約で雇用され、②フルタイムで就労する、③直接雇用の労働者という 3 つの要素をすべて備えた雇用を指し、非正規雇用とは、この 3 要素のうちのいずれか一つを欠いたものを指すとした。それゆえ、無期契約労働に対して「有期契約労働」、フルタイム労働に対して「パートタイム労働」、直接雇用に対して「派遣労働」という 3 つの雇用形態が非正規ないし非典型雇用と把握されることになる[22]。それゆえ EU ではこれら 3 種の雇用形態に対して 3 つの EU 指令が出され、典型雇用

---

20)　厚生労働省・前掲注 2)。
21)　守島 = 大内・前掲注 16) 31 頁（二宮発言）。

との処遇格差についても不利益取扱いを禁止する規範を設定し、国内法化を義務づけている[23]。

以上の整理に基づき、非正規ビジョン懇は、①②③に加えて、④⑤も満たす者を「典型的な正規雇用」と呼んでいる。

正規雇用と非正規雇用の概念の整理がすすむにつれ、近時、「いわゆる」「典型的な」「中核的」「無限定[24]」という形容詞の付いた「正社員」（以下「典型的正社員[25]」という）の他に、そうではない正社員も存在することが認識され、「多様な正社員」と呼ばれるようになってきた。また、それらの者は勤務地、職務、労働時間等について労働契約上、限定が付されていることから「限定正社員」「ジョブ型正社員」とも呼ばれている[26]。そして、近時の調査では、そ

---

[22] これらの3つの要素の2つないし3つを同時に欠く非正規（非典型）雇用も存在する（有期雇用のパート労働者や、有期契約で、かつ、パートタイムで就労する派遣労働者等）。厚生労働省・非正規雇用のビジョンに関する懇談会・前掲注6）4頁以下、荒木444頁等参照。

[23] 詳細は労働政策研究・研修機構『雇用形態による均等処遇についての研究会報告書』（座長：荒木尚志東京大学教授）（2011）42頁以下。

[24] 内閣府「規制改革会議雇用ワーキング・グループ報告書」（座長：鶴光太郎慶應義塾大学教授）（2013）や島田陽一「これからの生活保障と労働法学の課題」西谷敏先生古稀記念論集『労働法と現代法の理論（上）』（日本評論社、2013）55頁、同「正社員改革と雇用政策」季労247号（2014）14頁は、限定正社員と対比して「無限定正社員」と呼んでいる。

[25] なお、有期契約労働者、短時間労働者、派遣労働者といったいわゆる非正規雇用労働者の企業内でのキャリアアップ等を促進するための「キャリアアップ助成金」制度では、当該制度内での用語として、「正規雇用労働者」（正社員）を「期間の定めのない労働契約を締結する労働者であって、正社員待遇（就業規則等に規定する賃金の算定方法および支給形態、賞与、退職金、定期的な昇給または昇格等の労働条件が適用されることなど長期雇用を前提とした待遇をいう）を受けている労働者（短時間労働者または派遣労働者のうち、期間の定めのない労働契約を締結する労働者であって正社員待遇を受けているものを含む）」と定義し（したがって本稿にいう「典型的正社員」に相当する）、「期間の定めのない労働契約を締結する労働者のうち、正規雇用労働者以外のもの」を「無期雇用労働者」と呼んでいる。

[26] 前掲注2）の報告書や前掲注24）の「規制改革会議雇用ワーキング・グループ報告書」参照。

第 2 章　労働者像の変化と法政策のあり方

うした「多様な正社員」ないし「限定正社員」はすでに企業の約半数の事業所に存在していることが確認されている[27]。

2　正規雇用の概念整理と非正規雇用に対する法政策

　正規雇用内部において進行している多様化を踏まえて、正社員（正規雇用）の概念を整理することは、政策論においても重要である。典型的正社員のみを観念し、それ以外の労働者を非正規雇用と把握する立場では、非正規雇用からの転換を政策上要求することは、現在の非正規雇用の労働者を「典型的正社員」として処遇することを求める政策と受け取られ、到底現実的ではないとの反応を惹起する[28]。他方で、非正規雇用を不安定で低処遇の望ましくない雇用と捉える立場からは、「典型的正社員」たる処遇を得られない法政策は不十分な政策との反発を引き起こすことになりがちである。これらはいずれも正社員・非正社員の固定観念に囚われたまま政策論に対峙しているものといえよう。さらに、典型的正社員の働き方が、ワーク・ライフ・バランスを犠牲としたものであれば、そのような働き方を選択しようとは思わない労働者が出てきて当然であろう[29]。

---

[27] 労働政策研究・研修機構が平成 22 年 8 月に実施した「『多様な正社員』の人事管理に関する研究報告書」（多様な就業形態に関する実態調査）（2013）によると、限定正社員を導入している事業所は 47.9% にのぼる。このうち、職種限定社員がいる事業所は 23%、勤務地限定社員がいる事業所は 11.6%、所定勤務時間限定社員がいる事業所は 5.7% である。このほかに非管理職として勤務することを前提としたキャリアトラックで就労する「一般職社員」がいる事業所が 32.8% である。

[28] 「改正労働契約法への対応を考える」Business Labor Trend 2015 年 1 月号のパネルディスカッションでは、労契法 18 条の 5 年無期転換ルールについて「何で 5 年経ったからと言って無理矢理、正社員にしなければならないのかと文句を言われる。いや正社員にしろとはどこにも書いてありませんと言っても、無期契約になるのだからつまりは正社員だろうという思い込みが強い」（濱口桂一郎発言）、「無期転換をするということと日本型正社員にすることは異なるという点が、企業側では充分に理解されていなかった」（松下守男発言）等、非正規でなくなれば「（典型的）正社員」化だろうという固定観念の根強さが報告されている。

正規雇用内部における多様化を踏まえると、政策上要請されているのは、正規・非正規という二分把握による二極化した雇用モデルを脱却し、非正規社員と典型的正社員の間に、連続的で多様な雇用モデルを提供することであろう[30]。換言すれば、目指すべきは、二極化モデルを解消するために非正規雇用をなくしてしまうことや、典型的正社員化を法規制によって要求することではなく、二つの極の中間を埋め、個人が多様な雇用モデルを選択できる状況を提供することであり、かつ、そこで提供される多様な雇用モデルが、社会正義の観点から許容される、安定と柔軟性の観点からもバランスの取れたものであることを確保することであろう[31]。

この点で、2012年労働契約法改正における5年無期転換ルールが、無期契約に転換しても労働条件は有期契約当時と同一であることをデフォルトルールとしているのは、両極化した雇用モデルの間隙を埋めようとする施策と解される。無期化ルールは、有期契約の濫用的更新に歯止めを掛けるものであって、典型的（無限定）正社員化を要求するものではない[32]。そして、不安定雇用たる有期雇用をなくすという発想からは、有期契約締結に正当事由を要求するという法政策（いわゆる入口規制）が提案されるが、有期契約の雇用創出機能や労働市場における柔軟性提供機能等、有期契約の多様な機能・意義も勘案して、入口規制は採用しないという選択がなされた[33]。

---

29) 緒方桂子「女性の労働と非正規労働法制」西谷敏先生古稀記念論集・前掲注24) 468頁は、家庭責任を負った女性労働者が、正規労働者と同じように時間外労働・休日労働命令や転居を伴う配置転換命令に応じることは大きな困難を伴い、無期雇用転換権は行使されない可能性が高いとする。

30) 非正規雇用のビジョンに関する懇談会・前掲注6) や「『多様な正社員』普及・拡大のための有識者懇談会報告書」・前掲注2) は、基本的にこのようなスタンスに立つと解される。なお、正規・非正規の「働き方の壁」をなくすべきことは、「労働市場改革専門調査会第4次報告」・前掲注19) でも指摘されていた。

31) 荒木728頁以下。

3　正規・非正規の処遇格差問題

　正規・非正規雇用の概念に関する上述のような整理を踏まえると、正規・非正規の処遇格差問題への政策アプローチについても、次の諸点を指摘できよう。

　まず、2007年パート労働法8条は、まさに「典型的正社員」を念頭に規制を行っていたものということができる。同条は「通常の労働者」と同視すべきパート労働者について、差別的取扱いを禁止するが、「通常の労働者」と同視できるのは、(1) 職務内容が正社員と同一で、(2) 雇用関係終了までの全期間において人材活用の仕組み・運用が正社員と同一で、かつ、(3) 契約期間が無期か無期と同視できる、という3要件を満たしたパート労働者に限られていた。その結果、この要件を満たすパート労働者はわずか1.3%[34]に過ぎず、規制の実効性について問題が指摘され、2014年パート労働法改正では(3)の要

---

32) 無期転換しても労働条件が正社員並に改善されなければ意味がないとの批判は、無期転換を（典型的）正社員化と同視する考え方によるものであろう。無期転換ルールは労働条件を典型的正社員並に引き上げることを目指したものではなく、不安定雇用状態を解消し、安定的な無期雇用への移行をめざしたものである。有期労働契約は、更新拒絶によりいつでも雇用が打ち切られかねないというリスクが内在する。そのことを熟知している有期契約労働者は、例え法が保障した権利や正当な苦情、労働条件改善要求であっても、そうしたアクションを起こすことが、使用者の次の更新拒絶を引き起こしかねない（使用者は特に更新を申し出なければ契約を自動終了できる）と考えれば、権利行使も控えることとなる。このような使用者が圧倒的に優越的な地位に立つ雇用関係を5年を超えて利用することは、有期契約の濫用的利用に当たるという判断に立ち、そうした期間満了終了のおそれのない安定的な無期契約に転換させようとするのが無期転換ルールである（荒木尚志「有期労働契約規制の立法政策」菅野和夫先生古稀記念論集『労働法学の展望』（有斐閣、2013）173頁以下参照）。

　ちなみに、ハードローとしての無期転換ルールは上述したような趣旨の規制であるが、厚労省は、無期転換時に労働条件を一定上に引き上げた使用者には、キャリアアップ助成金を支給することとし、インセンティブ付与というソフトローの手法を用いて、労働条件改善策を講じている。無期転換ルールについてのハードローとソフトローのハイブリッド型規制といおう。

33) 詳細については荒木・前掲注32) 163頁。

件が削除された。

　これに対して、有期契約労働者と無期契約労働者の処遇格差問題について、2012年労働契約法改正では、2007年パート労働法8条のような差別的取扱禁止規制ではなく、有期労働契約を理由とする不合理な労働条件を禁止するという新たなアプローチが採用された。

　このようなアプローチが採用された背景には次のような考慮があったと解される。均等待遇や同一労働同一賃金という規範は、同一の労働を提供しているのであれば、賃金や処遇は同一であるべきだという命題であり、これは「等しき者に等しきものを」という平等原則・差別禁止に由来する考え方である。この命題は、しかし逆に、(a) 労働が同一でなければ、同一賃金・処遇をという要請は働かないという帰結をもたらす。また、(b) 同一労働の場合に、低い賃金・処遇とすることが禁止されるだけではなく、より高い賃金・処遇も、逆差別として禁止される、という帰結ももたらしうる。つまり、雇用形態差別といわれる問題に同一労働同一賃金原則や均等待遇という差別禁止規制で対処すると、(a) 同一労働に該当しなければ救済が得られず、また、(b) 非正規労働者の優遇も禁止される、という懸念が生ずる。

　実際、2007年パート労働法8条では、差別禁止規制が採用された結果、(a) の側面が生じ、かつ、「典型的正社員」を念頭に置いていたこともあって、その適用対象者が極めて限定されることとなった。

　また、欧州ではパート・有期・派遣という雇用形態に基づく処遇格差について、EU指令が差別禁止原則を設定しているといわれている。しかし、EU指令の規範を子細に検討すると、これはいわゆる差別禁止規制とは区別すべき、不利益取扱い禁止規制と理解すべきではないかという研究結果が報告された[35]。すなわち、非典型雇用に関する各EU指令は (b) の点については、その条文タイトルこそ Principle of non-discrimination（非差別原則）となってい

---

34) 厚生労働省雇用均等・児童家庭局短時間・在宅労働課『「平成23年パートタイム労働者総合実態調査」（事業所調査）結果について』9頁（http://www.mhlw.go.jp/stf/shingi/2r9852000001yd59-att/2r9852000001yddg.pdf）。

35) 労働政策研究・研修機構・前掲注23）。

るが、規制内容は非正規雇用労働者の不利益取扱いを禁止しているにすぎず、有利に扱うことは禁止しない片面的な「不利益取扱い禁止」規制であること、したがって、逆差別問題は観念されないことが明らかにされた。そして、(a)の点についても、非正規雇用の不利益取扱い禁止規制の適用に際して、特に、労務に直接関連しない給付に関する不利益取扱いにおいては、当該非正規労働者が正規労働者と同一の労働を行っていることは必ずしも要件とはされていないことが報告されている[36]。

こうした分析を踏まえて、2012 年労働契約法改正では、有期契約労働者と無期契約労働者（正社員）との処遇格差を規制するに当たって、差別禁止の手法ではなく、無期契約労働者と有期契約労働者の労働条件の相違が「不合理なものであってはならない」という新たな規制手法を採用した（労契法 20 条）。この新たな規制では、(a) について、有期・無期の労働者の労働が同一であることは要件とはされない。例えば、社員食堂の利用を無期契約雇用の正社員に限定し、有期契約社員には利用させないという取扱いは、有期契約社員が正社員と同一の労働を提供しているかどうかとは無関係に、特段事情がない限り、不合理と解されうる[37]。また、(b) についても、有期契約労働者を有利に扱っても[38]、有期契約を理由とする不合理な労働条件でなければ何ら問題はない。

2014 年の改正パート労働法は、改正前 8 条の三要件から、(3) 契約期間が無期か無期と同視できる、という要件を削除し二要件とした（2014 年パート労働法新 9 条）。しかし、同条はなお差別禁止アプローチを維持している。これに対して、2014 年改正法で創設された新 8 条は、パート労働者の待遇と通常労働者のそれとの相違は、「不合理なものであってはならない」と規定し、差

---

[36] このような分析に当たっては水町勇一郎「「格差」と「合理性」」社会科学研究 62 巻 3・4 号（2011）125 頁、同「『同一賃金原則』は幻想か？」鶴光太郎＝樋口美雄＝水町勇一郎編著『非正規雇用改革』（日本評論社、2011）271 頁が大いに参考とされた。

[37] 施行通達・前掲注 17) 第 5 の 6 (2) オ参照。

[38] 雇用期間が限定されていることから、通常より高い労働条件を提示する、いわゆる有期プレミアムは、したがって、問題なく認められる。

別禁止（均等待遇）とは異なる新たなアプローチを採用している。

　労契法20条やパート労働法新8条の「不合理な労働条件の禁止」という新たはアプローチは、上記の（a）（b）の問題を踏まえたものと解されるが、その効果の点でも新規性がある。すなわち、差別禁止規制にあっては、規制の適用要件が満たされた場合には、異別取扱いが禁止され、同一取扱いをすべきことが要請されるが、この「不合理な労働条件の禁止」アプローチで要請されているのは、正規・非正規の二極化した区分の下で、非正規雇用だからということで放置されてきた現状の処遇について、その職務内容や職務内容・配置の変更範囲などに鑑みて不合理な格差となっていないかを吟味し、職務内容やその変更範囲に応じた合理的なグラデーションをつけることと解されるのである[39]。そこでは、相違に応じた異別取扱いは許容されている[40]。

　もっとも、新たなアプローチは、間口が広い反面、何が「不合理な労働条件」と評価されるのかについての予測可能性を高めていくことが課題となる。ここでは、労契法20条やパート労働法新8条の「不合理な労働条件の禁止」が、判定規範としてのみならず行為規範として労使交渉の場面で機能することにも大きな期待を持って制定されていることに留意すべきであろう。すなわち、労使交渉において、正規・非正規労働者間の処遇格差が不合理なものとならないよう十分な考慮を払って労働条件設定がなされるべきであり、そうした考慮が払われた交渉を経て決定されたものであれば、そのことも「不合理な労働条件」の判定にあたって十分にしん酌されるべきである[41]。

　これは、実は、労働者が多様化する中で、多様な労働者の利害を集団的労働

---

39) 荒木＝菅野＝山川・前掲注14) 240頁参照。
40) 富永晃一「雇用社会の変化と新たな平等法理」荒木編・前掲注3) 72頁は、「等しい者を等しく取り扱うべし」という同一取扱法理＝差別禁止法理に対して、「等しくない者をその相違に応じて等しくなく扱うべし」という法理を均衡取扱法理＝差別抑制法理ないし格差抑制法理と呼び、平等法理の発展の二つの流れを整理しつつ、両者の法理と射程の混同に警鐘を鳴らしている。
41) 同旨、荒木＝菅野＝山川・前掲注14) 242頁、大木正俊「均等・均衡処遇」大内伸哉編『有期労働契約の法理と政策』（弘文堂、2014）89頁。

条件設定においてどのように反映させるか、そのための集団的発言チャネルをどう構築するかという重要な課題ともつながる論点である。

Ⅳ　多様化する労働者に対する法規制と集団的労使関係システム

1　労働者・就業形態の多様化と法規制の対応

　これまでの労働法は、法規制の対象である労働者・就業形態の多様化に合わせて、規制内容を多様化・細分化する傾向にあり、その結果、労働法は極めて複雑化してきた。例えば、1987年の労基法改正まで、労働時間規制については（今日も基本的に維持されている休憩・休日・時間外労働等の規定を除くと）僅かに第32条があるだけで、その1項で1日8時間、週48時間制を、2項で4週単位の変形労働時間制を定めるという極めてシンプルなものであった。それが、1987年改正で、週40時間制の原則の他、多様な変形労働時間制、フレックスタイム制、事業場外みなし制、専門業務型裁量労働制が導入され、さらに1998年改正で企画業務型裁量労働制が導入され、今や9か条となり、しかも各条文も非常に長大で複雑なものとなっている。

　労働者の多様な働き方に対応した規制の多様化・複雑化は、使用者・労働者双方にとって、遵守されるべき法規制をわかりにくくし、特に一般の労働者が、自らが労働法上有する権利状態を容易に把握できず、労働法の実効性を危うくする問題をはらむ。

　では、シンプルで実効的な法規制は可能だろうか。その一つの有力な手法が、法律では原則的なシンプルな規制を行い、多様化した就労実態に適合させるために、法規制の例外（法定最低基準からの逸脱。欧州ではデロゲーション derogation と呼ばれている）を認め、その例外を許容するための手続（集団的合意等）を法が規制するという手続規制の採用である[42]。

　中央集権的画一的に設定された法規範を実態に即した規範に調整する権限を現場に近い労使に委ねるという手法は、労使の納得度の高い規範を設定するこ

とができ、また、自分たちで設定した規範であるので、その内容についても熟知しており、その履行確保にも意欲と責任を持ち、現場における履行確保が機能しやすいという利点がある。しかし、こうした利点が活かされるためには、いくつかの条件がある。一つは、国家が統一的に規制すべき事項（例えば、人権保障のための差別禁止規制等がこれに該当しよう）と、手続規制に委ねて柔軟化を認めてよい事項の吟味である。

　そしてさらに重要なポイントは、手続の担い手が法の趣旨に叶った適正な例外規制を実施するに相応しい主体でなければならないことである。欧州では、産別レベルの労使の合意によって、デロゲーションを認める仕組みが活用され、これが国家法の画一性硬直性を当該産業に適合した規制に調整する役割を果たしている。近時、より分権化した企業レベルの労使合意によるデロゲーションも認められるようになってきているが、原則として強力な交渉力を持つ産別労使のコントロールが要件とされている[43]。

2　日本におけるデロゲーションの課題

　日本でもデロゲーションの仕組みは、すでに労働基準法において数多く採用されている。時間外労働を許容するための36協定が典型であるが、事業場の過半数代表（事業場の労働者の過半数で組織する組合（過半数組合）、過半数組合が存しない場合は労働者の過半数を代表する者（過半数代表者））との労使協定締結を条件に法定基準を解除するという仕組みが、とりわけ昭和62年の労働時間規制に関する労基法改正以降、多用されるようになった。

---

42) 労働者や就業形態の多様化に対する法規制のあり方については、他にも、規範自体の多様化や多様な実効性確保手段の利用等、多様なアプローチがあり得るが、ここでは割愛する。詳細は荒木・前掲注3) 参照。

43) ドイツ・フランスの状況については桑村裕美子「労働条件決定における国家と労使の役割（1）～（6・完）——労使合意に基づく労働条件規制柔軟化の可能性と限界」法協125巻5号～10号（2008）、同「労働者保護の現代的展開——労使合意に基づく法規制柔軟化をめぐる比較法的考察」労働114号（2009）95頁参照。

第 2 章　労働者像の変化と法政策のあり方

　しかし、法定の最低労働基準の規制解除を認めるにあたり、過半数組合との協定であれば格別、過半数代表者という一個人たる労働者との協定でもよいとする現行制度については、問題が多い[44]。過半数代表者が適法に選出されていないという運用実態は、制度以前の問題であるが[45]、過半数代表者が適法に選出されていたとしても、法定基準の引下げを許容するという重大な効果を持つ協定締結を、一労働者でしかない過半数代表者に委ねるという制度の妥当性が問題となる。過半数代表者は、労働組合とは異なり、労働者集団の意見を集約したり、使用者との交渉・協議をサポートする組織的裏付けを有しない。このような過半数代表者が、使用者から法定基準解除をもたらす労使協定締結を要求された場合に、労働者側の利害を踏まえて、公正妥当に行為することが可能かという問題がある。

　また、(過半数組合の場合も同様だが) 過半数代表は、法定基準の解除に関する協定を締結する時点で存在すれば法令上問題ないとされている。したがって、過半数代表は労使協定締結後、協定で取り決めた法定基準の解除について、その適切な履行を監視する機能(モニタリング機能)を担うようには制度設計されていない。このことは法定基準を解除する仕組みの公正な運用にとって課題を含むものといわざるを得ない。

　したがって、手続規制の導入自体は有効なアプローチであるが、その手続規制の担い手として労働者を公正妥当に代表しうる機関を用意すること、とりわけ、過半数代表者の制度の再検討は現在の日本の労働法制上、喫緊の課題といえよう。

---

[44] 詳細については、労働政策研究・研修機構「様々な雇用形態にある者を含む労働者全体の意見集約のための集団的労使関係法制に関する報告書」(座長：荒木尚志東京大学教授) (2013) 50 頁以下。

[45] 労働政策研究・研修機構『労働条件決定システムの現状と方向性』(2007) 206 頁によると、2006 年の調査では、36 協定締結の相手方たる過半数代表者を「会社側が指名した」という回答が 28.2% あった。いうまでもなくこうした者は適法な過半数代表者たりえず、その者が締結した 36 協定も効力が否定される (例えば、トーコロ事件・最二小判平成 13・6・22 労判 808 号 11 頁は、親睦会の代表者を相手方として締結された 36 協定につき、適法な 36 協定たり得ないとした)。

2-1 労働者像の変化と法政策のあり方——法学の立場から

　この点、雇用形態の多様化に対応した集団的労使関係法制の課題について検討した報告書[46]は、様々なシナリオを検討した後、過半数代表者の機能強化を図る方策について次のような施策を提言している。第1に、過半数代表者の複数化である。これにより、使用者との交渉において、他の過半数代表者との相談・協議を経て意思決定することが可能となり、交渉力が高まるとともに、より妥当な判断を行いうることが期待される。第2に、過半数代表者の正統性を確保するための、公正な選出手続や多様性を反映した活動のための意見集約の仕組みの整備である。第3に、モニタリング機能を発揮させるための代表者の常設化である。こうして、複数化され、常設化された過半数代表者の下には、労働者から様々な意見や苦情も集まることとなり、モニタリング機能が高まるが、同時に、過半数代表者には、現状よりも重い負担がかかる。しかし、同報告書は、そうした負担を理由に複数化・常設化を断念するよりも、そうした負担を軽減するための方策、例えば、過半数代表としての活動に対する使用者の費用負担やタイムオフ（勤務時間内の有給の活動時間）の承認等の工夫を提言している[47]。

　かかる提案は、過半数組合が存在しない事業場における施策としてなされたものであるが、長期的に見ると、一種の従業員代表制を承認することに繋がり、労働組合の組織化を阻害することにならないか、との懸念もありえよう。しかし、過半数代表者を複数化・常設化したとしても、過半数代表ではなし得ない労働組合固有の権限（協約締結権、争議権、不当労働行為救済申立権など）がある。労働組合にこの権限が維持されていれば、こうした権限の取得を目的とした労働組合結成のインセンティブは必ずしも失われまいとする。むしろ、労働組合が組織化されていない企業・事業場において、複数化・常設化された過半数代表者が存在すれば、組合の組織化に繋がる重要な足掛かりとなることが考えられる。諸外国の歴史を見ても、従業員代表制導入に際して、労働組合は当初は反対の立場をとることが少なくないが、やがて、従業員代表を組合組

---

46) 労働政策研究・研修機構・前掲注44)。
47) 労働政策研究・研修機構・前掲注44) 52頁。

織化の足掛かりとして利用しようという方針に転換していった[48]。

しかし労働組合が産別で組織され、従業員代表制度が企業・事業所レベルで展開するという棲み分けがなされている欧州とは異なり、企業別組合が主流で、かつ、憲法 28 条が労働組合の団結権を保障している日本において、この問題にどう取り組むかは非常な難問である。難問ではあるが、現に制度として存在する過半数代表制における過半数代表者に実態としても制度としても問題があるとすれば、まずは、その改善、すなわち過半数代表者の複数化・常設化等を図った上で、それが日本の労使関係の中でどのように役割を果たすかを検証しながら、新たな従業員代表制の整備の必要性や方向性を検討するというアプローチも考えられよう[49]。

非正規雇用者が急増し、正規・非正規の労働条件格差が大きな社会的問題となり、その格差に対して 2012 年以降、「不合理な労働条件の禁止」という新たな枠組みでのコントロールが始まった現在、非正規労働者を含めた集団的発言チャネルの整備は重要な政策課題である。上記のアプローチはやや迂遠に見えるかもしれないが、日本の集団的労使関係の法的状況と実態を踏まえると、新たな集団的発言チャネルに向けてささやかながら進めるべき第一歩のように思える。

V　結　語

労働法の規制対象たる労働者や就労実態の多様化はめざましい。労働者対使用者という単純な対立図式ではとうてい捕捉できない、多様な利害対立[50] に労働法は向き合わねばならない。しかし、留意すべきは、これらの利害調整を担う社会的制度は決して労働法のみではない。本稿では触れなかったが、ワーキングプアや不安定雇用の問題に最低賃金規制や雇用保険によって対処する

---

[48] 労働政策研究・研修機構・前掲注 44) 56 頁。
[49] 労働政策研究・研修機構・前掲注 44) 60 頁。

か、社会保障制度で対処するか、税制で対処するかは手段・制度の選択ないし調整の問題でありうる[51]。さらには、ある一定の社会的コントロールの手法は法規制には限られない。市場機能を利用したり、評判のメカニズムを利用したり、諸種のインセンティブを付与して誘導する等、多様な手段があり得る[52]。

したがって、労働法政策としては、様々な社会的コストも勘案しつつ、多様な規制規範と規制手法の最適な組み合わせによって所期の目的を達成することを目指すべきであろう。その意味では、労働法政策を考える際にも多様な手法を学際的知見を踏まえて検討することも重要である。しかし、現状を分析するにしても、制度の将来を予測するにしても、法制度の正確な理解を踏まえた分析・検討が肝要であることは当然である。法律家は他分野の専門家の知見から学ぶと同時に、制度の正確な理解を説く努力も重ねる必要があろう。

---

50) 株主対使用者対従業員というコーポレート・ガバナンスの場面における三者間の利害対立や、労働者の内部における正社員対非正社員、組合員対非組合員、多数組合対少数組合、男性対女性、独身者対既婚者、扶養家族の有無、若年者対高齢者、日本人対外国人、健常者対障害者等の利害対立が、法制度の進展とともに法的問題として浮上してきている。

51) 社会保障との関連も含めた最低賃金の役割についての比較法研究として神吉知郁子『最低賃金と最低生活保障の法規制』（信山社、2011）参照。また、労働者像の変化に応じた労働法・社会保障法のセーフティネットとしての機能については菊池馨実「雇用社会の変化とセーフティネット」荒木編・前掲注3）87頁参照。

52) 法の実現手法の包括的研究として佐伯仁志責任編集『現代法の動態2　法の実現手法』（岩波書店、2014）。労働法分野については、山川隆一「労働法の実現手法に関する覚書」西谷敏先生古稀記念論集・前掲注24）75頁、同「労働法における法の実現手法」佐伯編・前掲書171頁等参照。

2-2　現場の実情を踏まえた法政策の検討
　——企業実務の立場から

荻野　勝彦

I　はじめに——労働者像の変化

　本稿の目的は、標題にあるとおり、労働者像が変化する中で、企業実務の立場から現場の実情を踏まえた法政策を検討することにある[1]。まず従来一般的とされてきた労働者像とその近年の変化を概観し（I）、次にそうした変化に対応した労働政策を検討するうえでの基本的な考え方を整理する（II）。最後に、現時点で実務的にとりわけ大きな課題であると目される「多様な正社員」と「新しい労働時間制度」（III）について、具体的な検討を加えたい。

1　かつての労働者像

　まず、労働者像の変化について簡単に概観する。わが国の就労実態をみると、総務省「労働力調査特別調査」によれば1980年には「男性雇用者と無業の妻からなる世帯」いわゆる片働き世帯が1,114万世帯と、雇用者の共働き世帯の614万世帯を圧倒して多数であった。また、当時の非正規雇用労働者比率

---

1) 本稿の記述は筆者の勤務先での業務を通じた経験、見聞等に依拠する部分が多くあり、必ずしもすべて文献的根拠を有するものでないことを了解されたい。

は1割台であり、いわゆる学生アルバイトや主婦パートなど、家計補助的な就労がその太宗を占めていたものと思われる。この時期にはまだ、「男は仕事、女は家庭」といった性役割意識が色濃く残存し、「長期雇用で基幹的業務を担う男性労働者と補助的に働く女性労働者」という典型的な労働者像が、とりわけ大企業を中心にまだ相当に強固であったと考えられよう。

つまり、男性についてはいわゆる日本的雇用慣行であり、新卒で正社員就職し、基本的には在籍出向・転籍出向なども含めてなんらかの形で定年までの雇用が確保されるタイプの労働者である。内部育成・内部昇進を原則とし、職種や勤務地などは使用者の事情によって決定、変更される。時間外労働にも柔軟に対応することが求められ、結果として単身赴任や長時間労働なども甘受することとなる。

そのため、結婚後、特に子を設けて以降は専業主婦またはそれに近い形態での「内助」が必要となる。処遇は職能の向上に応じ、また生計費への配慮もあって年功的な運用がなされることが多く、生活補助的な福利厚生制度も適用される。

このように、労使双方にとって拘束度が強く、長期的な約束事である日本的雇用慣行のもと、集団的労使関係においては企業別組合と生産性運動の発展をみた。その結果、組合員レベルの一般労働者にも企業業績にコミットしているとの意識が定着し、利益配分的な賞与が支払われる（しかも時には年間で月給の数か月分という高額に及ぶこともある）ことが特徴的である。

これに対して、女性は新卒時には正社員として期間の定めなく採用されるものの、業務は補助的なものに限られ、人事異動なども限定的で、結婚ないし出産を期に退職することが（多くは暗黙裡に）予定される。そして、家事・育児の負担が軽くなると、家計補助的に、多くは非正規雇用で就労することがある。ごく大雑把にまとめれば、こんなモデルになるのではないか。

2　多様化する労働者像

ところが、その後30年で状況は一変した。片働き・共働きをとってみれば、

2012 年には片働きが 787 万世帯、共働きが 1,054 万世帯と完全に逆転しているし、非正規雇用労働者比率も 3 割を優に突破する水準にまで高まった。この間 1986 年の均等法施行をはじめ、女性の就労に関係するさまざまな法制度の整備がなされた。

　それだけではない。年齢という観点からは、定年後の高年齢者をみると、1980 年の 60-64 歳の就業率は男性 67.4%、女性 37.9% に過ぎなかったが、2013 年にはそれぞれ 72.2%、46.0% に上昇したし、実数で見ると、この間の高齢化の進展を反映し、1980 年の男女計 240 万人から 2012 年に 597 万人、2013 年も 575 万人（うち約半数は非正規雇用）と大幅に増加した。そこでは高年齢者雇用安定法の改正が大きな役割をはたした。一方で若年については、高校・大学新卒者の就職は従来新卒一括採用慣行の中で比較的安定していたが、バブル崩壊後の 1993 年頃からいわゆる「就職氷河期」となり、新卒で就職できない、あるいは非正規雇用で就労する若年者が増加した。その結果、総務省「労働力調査」などによれば、1993 年には 11.5% にとどまっていた 15-24 歳（就学中を除く）の非正規雇用労働者比率は、2013 年には 32.3% に達した。

　さらに、1985 年には派遣法が制定され、派遣労働者はすでに雇用者の 2% を超える規模となっているほか、業務請負も拡大し、これら人材アウトソーシングの市場規模は、(株)ミック経済研究所の調査によれば、2003 年の約 3 兆 5 千億円から 2010 年には 6 兆 3 千億円に拡大したという[2]。障害者雇用においても、雇用率は趨勢的に上昇しており、法定雇用率には達しないものの拡大基調にある。また、経済・企業活動のグローバル化や、入国管理法の改正、外国人技能実習制度の導入などにより、外国人の就労も増加しつつある。

　これらに加えて、顕著に目を引くのが、高度な仕事に従事する労働者の増加である。総務省「就業構造基本調査」によれば、1982 年に 535 万人だった「専門的・技術的職業従事者」は、2012 年には 1,014 万人にまで増加している。そ

---

[2] 株式会社ミック経済研究所『人材ビジネス系・アウトソーサ系アウトソーシング総市場の現状と展望 2004』(2004)、株式会社ミック経済研究所『人材ビジネス系・専門アウトソーサ系アウトソーシング総市場の現状と展望 2010 年度版』(2010) による。

の中には、必ずしも同一企業での継続就労にこだわらないキャリア観を持つ人材も多いといわれている。

このように労働者像が多様化する中、これまでにない新たな課題が生まれ、あるいは従来から指摘されてきた課題が再認識された。すべてをあげることはとてもできないが、代表的と目されるものとしては、たとえば、女性の労働市場への進出にともない、従来から指摘されてきた男女間の処遇格差をはじめ、現時点でのわが国の社会慣行下におけるワーク・ライフ・バランスの困難さや少子化への影響などが指摘されている。また、非正規雇用労働者比率の上昇に関しては、その雇用の不安定さ、仕事を通じた技能形成の困難さ（とりわけ次世代を担うべき若年労働者のキャリア形成の困難さ）、それにともなう処遇格差の発生などが問題視されているようだ。

そうした中で、わが国の政労使はこれに対応した政策対応、法整備に様々な角度から取り組んできたが、企業実務の立場からみると、まだ残された課題は多いと言わざるを得ない。

II 基本的な考え方

さて、個別の政策論に入る前に、基本的な考え方を整理しておきたい。

1 現実的・漸進的な取組み

中でも企業実務の立場から最も強調したい第1のポイントは、政策は現実的に、漸進的に進められるべき、ということである。

現状のさまざまな問題、課題について、前述した日本的雇用慣行の特徴に「構造的な問題点」を指摘し、その「抜本的な改革」を主張する意見は有力であり、オフィシャルな政策検討の場でも提案されることがある。日本的雇用慣行は労働者に職種変更や単身赴任、長時間労働などを求める一方、使用者には重い雇用確保義務を課して経営の自由度を束縛するものであり、労使双方にと

って過度に拘束的なので、これを解体して欧米型の同一労働同一賃金の職務給とし、企業横断型の職種別労働市場を形成せよ、といった主張である。これは米国型のエンプロイメント・アット・ウィルを志向する自由主義の論者にも、大陸欧州型のネオ・コーポラティズムを志向する社民主義の論者にも共通する。

　しかし、このような主張には、実務家からみると2点の大きな問題があるように思われる。ひとつは循環要因を軽視して構造要因に偏っていること、もうひとつは移行コストが考慮されていないことだ。

(1) 構造要因と循環要因

　前者については、典型的には前述した非正規雇用労働者の問題にみられるように思う。たしかに、非正規雇用労働者比率が趨勢的に上昇したことには、バブル崩壊と同時にわが国経済の安定成長期が終焉し、期待成長率が下方屈折したという構造的な要因が大きく影響していることは容易に推測される。国内の企業組織の拡大が見込みにくく、むしろ縮小することも想定される中では、従来型の日本的雇用慣行を維持していくためには、景気や売り上げなどの変動に応じた人員規模の適正化をはかるべく、一定割合の有期契約労働者を確保する必要があるからだ[3]。他にも、たとえば相対的に非正規雇用労働者の比率が高いサービス業での雇用が増加したことの影響なども、構造的要因のひとつとして想定されよう。なお今後については、やはり構造的要因としてわが国の少子化・人口減にともなう労働力の減少が見込まれているため、現状をさらに上回って非正規雇用労働者が増加することは考えにくいように思われる。

　一方でこの間、総務省「労働力調査」の結果をみると、1992年2月には2.0

---

3) その代表例として、自社型雇用ポートフォリオの導入を主張した日本経営者団体連盟『日本経営者団体連盟新・日本的経営システム等研究プロジェクト報告　新時代の「日本的経営」――挑戦すべき方向とその具体策』(1995)があげられる。この報告書は雇用ポートフォリオのほか賃金制度や企業組織、能力開発、福利厚生から労使関係まで幅広い内容を含んでおり、一貫して「長期継続雇用の重視」を主張していることに留意する必要がある。

第 2 章　労働者像の変化と法政策のあり方

％にとどまっていた完全失業率が、長期にわたる経済の低迷により 2002 年 8 月には 5.5％ にまで上昇した。その後は緩やかながら長期の景気回復期となり、2007 年 7 月には 3.6％ まで改善したが、リーマンショック後の世界的な大不況により、2009 年 7 月には再度 5.5％ にまで悪化した。その後、2011 年の東日本大震災はわが国経済に大きな打撃となったが、2013 年以降は大胆な金融・財政政策が奏功して経済状況も好転し、2014 年 5 月の完全失業率は 3.5％ にまで低下した。

　このように労働市場が変動する中、好況期においては非正規雇用労働者の増加に対する反省がみられた。2007 年頃には、団塊世代の定年にともなう技能伝承の問題（伝承されるべき若手正社員の不足）や労務構成の偏り、人員の交替にともなう教育コストの増加、短時間労働者の増加によるコミュニケーション・ギャップなどがとみに指摘され、非正規雇用労働者の正規雇用への転換も随所でみられた[4]。また、2013 年以降の好況期には、一部飲食店が人手不足により閉店・営業短縮を余儀なくされるなど労働需給の逼迫が顕在化し、非正規雇用の就労条件の改善や正規雇用化が進んでいる。一般的に、好況・人手不足下においてはまず非正規雇用の労働条件が上がり、それでも必要人員が充足できなければ続けて正規雇用が増加し、さらにはその労働条件も改善すると考えられる（バブル経済期のわが国労働市場を想起されたい）。このように、非正規雇用労働者をめぐる問題の相当部分は、実は不況という循環的要因によるもので

4）たとえば、日本経済新聞の 2006 年 4 月 5 日付朝刊では「企業が派遣やパートなどの「非正規雇用」社員を長期的な戦力に取り込み始めた。流通業界などを中心にパート社員を正社員に登用する動きが拡大。パート社員を継続確保するために賃金などの待遇を引き上げる動きも目立つ。」として、「NTT 西日本はコールセンターなどで働く約 25,000 人（グループ含む）のパート社員のうち、約 6,000 人を正社員にする方針を打ち出した」などと報じている。また、同紙の同年 10 月 18 日付朝刊では「アパレル大手が販売職の雇用形態を契約社員から正社員に切り替え始めた。婦人服のサンエー・インターナショナルでは 9 月から契約社員約 1000 人が正社員になった。ワールドも販売代行子会社の契約社員約 6000 人を同子会社の正社員にした。」と報じられた。翌年 7 月 4 日付朝刊でも「シダックスは 2008 年 3 月末までに、パートとアルバイトの約 2％ に当たる 500 人を正社員にする。」などの事例が報道されている。

あり、雇用失業情勢が改善すればおのずと解決するものであろう。労働法学者の菅野和夫氏がこの問題についてまず「非正規労働者の問題状況を大きく改善するには、根本的には、日本経済がデフレ経済を脱して、安定成長の軌道に復帰することが必要であって、経済・産業・財政・教育・労働政策などを総動員しての対策を必要とする」と述べている[5]ことはきわめて妥当であり、構造要因ばかりに偏って不要な「改革」を唱道することは慎まれるべきだろう。

(2) 移行コスト

もうひとつ、移行コストの問題がある。労働経済学者の玄田有史氏は、石橋湛山の言をひいて「「根本的」という言葉が好きになれない。『○○に根本的な問題がある。小手先の策ではダメだ』と指摘すると何だか格好いい。ただ、そういう人は、きまって問題の解決に奔走している当事者ではない。根本的な問題があることくらい、わかっている。一朝一夕には解決しないから、根本なのだ。本当の関係者は、一歩ずつ解決策の積み重ねを、地道に模索している。」と述べている[6]が、まことに同感である。

減少しているとはいえ、いまだにいわゆる「正社員」は 6 割を超える多数派である。同一業種の同一職種であっても、企業により仕事の内容や、やり方の相違は大きい。そこにたとえば「同一労働同一賃金の職務給」を一気に導入することは、はたして現実的だろうか。賃金の下がる人も多く発生するだろうし、紛争も多発しよう。それが企業の生産性、ひいては労働条件に与える影響は大いに懸念される。あるいは、たとえば解雇を自由化したとしよう。前述のとおり日本的雇用慣行は労働者が使用者に広範な人事権を認める一方で使用者は原則として定年までの雇用を保障するという長期的な約束ごとなので、いかに政策的に解雇自由としたところで現実に解雇が行われればそれを不満とする紛争が多発しよう。また、そうなれば労働者も従来のようには経営に協力的でなくなるだろうから、それが生産性に与える影響もやはり懸念されるところだ。

---

5) 菅野 210 頁。
6) 玄田有史「協働型能力開発へ」ビジネス・レーバー・トレンド 409 号（2009）7 頁。

制度の変更は移行コストを十分に考慮に入れて、現実的なスピードで進めなければなるまい。現実には、日本的雇用慣行が長期的な約束事であることを考えれば、移行にも相当の長期をかける必要があろう[7]。

結局のところ、労働慣行というものは、わが国に限らず米国でも欧州でも、それぞれの社会風土の上に政労使で時間をかけて作り上げてきた、多分にローカルなものではなかろうか。他国がそれでうまくいっている（ように見える）からといって、それを取り入れれば問題は解決するとの議論は、移行コストを無視するものであり、非現実的と言わざるを得ない。

2　多様性の尊重

こうした考え方のもと、進みつつある労働者像の多様化についてどのようなスタンスをとるのかが第2のポイントとなる。性別や年齢などに関わる事項はさることながら、有期雇用や派遣労働の拡大などといった多様化に対しては例外的なものとして否定的なスタンスをとり、日本的な正社員モデルの拡大こそを是とする意見も、また有力である。

しかし、これに関しては、多様性を尊重し、重視することが重要ではないか。現実の問題として、前述したように多様化の背景には構造的な要因があることを考えると、歴史を逆戻りさせることは難しいことは受け入れざるを得まい。それに加えて、従来型のような高度に拘束的な働き方ではなく、より柔軟に働きたい、あるいは職種や勤務地を限定して働きたいといった労働者のニー

---

[7] 性急な変更、実態に合わない変更は、意図がいかに善良であっても、予期しない結果をもたらすことに留意する必要がある。たとえば、パートタイム労働法8条は「通常の労働者と同視すべき短時間労働者」すなわち業務の内容及び当該業務に伴う責任の程度、残業・休日出勤や配置転換、転勤の有無といった働き方が通常の労働者とまったく同じで、かつ期間の定めのない労働契約を締結している（有期労働契約の反復更新でこれと同視すべき場合を含む）短時間労働者について差別的取扱いを禁止した。これは短時間労働者の労働条件を改善したいとの意図によるものだったと思われるが、現実には短時間労働者がこれに該当しないよう業務の内容等を通常の労働者と明確に区分するなどの結果をもたらしたとの指摘がある。

ズも存在し、拡大していることも考慮しなければなるまい。こうしたニーズは、女性や高年齢者の就労が今後拡大する趨勢の中で、強まりこそすれ、弱まることはないだろう。

　現実には、非正規雇用の中には就労実態があまり良好でない実態もあるだろうし、正規雇用を望みながらも非正規雇用に甘んじている人もいるだろう。しかし、すでに派遣、短時間、あるいは有期の労働で、本人も職場も満足度高く就労している人も多くいる。こうした人たちの働き方を否定するのではなく、多様な働き方のそれぞれが立派な働き方としていわば「市民権」を持ち、それにふさわしい制度を持つことができるようにしていくことが望まれるのではないか。そうした取り組みを通じて、多様な仕事のすべてがディーセントなものとなり、その中からなるべく多くの人が自分に適した良好な雇用機会を多くの選択肢の中から得ることで、主体的に自らのキャリアを構築していくことが可能となるような雇用社会の構築をめざすべきと考える。

3　集団的労使関係の重視

　第3のポイントは、集団的労使関係に関するものである。労働者像が多様化する中、個別の企業・職場の実情はそれぞれに多様であり、今後ますます多様化が進もう。働き方、労働条件の個別化が進む中だからこそ、個人により・職場により多様な意見や利害を抽出・集約して調整をはかる集団的労使関係の役割が重要となる。一律的・画一的な規制は必要最小限のものを確保するにとどめ、労使の対等性の確保に関する簡素な手続規制のもとに、各職場の実情に適応したルールを個別労使が対等な力関係のもとに決めていくことを可能とすべきだろう。

　ただし、これに関しては、現行労働基準法の過半数代表者制度について代表性・対等性・実効性の観点から疑問を指摘する意見もある。これらを確保するために、過半数労組との労働協約を活用するなどのアイデアがあり[8]、大いに検討すべきだろう。また、労働契約法制定時の検討段階では、当該事業場の労働者の3分の2以上の者で組織される「特別多数労働組合」にさらに幅広い権

限を与えるとの考え方も示されており[9]、これも十分考慮に値しよう。

　このような考え方のもと、労使の集団的対話を促し、個別労使の取り組みを先行させて、その積み重ねを通じて社会的ルールを形成し、望ましい雇用社会を実現していくという手順を踏むことが重要である。いかに動機が善良であっても、実態を乖離した法規制は予期せぬ結果を生むことにつながる。かつて、労働基準法に週40時間制を導入するにあたっては、猶予期間や指導期間を活用するなどして労使の努力をうながし、規模・業種別に一定程度の普及が図られた段階で本格導入するという手法がとられたが、これが参考となろう。

4　予見可能性の向上

　もうひとつの重要なポイントは、ルールの事前の予見可能性を高めることだ。もちろん、多様化が進展する中にあっては、一切の疑問の余地なく判断できるルール作りはもとより困難で、それぞれの事情に応じて個別に判断するよりないケースも多いだろうし、実態が変化すればそれに合わせて運用や解釈を変更することも必要となろう。しかし、さまざまな制度の中には、この職場・この労働者にこの制度を適用しうるか、あるいはこの手続きで十分か、などの不確実さが利用を阻害している実態もある。ルールを作る際には極力透明で、客観的に判断できるものとする努力が必要であろう。

　また、制度・ルールの安定的な運用も、予見可能性確保のために重要である。たとえば2010年2月の「専門26業種派遣適正化プラン」は、人材派遣業

[8) たとえば、後述する新しい労働時間制度の検討にあたっては、労使の対等性が確保されているとの観点から、制度の適用を当面過半数労組のある企業に限定するとのアイデアが示されている。2014年4月22日開催の第4回経済財政諮問会議・産業競争力会議合同会議に提出された産業競争力会議雇用・人材分科会長谷川閑史主査名資料「個人と企業の成長のための新たな働き方～多様で柔軟性ある労働時間制度・透明性ある雇用関係の実現に向けて～」。

9) 2006年4月11日開催の第54回労働政策審議会労働条件分科会提出資料「労働契約法制及び労働時間法制に係る検討の視点」。

界に多大な混乱をもたらした。これ自体は、たしかに法律の字句文面どおりに運用を「適正化」するものだったかもしれない。しかし、それなりに円滑に運用されてきたものを特段の前触れもなく「適正化」した結果、派遣労働者本人、派遣先の職場、派遣会社の3者がいずれも満足度高く、派遣就労の継続を希望しているにもかかわらず契約満了で就労打ち切りのやむなしに至るという悲劇が随所で繰り広げられた。これに限らず、わが国人材派遣業の歴史は法改正や制度変更に翻弄され続けた歴史でもあるが、新しい分野なので致し方ない面もあろう。しかし、「専門26業種派遣適正化プラン」のようなことが度重なると、労使ともに中長期的・計画的な活動が難しくなることは言うまでもない。行政当局の善処を求めたい。

Ⅲ　求められる法政策

さて、こうした基本的な考え方を確認したうえで、以下では今後求められる具体的な法政策として、現下において実務的に最も重要な課題と目される「多様な正社員」と「新しい労働時間制度」について述べたい。他にも重要な課題は多いが、紙幅の関係もあり別の場に譲ることを了解されたい。

1　多様な正社員／限定正社員

2013年6月14日に閣議決定された「日本再興戦略―JAPAN is BACK―」（以下、2013年の「日本再興戦略」と表記する）は、日本経済の再生に向けたいわゆる成長戦略を幅広くまとめているが、そのひとつとして「多様な働き方の実現」が掲げられている。「個人が、それぞれのライフスタイルや希望に応じて、社会での活躍の場を見出せるよう、柔軟で多様な働き方が可能となる制度見直し等を進める。」ということで、5つの項目が上げられているが（32頁）、ここではその中から「「多元的で安心できる働き方」の導入促進」が多様な正社員に関するものである。具体的には「職務等に着目した「多様な正社員」モ

第2章　労働者像の変化と法政策のあり方

デルの普及・促進を図るため、成功事例の収集、周知・啓発を行うとともに、有識者懇談会を今年度中に立ち上げ、労働条件の明示等、雇用管理上の留意点について来年度中のできるだけ早期に取りまとめ、速やかに周知を図る。これらの取組により企業での試行的な導入を促進する。」「業界検定等の能力評価の仕組みを整備し、職業能力の「見える化」を促進する。」とされている。ここにある「有識者懇談会」は同年9月に発足し（「多様な正社員」の普及・拡大のための有識者懇談会、以下「有識者懇談会」）、翌2014年7月には報告書（以下「有識者懇談会報告書」）が公表された。2014年6月24日に閣議決定された「「日本再興戦略」改訂2014――未来への挑戦――」（以下「日本再興戦略2014」と表記する）では、「職務等を限定した「多様な正社員」の普及・拡大」として、この報告書を念頭に「本年7月までに労働条件の明示等の「雇用管理上の留意点」を取りまとめ、「導入モデル」として公表するとともに、本年中に、職務の内容を含む労働契約の締結・変更時の労働条件明示、いわゆる正社員との相互転換、均衡処遇について、労働契約法の解釈を通知し周知を図る。」などとされている。

　この「多様な正社員」とは、冒頭で述べた従来型の日本的雇用慣行の男性労働者像とは異なるタイプの正社員をさしており、有識者懇談会報告書では具体的に「勤務地限定正社員」「職務限定正社員」「勤務時間限定正社員」の3類型が示された。従来モデルの正社員はここであげられた勤務地、職務、労働時間などについての使用者の裁量が広範に認められ、これらが限定されない「無限定正社員」であるのに対し、「多様な正社員」はそのいずれかが限定されることになるため、これを「限定正社員」ということが多い。

　企業実務の立場からみれば、限定正社員は当然ながら無限定正社員に較べれば制約のつく労働者なので、処遇はその分抑制されたものとなろう。特に、高度な職位・職務であるほど、勤務地の変更や時間外での服務が必要となることが多いことから、企業内での昇進・昇格といったキャリアは、無限定正社員に較べて緩やかなものとなり、したがって賃金なども比較的高いものとはならない可能性が高い。つまり、限定正社員とは、スローキャリアだが拘束度の低い労働条件パッケージということになる。前述したように、企業組織の拡大が停

滞し、むしろ縮小もありうる局面においては、こうしたスローキャリアの労働力を必要とする企業は多いのではあるまいか。

　一方、2013年の「日本再興戦略」にも「個人が、それぞれのライフスタイルや希望に応じて」と書かれているように、家庭の事情などで転勤や時間外労働を避けたい労働者、専門職種のプロフェッショナルとしてのキャリアを望む労働者などにとっては、限定正社員は魅力的な働き方だといえるだろう。特に、勤務地限定正社員は、多くの場合勤務時間限定正社員ともなることが想定される（有識者懇談会報告書でも、勤務地限定正社員の活用が期待できるケースの第1に「育児や介護の事情で転勤が難しい者」、勤務時間限定正社員の活用が期待できるケースの第1に「育児や介護の事情で長時間労働が難しい者」をあげている）。現状では、勤務地・勤務時間を限定して働くには非正規雇用を選択せざるを得ない状況も多いと思われることから、スローではあってもキャリアを継続でき、定年まで安定的な雇用を期待できる限定正社員が普及することは、現在のわが国では、2013年の「日本再興戦略」や「日本再興戦略2014」が掲げる「女性の活躍」にも大いに資することが期待できる。

　さて、これらを限定した労働契約は現行法制化でも可能であり、実際に存在してもいる。有識者懇談会報告書でも紹介されている労働政策研究・研修機構（JILPT）の調査[10]によれば、半数近い事業所で導入されているという。そして、その太宗はいわゆる一般職社員、つまり「主として事務を担当する職員で、概ね非管理職として勤務することを前提としたキャリアトラックが設定された社員であって、事実上職務限定で勤務地限定と思われる正社員」であるという（これは結局のところ、前述した従来モデルにおける女性の働き方が、「結婚・出産を機とした退職の予定」の部分が軽減されつつ残存しているということでもあろう）。まさに、「スローキャリアだが拘束度の低い労働条件パッケージ」といえる。問題は、この形態が拘束度はかなり低いもののキャリアも管理職に到達しないかなりスローなものであることと、ほとんど女性に固定されていることだろう（この調査をもとにしたJILPTの報告書[11]でも、これら一般職社員の職務

---

10) 独立行政法人労働政策研究・研修機構「多様な就業形態に関する実態調査」（2011）。

第 2 章　労働者像の変化と法政策のあり方

や処遇を高度化した事例が好事例として多く紹介されている)。ここから見てとれる今後の課題は、無限定正社員と一般職社員の間に位置する「拘束度もそこそこでキャリアもそれなりの労働条件パッケージ」、現在のわが国の社会慣行下において男性も選択しうるような限定正社員を普及させることであろう。

そのために重要なポイントは、無限定正社員と限定正社員は異なるものなのだから、キャリアや処遇も異なるのが当然だということを明らかにすることであろう。もちろん、現実の制度においてなにをどのように限定し、キャリアや処遇をどうしていくかということは、個別の労使が話し合って決めるべきものであり、その場面においては、無限定正社員との均衡も大いに考慮されよう。それが無限定正社員、限定正社員の意欲に大きく影響する以上、当然のことである。

その観点からは、有識者懇談会報告書が、主に限定正社員の動機づけと紛争防止の観点から、キャリアについても処遇についても極力無限定正社員との差を小さくすることを求めていることは、普及の妨げにこそなれ、助けにはならないだろう[12]。繰り返しになるが、これは本来個別の労使に委ねるべき課題だ。普及を進めるためには、たとえば代表制を充足する過半数労組との労働協約を締結していれば、労働条件の均衡は図られていると考えてよい、といった解釈を示すことで、予見可能性を高めることが望まれる。「日本再興戦略2014」にある「均衡処遇について、労働契約法の解釈を通知し周知を図る」にあたっての配慮を期待したい。

---

11) 労働政策研究報告書 No.158『「多様な正社員」の人事管理に関する研究』(2013 年 5 月 31 日)。
12) もっとも、ここでは限定正社員の現状などもふまえつつ、無限定正社員と限定正社員の処遇に差があることを前提に、その均衡に配慮するという「均衡処遇」の考え方に立っており、これは適切な姿勢といえる。一部には、非正規雇用労働者の待遇改善を念頭に、欧米諸国などにみられる「均等待遇」をわが国にも導入すべきとの議論があるが、依然としてわが国雇用の大半を占める無限定正社員の待遇は短期的な職務との関係は薄く、極論すれば「入社から定年までの会社人生全体のキャリア」に対して待遇が決まるという長期的性格が強いため、均等待遇という考え方を導入する余地は極めて限られているのが実態と思われる。

2-2　現場の実情を踏まえた法政策の検討——企業実務の立場から

　もうひとつ、限定正社員をめぐる大きな論点として雇用終了との関係、つまり事業所や事業部門の閉鎖などにより、限定された勤務地や限定された職種の仕事がなくなったときの解雇、あるいは限定された職種を遂行する能力を喪失したときの解雇の可否がある。「日本再興戦略」の検討の場であった内閣府の産業競争力会議や規制改革会議などでもそうした議論がなされた[13]し、「日本再興戦略」にも「思い切った事業再編を断行し、企業として、産業として新陳代謝を促進する。」などと記載されたうえで、項目として「行き過ぎた雇用維持型から労働移動支援型への政策転換」が「「多元的で安心できる働き方」の導入促進」と同レベルで掲げられている。

　これに対して、有識者懇談会報告書は過去の裁判例の分析を行い、整理解雇については勤務地や職務の限定が明確化されていれば事業所の閉鎖や職務廃止の場合に直ちに解雇が有効となるわけではなく、必要とされる解雇回避努力の程度などに影響があること、能力不足解雇についてもそれを理由に直ちに解雇することは認められるわけではなく、やはり必要とされる配置転換や教育訓練、警告等の程度に影響があることなどを指摘し、その上で「いずれにしても、使用者には、事業所廃止等に直面した場合、配置転換を可能な範囲で行うとともに、それが難しい場合には代替可能な方策を講じることが、紛争を未然に防止するために求められる。」「いずれにしても、使用者は、改善の機会を与えるために警告を行うとともに、可能な範囲で教育訓練、配置転換、降格等を行うことが紛争の未然防止に資する。」と、無限定正社員と同様の対応を行うことを求めている。もちろん、紛争の未然防止を意図するならていねいな対応が要請されるのは当然だが、無限定社員と同様では普及につながるインセンテ

---

[13] たとえば2013年6月11日の「規制改革会議雇用ワーキング・グループ報告書」（雇用改革報告書——人が動くために——）には「勤務地限定型、職務限定型正社員については、労使の話し合いを経たうえで、就業規則の解雇事由に「就業の場所及び従事すべき業務が消失したこと」を追加することが想定される。」との記載がある。ただし、続けて「その場合においても、勤務地・職務が消失した際の解雇については、無限定正社員と同様にいわゆる解雇権濫用法理……が適用されることになる。」（6頁）との記載もある。

ィブが乏しいとの意見もありそうだ。

　これは結局のところ、従来から、就業規則上は無限定でも実際上は職務変更や勤務地変更の可能性がかなり低い、事実上の限定正社員が現業部門を中心に多く存在したところ、典型的には新規拠点を設立する際に一定数の職制や熟練工を他拠点から転勤させるなど、現実には事業の事情に応じてこうした労働者についても職務や勤務地の変更を実施してきたことの反映であろう。したがって、企業が現実に相当程度の期間にわたって職務や勤務地の限定を厳格に実施すれば、それに応じた判断がされる可能性もあるだろう。

　これに関しても労働条件のパッケージに含まれてくるわけだが、現実に回避努力をせずに解雇に踏み切る場面はかなり限られてくるだろうから、むしろ、実務的にはより細かい話が問題となるのではないか。たとえば、従来型の無限定正社員であれば、例えば事業所の閉鎖によって転勤する場合、転勤先での住居や旅費などの費用は企業が負担するのが一般的だろう。これに対し、勤務地限定正社員に対して事業所閉鎖にともなう解雇を回避すべく転勤を打診し、労働者もこれに応じた場合、転勤先での住居などの費用は勤務地限定正社員の負担とできるか、といった問題である。事業部門閉鎖にともなう配置転換であれば、職務限定正社員については新職務に必要な一定の知識・技能を雇用継続の条件とできるか、という問題になろう。また、これらのケースにおいて、転勤後・職務変更後には当然に変更後の勤務地・職務限定の正社員となるのか、という問題もある。当然ながら、これも労働条件のパッケージに含まれてくることになるので、明確化することが普及の上では望ましい。

2　新しい労働時間制度

　次に、古くからある問題であり、かつ喫緊の課題であるにもかかわらずなかなか進展がみられない、高度なホワイトカラーの就労実態に応じた労働時間制度の導入があげられる。専門的・技術的職業に従事する労働者が増加し、かつ、彼ら・彼女らがわが国経済の将来にとって決定的に重要なイノベーションの担い手となるだろうことを考えると、このような一定以上の専門性を有する

2-2 現場の実情を踏まえた法政策の検討——企業実務の立場から

ホワイトカラーがその能力を伸ばし、専門家として成長し、持てる実力を発揮できるようにしていくことは、社会的にもきわめて重要といえる。

ここでポイントとなるのは、専門家としての能力の相当部分は、仕事や職場を通じて蓄積されていく、ということだろう。私が以前考察のために作成した架空の事例を再掲したい。架空ではあるが、十分にリアリティのあるものと信じている。

　F君はある企業でマーケティングの企画を担当している28歳の青年である。仕事は面白いし、そろそろ係長昇格も近づいていて意欲も高い。主力商品の一つを任されていて、ときおり業務の進行状況を上司に報告し、包括的な指示を受ける。ときには課題について相談して助言をもらうこともある。目下の懸案はライバル社の類似商品に対抗するための販促企画である。
　ある日F君はいつもどおり起床し、日経新聞を読みながら定時の9時に出勤した。午前中は何度か後輩に日常取引について指示したほかは目下の懸案に没頭し、昼休みは業界誌を読みながら弁当をつつく。頭にあるのはやはり販促企画だ。午後は会議の予定が2件あり、上司への報告が終わると外出し、まず得意先と打ち合わせを持つ。次の広告代理店での会議まで少し時間があるので、喫茶店でスポーツ新聞を読みながら1時間くらい時間調整した。会議終了後帰社すると定時の17時を過ぎていたが、午後の会議の報告書を作成して18時過ぎに職場を出た。報告書の出来はF君としては正直なところ不満で、もう少し手を入れたかったが、一応用は足りるだろう。このところ不景気で残業は1日1時間と制限がかかっているし、労組も労働時間短縮キャンペーンをやっているから、まあ仕方がない。その後、F君は会社の資料室に行って関連法規について調べた。当面の業務では必要はないが、次の人事異動で希望の職場に異動できれば役に立つし、うまく資格が取れれば将来転職するときに有利だろう。2時間後、F君は資料室にあったマーケティングの新しいテキストを借り出して、帰途読みながら帰宅した。期待どおり、役立ちそうな材料の多い本だ。21時に帰ると配偶者が「遅かったですね」というのでF君は「残業でね」と答える。入浴と食事を済ませたF君は、忘れないうちに、ということで本から得たアイデアを30分くらいかけてノートにメモしたが、そうしているうちに報告書の出来がどうしても気に入らなくなり、結局こちらもテレビのスポーツニュースを見ながら1時間かけて作り直してしまった。就寝は24時。
　さて、F君の「労働時間」は何時間だろう？　F君の配偶者は、F君の労働時

第2章　労働者像の変化と法政策のあり方

間はどのくらいだと思っているだろう？

（荻野勝彦「労働法改革——人事労務管理の視点から」水町勇一郎＝連合総合研究所編『労働法改革——参加による公正・効率社会の実現』（日本経済新聞出版、2010）所収）

　この設例では、労働者は仕事を通じて（よりよい報告書を作成する努力）、あるいは職場を通じて（会社の資料室の利用）能力を伸ばしていこうとしていることがわかる。そのとき、それにあてる時間が労働時間か否かは、非常にあいまいとなる。会社の資料室で当面は必要ない調べものをした時間は労働時間なのか（ここは微妙な設定にしたところで、これが社会人大学院を聴講したのなら労働時間ではないということに異論は少なかろうが、これが職場の自席で会社のパソコンを使って、という話になると労働時間とすべきとの意見も多いかもしれない）。会社から借り出したテキストを通勤時間に読み、そのアイデアを自宅でノートにメモしているのはいわゆる「風呂敷残業」にあたるのか。「用は足りる」だけの報告書があるのに、より出来のよい報告書にするために自宅で作り直すのはどうなのか。

　専門的・技術的職業に従事する労働者の多くは、このように、包括的な業務指示のもとに、具体的な方法や働き方については相当の裁量を持って働いているであろう。業務の方法だけでなく、業務量についてもどの程度まで広く・深く取り組むかは相当程度任されているし、労働時間についてもその配分やペースを自らコントロールできる。工場労働などにみられるような決められた手順どおりにやれば一定の出来高があるという仕事とは対照的に、うまくいけば短時間で良好な結果が得られることもあれば、諸般の事情で多大な時間を費やしても結果がはかばかしくもないという仕事だ。労働者本人も「自分の仕事は時間の切り売りではない」と自覚しているだろう。労働者の専門性や裁量が高まるほど、賃金の時間割計算のために労働時間を確定させようとすることは無意味であり、むしろ、企業の経営上の事情によって労働者の裁量を低下させかねない。これは高い専門性を有する労働者の成長を阻害することにつながり、労使双方にとどまらず、社会的にも損失となろう。したがって、こうした労働者の専門性や裁量が一定以上に達したと認められる場合、たとえば設例の労働者が係長に昇進し相当額の賃金を受けるようになった場合には、賃金の時間割計

2-2 現場の実情を踏まえた法政策の検討——企業実務の立場から

算とそのための労働時間の確定は不要とすべきではないか。このとき、賃金は能力なり期待される、あるいは実現した成果などに応じて適切かつ十分なものが支払われ、健康管理上必要となる労働時間は必要に応じて、より大雑把な形で把握されることとなろう。

　従来の実務では、こうした労働者に対して、おもに2通りの方法で対応してきた。

　ひとつは裁量労働制、特に企画業務型裁量労働制の適用である。しかし、この制度は労使委員会決議、すなわち集団的労使関係に多くを委ねてはいるものの、適用事業所や適用業務の範囲までは委ねられていない。法や指針なども不明確な部分が多いため、労使にとって該当性の判断が難しく、予見可能性が非常に低いため、きわめて利用しにくいものとなっている。そのため、厚生労働省の「平成25年度就労条件基本調査」によれば、制度導入後10数年を経過しているにもかかわらず、企画業務型裁量労働制を導入している事業所は全体の0.8％、適用されている労働者は全体の0.3％という低率にとどまっている（なお専門業務型裁量労働制についてもそれぞれ2.2％、1.2％にとどまる）。

　もうひとつは、スタッフ職に対して管理職クラスの処遇を行うことで、労働基準法41条2号の「監督若しくは管理の地位にある者」（管理監督者）として扱う、という方法である。典型的には、企業別組合のある企業においては、課長クラスについて労働組合法2条1号にあたるとの趣旨で非組合員となるとの労働協約が締結されていて、労働者が課長クラスに昇進すると組合を脱退すると同時に労基法上の管理監督者として労働時間規制の適用除外ともする、という運用が多くみられる。しかし、労基法上の管理監督者については、年次有給休暇と深夜業を除いて労働時間規制の大半が適用されないという強い効果があるため、その範囲はかなり限定的に考えられており、企業の運用実態との乖離を指摘する意見も多い。実際、労基法上の管理監督者に該当するかの判断は、企業内で管理職とされているとしても、その役職名ではなく、職務内容、責任と権限、勤務態様等の実態によって行うとされており、現在たとえば上記のような運用で実務上労基法上の管理監督者として取り扱っている労働者についても、これを厳格に判断した場合、疑問の余地なしとしないケースは十分に想定

75

第 2 章　労働者像の変化と法政策のあり方

される。

このように、裁量労働制は予見可能性が低く、管理監督者については保護のレベルが非常に低くなるため適用範囲が狭いことから、管理監督者より保護が強く、適用範囲が広く、かつ予見可能性の高い新しい労働時間制度が必要となっていた。これにこたえて、管理監督者一歩手前の労働者（設例の労働者の係長昇進後もこれに該当しよう）を対象とする制度として提案されたのが、2007 年の労基法改正にあたって法律案要綱まで作成されながら、ついに実現しなかった「自律型労働時間制度」である。これはホワイトカラーについて個別同意、集団的同意（複数の労使代表委員で構成される労使委員会決議）、年収要件（900 万円が想定されていた[14]）などといった客観的な基準と、週休 2 日相当の罰則付きの最低休日規制や健康確保措置などの保護規定を定めたうえで、該当する労働者の法定休日と年次有給休暇を除く労働時間規制を適用除外するというもので、かなりよく考えられたものとなっていた。しかし、残念なことにこの「自律型労働時間制度」については、メディアをはじめとする世間一般だけにとどまらず、政策当局においてもその趣旨や具体的内容（対象者の範囲など）について十分な理解がはかられず、むしろ多くの誤解や混乱が生じていた。それもあってこの制度はマスコミのネガティブキャンペーンにさらされ、やがて政争の具となってついえていった。

以降、この問題は実務家にとって大きな懸案となっていたが、2013 年の「日本再興戦略」で「多様な働き方の実現」の中で、「「多元的で安心できる働き方」の導入促進」と並んで「労働時間法制の見直し」が掲げられた。具体的には「企画業務型裁量労働制を始め、労働時間法制について、早急に実態調査・分析を実施し、本年秋から労働政策審議会で検討を開始する。ワーク・ライフ・バランスや労働生産性向上の観点から、総合的に議論し、1 年を目途に結論を得る。」とされた。

---

[14] 2007 年 1 月 10 日付日本経済新聞夕刊は「柳沢伯夫厚生労働相は 10 日午前、国会内で公明党の斉藤鉄夫政調会長と会談し、一定の条件を満たす会社員を労働時間規制から外す「日本版ホワイトカラー・エグゼンプション」について、対象者を年収 900 万円以上とする方針を明らかにした。」と報じた。

2-2　現場の実情を踏まえた法政策の検討──企業実務の立場から

　その後も、内閣府の規制改革会議や産業競争力会議といった会議体において、この問題に関する議論が進展した。それを受けて、「日本再興戦略 2014」では「時間ではなく成果で評価される働き方への改革」として、「時間ではなく成果で評価される働き方を希望する働き手のニーズに応えるため、一定の年収要件（例えば少なくとも年収 1000 万円以上）を満たし、職務の範囲が明確で高度な職業能力を有する労働者を対象として、健康確保や仕事と生活の調和を図りつつ、労働時間の長さと賃金のリンクを切り離した「新たな労働時間制度」を創設することとし、労働政策審議会で検討し、結論を得た上で、次期通常国会を目途に所要の法的措置を講ずる。」との記載がなされた。

　この間、厚生労働省は 2013 年 9 月 27 日に労働政策審議会労働条件分科会（第 103 回）を開催し、2013 年の「日本再興戦略」をうけて、今後の労働時間法制のあり方について議論を開始した。以降、2014 年 4 月 22 日に開催された会合（第 112 回）までの間に 9 回にわたって幅広く議論が行われたが、総じて労使の見解の隔たりは大きかった。

　その後、厚生労働省は 2014 年 9 月 10 日に労働政策審議会労働条件分科会（第 115 回）を開催し、「日本再興戦略 2014」をうけての議論を開始した。以降、「日本再興戦略 2014」に記載された「次期通常国会を目途に所要の法的措置を講ずる」ことに向けて精力的な検討が行われ、2015 年 1 月 29 日に開催された会合（第 123 回）では「今後の労働時間法制等の在り方について（報告書骨子案）」が資料として提示されている。その中では「特定高度専門業務・成果型労働制（高度プロフェッショナル労働制）の創設」も提案されているものの、内容的には対象業務についてかなり狭い範囲にとどまるなど、極めて限定的なものにとどまった。現時点でこうした結果となったのは、前述した 2007 年当時の誤解や混乱が今日も相当程度残存しており、論点が十分に整理されず冷静な検討が難しかったためではないかと思われる。

　中でもおそらく最大の誤解は、この制度を導入することで生産性が向上する、労働時間が短くなる、それによってワーク・ライフ・バランスを改善できる、というものだ。たとえば、2007 年の「自律的労働時間制度」に関して、当時の舛添要一厚生労働相は 2007 年 9 月 11 日の閣議後記者会見でこうのべて

第 2 章　労働者像の変化と法政策のあり方

いる。

> …これは、家庭団らん法案と書きなさいと、家庭団らん法案ね。そしたら、パパ早く帰って、ママも早く帰って、うちで早くご飯を食べましょうよという法案なので、こんなのお前ら残業したって、残業代くれないよといったら、あほらしくてさっさと帰るわけですよ。私はそっち側に期待しているんですよ。ワークライフバランスとか、またこれも横文字なのだけれども、こんなこと言ったって、現実に残業代出なかったら、帰るインセンティブになる。
> (厚生労働省ウェブサイト http://www.mhlw.go.jp/kaiken/daijin/2007/09/k0911.html から)

　最近の議論でも、たとえば 2014 年 4 月 22 日に開催された第 4 回経済財政諮問会議・産業競争力会議合同会議に提出された産業競争力会議雇用・人材分科会長谷川閑史主査名の「個人と企業の成長のための新たな働き方〜多様で柔軟性ある労働時間制度・透明性ある雇用関係の実現に向けて〜」をみても「働き方に対する新たなニーズ」として「子育て・親介護といった家庭の事情等に応じて、時間や場所といったパフォーマンス制約から解き放たれてこれらを自由に選べる柔軟な働き方を実現したいとするニーズ」をあげたうえで、「個人の自由度を可能な限り拡大し、生産性向上と働き過ぎ防止とワーク・ライフ・インテグレーションを実現する」「子育て・親介護世代（特に、その主な担い手となることの多い女性）や定年退職後の高齢者、若者等の活用も期待」などと記載されている。

　たしかに、多くのホワイトカラー労働者は仕事のペースを自ら調整する余地を相当持っているので、同じ仕事をするのなら、ペースを速めて所定時間内で終わらせるよりは、ゆったりしたペースである程度残業して割増賃金を得たいと考える労働者もいるだろう。上記のような議論は、残業をしてもしなくても賃金が変わらないのであれば、残業するより早く帰ったほうが自由時間も増えて得だから、労働者は仕事のペースを上げて早く帰るようになり、したがって時間当たり生産性も上がる（もっとも、これはあくまで時間当たり生産性であり、出来高も賃金も変わらない中では一人あたり生産性もコスト当たり生産性も不変であることには注意を要する）だろう……という発想なのだろう。

2-2 現場の実情を踏まえた法政策の検討――企業実務の立場から

しかし、こうした発想は実務的にはあまり現実的でないと思われる。現行制度下であっても、今日はどうしても早く帰りたいという事情のある労働者は、相当に仕事のペースを上げて、あるいは今すぐ必要な仕事だけを片付けるなどして、早く帰れるようにするであろう。しかし、それを毎日続けるというのはあまり現実的とは思えない。むしろ、残業が多くても少なくても賃金は変わらないと言われれば、「では『残業代ドロボー』と言われる心配もないのだから普段はマイペースでゆったり働こう」という人の方が多いと考えるのが自然ではないか。さらに、前の設例のように、仕事や職場を通じて自身の能力を伸ばしたいと考えているような人であれば、「残業代も労働時間も気にしなくていいなら、どうしても今すぐ必要ではないけれど、あれも調べてみたい、これも試してみたい」ということで、帰りがむしろ遅くなることも多いだろう。これは時間当たり生産性をむしろ下げる可能性が高い（しかし、一人当たり生産性やコスト当たり生産性は不変である）。なおすでに導入されている裁量労働制に関する調査の結果をみても、これらが目に見えて労働時間を減らすという関係はみられないようだ。

したがって、「自律的労働時間制度」のようなものを導入することで、帰宅時間が早くなって生産性が向上するとか、ワーク・ライフ・バランスの改善に資するといったようなことは、あまり期待できない。ただし、長い目でみれば、「今すぐ必要ではないけれど、あれも調べてみたい、これも試してみたい」といった活動を通じて労働者の能力が向上することで生産性が向上することは大いに期待できるし、「今すぐ必要ではない」ものから新技術やイノベーションが生まれる可能性もある。そのための「自律的労働時間制度」だと考えるべきだろう。

また、これが「残業代ドロボー対策」ではない、という部分も、正しく理解を求めるべきだろう。たしかに、仕事の量やペースとは無関係に、割増賃金そのものが目的で残業する労働者もいることは、実務家の世界で「残業代ドロボー」とか「生活残業」とかいう用語が共通言語になっていることをみても明らかだろう[15]。相当割合の実務家がそこに「不公正」をみることもまた事実だ。

しかし、2007年の「自律的労働時間制度」の内容をみると、これが「残業

第 2 章　労働者像の変化と法政策のあり方

代ドロボー対策」、つまり「労働者の今ある残業代を取り上げる」ものではなかったことは明らかなように思える。つまり、そもそもかなり高額（国会答弁では 900 万円）な年収要件があり、それを超えるほどの「生活残業」をしている人はかなりの少数と思われるし、仮にそのような人がいたとしても、本人同意要件が設定されているので同意しなければ「生活残業」を継続することは可能である。当時メディアがしきりに使用した「残業代ゼロ法案」という呼称は、あたかも従来受けていた残業代が取り上げられるかのような印象を与えるミスリーディングなものであったといえよう。同様に、当時は「過労死促進法案」との政治的宣伝もみられたが、これも前述のとおり週休 2 日相当の最低休日規制が罰則付きで設けられていたこと、企画業務型裁量労働制を上回る医療的な配慮が想定されていたことなどを考えると、かなりミスリーディングなものであったと言わざるを得まい。

　このように、実はこの制度はかなり限られた少数の人を念頭においたものであるにもかかわらず、ホワイトカラーの大半が対象となるという誤解があることが、議論を混乱させている感がある。これは単に関係者の説明努力が足りないというだけではなく、政治的宣伝に利用しやすいことも一因であろう。前述した労働政策審議会労働条件部会資料が範囲を極力絞り込もうとしているのも、その反映であろう。しかし、それよりはるかに広い範囲でこの制度を必要としている労働者がいることは間違いなく、彼ら・彼女らがわが国の将来に大きな役割を期待されていることもまた事実であろう。労使がともに知恵を出し合い、建設的な議論を進めることを期待したい。

---

15)　2007 年当時も、当時の太田昭宏公明党代表が 1 月 7 日放映の NHK「日曜討論」で「残業代が生活に組み込まれる現実もあったり」するなどと発言していた。

2-3　労働法政策の検討——経済学の立場から

鶴　光太郎

I　イントロダクション

　近年、経済学と法学の垣根を越えたコラボレーションや学際的な研究が盛んになっている。これは、労働・雇用の分野とて例外ではない。最近では、大内＝川口（2014）が代表例であるが、過去を振り返ると、書籍化されたものだけでも、大竹＝大内＝山川（2004）、荒木＝大内＝大竹＝神林（2008）などの取り組みを挙げることができる。筆者自身、（独）経済産業研究所では取り組んだプロジェクト（「労働市場制度改革」）では、メンバーに、経済学者のみならず、労働法学者、経営学者を加え、その成果を鶴＝水町＝樋口（2009・2010・2011）などでまとめてきた。

　このように経済学と労働法学の協働が行われてきた背景には、労働・雇用分野の具体的な政策・改革のあり方を考えるためには、法学、経済学、経営学など多面的、学際的な立場から、理論・実証的な研究が必要不可欠であるという認識が高まってきていることが挙げられる。両者の実りある協働にするためには何が必要か。そして、実際の政策現場で経済学と労働法学の協働がどのように活かされているかを論じてみたい。

第2章　労働者像の変化と法政策のあり方

Ⅱ　経済学者の視点、労働法学者の視点

　本節では、経済学者の視点、労働法学者の視点をまず整理しておこう。まず、経済学者の基本的発想は端的に言えば市場や資源配分の効率性を重視することである。したがって、政策や改革を提案する場合は、経済学的に最適な状態をイメージし、その実現のための提案を行う場合が多い。目指すべき市場や経済の姿は明確であるということは経済学的なアプローチの利点であろう。

　一方、経済学者の問題点はそこに至るプロセスが不明確である場合が多いことである。つまり、理想＝「きれいごと」を言っておしまい、政策提言に具体性が欠けるという点であることは否めない。たとえ具体的であったとしても望ましい制度や仕組みを実現していく道筋が不明な場合も多い。

　例えば、経済学者のサイドから、労働市場・雇用制度の改革のためには、「労働市場の硬直性を除去し、流動化を図るべき」、「外部労働市場の整備を図るべき」、「解雇規制の緩和が必要」といった主張をしばしば耳にする。しかし、もう一歩踏み込んで、具体的に何を行うべきかまで明示した発言はむしろ稀である。

　一方、法学者は、個々の労働者の「権利」を重視、「公正」、「正義」の実現に重きをおく。経済学者がどちらかと言えば市場や制度全体などマクロ的な視点の傾向が強いが、労働法学者はむしろ個々の労働者の厚生を考えるというミクロ視点が強い。また、政策のあり方を考える場合も、既存の制度を前提に法改正を検討することが通常だ。

　しかし、現実の制度を所与と考えすぎると、「白地に絵を書く」大胆な立法論が出にくくなる。また、検討の対象が個々のケースに限定されると、経済全体に対する一般均衡的な考え方が弱くなりがちだ。例えば、ある法改正を行った場合、その直接的な効果に目が奪われ、副作用も含めた経済全体への影響への配慮が十分でないケースがあることだ。さらに、経済学者に比べ、現状に関するマクロ的、客観的な分析がやや弱いという面もある。無論、こうした定型化はあくまで一般論であり、その枠からはみ出た経済学者や労働法学者もいな

2-3 労働法政策の検討——経済学の立場から

いわけではないことは誤解ないように付け加えておきたい。

1 実り多いコラボレーションに必要な視点とは：比較制度分析のアプローチ

それでは経済学者と労働法学者が実り多きコラボレーションと学際的なシナジー効果を生むためには何が必要であろうか。以下では3つの視点に分けて考えてみたい。

第1は、経済学者と法学者の接点としての「制度」の視点が重要であることだ。経済学者が「市場」という概念にこだわっている限り、法学者と接点が見出しがたいことは事実である。他方、経済学も過去、四半世紀の間にゲーム理論等の応用ミクロ経済学の発展により、制度を経済学の分析対象として俎上に載せることが可能となってきた。これまで経済学の枠の外、つまり、外生として与えられることの多かった法律体系はまさに制度の1つであり、その生成や変容も分析できるようになってきた意義は大きい。

経済学における制度分析の1つのアプローチである比較制度分析では、制度を繰り返し行われるゲームの「均衡」と定義している（青木〔2001〕、鶴〔2006〕参照）。つまり、制度を形作っているプレイヤーがそれぞれ最適な戦略・行動を行った結果生まれた安定的な戦略・行動の組み合わせを制度の定義と考えるのである。こうしたゲームは日々繰り返し行われることで同じ結果が実現し、また、プレイヤーも予めそれを予想し、また、実現するというプロセスが繰り返される。制度の「予想」→「実現」→「予想」→「実現」といったダイナミックなプロセスを仮定すると、制度が安定的に実現されているのは制度に関わるプレイヤーが「共有化された予想」を持っているからとも言える。つまり、制度や仕組みの根幹は人々の「予想」であり、「心」の中にあり、法律や具体的なアレンジメントはむしろそれを強化、サポートする役割と解釈できるのだ。

例えば、終身雇用制度を考えてみよう。これは労働者同志、使用者同志、更には、労働者と使用者との間のゲーム（一種のコーディネーション・ゲーム）の中で最適な戦略の結果として長期雇用が選好され、終身雇用制度が定着してき

たと考えられる。しかし、終身雇用制度を守るべきという規定が法律で決められているわけではない。明文化されていない終身雇用制度は労使の「共有化された予想」として存在しているのである。一方、長期雇用が定着していけば、それを補完する法制度なども形成される。終身雇用制度の下での退職金優遇税制もその一例だ。

このように制度はゲームの均衡、共有化された予想のように民が自発的に形成する私的秩序（「ソフトな制度」）と官が法律・規制などで強制する公的秩序（「ハードな制度」）が入れ子型になり、相互がインタラクション、連携で現実の制度は形成されていると考えることができる（鶴〔2006〕）。

また、比較制度分析は、制度の多様性もゲームの複数均衡の結果と捉え、むしろ、ポジティブに捉えている。比較制度分析は元々、日米の経済システムの比較から出発している。また、労働法学の世界でも比較法の研究がますます重要になっているように見受けられる。雇用・労働分野は特に欧州諸国との比較が重要かつ有意義であり、実際、欧州の労働経済学者はアメリカの労働経済学者に比べて、制度への関心は高く、日本にとっても参考になる研究が多い（サーベイとしては、Boer and Van Ours〔2008〕参照）。鶴＝水町＝樋口（2009・2010・2011）で行ってきた研究や政策提言も、「労働市場改革」ではなく、「労働市場制度改革」を目指すという位置付けにしており、制度を明示的に意識している。

2　エビデンスに基づいた現実的な制度改革に向けて

第2は、「エビデンスに基づいた政策」の志向である。労働・雇用の分野でも "evidence-based policy" がますます重要となっている。具体的には、堅実な理論と信頼性の高いデータ・手法を用いた実証分析で現状・問題点と改革の方向性を明らかにすることである。この視点からの貢献についてはなんといっても経済学者の役割が大きい。特に、個々の労働者や企業の行動を分析するためのミクロデータを収集、作成することが大きな課題となっている。一方、現実の制度の変化の影響を分析するためには、法制度への正しい理解が是非とも

必要となり、その意味では労働法学者の協力も重要な役割を占める。分析のフレーム・ワークを考える段階からの経済学者と労働法学者がアイディアを出し合うことも有意義な取り組みと言えるであろう。

　第3は、緻密かつ現実的な制度設計への取り組みである。ここでも経済学者と法学者の協働が是非必要となる。先にも指摘したように理想的な姿を描くことを経済学者は得意としているが、そこに向かうために具体的に何をやるべきかを明らかにするためには労働法学者の知見を借りることが必要である。例えば、法律改正を行うべきか、それともガイドラインの策定に止めるべきか。また、法律改正を行うのであれば、法律体系の「どこ」を「どのように」動かせばいいのか。こうした問いに対し、両者がそれぞれの観点から議論を行うことはよりより政策・改革を行う上で必須と言っても過言ではないであろう。

Ⅲ　規制改革会議の取り組み（その1）：限定正社員の雇用ルールの整備

　以下では、筆者が委員の1人として参画している内閣府規制改革会議の取り組みを紹介することで経済学者と労働法学者とのコラボレーションの実例について紹介したい。規制改革会議では、分野毎にワーキング・グループ（WG）が設置されており、筆者は労働・雇用分野を扱う雇用WGの座長でもある。WGの委員は規制改革会議の委員の一部と専門的な見地から2人の専門委員（島田陽一氏〔早稲田大学〕、水町勇一郎氏〔東京大学〕）が参加しており、いずれも日本を代表する労働法学者である。雇用WGではビジネス、企業の現場で労働・雇用問題に直面、対応してきた委員の問題意識などを取り入れつつ、経済学と労働法学双方の知見を組み合わせることで昨年開始からいくつかの雇用改革について提言を行ってきた。本稿では、その中でも、特に限定正社員の雇用ルールの整備と労働時間規制の見直しについて述べてみたい[1]。

　限定正社員とは、正社員でも勤務地、職務、労働時間、いずれかが限定された正社員を指す。その中でも、職務限定型が中心であるため、ジョブ型正社員とも呼ばれている。限定型正社員を採用するに当たっては法律上の規制がある

わけではなく、また、大企業の約半数程度が既に導入しているという調査（厚生労働省〔2011〕）もある。

　限定正社員が規制改革会議雇用WGで議論をしていく過程において、限定正社員の導入はそもそも規制されているわけではないのになぜ規制改革会議が正面切って取り上げるのかという疑問が専門家から寄せられた。また、安倍政権の「失業なき円滑な労働移動」というキャッチフレーズの下、成長戦略の視点から規制改革が議論されたため、限定正社員を持ち出したのは解雇規制を緩和するためとの批判も受けることになった。

1　解雇規制緩和論への疑問

　しかし、解雇規制緩和は雇用制度改革の決定打になるような考え方は筆者自身かなり違和感を持っている。なぜなら、正社員の雇用保護法制の強さを国際的に比較しても、日本はOECD諸国の平均からやや弱い部類に入り（OECDによる2013年時点の調査）、また、中小企業では大企業に比べてかなり解雇が行われやすいという事実があるからだ。解雇権濫用法理は解雇が有効であるために客観的な合理性と社会的な相当性を求めるわけだが（労契法16条）、それ自体に問題があるわけではない。より具体的な解雇ルールの明確化を求める意見もあるが、ヨーロッパでも法律で原則が示され、個々のケースは裁判で争われることは変わりない。経済的な理由による解雇の判断基準となってきた整理解雇法理（整理解雇の4要件〔要素〕）も近年では、4つのいずれの要素についても、真摯な検討を行い、努力や説明を尽くしているかという手続き的な側面が重視されるようになっているなど時代の変化に対応してある程度柔軟に変化してきている。

　それでも、大企業の経営者の中には解雇ルールが厳しいと感じる向きもある

---

1) 規制改革会議雇用ワーキング・グループ報告書（2013/06）、規制改革会議「労働時間規制の見直しに関する意見」、「ジョブ型正社員の雇用ルール整備に関する意見」（2013/12/05）参照。

2-3 労働法政策の検討——経済学の立場から

ようだ。もし、そのような認識があるとすれば、それは、解雇権濫用法理が日本特有の正社員に対する解雇ルールとして発展してきたことと関係があるかもしれない。正社員は通常、①無期労働契約、②フルタイム勤務、③直接雇用（雇い主に指揮命令権）という特徴を持つ。日本の場合は、それに、勤務地、職務、労働時間が限定されていないという無限定正社員という傾向が欧米諸国などと比べても顕著である。つまり、労働者側からは将来の転勤や職務の変更、さらに残業命令は断れないし、企業はその分幅広い人事裁量権を持っていることになる。

　こうした日本の正社員の特徴を念頭に置くと、解雇ルールに対しても別の側面から光を当てることができる。例えば、「整理解雇の4要件（要素）」の1つに解雇回避努力義務がある。つまり、企業は解雇の前に配転、出向、希望退職募集などできる限りのことをやる必要があり、それが裁判で問われることになる。配転によって勤務地や職務を変更してでも雇用を守るべきという趣旨である。これはとりも直さず、無限定正社員として雇っていることを前提とした考え方だ。また、日本では試用期間終了時にも解雇権濫用法理が適用され、解雇しにくい場合があるといわれる。これも、無限定正社員で雇ったのだから特定の仕事ができないからといって解雇はできないと解釈すれば理解可能だ。一般に、労働者の能力や適格性を理由とする解雇についても、無限定正社員の場合は、裁判例では会社の中で従事可能な職務がそれ以外にないかまで問われることが多い。

　逆に、労働者が無限定正社員の「掟」を破れば、解雇権濫用法理は労働者を守ってくれないという厳しい例もある。例えば、転勤や残業の拒否による懲戒解雇が裁判でも有効と判断された事例である（「東亜ペイント事件」（最二小判昭和61・7・14労判477号6頁）、「日立製作所武蔵野工場事件」（最一小判平成3・11・28民集45巻8号1270頁））。これらの事例はその判断の妥当性について議論されることもあるようだが、解雇権濫用法理はあくまで無限定正社員の雇用を守る仕組みと考えれば納得が行く。

第2章　労働者像の変化と法政策のあり方

2　働き方の様々な問題と結びつく正社員の無限定性

　それでは、なぜ、規制改革会議が限定正社員の普及を積極的に取り上げたのか。それは限定正社員の普及があらゆる雇用制度改革の出発点になりうると考えているからである。逆に言えば、日本の正社員の「無限定性」が働き方にまつわる多くの問題と密接に関係しているのだ。

　第1は、雇用の不安定な有期雇用が大幅に拡大したことである。無限定正社員の場合、雇用保障や待遇が手厚い分、90年代以降、経済成長が鈍化する中で企業は正社員採用に慎重になってきた。特に、有期雇用の割合は28%程度とOECD諸国の中でも最も高い部類であり、正社員への転換も相対的に低く、相当深刻な状況である。

　第2は、女性の労働参加、活躍を阻害していたことである。一家の大黒柱である夫が転勤、残業なんでもありの無限定正社員であれば妻は必然的に専業主婦として家庭を守ることが求められてきた。また、子育てや介護を考えると女性が無限定正社員のままキャリアを継続させることが依然として難しい状況だ。これが、30〜40代の女性の労働参加率を下げる（いわゆるM字カーブ）の一因となっている。

　第3は、正社員の「無限定」という特質が「無制限」にすり替わってしまえば、ワークライフバランスが守れないばかりか、ハラスメント、過労死、ブラック企業といった状況にもつながりかねないことである。企業の広い人事裁量権は手厚い処遇や雇用保護との見合いであり、抑止力の観点から日本の企業別労働組合が機能してきたとも言える。

　第4は、無限定正社員の場合、どんな仕事でもこなさないといけないため必然的に「なんでも屋」になり、特定の能力や技能を身に付けにくいという問題があることだ。1つの企業や組織に一生勤めることが前提であればかまわないかもしれないが、転職を妨げ、経済メカニズムに応じた労働異動・再配分を抑制し、成長にマイナスの影響を与えてきた可能性も否定できない。

3 限定正社員の雇用終了ルールはどうなるのか

 したがって、上記のような問題解決のためにも無限定正社員を中心とした日本の雇用システムを見直していくこと、限定正社員を普及していくことが重要である。しかし、こうした課題を列挙しても、「解雇規制緩和反対」とまで言わなくても、「限定正社員は勤務地や職務が無くなれば、すぐ解雇されてしまうのではないか」、「限定正社員を増やすことは単に解雇しやすい正社員を増やすだけではないか」、という懸念の声も多い。

 解雇が紛争となった場合、これまでの裁判例と同様、限定正社員に対しても従来の無限定正社員に同じように解雇権濫用法理が適用され、解雇の客観的合理性・社会的相当性が丁寧に問われるべきであることには変わりない。過去の裁判例をみると、勤務地や職務が限定されていることが考慮され、無限正社員とは異なる判断が行われる事例が多い。

 例えば、経済的な理由による限定正社員の解雇に対し、裁判で解雇回避努力義務が問われる場合も、勤務地や職務が限定されている場合は配転の余地も限られているため、解雇回避努力がありとみなす（またはその有無を問わない）ケースも多い。また、4要件の1つである人選の合理性についても、勤務地や職務の廃止で対象となる労働者全員を解雇する場合は、人選の合理性はある（または合理性を問わない）ケースも多い。

 一方、他の要件である人員削減の必要性や労働組合・労働者から納得が得られるような説明は限定正社員の場合でも必ず問われることになる。特に、後者の「手続きの相当性」については、無限定か限定かにかかわらず、重視される傾向が強まっている。事前に就業規則や労働契約で限定正社員という契約類型等を明示し、その特性について労働者に丁寧に説明し、彼らから十分な理解と納得を得ておく必要がある[2]。

 限定正社員の普及で特に留意すべき点は、同一企業における無限定正社員か

---

2) 詳しくは、規制改革会議「ジョブ型正社員の雇用ルール整備に関する意見」（2013/12/05）参照。

ら限定正社員への転換である。本人が限定正社員について十分理解していないにもかかわらず、使用者主導でいわば「だまし討ち」のように転換させられるようなことはあってはならない。労働条件決定の合意原則が前提であることは言うまでもないが、条件変更自体も書面で明示化されることが必要である。やはり、同一企業における転換は本人の希望が転換プロセスの起点となるべきである。

4　無限定正社員システムという「岩盤」

　もちろん、無限定正社員がすべて問題であるわけではない。無限正社員の利点としては、①仕事の幅を広げられること、②未熟練の若者を新卒一括採用で雇用可能なこと、③40歳を過ぎても伸び続ける賃金、④配転等を通じて企業の部門間のコーディネーションが良好、などが、正社員のインセンティブやスキル形成に好影響を与え、長期雇用システムの下で日本の企業・産業の競争力の源泉になってきたことは否定できない。無限定正社員を中心としたこれまでの雇用システムについて様々な問題があるにもかかわらず、慣性の力が働き、労使ともに簡単には変えたくないとする考えが現在でも根強いことも確かだ。
　先に述べた比較制度分析の言葉では、正社員の無限定性はこれまで労使がコンセンサスの下、自生的・自発的に形成されてきた「ソフトな制度」であり、解雇権濫用法理やその他法制度といった「ハードな制度」はそれをなぞり、サポートするように発達してきたといえる。したがって、無限定正社員を中心とする雇用システムの改革を進めるには制度の根幹にある、人々の「共有化された予想」が変わることが必要不可欠である。
　「共有化された予想」は条件が揃えば変わりうるが、ある程度安定した存在であり簡単に変わるわけでもない。したがって、雇用制度改革の岩盤は個々の労働規制というよりは、むしろ我々の心の中にあることを認識しなければならないであろう。無限定・限定正社員にまつわる問題はむしろ、我々の頭に「ドリル」を向けなければならないことを提起しているように思われる。

Ⅳ　規制改革会議の取り組み（その2）：労働時間規制の見直し

　2013年から規制改革会議の雇用分野における取組みとして限定正社員の普及とともに焦点が当てられているのが労働時間規制の見直しである。平成20年労働基準法改正（平成22年4月施行）において月60時間超の時間外割増賃金率（50%以上）が定められたが、中小企業には適用が猶予され、3年後の見直し検討が定められていたところ、その時期が到来したことが契機となっている。ただし、この案件のみならず労働時間に関する規制についてはこの機会に総合的に検討していくというのが政府の方針となっている。

1　なぜ労働時間改革が必要なのか

　労働時間改革はなぜ必要なのか。問題意識としては2つある。第1は長時間労働への対応である。日本の場合、特に大陸ヨーロッパ諸国に比べ長時間労働者の割合は高いことが知られている。総労働時間では1994年度の1903時間から2012年度には1794時間まで減少しているがこれはパートタイム労働者の割合が増加したためで、パートタイム労働者を除いた一般労働者でみると、同時期1999時間から1997時間とほとんど変化していないことがわかる。ワークライフバランスが叫ばれている割に長時間労働是正はまったくといっても良いほど進んでいない。もちろん、長時間労働の中には自発的に行われているものもあり、すべてを問題視することも難しいが、一方で、自発的であれば長時間労働はかまわないというわけではない。なぜなら、長時間労働を好んでしていたとしても自身の健康管理が不十分な場合も多いからである。したがって、長時間労働への対応という観点からは、特に、健康安全確保のための労働時間規制が重要となってくる。

　第2は、労働時間設定の柔軟化である。グローバル競争の激化、イノベーションの加速化など企業を取り巻く環境はますます急速に変化するようになり、不確実性も増大してきている。その中で、生産活動における柔軟性をいかに確

第 2 章　労働者像の変化と法政策のあり方

保するかというのが企業の大きな課題になっていることは言うまでもない。一方、働き手の側も自身のライフサイクルや家庭環境に応じて多様な働き方を志向するようになり、労働時間の柔軟化への需要も高まってきている。企業、労働者両サイドにおける労働時間柔軟化への要請をどううまく結び付けていくかは日本のみならず先進諸国の大きな課題となっている。この場合、個々の企業や労働者の状況に合わせて最適な労働時間設定柔軟化を行うためには双方の希望などをきめ細かく取り入れ、実現するための労使のコミュニケーションが重要な役割を担うと考えられる。

2　日本の労働時間規制の評価と問題点

　日本の労働時間規制を概観すると、まず、法定時間（1 日 8 時間、1 週 40 時間）を超えた労働に対しては罰則をもって原則禁止とされている点で、ヨーロッパ型の労働時間を直接規制するアプローチに近いと言える。一方、EU のような休息時間への規定はなく、また、年次有給休暇の日数（10～20 日、EU 指令では最低 4 週間）も少ないなど健康安全確保に十分配慮された規制体系とは言い難い。

　また、法定労働時間を超えて労働させる場合、いわゆる「三六協定」という過半数代表者との手段的な同意が必要である。労働者と個別に同意を取れば可能なヨーロッパ（個別オプトアウト）よりも厳しい仕組みにみえるが、厚労省の限度基準を超えて働かせることも実質的には可能な状況であり、長時間労働を抑制する実効性は乏しいと言える。長時間労働への歯止めは実質的にはアメリカと同様、割増賃金に依存している。

　さらに、日本の場合、労働時間規制の例外的措置に関する制度が「接ぎ木的」に構築されてきたため非常に複雑化するとともに、労使双方にとって制度によって「使い勝手」が異なり、制度の運用にゆがみが生じていることも大きな問題である。例えば、企画業務型裁量労働制は労働者との個別合意に加え、労使半数ずつで構成される労使委員会で 5 分の 4 以上の多数による決議が必要となり、要件を満たす「敷居」はかなり高い。このため、企画業務型裁労働制

の適用労働者の割合は厚労省の調査対象企業の労働者の0.3%を占めるに過ぎず、ほとんど使われていない状況である。一方、管理監督者の適用除外制度は管理監督者の要件におおまかな目安があるものの、使用者の判断に任され、行政官庁への届け出も必要ないという「使い勝手」の良さがいわゆる「名ばかり管理職」の問題を生む一因となっている。

3 規制改革会議が提言した三位一体の労働時間規制改革

こうした状況を踏まえ、規制改革会議では、「労働時間規制見直しに関する意見」(2013/12/05)を公表した。この提言は雇用 WG のメンバーの一部が参画したプロジェクトを書籍化した、鶴＝水町＝樋口(2010)における、鶴(2010)、島田(2010)、水町(2010)で示された提言を母体にしている。

そこでは、改革の柱が3つ挙げられている。まず、第1に、長時間労働の状況が改善されない中で、健康確保を徹底するために、労働時間の量的上限規制の導入が必要であることだ。

第2は、年次有給休暇消化率、長期連続休暇の取得率が国際的にみても低いことから、休日・休暇取得促進に向けた強制的取り組みや、労働時間貯蓄制度（時間外労働に対して割増賃金ではなく休暇を付与する制度）の本格的導入などが必要であることだ。

第3は、労働者の中には、その成果を労働時間の長さで測ることができず、実労働時間で管理することがなじまない層が多様に存在することを踏まえ、こうした労働者の生産性を上げ、長時間労働を解消するために、労働時間の長さと賃金のリンクを切り離し、その働き方にあった労働時間制度が必要であることだ。

こうした①労働時間の量的上限規制、②休日・休暇取得に向けた強制的取り組み、③一律の労働時間管理がなじまない労働者に適合した労働時間制度の創設、は相互に連関した課題であるが、個別に議論されると、使用者側・労働者側いずれかからの反対を受け、議論が進まない。そこで、上記の提言では、上記3つをセットにした改革、つまり、三位一体の改革として、労使双方が納得

できるような「労働時間の新たな適用除外制度の創設」を提案していることが大きなポイントとなっている。

4 労働時間の新たな適用除外制度の概要

適用除外制度を考えるに当たっては、まず、割増賃金制度は深夜を含めて適用しない（労基 37 条）といったように既存の労働時間規制の例外措置と比べても適用除外の範囲を最も広く考えている[3]。一方、その対象者の範囲については、年収水準等を法律で一律に規定するのではなく、国が対象者の範囲の目安を示した上で、基本的には、企業レベルの集団的な労使自治に委ねる（労使代表で労使協定を締結）としている。その意味で、労使からすれば柔軟性の高い仕組みを提案している。

しかし、新たな適用除外制度の対象者の労働時間が長くなるのではという懸念もあるため、この提言では、適用除外対象者の健康確保を徹底し、ワークライフバランスを促進するため、①労働時間の量的上限規制と、②休日・休暇取得促進に向けた強制的取組みをセットで導入するように求めている。

ただし、具体的な方策については、やはり、選択の柔軟性を与えるために、例示された取り組みの中から、産業、職務等の特性に応じて、労使の合意によりいずれか 1 つまたは複数の組み合わせを選択できるようにしている。

例えば、労働時間の量的上限規制であれば、①一定期間における最長労働時間の設定、②翌日の労働開始まで健康安全確保のための最低限のインターバルの導入、などであり、休日・休暇取得に向けた強制的取組みであれば、①年間 104 日（週休 2 日相当）の休日を、労使協定で定めた方法で各月ごとに指定して取得、②年休は労使の協議に基づいて柔軟かつ計画的に付与（年休時季指定権を使用者へ付与した上で労働者の希望・事情を十分考慮）、③長期連続休暇の義務化、などが例示されている。

---

[3] 管理監督者の適用除外でも時間外、休日の割増賃金は適用されないが、深夜割増賃金は適用されている。裁量労働制は休日、深夜の割増賃金は適用されている。

もちろん、こうした健康確保やワークライフバランスに配慮した取り組みが必要以上に気企業の負担にならないように、国が枠組みを設定するにあたっては、企業活動の実態に合わず、企業の活力低下につながることがないよう、適切な選択の幅を用意するとともに、非常時においては、労使の取り決めにより、一時的にこうした規制を緩和できるよう、十分配慮されるべきとの考え方を示している。

また、様々な取り組みの具体的な選択が労使自治にまかされているが、労働者側の交渉力が弱い場合も想定し、使用者の恣意的運用を排除するため、取り決め内容（労使協定）の行政官庁（労働基準監督署長）への届出義務化を提言している。また、労使自治が比較的機能しやすいのは過半数組合がある企業であるので、新たな労働時間適用除外制度は、一定の試行期間を設け、当初は過半数組合のある企業に限定するべきであるとしている。

なお、新たな適用除外制度が機能するためには、労働時間の多寡によらない成果評価の基準を明確化していくとともに、職務範囲や責務の明確化、職務限定型の働き方の促進など長時間労働を是正するための働き方の工夫が必要である。こうした「ソフトな制度」が変わっていかなければ、「ハードな制度」である法律体系を動かしても効果が少ないのは限定正社員のケースと同じである。しかし、民の「ソフトな制度」に改革の機運がなかなか生まれない場合は、強制的な措置をうまく組み入れていくことで民の改革機運を醸成するアプローチも重要であろう。

5 「エビデンスに基づいた政策」の具体例としての労働時間改革

労働時間規制の見直しの提言については、やはり、経済学者と労働法学者のコラボレーションの大きな成果と言える。その理由は、個々の具体的な提案がまさに法政策の現場にいる労働法学者のアイディアが生かされている一方、「エビデンスに基づいた政策」の典型例ということで経済学者の貢献も顕著であるからである[4]。

具体的には、黒田（2010）（及び Kuroda〔2010〕）は、長期にわたる労働時間

第 2 章　労働者像の変化と法政策のあり方

に関する実態を「社会生活基本調査」のマイクロデータを使って明らかにした。例えば、フルタイムの週当たり労働時間は 1980 年代と 2000 年代はほぼ同じであり、1980 年代のピーク時よりも長くなったわけではないが、週休 2 日制の普及により、週の中での時間配分はこの数十年で大きく変化し、平日にしわ寄せされる形で労働時間が増加している。また、睡眠時間も男女とも趨勢的に減少しているなど、マクロデータだけでは明らかでない長時間労働の実態が示されている。長時間労働の問題は長年、解決の必要性が叫ばれているにもかかわらず、事態はあまり変わっていないことは企業任せの取り組みでは十分でないことをはっきり指摘した研究結果と言える。

また、Kuroda and Yamamoto（2012）は、労働時間規制が働き方に及ぼす影響について、既に時間外規制が適用除外となっている労働者（「管理監督者」や「裁量労働制」）と、適用されている労働者について、個人属性等をマッチングさせた上で、労働時間を比較した。好況期では、時間外規制の有無は、労働時間に影響を及ぼしていないが、不況期には時間外規制適用除外の労働者の労働時間が顕著に長くなる傾向があり、特にこの傾向は、一部の労働者（大卒以外等）に顕著にみられることを明らかにした。

この研究から適用除外制度を新たに導入すれば対象者の労働時間が必ず増加するわけではないが、時と場合によれば、労働時間が増加するケースもあるということがわかる。つまり、時間外規制の適用除外制度については、長時間労働の問題を十分考慮に入れて制度設計を行うべきと言える。今回の三位一体を強調した労働時間規制見直しの提言もこうした学術研究の成果を十分踏まえていることは強調されるべき点である。

---

4)「日本人の働き方と労働時間に関する現状」（黒田祥子准教授〔早稲田大学〕規制改革会議雇用 WG 提出資料、2013/10/31）参照。

V　終わりに

　労働・雇用分野の改革、法政策を推進していく上で、経済学者と労働法学者のコラボレーションがますます重要になっており、また、純粋学術的な研究でも政策評価を行う上でインテンシブな共同作業もみられるようになってきた（例えば、神林＝水町〔2014〕）。その一方で、依然としてお互いが手垢のついた「レッテル」の貼り合いに終始するような場面も少なくない。双方が「制度」をキーワードにして分析対象へ歩み寄り、エビデンス、理論に基づいた現実的な法政策を協働して提言していけるよう今後とも様々な機会を捉え、対話に向けた努力が行われることを期待したい。

（2014 年 4 月脱稿）

参考文献
日本語文献：
青木昌彦『比較制度分析に向けて』（NTT 出版、2001）
荒木尚志＝大内伸哉＝大竹文雄＝神林龍編『雇用社会の法と経済』（有斐閣、2008）
大内伸哉＝川口大司『法と経済で読み解く雇用の世界――これからの雇用政策を考える〔新版〕』（有斐閣、2014）
大竹文雄＝大内伸哉＝山川隆一編『解雇法制を考える――法学と経済学の視点〔増補版〕』（勁草書房、2004）
神林龍＝水町勇一郎「労働者派遣法の政策効果について」労研 642 号（2014）
黒田祥子「日本人の労働時間：時短政策導入前とその 20 年後の比較を中心に」鶴光太郎＝水町勇一郎＝樋口美雄編『労働時間改革――日本の働き方をいかに変えるか』（日本評論社、2010）（第 9 章）
島田陽一「ホワイトカラーの労働時間制度の立法的課題」鶴＝水町＝樋口編『労働時間改革――日本の働き方をいかに変えるか』（日本評論社、2010）（第 9 章）

第 2 章　労働者像の変化と法政策のあり方

鶴光太郎『日本の経済システム改革——失われた 15 年を超えて』(日本経済新聞社、2006)

鶴光太郎「労働時間改革：鳥瞰図としての視点」鶴＝水町＝樋口編『労働時間改革——日本の働き方をいかに変えるか』(日本評論社、2010)(第 1 章)

鶴光太郎＝水町勇一郎＝樋口美雄編『労働市場制度改革——日本の働き方をいかに変えるか』(日本評論社、2009)

鶴光太郎＝水町勇一郎＝樋口美雄編『労働時間改革——日本の働き方をいかに変えるか』(日本評論社、2010)

鶴光太郎＝水町勇一郎＝樋口美雄編『非正規雇用改革——日本の働き方をいかに変えるか』(日本評論社、2011)

水町勇一郎「労働時間法制の課題と改革の方向性」鶴＝水町＝樋口編『労働時間改革——日本の働き方をいかに変えるか』(日本評論社、2010)(第 9 章)

英語文献：

Boeri, Tim. And Jan Van Ours [2008], *The Economics of Imperfect Labor Markets,* Princeton University Press.

Kuroda, Sachiko [2010], "Do Japanese Work Shorter Hours than before?: Measuring Trends in Market Work and Leisure Using 1976-2006 Japanese Time-Use Survey," *Journal of the Japanese and International Economies,* 24 (4), pp. 481-502.

Kuroda, Sachiko and Isamu Yamamoto [2012], "Impact of overtime regulations on wages and work hours," *Journal of the Japanese and International Economies,* 26 (2), pp. 249-262.

第3章　労働者概念をめぐる法的課題

3-1 「労働者」と「準労働者」——労働者概念の総論として
3-2 集団的労働関係における労働者概念

3-1 「労働者」と「準労働者」
——労働者概念の総論として

橋本　陽子

はじめに——「労働者」概念の重要性

　わが国の労働法上のほとんどの法律が「労働者」を適用対象者としている。「労働者」でなく、自営業者（事業者）である場合には、労働法上の保護を受けることができない。労働法上の法律は労働者保護のための強行法規であるので、「労働者」であるか否かは、契約の名称や当事者の意思ではなく、客観的に判断されなければならない。

　労働法は、資本主義産業社会の進展によって生じた労働者の劣悪な労働環境および労働条件を保護するために生成した法分野である。そのため、「労働者」の原型は工場労働者であるといえるものの[1]、まもなく商店で働く者にも保護が及ぶようになり[2]、戦後の立法は、「労働者」という用語によって、多様な活動に従事する者を包括することになった。しかし、「労働者」像は、決められた時間と場所で命じられた労働を行う工場労働者の働き方が基礎になってお

＊本稿は、Ⅰについては、拙稿「労働者の定義」法教（2012）378号4-7頁を、Ⅱについては、拙稿「なぜ内職にだけ家内労働法があるのか」労研（2009）585号34-37頁を基礎としている。

1) わが国初の労働保護法である工場法（1911年制定、1916年施行）は、常時15人以上の職工を使用する工場に適用された。

り、これと異なる場合には、とたんに「労働者」といえるのかが問題となる。労働者なのか自営業者なのか区別の困難な活動は古くから存在したが[3]、近年では、情報技術の進展により、ますます自由度の高い働き方が可能となり、労働者と自営業者の境界画定は困難となっている。

また、労働者と使用者との間の契約は、民法上の契約類型としては、一般に雇用契約にあたると整理されているが、雇用契約の起源はローマ法に遡る。

「労働者」の定義およびその判断基準の明確化は労働法学における基本的な問題の1つであり、多様な学説が展開されているが、それだけに議論も錯綜している[4]。

本稿では、労働者概念をめぐる（裁）判例・学説の状況を概観したうえで（Ⅰ）、労基法上の労働者以外の者に対する特別法である家内労働法の位置づけについて検討し（Ⅱ）、一定の自営業者に労働法を適用するための「準労働者」の概念の可能性について検討を行う（Ⅲ）。

Ⅰ 「労働者」の判断基準

1 労働基準法上の「労働者」

(1) 個別的労働法における「労働者」

労基法9条は、「労働者」を「使用され、賃金を支払われる者」と定義している。賃金は労基法11条において労務の対償として支払われるものと広く定義されているので、労基法9条の「労働者」の定義においては、「使用され」

---

2) 1938年の商店法によって、閉店時間を原則として午後10時とし、常時50人以上の使用人を使用する大商店について、女子および年少者の就業時間の上限が1日11時間とされた。
3) 歩合給で働く外勤の販売員の労基法上の労働者性を肯定した事例として、神戸地判昭和32・7・19労民集8巻5号780頁［山陽商事事件］。
4) 学説・判例の概要については、竹内（奥野）寿「労働者の概念」争点4-6頁。

の意味が重要であると解されている。かかる労基法の労働者の定義は、最賃法2条1号、労安衛法2条2号および賃金支払確保法2条2号において援用されているほか、判例において、労災保険法上の労働者は労基法上の労働者と同義であるという解釈が確立している。その他の労働法の法律における労働者についても、個々の使用者と労働者との間の労働契約関係を規律する個別的労働法に属する法律については、労基法上の労働者と同義であると解してよいであろう（労働契約法については、下記2も参照）。

(2) 労基法上の「労働者」の判断基準

労基法の労働者概念の判断基準を整理した1985年労基研報告書[5]は、労基法上の労働者概念の判断基準を「使用従属性」と総称している。しかし、「使用従属性」といいながらも、指揮監督下の労働に関する判断基準（①仕事の依頼・業務従事の指示等に対する諾否の自由の有無、②業務遂行上の指揮監督の有無、③時間的・場所的拘束性の有無、④補助労働力の利用および代替性の有無）だけではなく、労働者性の判断を補強する要素として、事業者性の有無（⑤機械、器具の負担関係、⑥報酬の額）および⑦専属性の程度等も労働者性の判断にあたって考慮されており、労基法上の労働者概念は、幅広い判断要素から成り立っているといえる。①〜③の指揮命令への拘束の程度を示す要素は、本来の使用従属性（人的従属性）に属する要素であるといえるが、④〜⑦は、就労者の経済的従属性を示す要素である。

(3) 裁判例の傾向

近年の裁判例は、労働者性を厳格に解する傾向にあるといえる。この傾向を決定づけた判決が、専属的に運送業務に従事していたトラック持込み運転手の労災保険法上の労働者性を否定した横浜南労基署長（旭紙業）事件（最一小判

---

[5] 昭和60年労働基準法研究会報告書「労働基準法の『労働者』の判断基準について」労働省労働基準局監督課編『今後の労働契約等法制のあり方について』（日本労働研究機構、1993）50-68頁。

平成8・11・28労判714号14頁）である。最高裁は、①業務の遂行に関する会社（A社）の指示は、運送物品、運送先および納入時刻に限られ、運転経路、出発時刻、運転方法等には及ばなかったこと、②勤務時間については、当日の運送業務を終えれば帰宅でき、翌日も出社することなく、直接運送業務を行うこととされていたこと、③報酬は出来高払いであったこと、④トラックは運転手Xの所有であり、ガソリン代等の経費もXが負担していたこと、⑤労働・社会保険料は控除されず、Xは報酬を事業所得として確定申告していたことから、Xは「業務用機材であるトラックを所有し、自己の危険と計算の下に運送業務に従事していたものである上、A社は、運送という業務の性質上当然に必要とされる運送物品、運送先及び納入時刻の指示をしていた以外には、Xの業務の遂行に関し、特段の指揮監督を行っていたとはいえず、時間的、場所的な拘束の程度も、一般の従業員と比較してはるかに緩やかであり、XがA社の指揮監督の下で労務を提供していたと評価するには足りない」と述べて、Xの労基法（労災保険法）上の労働者性を否定した。他方で、本判決は、トラックを所有し、その経費を負担していたことから、Xの事業者性を比較的簡単に認めている。

本判決は、Xの事業者性を緩やかに肯定する一方で、労働契約の本質である使用者の指揮命令権の存在を容易に認めていない。確かに、請負契約においても、請負人は注文者の指示に基づいて作業を行うことがあるので、「業務の性質上当然に必要とされる」指示と労働契約上の指揮命令とを区別することは理論上可能であるが、実際には極めて困難である[6]。

その後、最高裁は、トラック持込み運転手と同様にしばしば労働者性が問題となる一人親方の労災保険法上の労働者性も否定し[7]、労基法上の労働者性を

---

[6] フリーカメラマンの労災保険法上の労働者性が問題となった新宿労基署長（映画撮影技師）事件では、カメラマンがロケのスケジュールに従い、監督のイメージに沿う映像を撮る必要があったことを、一審（東京地判平成13・1・25労判802号10頁）は、映画撮影上当然の制約であって、監督の指揮命令に服していることは示す事実であるとは認めなかったのに対して、控訴審（東京高判平成14・7・11労判832号13頁）は、監督の指揮命令に服していることを裏付ける事実であると判断した。

3-1 「労働者」と「準労働者」——労働者概念の総論として

厳格に判断する傾向を踏襲している。

2 労働契約法上の「労働者」

労契法上の「労働者」は、労契法2条1号において「使用されて労働し、賃金を支払われる者」と定義され、その文言は労基法9条と本質的に同じである。学説においても、同法にいう労働契約は労基法の労働契約と基本的に変わらないという見解が有力である[8]。労基法と労契法は、解雇や就業規則など共通の規制事項を有し、体系的に相互に密接な関係を有していることから、各々の労働者性を異なって観念することは混乱を招くものであろう。

3 労働組合法上の「労働者」の判断基準

(1) 労基法上の「労働者」との異同

労組法3条は、労組法上の労働者を「職業の種類を問わず、賃金、給料その他これに準ずる収入によって生活する者をいう」と定めている。労基法9条とは文言が異なり、また、労組法は団体交渉を助成する法律であることから、労基法とは異なる概念であると解されている[9]。

具体的には、労組法上の「労働者」は、労基法上の「労働者」よりも広く、失業者を含むほか、CBC管弦楽団労組事件[10]では、楽団と専属義務を負わない自由出演契約下の楽団員らの労組法上の労働者性が肯定されている。最高裁

---

7) 最一小判平成19・6・28労判940号11頁［藤沢労基署長（大工負傷）事件］。
8) 和田肇「労働契約法の適用対象の範囲」季労212号（2006）33頁、荒木尚志ほか編『詳説労働契約法〔第2版〕』（弘文堂、2014）76頁。これに対し、公法的取締規定としての労基法と当事者の意思を重視する契約法としての労契法の性格を重視し、労契法上の労働者性を労基法上の労働者性よりも広く解する見解として、鎌田耕一「労働契約法の適用範囲とその基本的性格」労働107号（2006）32頁、川田知子「個人請負・委託就業者の契約法上の地位」労働118号（2011）20頁。
9) 菅野590-597頁、西谷533-534頁。
10) 最一小判昭和51・5・6民集30巻4号437頁［CBC管弦楽団労組事件］。

第3章　労働者概念をめぐる法的課題

は、「本件の自由出演契約が、会社において放送の都度演奏者と出演条件等を交渉して個別的に契約を締結することの困難さと煩雑さを回避し、楽団員をあらかじめ会社の事業組織のなかに組み入れておくことによつて、放送事業の遂行上不可欠な演奏労働力を恒常的に確保しようとするものであることは明らかである」と述べ、楽団員には「原則としては発注に応じて出演すべき義務」があり、また、「演奏という特殊な労務を提供する者であるため、必ずしも会社から日日一定の時間的拘束を受けるものではなく、出演に要する時間以外の時間は事実上その自由に委ねられているが、……会社において必要とするときは随時その一方的に指定するところによつて楽団員に出演を求めることができ、楽団員が原則としてこれに従うべき基本的関係がある以上、たとえ会社の都合によつて現実の出演時間がいかに減少したとしても、楽団員の演奏労働力の処分につき会社が指揮命令の権能を有しないものということはできない」と述べた。そして、楽団員の出演報酬は、「演奏によつてもたらされる芸術的価値を評価したものというよりは、むしろ、演奏という労務の提供それ自体の対価である」と述べて、楽団員の労組上の労働者性を肯定した。

また、労働委員会の実務において、家内労働者の組合やプロ野球選手の選手会は、労組法上の労働組合であると認められてきた。しかし、近年、労組法上の労働者概念を狭く捉える下級審裁判例[11]が相次いだため、最高裁の判断が注目されていたが、最高裁は、2011年4月12日、高裁判決を覆し、オペラ劇場の合唱団員および業務委託契約に基づいて顧客に対する製品の修理サービスを行う委託就業者の労働者性を肯定した[12]。

しかし、労組法上の労働者が労基法よりもどのように広いのかについては、必ずしもはっきり示されたとはいえない。2011年4月12日の最高裁の2判決も、一般論を提示したわけではなく、先例であるCBC管弦楽団労組事件判決

---

11) 東京高判平成21・3・25民集65巻3号943頁［新国立劇場運営財団事件］、東京高判平成21・9・16労判989号12頁［INAXメンテナンス事件］、東京高判平成22・8・26労判1012号86頁「ビクターサービスエンジニアリング事件］。
12) 最三小判平成23・4・12労経速2105号8頁［新国立劇場運営財団事件］、最三小判平成23・4・12労判1026号27頁［INAXメンテナンス事件］。

をそのまま置き換えたような事例判断にとどまっている。そのため、2011年5月から厚労省の労使関係法研究会（座長、荒木尚志東京大学教授）において労組法の労働者性の判断基準の明確化を図るために検討が行われ、2011年7月に報告書がとりまとめられた[13]。同報告書は、上記最高裁判決が労組法上の労働者性の判断要素としてあげた6つの要素のうち、①事業組織への組み入れ、②契約内容の一方的決定・定型的決定、③報酬の労務対価性を「基本的判断要素」、④業務の依頼に応ずべき関係、⑤広い意味での指揮監督下の労務提供、一定の時間的場所的拘束を「補充的判断要素」、⑥顕著な事業者性を「消極的判断要素」と整理している。

これらの①～⑥の判断要素の意味について検討すると、まず、①～③の「基本的判断要素」については、①について、当該就労者が委託者の事業に不可欠な労働力であるといえれば事業組織に組み入れられていると認められ、この判断要素の充足については比較的緩やかに解しうるといえる。②については、契約内容が一方当事者が一方的に決定した定型的なものとなることは、事業者間契約においても決して珍しくはないであろう。そして、③についても、報酬が労務それ自体への対価といえるかの判断は、就労の実態を検討したうえで行われるものであり、この要素は、判断基準としての独自性に乏しいといえる。すなわち、これらの要素だけで労組法上の労働者と事業者とを区別することはできないといえるが、単発的な契約ではなく、契約関係の一定の継続性を要求するという点で、積極的な意義が認められる[14]。

「補充的判断要素」は、「基本的判断要素」を「補強・補完」するものとされているが、これについては、①～③が肯定されれば、労組法上の労働者性を肯定する方向で④⑤が緩やかに判断されるという理解が示されている[15]。つまり、④⑤によって①～③が「実質化」ないし「具体化」されることになるが、

---

13) 労使関係法研究会報告書「労働組合法上の労働者性の判断基準について」（2011年7月25日）。
14) スポット的な契約であっても、一定の指揮監督ないし相応の時間的・場所的拘束が認められれば、労組法上の労働者性を肯定すべきであるという見解がある（皆川宏之「集団的労働法における労働者像」労働119号〔2012〕55-56頁）。

④および⑤は、労基法上の労働者性の判断要素でもあるので[16]、判断基準自体が労基法と労組法でどのように異なるのかはなお不明確である[17]。結局、労基法上の「労働者」と同様の判断要素に基づき、各々の判断要素を満たしているかどうかの判断を労基法よりも緩やかに行うということであろう[18]。言い換えれば、個別交渉ではなく、団結による交渉が必要といえるような交渉力の不均衡が認められるためには、相手方の指示や判断に従わなければならない関係でなければならないといえる[19]。

その後、ビクターサービスエンジニアリング事件（最三小判平成24・2・21民集66巻3号955頁）において、最高裁は、基本的に上記最高裁判決と同様に、出張修理業務を専属的に行う個人代行店の労組法上の労働者性を肯定したが、「他社製品の修理業務の受注割合，修理業務における従業員の関与の態様，法人等代行店の業務やその契約内容との等質性などにおいて個人代行店が独立の事業者としての実態を備えていると認めるべき特段の事情の有無」について審査するよう原審に差し戻した。さらに、最高裁は、かかる「独立の事業者としての実態を備えていると認めるべき特段の事情」とは、「個人代行店が自らの独立した経営判断に基づいてその業務内容を差配して収益管理を行う機会が実体として確保されていたか否か」であると述べて、事業者性の意義を定式化した。

差戻審では、事業者性の有無が争点となったが、東京高裁は、①「個人代行店はXの出張修理業務の遂行に必要な労働力の恒常的な確保のためにXの組

---

[15] 岩村正彦＝荒木尚志＝村中孝史「〔鼎談〕労働組合法上の労働者性をめぐって」ジュリ1426号（2011）37-38頁。
[16] 労基法のように厳格に解されることのないように、報告書では、異なる表現が用いられているが、④の「業務の依頼に応ずべき関係」とは、労基法上の労働者性の判断要素における「業務の諾否の自由の有無」と同内容である。
[17] 水町勇一郎「労働組合法上の労働者性」ジュリ1426号（2011）21頁。
[18] 土田道夫「『労働者』性判断基準の今後——労基法・労働契約法上の『労働者』性を中心に——」ジュリ1426号（2011）55頁、拙稿「個人請負・委託就業者と労組法上の労働者概念」労働118号（2011）32頁。
[19] 野川忍『労働法原理の再構成』（成文堂、2012）49頁。

織に組み入れられ，基本的に，Xの指定する業務遂行方法に従い，その指揮監督の下に労務の提供を行っており，かつ，その業務について場所的にも時間的にも相応の拘束を受けているというべきである。したがって，……，個人代行店が自らの独立した経営判断に基づいてその業務内容を差配して収益管理を行う機会が実態として確保されているとは認め難く，直ちに個人代行店が独立の事業者としての実態を備えているとはいえない」と述べたうえで，②個人代行店で他社製品も扱っていた者は2店のみであり，その受注額も高くはなかったこと，③他の労働力の利用は可能であったが，組合員の中に実際に従業員を雇用していた者はいないこと，④法人等代行店の中には個別に交渉した内容を有する契約も締結されていたが，個人代行店との本件契約内容は，Xの作成した統一書式による契約書及び覚書によって一律に定められていたことから，個人代行店が独立の事業者としての実態を備えていると認めるべき特段の事情があるとは認められないと判断した[20]。

最高裁および差戻審によって，労働者性の判断要素である時間的・場所的拘束性および指揮監督の有無が，事業者性を否定する要素であることが明らかになり（上記①），労働者性と事業者性の相関関係が確認された。しかし，最高裁が，法人等代行店が独立の事業者であることを前提としている点は検討の余地があろう。法人格が形式にすぎず，実際には自然人が対応しているといえる場合には，労働者性は肯定されるので[21]，法人格の有無が労働者性の判断にあたって決定的な意味を持つとはいえないからである[22]。

(2) 労組法上の労働契約概念？

労組法上の「労働者」が労基法上の「労働者」よりも広いならば，労組法16条にいう「労働契約」の概念も労基法および労契法における「労働契約」よりも広くなるのであろうか。労働者概念の相対性を肯定するならば，労働契

---

20) 東京高判平成25・1・23労判1070号87頁［ビクターサービスエンジニアリング（差戻審）事件］。
21) 野川・前掲注19) 書・55頁。
22) 拙稿〔判批〕ジュリ1463号 (2014) 121頁。

第 3 章　労働者概念をめぐる法的課題

約概念の相対性も肯定され、労組法上の労働者性が認められた者と委託者との間の役務提供契約に規範的効力が及ぶと解するのが素直な解釈であり、論理的な帰結となろう[23]。この場合、下記 4 で述べるとおり、労基法・労契法上の労働契約は民法上の雇用契約と同義であると考えられているので、労組法上の労働契約が労基法・労契法上の労働契約よりも広いと解するならば、労組法上の労働契約は、民法上の雇用契約以外の役務供給契約を含むことになる。

しかしながら、労働契約概念の相対性については慎重に考える必要があるように思われる。私見は、まだ漠然としているが、契約類型とは、その旨の性質決定がなされれば、それに伴って、一定の法律効果が認められるものであり、いわば一種の規制のパッケージとして、相対的な解釈になじまないのではないかと考えている[24]。裏を返せば、かかる労働契約の一方当事者である「労働者」概念も必然的に統一性が要請されるといえるが、個々の法律の趣旨・目的に応じた相対的な解釈の余地は残されている[25]。この問題については、後日、改めて検討することとしたいが、仮に、労組法 16 条の「労働契約」を労基法・労契法の「労働契約」と同義に解する場合、労基法上の労働者ではないが、労組法上の労働者であると認められる者については、仮に団体交渉の結果、労働協約が締結されたとしても、かかる労働協約の規範的効力は認められない。しかし、債務的効力しか持たない労働協約であっても、労働条件の基準設定において重要な意味を持つといえる[26]。

---

[23] 野川忍「労組法 16 条の労働契約の意義」『菅野和夫先生古稀記念論集　労働法学の展望』（有斐閣、2013）567 頁。
[24] 実務的にも混乱が生じるので、野川教授は、労組法 16 条の「労働契約」の文言を「組合員と使用者との契約」に修正すべきであると述べる（野川・前掲注 19）書・54 頁）。
[25]「類型」としての労働者概念の統一性について、拙稿「『労働者』の概念形成——法解釈方法論における類型概念論を手がかりとして」『菅野和夫先生古稀記念論集　労働法学の展望』（有斐閣、2013）29-48 頁。
[26] 詳細は、荒木 536 頁。

4 民法の「雇用」との関係

　裁判例は、労基法・労契法上の労働契約と民法上の雇用契約を同義に解している[27]。契約自由の原則に基づく民法の雇用は、現在では、労基法等の労働者保護のための多数の規制に服しているが、契約類型としては、雇用契約と労働契約は同一であるという理解が一般的である[28]。

　現在、進められている民法（債権法）の全面改正においても、雇用に関する規定のあり方について、民法と労働関係法規（とくに労働契約法）に分散している現状が利便性に欠け問題であるとしつつも、当面、民法と労働契約法との関係については現状を維持することとなった[29]。この点について、商法における海上運送契約のように他の法律によって規律されることが適切と考えられる契約について、民法に残しておく必要性は乏しいのではないかという問題点が指摘されている[30]。今後の重要な検討課題である。

5 取締役の労働者性・従業員性

　取締役の労働者性が問題となる主な紛争には、取締役が労基法（労災保険法）の適用を求める場合と従業員に支払われるべき退職金の支払いを求める場合がある。前者につき、行政解釈[31]および裁判例[32]では、名目上は取締役であっ

---

[27] 例えば、時間外労働の割増賃金および付加金が請求された事案において、「雇用契約であった」と判示した裁判例がある（大阪地判平成11・6・25労判769号39頁［ジャパンオート事件］）。

[28] これに対して、民法起草過程では、使用者の指揮命令権が雇用の本質であるという理解はなされていなかったことから、民法の雇用の範囲を労基法が適用される労働契約よりも広く解する見解（鎌田耕一「雇用、労働契約と役務提供契約」法時82巻11号〔2010〕15頁）および民法上の雇用類型と労働基準法上の労働契約は無関係であると解する見解がある（川口美貴『労働者概念の再構成』〔関西大学出版会、2012〕61頁）。

[29] 民法（債権関係）部会第26回会議（平成23年4月12日）「民法（債権関係）の改正に関する中間的な論点整理」161頁。

[30] 野川・前掲注19）書・88-89頁。

第3章　労働者概念をめぐる法的課題

ても、就労の実態から社長等の指揮命令に服しているといえる場合には、労基法等の適用が認められている。

後者の退職金を請求する場合、裁判例では、「従業員」か否かという判断がなされることがある。美浜観光事件（東京地判平成10・2・2労判735号52頁）において、裁判所は、「従業員性の有無については使用従属関係の有無により判断されるべきものと解される」と述べ、労基法上の労働者性と同様の判断要素を例示したうえで、それらの判断要素を満たしているかどうかを検討している。「従業員」という表現を用いている理由は、ここでは労働法令の適用ではなく、当該会社における退職金規程の適用の有無が問題になっているからであろうが、就業規則である退職金規程の適用対象者は労基法上の労働者であるので、やはり、労基法上の労働者性の問題でもあるといえよう。

取締役の労働者性が肯定された裁判例では、完全に労働者と判断されたのか、あるいは取締役でありながら、労働者性も併せ持つ（いわゆる従業員兼務取締役）と判断されたのかが必ずしも明確ではないものもあるが、従業員兼務取締役の場合には、委任契約と労働契約が併存することになる。

II　家内労働者の保護

1　家内労働の定義

家内労働法の制定にあたり、家内労働（家内工業）の実態を把握するために労働省に設置された臨時家内労働調査会（座長、長沼弘毅氏）の報告書（「昭和40年報告書」）において、「家内労働」は、①作業所が、自宅または知人の家な

---

31) 昭和23年1月9日基発14号、昭和63年3月14日基発150号、平成11年3月31日基発168号および昭和23年3月17日基発461号。
32) 専務取締役に就任後もそれ以前の業務と同じ営業に従事し、社長から叱責されることもあったという事情の下で、労災保険法の適用を認めた事例として、大阪地判平成15・10・29労判866号58頁［大阪中央労基署長（おかざき）事件］。

ど自分が任意に選んだ場所、時として委託者の指定する場所であること、②自分ひとりで、あるいは少数の補助者とともに作業に従事していること、この場合、補助者は通常家族であって、常態として他人を雇うということにはないこと、③問屋・製造業者から物の製造、加工などを委託され、通常原材料の支給をうけて、その下請として作業を行っていること、作業は通常簡易な手作業で、機械設備を用いる場合もきわめて簡単なものであること、の3つの特徴を備えているものと定義されている[33]。

2　家内労働法の制定

(1)　戦前の状況

戦前に、マッチの箱貼り、封筒貼り、製本および傘貼り等の紙加工および紙製品を中心に、40種の家内工業の工賃等の実態調査を行った内務省社会局は、家内工業を利用すれば、使用者は、工場法や負傷疾病の療養の責任を負わずに、低賃金で老婦女子を活用できるため、前近代的な家内工業が広範囲に残るとともに、産業の進展に伴い、新たな家内工業も登場していると述べている[34]。そして、家内工業の賃銀が低い理由として、①家内労働者が散在しているため、情報を共有しにくく、自分の賃銀が適正なのかがわからないこと、②家内労働者には家庭を離れられない老婦女子が多く、成年男子でも、容易に仕事を変えられない状況にあること、③内職または副業的なものが多く、階級意識が低く、団結力が乏しいこと、④家内労働者と問屋等使用者との間に封建的な主従関係にあること、⑤材料配布や製品の取集を行う中間請負人の手数料が賃銀に比べて高く、その結果、賃銀が低くなっていること、という理由をあげている[35]。

この調査では、内務省社会局は、家内労働を、①賃銀労働であること、②労

---

33)　臨時家内労働調査会編『家内労働の現状』(日本労働協会、1966) 23頁。
34)　内務省社会局『家内工業ニ於ケル労働事情』(1927) 3頁。
35)　内務省社会局・前掲注34)書・4頁。

働者が自己の家庭において、又は事業主により単純な作業場の提供を受けて労働すること、と定義し、「自己ノ家庭ニ在テ労働スルモ自己ノ危険計算ノ下ニ於テ労働スルモノハ、茲ニ謂フ家内労働ニ包含セラレナイ」と述べている[36]。そして、「労働組合」、「職工組合」または「事業組合」など名称は様々であるが、製陶業、木製品・金属に関連する産業、織物業、漆器業、製傘業等において、家内労働者が主に賃銀協定の締結を目的として組織する団体の規約および活動内容についても調査しており、同盟罷業が行われた例もあることを紹介している[37]。

内務省社会局の調査は、家内労働者を「自営業者」ではなく、「労働者」と位置付けて、組織化の状況も明らかにしている点が注目される。

(2) 家内労働法の制定に至る経緯
(a) 最低賃金法における最低工賃の決定

1947年に制定された労基法は、「同居の親族のみを使用する事業……については適用しない」と定められた（労基法8条但書）。その理由としては、同居の親族のみを使用する事業においては、事業主とその他の者の家族的関係に法律が介入すべきではないからである、という説明がなされている[38]。これによって、家内労働が当然に労基法の適用除外になるのかが問題となるが、第92回帝国議会[39]における労基法案の審議のために厚生省労政局労働保護課が作成した質疑応答では、「同居の親族のみを使用する事業を適用から除外する結果、我が国の劣悪労働条件の太宗をなす家内工業の大部分が適用から除外されることにはならぬか」という問いに対し、新憲法によって「家」の観念がなくなるので「同居の親族」という用語を用いることにしたが、「此の規定によっ

---

[36] 内務省社会局・前掲注34) 書・141頁。
[37] 内務省社会局・前掲注34) 書・201頁以下。
[38] 寺本廣作『労働基準法解説』時事通信社（1948、復刻版〔信山社、1998〕）171頁、末弘嚴太郎「労働基準法解説 (1)」法時20巻3号（1948）106頁。
[39] 衆議院では、1947年3月6日に議事が開始され、同月18日に政府提出の労基法案が原案通り可決された。

3-1 「労働者」と「準労働者」——労働者概念の総論として

て家内工業の大部分が適用から除外されるものとは考へられない」という回答が行われている[40]。この説明はわかりにくいが、厚生省は、家内労働者は労基法の適用される労働者なのか否か、または家内工業を労基法の適用除外事業にするのかについて、あえて論点にしなかったといえそうである[41]。

労基法は施行から5年が経過した1952年に、女子の時間外労働・深夜業の制限の若干の修正等の最初の改正が行われるが、このとき、家内工業その他家族従業者のみを使用する事業にも労基法を適用すること、もしくは家内労働に関する法規を制定することが中央労働基準審議会で議論され、1952年3月15日に、家内労働に関する法規を制定する旨の答申が行われた[42]。

また、中央賃金審議会は、1950年11月に発足以来、最低賃金制の基本構想について審議を重ねてきたが、1954年5月21日の答申において、「公正競争の実をあげるために、別途家内工業法の制定を考慮し、その制定に至るまでの期間については、関連家内工業（賃加工業）の加工賃に対する行政的手段による調整等特段の措置を講じる」べきことが提言された[43]。その後、3年ぶりに再開された中基審の1957年12月17日の答申においても、同様に、「最低賃金制を効果的に実施するためには、家内労働を現状のままに放置すべきではな

---

40) 渡辺章編集代表『日本立法資料全集53 労働基準法〔昭和22年〕(3) 上』(信山社、1997) 134-135頁。

41) 1946年7月19日に厚生省労働保護課で行われた厚生省と労働者代表との座談会において、「広く全労働者を適用範囲とし、家内工業とか、季節労働者の如き特別な労働形態については特別法を制定せられればよい」という意見が出されている（労働省『労働行政史第2巻』〔労働法令協会、1969〕627頁）。もっとも、翌日に行われた厚生省と使用者代表との座談会では、これに対応する意見は出ていない（同書・630-637頁）。この意見聴取の基となった質問書には、「労働保護に関する法律を適用する事業の種類及び規模を如何に定めるか、並に保護の対象となる労働者の範囲を筋肉労働者に限るか又は智能労働者も加へるか」という問いがあった（同書638頁）。

　工場法では、「常時15人以上（1926年以降は10人）ノ職工ヲ使用スルモノ」が適用事業とされていたので、家内工業は、ほぼ自動的に適用除外となっていたものと解される。

42) 労働省・前掲注41) 書・764-767頁。

43) 労働省『労働行政史第3巻』(労働法令協会、1982) 1013-1016頁。

い」という認識が示され、「さしあたり……行政官庁は最低工賃を定めることができる」こととされた[44]。かかる答申に基づき、1959年に最低賃金法が制定され、家内労働者の最低工賃に関する規定が設けられ、一定の地域内の労使の全部に最低賃金が適用されるようになった場合に、最低賃金が適用される雇用労働者と同一または類似の業務に従事している家内労働者の労働条件の改善を図り、その最低賃金の有効な実施を確保するために必要があると考えられる場合に、行政官庁が最低工賃を決定できることとなった。

最賃法は、かかる最低工賃に関する規定が適用される家内労働者を、①委託者の委託により、物品の製造または加工等に従事する者、かつ②その業務について、同居の親族以外の者を常時使用していないこと、と定めた（最賃法2条4項）。これが、わが国で最初の家内労働者の法律上の定義となった。

(b) 臨時家内労働調査会の設置

最低賃金法の制定過程の1958年に大阪でヘップサンダルの接着作業に従事する労働者にベンゼン中毒が発生し、さらに、1959年夏には、東京都内の家内労働者の間で、多数のベンゼン中毒患者が発見され、大きな社会問題として注目を集めた。労働省は、小規模事業場および家内労働者について、巡回指導を行ったが、その過程で、改めて、家内労働者の劣悪な衛生環境が明らかとなり、総合的な家内労働対策について根本的な検討を行うため、1959年11月12日、労働大臣の私的諮問機関として、臨時家内労働調査会が設置された。

臨時家内労働調査会は、上述したとおり、詳細な実態調査を行ったうえで、1960年9月に、①家内労働手帳の普及促進、②標準工賃制度等の普及促進、③安全衛生等作業環境の改善の3点を骨子とする行政措置について提案を行った。労働省は、かかる中間報告に基づき、提案された措置の実施を進め、これにより、その後の家内労働法の制定のための基盤が育成された[45]。

---

44) 労働省・前掲注43) 書・1018頁。
45) 寺園成章『家内労働法の解説』（労務行政研究所、1981）35頁。都道府県においても、国の補助を受けて、1955年以降、各地に内職公共職業補導所が設置され、内職の斡旋を無料で行うほか、事業所調査を定期的に行い、工賃の適正化、苦情処理および内職者に対する技術指導が行われた。

(c) 家内労働審議会の答申

　労働省は、臨時家内労働調査会の「今後の家内労働対策のすすめ方に関する見解」に基づき、1966年6月27日に、家内労働審議会を設置した。同審議会では、家内労働者の定義、最低工賃制度、就業時間、委託打切り予告、安全衛生措置の各項目について、意見が対立し、審議は難航したが、1968年12月22日に少数意見を付す形で答申が行われた[46]。この答申に基づき、法案が作成され、1969年3月20日の閣議決定を経て、国会に提出され、同年5月16日、法律第60号として公布された。

　また、答申では、家内労働者に対し労災保険制度の特別加入制度を開くことが要請され、労災保険審議会で審議されることとなった。これにより、一定の家内労働者は、1970年10月から、労災保険に特別加入することができるようになった。

(3) 家内労働法の内容

　家内労働法は、最賃法における最低工賃制度および行政措置として実施されていた施策を1つの法律として整備したものといえる。その骨子は、委託条件の明確化を図るための家内労働手帳の交付、長時間労働の防止措置、安全衛生の確保措置および最低工賃制度である。

(4) 家内労働者は「労働者」か「自営業者」か

　家内労働法における家内労働者の定義は、1959年制定の最賃法とほぼ同一である（家内労働法2条2項）。

　家内労働法の立法にあたり、まず問題となったのは、家内労働者を「労働者」として、あるいは、「自営業者」ないし「事業者」として捉えるのかであったというが[47]、昭和40年報告書は、「家内労働者は、……自宅で、自分の好きな時間に作業をしているが、……問屋・製造業者から支給された原材料に

---

46) 答申の全文は、寺園・前掲注45) 書・442-448頁。
47) 寺園・前掲注45) 書・140頁。

第3章　労働者概念をめぐる法的課題

一定の加工を行って納入し、これに対して工賃を得ており、労働することによってそれに対する報酬を得ているという意味では一般の労働者と変わらない。また家内労働者は問屋・製造業者からの委託が途切れれば、直ちに仕事を失うわけであるから、問屋・製造業者に対する関係においては、一般の労働者の場合よりも弱い立場にあるといえよう」[48]と、「労働者」との近さを強調し、「事実上の労働者」[49]という表現も用いている。

　従来、家内労働者に労基法が適用されないのは、①単に、家内工業が、労基法の適用対象事業から除外されているからなのか、あるいは、②仮に、家内工業が適用対象事業に含まれるとしても、そもそも、家内労働者は、「使用される者」(労基法9条)とはいえないからなのか、必ずしも明らかではなかった。昭和40年報告書のように、家内労働者の「労働者」的性格を強調する立場は、②よりも①に近いようである。しかし、最賃法および家内労働法において、家内労働者が労基法の労働者とは別個に定義されることによって、以後、②の見解が確立したといえる。すなわち、委託者との間の物品の製造加工契約は、民法上は請負契約であり、家内労働者は、労働の遂行にあたり、時間的・場所的拘束がなく、使用者の指揮監督を受けないため、「使用従属性」がなく、労基法上の労働者にはあたらないと解されるようになったのである[50]。

　他方、家内労働者の労組法上の労働者性については、家内労働法制定以前の1960年8月17日に、中央労働委員会は、東京ヘップサンダル工組合を労働組合として認定していた。中労委は、①職人が、毎日一定の時間に特定の業者に前日の仕事を納め、その日の仕事を受領していること、②職人の作業内容は、業者が直接雇用する従業員の作業内容と本質的に異ならないこと、③業者の番頭が、職人の作業状況を見回っていたこと、④工賃は、毎月定期的に、加工した個数に応じて支払われ、仕事の完成に応じて決済されるものではないこと、⑤職人の生計は、主として右の工賃収入によって維持されていることから、職人は労組法上の労働者であることを認めた[51]。

---

48) 臨時家内労働調査会編・前掲注33)書・23-24頁。
49) 臨時家内労働調査会編・前掲注33)書・25頁。

3-1 「労働者」と「準労働者」——労働者概念の総論として

　家内労働者のための特別法の制定により、家内労働者が労基法上の労働者ではないという形で整理が図られたが、これは、家内労働者の労組法上の労働者性には影響を及ぼさなかった[52]。これにより、わが国では、労組法と労基法の労働者の範囲が異なり、労働者概念が法律の目的に応じて相対的に解される方向性が示されたといえよう。

3　在宅ワーク

(1)　情報技術の進展による新たな在宅就業の進展

　家内労働法の制定時には、家内労働とは、もっぱら製造業における軽作業が中心であった。しかし、その後、情報技術の進展により、データ入力作業など、サービス業において新たな在宅での就労機会が生み出された。家内労働法は、制定以来、大きな改正はなされていないが、労働省は、ワープロ作業について、①原稿に従ったワープロ作業を行い、かつ、当該ワープロ操作により発生した電気信号をフロッピーディスクその他の外部記憶媒体に保存する作業

---

50) 寺園・前掲注 45) 書・147 頁（「家内工業または家内労働といわれている物品の製造加工契約は、民法の典型契約にあてはめてみると、おおむね、当事者の一方がある仕事を完成し、相手方がその仕事の結果に対して報酬を与える、いわゆる請負契約（民法第 632 条）の性格をもつものと考えられる。労務そのものが契約の目的ではなく、労務によってもたらされる結果が契約の目的となるからである。本法にいう委託に関する契約も民法上の請負契約に近い契約を持つものと考えられるが、家内工業従事者または家内労働者が一般的に、これまで労働基準法等のいわゆる労働立法の適用の外に置かれ、また家内労働法によって保護されることとなっても労働基準法とは同一でない理由の一つはここにある」）。もっとも、最賃法と異なり、家内労働法では、家内労働者の定義に「主として労働の対償を得るために」という文言が付加されたのであるが、これは、労基法 11 条の賃金の定義からとったものであり、企業者的性格が強くなると家内労働者にはあたらない、という解説もなされている（寺園・前掲注 45) 書・167 頁）。家内労働者と労基法上の労働者との近さをうかがわせる。

51) 中労委命令昭和 35・8・17 小労時 357 号 36 頁。

52) 家内労働審議会の答申では、家内労働者の組織する労働組合を労組法上の労働組合であることを当面は法律で明記せず、引き続き検討することとされた。

は、家内労働法にいう「加工」に該当し、②フロッピーディスク等の提供又は売渡しがあった場合は、家内労働法にいう「物品」の提供または売渡しがあったものとすること、と取り扱い（平成2・3・31 基発第184号、婦発第57号）、家内労働法の適用を認めた。

(2) 在宅就労問題研究会の設置

新しいタイプの在宅就労に対応するために、労働省は、1998年7月に在宅就労問題研究会（座長、諏訪康雄教授）を設け、その実態の把握および施策について検討を行った。同研究会は、在宅で自営的に行われるサービス（役務）の提供に係る就労を「在宅ワーク」と定義し、在宅ワーカーの数を17万4000人程度と見積もっている[53]。同研究会は、具体的な施策として、契約条件の適正化を図るために、ガイドラインを策定することを求め、これに基づき、2000年6月14日に策定された「在宅ワークの適正な実施のためのガイドライン」に沿った行政指導が実施されるようになった。かかる行政の取組みは、家内労働法が制定される前の取組みと同様であり、行政指導によって得られる知見は、今後の法規制の重要な基礎となるものであろう。

研究会報告書は、在宅ワークと家内労働の異同について、いずれも請負契約に基づくものであるが、在宅ワークがサービスの給付に係ることから、在宅ワーカーの従属性の程度は家内労働者よりも多様であること、および仲介業者の位置づけが家内労働よりも困難であることを指摘したうえで、在宅ワークを家内労働法の適用範囲に含めるのか、あるいは別の法的規制によるのか、については、今後の検討に委ねている[54]。

---

[53]「在宅就労問題研究会報告書」（2003年3月8日）Ⅱ.3 (2).
[54] 前掲注53) 報告書・V.1 および 2.

III 「準労働者」の概念の可能性

1 「準労働者」とは何か

　上述したとおり、労組法上の労働者は労基法よりも広く解されているので、労基法上の労働者ではないが、労組法上の労働者であると認められる者を「準労働者」として、新しい法的カテゴリー（第3のカテゴリー）として位置付けられないかが問題となる。家内労働者は、かかる「準労働者」の典型といえるが、家内労働者以外の職業類型を含むより一般的な、労働者と自営業者の中間に位置する就労形態を指す概念として「準労働者」という概念を用いることは有用であろうか。かかる中間的な概念を有する国には、例えば、イギリス[55]、ドイツ、イタリア[56]、スペイン[57]、韓国[58]等がある。

　かかる立法例における「準労働者」に対する保護の内容は、以下で紹介するILOの「契約労働」のコンセプトにほぼ対応するものであるといえ、主に、労働者を雇用することなく1人で働く自営業者が、稼働収入の大半を特定の委託者から得ていることから特定の委託者に経済的に従属しているといえる場合

---

[55] 1996年の雇用権法、1998年の最低賃金法および1998年の労働時間規則等の最近の立法では、「(a) 労働契約（contract of employment）または (b) 明示または黙示を問わず、自由業（profession）または事業（business）の顧客としてではなく、人的に（労働者を雇用することなく）、労働またはサービスを提供し、または遂行することを約する契約に基づいて、労働を行う個人」を「労働者（worker）」と定義し、かかる「労働者」の範囲は、コモン・ロー上の「被用者（employee）」よりも広いと解されている（小宮文人『イギリス労働法』〔信山社、2001〕57頁）。かかる労働者の判断要素は、①単発の契約ではなく、継続的な契約関係であること（両当事者の義務の相互性）、および②労働者を雇用することなく人的に労働を行うこと、③事業者ではないこと、であるが、「被用者」との相違点として、「労働者」性の判断においては、労働者か自営業者かはっきりしないグレーゾーンにある就労者については、労働者性を肯定する方向で判断すべきであると解されている（A.C.L. Davies, Perspectives on Labour Law, 2. ed., 2009, p.89-90）。わが国の労組法上の労働者性の判断基準の理解に近いといえよう（拙稿・前掲注18）論文・30頁）。

第3章　労働者概念をめぐる法的課題

に、安全衛生、報酬保護、差別禁止、労災・社会保険の保護および労働組合への加入等、一定の労働・社会保険法上の保護を及ぼす点で共通している。

以下では、「準労働者」のコンセプトを示した例として有名なILOの「契約労働（contract labor）」および具体的な立法例として、最も古くから実定法上の概念となっているドイツの「労働者類似の者」について簡単に紹介したい。

(1)　ILOの「契約労働（contract labor）」

「契約労働」は、ILOの1997年および1998年の第85回および第86回総会で不安定な就労関係および就労条件にある従属的就労を総称する概念として提唱された[59]。

---

56) 2003年の命令276/2003号によって、一定の期間、有償で、調整された（koordinierte）労働プロジェクトに結び付けられた活動を、労働者を雇用することなく、独立的に義務付けられた者に対して、書面による契約、妥当な報酬額、妊娠、疾病および労災の場合の解雇制限、労働組合への加入および社会保険への加入等の権利が認められた（Stefanescu, Die arbeitnehmerähnliche Person im italienischen Recht, 2013）。また、2000年2月23日の委任立法で、一定の自営業者に労災保険の適用が拡張された（中益陽子「非従属的就業者への労災保険制度の拡張」労研496号〔2001〕56-62頁）。

57) 2007年の「独立的就労者の地位に関する法律（Ley del Estatuto del Trabajo Autónomo）」によって、労働者を雇用することなく、1人の委託者から稼働収入の75%を得ている者について、有休、解約告知期間、労働裁判権および労働組合への加入等の権利が認められた（Kersting, Die arbeitnehmerähnliche Person im spanischen Arbeitsrecht, 2011）。

58) 2007年の法改正によって、「イ．主に1つの事業又は事業場上において、その運営に必要な労務を常時に提供し、報酬を受けて生活すること、ロ．労務の提供にあたって他人を使用しないこと」のいずれの要件を満たす者を産業災害補償保険法上の「労働者」とみなす旨の規定が導入された。大統領令によって、かかる特殊形態勤労従事者の職種は、保険募集人、ゴルフ場キャディ、学習誌会社の訪問教師および自己所有のレミコン運転士の4つの職種に限定された。（鄭永薫「韓国における特殊形態勤労従事者の保護——2007年産業災害補償保険法の改正に至るまでの議論過程と法改正の内容——」労旬1674号〔2008〕36-39頁）

59) 鎌田耕一『契約労働の研究——アウトソーシングの労働問題——』（多賀出版、2001）13-40頁、拙稿「契約労働」（Contract Labour）角田邦重＝手塚勝利＝浅倉むつ子編『労働法の争点〔第3版〕』（有斐閣、2004）277-278頁。

「契約労働」の定義は、①「ユーザー企業のために遂行される労働」であること、②「契約就労者（contact worker）およびユーザー企業（自然人または法人）との間に雇用契約以外の直接的な契約上の措置に従って労働が遂行され」、または「契約就労者が、請負契約または仲介人によって、ユーザー企業に供給される」こと、かつ③「契約就労者が、当該労働を、事実上、ユーザー企業に依存または従属している労働条件の下で遂行し、かつ、かかる条件が、国内法および慣行において、雇用関係（employment relationship）を特徴づける条件に類似している」ことであり、2 者関係だけでなく、派遣・請負の 3 者関係を含む点が特徴的である。

「契約労働」に認められるべき保護の内容は、団結権および団体交渉権、差別からの保護、労働時間・報酬の保護、母性保護、安全衛生および法定社会保険への加入であるとされたが、条約案は採択されずに終わった。

その後、ILO では、2003 年の第 91 回総会において、「偽装自営業（隠ぺいされた雇用）」、「あいまいな雇用」および「三角雇用関係」について、どこまで社会的保護の及ぶ雇用関係に含めるべきかが議論されたが、2 者関係と 3 者関係を統合する「契約労働」のコンセプトはもはや用いられていない。さらに、2006 年の第 95 回総会において、「雇用関係に関する第 195 号勧告」が採択され、同勧告は、労働者と自営業者の境界画定に関する実効的な基準を策定すること、および使用者が雇用主としての責任を免れるために雇用関係を隠蔽するような契約に対する取り組みを行うことを各国に要請している。

(2) ドイツにおける「労働者類似の者」

「労働者類似の者」は、1926 年の労働裁判所法[60]において、労働裁判所の管轄が認められる者として、初めて実定法上の概念として定められた[61]。同法 5 条 1 項は、「本法にいう労働者とは、徒弟を含む現業労働者および職員で

---

60) Arbeitsgerichtsgesetz. Vom 23. Dezember 1926, RGBl. Ⅰ, S. 507; RGBl. Ⅰ 1927, S. 42.
61)「労働者類似の者」については、柳屋孝安『現代労働法と労働者概念』（信山社、2005）3-107 頁、拙稿「労働法・社会保険法の適用対象者——ドイツ法における労働契約と労働者概念——（4）完」法協 120 巻 11 号（2003）2156-2165 頁。

第3章　労働者概念をめぐる法的課題

ある。労働関係になく、特定の他者の委託および計算で労働を提供する者（家内営業経営者）並びにその他の労働者類似の者は、たとえ原材料を自ら調達していたとしても労働者と同視される。委託者との関係において、もっぱら自ら労働を提供している仲介人も労働者類似の者である」と定めた。労働者類似の者の原型は、当時、営業法[62]の現物給与の禁止規定（119b条）および社会保険の強制被保険者とされていた家内営業経営者（家内労働者）であり[63]、就労場所および時間を自ら自由に決定でき、使用者の具体的な指揮命令に服さないため、人的に独立であるが、経済的には委託者に従属しているため、労働者と同視されるべきであると解された。

その後、専属代理商（商法典92a条）が労働者類似の者にあたるとされ、また1980年代にメディアでフリーとして働くカメラマンや記者等が労働者性を争う訴訟が大量に提起されたことを契機に、労働者類似の者を労働協約法[64]の適用範囲に含める旨の労働協約法12a条が、1974年に新設された。しかし、商業分野については、経営側の反対により適用除外とされた（労働協約法12a条4項）。

「労働者類似の者」は、法律ごとの相対的な概念であると解されているが、より具体的に「労働者類似の者」の要件を定めた労働協約法12a条が、「労働者類似の者」の概念の基礎と解されている。

---

62) Gesetz, betreffend Abänderung der Gewerbeordnung. Vom 1. Juni 1891, RGBl. S. 261.

63) 日本では、家内労働法が制定されるまで、家内労働者が労働者なのか自営業者であるのかについてはっきりしていなかったといえるが（上記Ⅱ2(4)）、ドイツでは、早くから、家内労働者（現在のドイツ家内労働法では、家内就労者〔in Heimarbeit Beschäftigte〕）は、人的には独立であるので労働者とはいえないが、経済的には特定の委託者に従属していることから、特別に営業法および社会保険立法の適用に含めるという考え方が確立していた（拙稿「ドイツ労働法における『就労者（Beschäftigte）』および『労働者類似の者』の概念について——とくに家内労働者に着目して——」山田省三・青野覚・鎌田耕一・浜村彰・石井保雄編『労働法理論変革への模索・毛塚勝利先生古稀記念』（信山社、2015）303-323頁）。

64) Tarifvertragsgesetz. In der Fassung der Bekanntmachung vom 25. August 1969, BGBl. I S. 1323.

3-1 「労働者」と「準労働者」――労働者概念の総論として

　労働協約法12a条1項は、「労働者類似の者」を「経済的従属性および労働者と比較しうるほどの社会的要保護性の認められる者」と定義した上で、その要件として、①雇用または請負契約に基づいて、人的かつ本質的に労働者を雇用することなく行っていること、かつ②もっぱら1人の者に専属しているか、または平均して稼働所得の半分以上を1人の者から得ていることを明文で定めている[65]。すなわち、補助労働力を利用することなく、自ら役務を提供し、かつおおよその専属性が認められる場合に、経済的従属性および労働者と同視すべき社会的要保護性が認められることになる。

　現在、ドイツにおいて、「労働者類似の者」に認められる主な労働法上の規制として、労働裁判所法および労働協約法以外には、連邦休暇法[66]、労働保護法[67]および一般均等待遇法[68]をあげることができるが、労働者と比べるとわずかな保護にとどまっている。また、家内労働者には、家内労働法のほか、事業所組織法[69]等の適用が認められており、その他の「労働者類似の者」よりも手厚い保護が認められている。もっとも、「労働者類似の者」に認められる保護は労働者と比べると低いものの、一般均等待遇法のように、最近のEU指令の国内実施法では、「労働者類似の者」が適用対象者に含められるようになっている。これは、ドイツ労働法の適用対象者が、徐々に、「労働者」から「労働者類似の者」を含むより広い「就労者（Beschäftigte）」へと移行しつつ

---

65) 委託者が複数存在する場合、かかる複数の委託者が株式法18条にいうコンツェルンまたは一時的ではない組織的共同体を形成している場合には、これらの委託者は1人とみなされ（2項）、メディアで働く者については、1人の委託者から得られる収入が3分の1でも足りる（3項）。

66) Heimarbeitsgesetz. Vom 14. März 1951, BGBl. I S. 191.

67) Gesetz über die Durchführung von Maßnahmen des Arbeitsschutzes zur Verbesserung der Sicherheit und des Gesundheitsschutzes der Beschäftigten bei der Arbeit（Arbeitsschutzgesetz - ArbSchG）. Vom 7. August 1996, BGBl. I S. 1246.

68) Allgemeines Gleichbehandlungsegsetz（AGG）. Vom 14. August 2006, BGBl. I S. 1897.

69) Betriebsverfassungsgesetz. In der Fassung der Bekanntmachung vom 25. September 2001, BGBl. I S. 2518.

あることを示しており、わが国の労働法の適用対象者の範囲を考えるうえでも看過できない重要な事実であるといえよう。

2 「準労働者」概念の可能性

(1) 「準労働者」概念のメリット

かかる「準労働者」の概念を日本法で認めた場合の、メリットについて検討してみたい。

第1に、上述のとおり、労組法上の労働者性は労基法よりも広く解釈されているが、「準労働者」の概念は、かかる現在の学説および裁判実務に合致する。例えば、自転車で配送業務に従事していた者の労働者性が争われた事案において、労組法上の労働者性が認められたのに対して[70]、労基法・労契法上の労働者性は否定されたが[71]、かかる就労者を「準労働者」に位置づけることができよう。

第2に、理論的にも、労基法・労契法上の労働契約を民法上の雇用契約と一致すると解する立場にも親和的である。上述のとおり、家内労働者と委託者との間の契約の法的性質は、通常は民法上の請負契約であると考えられるため、労基法・労契法上の労働契約と雇用契約は契約類型としては同一であるという見解に立つ限り、家内労働者と委託者との間の契約を労基法・労契法上の労働契約であると評価することはできない。家内労働法は労基法の特別法であるので、家内労働者と委託者との間の契約が労基法・労契法上の労働契約にはあたらないという点は自明であるかもしれないが、「雇用契約＝労基法・労契法上の労働契約」以外の契約に基づいて人的な役務を提供する者を「労働者」と区別される「準労働者」と位置付けることは、契約類型の整理の観点からも望ましいといえる。

---

70) 中労委命令平成22・7・7別冊中労時1395号11頁、東京地判平成24・11・15労判1079号128頁［ソクハイ事件］。

71) 東京地判平成25・9・26労経速2198号3頁［ソクハイ事件］。

第3に、労基法上の労働者ではないが、家内労働法および労災保険法の特別加入制度など、一定の労働法上の保護が認められる者がすでに存在していることである。彼らを「準労働者」と解することは可能である。

第4に、経済的従属性が認められるものの、人的には独立的な自営業者に対して、労基法等の労働法上の保護を一律に及ぼす必要はなく、労災や報酬の保護等、必要な保護のみを認めれば足りることから、一部の労働法上の規制のみの適用を認めるためには、「準労働者」という新しいカテゴリーを作ることは有用である[72]。

第5に、起業促進政策にも合致する。わが国では、経産省によって起業支援の助成措置が行われているが、まだ失業者に対する積極的雇用促進措置としての起業支援は行われていない。かかる雇用創出策としての起業支援措置が今後の積極的雇用促進措置の1つの選択肢になりうることを考えた場合[73]、この場合に想定される起業とは、とくに労働者を雇用することなく自ら役務を提供するサービス業における就労であり、「準労働者」のイメージに合致する。

(2)　「準労働者」概念のデメリット

「準労働者」概念を認めることのデメリットとしては、第1に、現行の裁判実務を容認することになる点が懸念される。上述のとおり、最高裁は、労基法上の労働者性を狭く解釈しているといえるが、「準労働者」概念という新しいカテゴリーを定立すれば、「労働者」と「準労働者」を区別するために、ますます指揮命令への拘束を示す判断要素（業務諾否の自由の有無、具体的な指揮監督、時間的・場所的拘束）の充足に関する判断が厳格になり、労基法上の労働者性が狭く解される可能性がある。

第2に、「労働者」、「準労働者」および「事業者（自営業者）」の境界画定は、「労働者」と「事業者（自営業者）」との区別以上に困難になると思われる。

---

72) 鎌田・前掲注59)書・125頁。
73) ドイツの失業者に対する起業促進措置については、拙稿「ハルツ改革後のドイツの雇用政策」労研647号（2014）59-61頁。

第3章　労働者概念をめぐる法的課題

「労働者」と「労働者類似の者」の定義が明確に区別されているドイツにおいても、裁判例では、労働者類似性が争われる事例は少ないこともあり、その判断方法ははっきりしていない[74]。ドイツと比べ、労基法と労組法の労働者の判断要素自体の異同が必ずしも明確であるとはいえないわが国において、「労働者」、「準労働者」および「自営業者（事業者）」という3つのカテゴリーを導入すると、ますます境界画定が困難になるものと思われる。

第3に、企業にとって柔軟な労働力の確保策には、有期雇用および派遣労働等の非正規雇用の活用という方法があり、さらに「準労働者」という新しい就労形態を認める必要性は乏しい。ドイツにおいて、家内労働者、専属代理商およびメディアにおけるフリーの記者およびカメラマンら以外には、「労働者類似の者」にあたる具体的な職業類型が形成されているとはいえない点は参考となろう。

(3) 私　見

私見は、現行の裁判実務では、労基法の労働者概念が狭く解されており、もっと緩やかに労働者性を認めるべきであること、また「労働者」と「準労働者」の境界画定が困難であることから、基本的には「準労働者」の概念は不要であると考えている（デメリットの1および2）。「準労働者」の概念を新たに設けるのではなく、法律の目的に応じた概念の相対性は認めつつも、原則として、労基法上の労働者概念を労組法と同様の範囲にまで広げるべきではないかと考えている。経済的従属性の認められる自営業者に対して、労働法のすべての保護を及ぼす必要はないのではないかという点（メリットの4）については、

---

74) 最近の裁判例では、乳製品製造工場で週4日間ほぼフルタイムで就労していた者が火事の責任を問われた事案において、労働者類似の者にも損害賠償軽減の法理が適用されると述べたうえで、かかる就労者が、その都度委託を受けるのではなく、何年間も週4日間、工場長に命じられた場所で、命じられた作業に従事していたことから、労働者類似の者であると判断された事例がある（Hessisches LAG, Urteil vom 12. 4. 2013 - 13 Sa 857/12 , BB 2013, 1726）。この判決では、経済的従属性よりも人的従属性（指揮命令への拘束）から、労働者類似性が肯定されており、労働者と労働者類似の者の区別があいまいになっているといえる。

3-1 「労働者」と「準労働者」——労働者概念の総論として

適用除外で対応すべきであろうと考える[75]。しかし、まだはっきりとした結論を出すには至っていない。結論を出せない最大の理由は、「準労働者」概念の第2のメリットとしてあげた労基法・労契法上の労働契約と雇用契約の関係について、私見では、労基法・労契法上の労働契約と雇用契約は契約類型としては同一（同義）であると考えるので、請負契約に基づいて就労する者に十分な保護を及ぼすことができないことになるからである。民法上の契約類型を問わずに、労働法を適用するためには、ドイツのように、雇用契約以外の契約で就労する者を「準労働者」と位置付けて、彼らに労働法を適用することを明示するべきであろう。

　労働契約は、私法上の契約として、民法の契約類型との整理が不可欠である。労働契約を雇用契約だけでなく、請負契約を含む契約として整理することも理論的には可能であるが、成果を債務とし、成果に対する保証責任を負う請負契約の規制は、労働契約にはなじまず、請負契約を含む契約類型として労働契約の概念を観念することは困難であると考える[76]。

　請負契約を労基法・労契法上の労働契約に含めないとしても、請負契約と雇用契約との間の境界画定が問題となる場合に、なるべく雇用契約であると評価することによって、妥当な結論が得られる場合が少なくないと考えられる。しかし、家内労働者および在宅ワークについては、やはり請負契約と評価せざるを得ない場合が多いといえよう[77]。

---

75) 労働法の規制を経済的従属性の認められる自営業者にも及ぼすことを認めつつ、完全な強行法規とはいえない規範について、個別同意による適用除外を認めるべきであるという見解がある（大内伸哉「従属労働者と自営労働者の均衡を求めて」『中嶋士元也先生還暦記念論集　労働関係法の現代的展開』〔信山社、2004〕60-65頁）。
76) 自営業者と委託者との間の契約類型としては、他にも準委任契約およびその他の無名契約が考えられるが、請負契約以外については、役務それ自体を債務とする雇用契約と評価することは比較的容易であろう。
77) その都度の委託は請負契約と評価すべきであるが、委託者との継続的な契約関係が存在する場合に、契約関係を全体的に評価して、雇用（労働）契約と性質決定する余地もありうるかもしれない。この点については、改めて検討したい。

第 3 章　労働者概念をめぐる法的課題

む す び

　本稿では、労働法の適用対象者である労働者および労働契約の概念について、現在の議論状況を整理したうえで、労働者と自営業者の中間概念である「準労働者」の可能性について検討を行った。民法上の契約類型との関係を考えた場合、ドイツのように「雇用（労働）契約＝労働者＝人的従属性、準委任・請負契約＝準労働者＝経済的従属性」と整理したほうが、理論的に明快である。しかし、「準労働者」という新たなカテゴリーに該当する具体的な職業類型として、家内労働者およびその他の在宅ワーク以外は想定しにくく、有用性が乏しいこと、そして、新たなカテゴリーを設けることで、さらに境界画定が実務上困難になると思われることから、「準労働者」という概念を定立することについては慎重に検討する必要があると考えている。請負契約に基づく、経済的従属性の認められる就労者の保護については、家内労働法の改正で対応できるのではないかと考えているが、十分に問題点を整理したうえで、明確な試論を提示するには至っていない。労働・社会保険の適用の可否も含め、今後の検討課題としたい。

3-2 集団的労働関係における労働者概念

竹内（奥野）寿

I はじめに

　本稿は、集団的労働関係における労働者概念につき、労働組合法（以下、労組法とする）3条が定義する、労組法上の労働者性の判断についての考察を中心に、同法における関連する概念、及び、関連する立法との関係についても若干の検討を行うものである[1]。

　労組法上の労働者性の判断については、事例判断ではあるものの、最高裁判決として、既に、CBC管弦楽団労組事件（最一小判昭和51・5・6民集30巻4号437頁）が存在しており、「自由出演契約」と称される放送出演契約を締結して稼働する放送管弦楽団員の労組法上の労働者性を肯定する判断を下していた。もっとも、近時に至り、新国立劇場運営財団事件東京地裁判決（東京地判平成20・7・31労判967号5頁）を皮切りに、労働基準法（以下、労基法とする）上の労働者性の判断基準と同様の判断基準に依拠し、かつ、事案の事実を評価する

---

[1] 本稿が取り上げる論点の多くについて、野川忍先生は、すでに、野川忍「労働組合法上の労働者――労使関係法研究会報告書の検討」季労235号（2011）79頁にてご検討されている。本稿は、当該論文から多くを学びつつ、取り上げる論点について、自らの立場から考察を加えるものである。野川先生が積み重ねられてきた学問の成果に少しでも貢献を加えるものとなっていれば幸いである。

第3章　労働者概念をめぐる法的課題

にあたり、労働者性を肯定する事情とは容易に認めない（実質的には、労働者性を肯定する事情としての評価をあらかじめ排除する）形で判断を行う下級審裁判例が相次いで下された。学説はこうした下級審裁判例の立場を是とせず、労組法上の労働者性についての議論が活発化することとなった。こうした状況下において、最高裁は、新国立劇場運営財団事件（最三小判平成 23・4・12 民集 65 巻 3 号 943 頁）、INAX メンテナンス事件（最三小判平成 23・4・12 労判 1026 号 27 頁）、及び、ビクターサービスエンジニアリング事件（最三小判平成 24・2・21 民集 66 巻 3 号 955 頁）（以下、これら 3 件の最高裁判決を、単に、最高裁 3 判決とすることがある）において、やはり事例判断ではあるが、上述した近時の下級審裁判例が採用していた判断基準及び評価方法を否定するとともに、事案の判断としても、労働者性を肯定し、あるいは基本的に肯定する判断を行った。この最高裁 3 判決は、近時における労組法上の労働者性についての議論を活発化させた 3 件の事件の最高裁判決として、現在の判例の到達点と位置づけることができる。

本稿ではまず、現在の判例の到達点たる最高裁 3 判決の労働者性判断、及び、学説上の議論の活発化の中で実務上の指針たることを意図して公にされた労使関係法研究会報告書[2]における労働者性判断について確認した上で、これらを手掛かりとしつつ、労組法上の労働者性の判断のあり方について考察することとしたい（Ⅱ）。

集団的労働関係における労働者概念をめぐっては、労組法上の労働者性の判断のあり方が特に重要な問題であると考えられ、本稿の多くは、この問題についての考察を行うが、このほかにも、労組法上の労働者性が多くは団体交渉の不当労働行為をめぐって争われることとの関係で、労組法 7 条 2 号の「雇用する労働者」をどう理解すべきかも問題となる（Ⅲ。なお、関連して、Ⅱで、判例が相手方との「関係において」労働者性を判断していることも検討する）[3]。また、

---

2) 労使関係法研究会（座長：荒木尚志東京大学大学院法学政治学研究科教授）「労使関係法研究会報告書（労働組合法上の労働者性の判断基準について）」（2011）（http://www.mhlw.go.jp/stf/houdou/2r9852000001juuf-att/2r9852000001jx2l.pdf にて利用可能（2015 年 2 月 12 日最終アクセス））。

近時、労組法上の労働者概念が改めて検討される中で、労基法あるいは労働契約法（以下、労契法とする）上の労働者概念との関係についても再度検討を行う必要が生じていると考えられる。本稿ではこの検討に先立つ作業として、問題状況を整理することとする（Ⅳ）。加えて、集団的労働関係における労働者概念にかかわる問題として、近時、労組法上の労働者が、労働組合を結成ないしはこれに加入し、団体交渉や労働協約の締結等の活動を行うことと、競争法との関係をどう考えるべきかが、注目を集めている。これについても、問題状況を整理することとしたい（Ⅴ）。

Ⅱ　労組法3条の労働者性の判断

1　最高裁判決の到達点

(1)　労働者性の判断基準及び判断要素[4]

最高裁3判決のうち、新国立劇場運営財団事件は、オペラ公演のための合唱団員の労組法上の労働者性が争われた事例である。最高裁は、①合唱団員が、オペラ公演の実施に不可欠な歌唱労働力として、契約の相手方であるオペラ公演を主催する財団の組織に組み入れられていたこと（事業組織への組み入れ）、

---

3) 本稿では検討の対象外としたが、判例、労働委員会命令及び学説で一般に支持されているように、労組法上の労働者概念には労契法上の労働者には該当しない労務供給者も含まれるとすると、労組法16条の「労働契約」をどう理解すべきであるか等の問題も生じる。こうした問題については、野川忍「労組法16条の労働契約の意義——基本問題についての覚書」荒木尚志ほか編『菅野和夫先生古稀記念論集　労働法学の展望』（有斐閣、2013）551頁参照。労使関係法研究会報告書・前掲注2）は、上記のような労務供給者の契約も労組法16条の労働契約に含まれ、そうした労務供給者にかかる労働協約について規範的効力が生じるとすることは十分可能であるとしている。
4) 労働者性の判断基準及び判断要素を中心とする労組法上の労働者性についての比較的近時までの学説の状況については、竹内（奥野）寿「労働組合法上の労働者（文献研究）」季労235号（2011）230頁参照。

第3章　労働者概念をめぐる法的課題

②合唱団員が基本的に財団からの個別公演出演の申込みに応ずべき関係にあったこと（基本的に仕事の依頼に応ずべき関係）、③財団が、契約内容や公演での歌唱の労務提供の態様を一方的に決定していたこと（契約内容の一方的決定）、④合唱団員が、労務提供方法等について財団の指揮監督下にあり、また、一定の時間的場所的拘束も受けていたこと（指揮監督及び時間的場所的拘束）、⑤報酬が算定方法や額に照らして労務提供それ自体の対価とみられること（報酬の労務対価性）、の各事情に言及して、当該合唱団員が労組法上の労働者であることを肯定した。

　INAXメンテナンス事件は、製品の修理補修等の業務に従事するカスタマーエンジニア（CE）の労組法上の労働者性が争われた事例である。最高裁判決は、①修理補修業務に従事する人員におけるCEの（高い）割合、及び、各CEと調整し業務日、休日を指定等しており、会社の業務遂行に不可欠な労働力としてその組織に組み入れられていたこと（事業組織への組み入れ）、②契約の相手方である会社が契約内容を一方的に決定していたこと（契約内容の一方的決定）、③算定方法に照らし報酬が労務提供の対価としての性質を有すること（報酬の労務対価性）、④CEが基本的に会社からの個々の修理補修等の依頼に応ずべき関係にあったこと（基本的に仕事の依頼に応ずべき関係）、⑤CEが会社の指揮監督の下で労務の提供を行っており、一定の時間的場所的拘束も受けていたこと（指揮監督及び時間的場所的拘束）の各事情に言及し、更に、⑥「なお」として段落を改めて、CEが独自に事業者としての活動を行うことは時間的に困難と推認されること、に言及し、以上を総合考慮してCEが労組法上の労働者であることを肯定した。

　ビクターサービスエンジニアリング事件は、INAXメンテナンス事件のCEと同様に、製品の修理補修等の業務に従事する個人営業形態の業者（個人代行店）の労働者性が争われた事例である。最高裁判決は、まず、①契約の相手方である会社の出張修理業務の多くの割合を個人代行店が担い、また、会社が業務量を調整して割り振っており、事業の遂行に必要な労働力として、基本的にその組織に組み入れられていたこと（事業組織への組み入れ）、②会社が契約内容を一方的に決定したこと（契約内容の一方的決定）、③実際の業務遂行の状況

に鑑みて報酬が労務の提供の対価としての性質を有すること（報酬の労務対価性）、④個人代行店は特別な事情のない限り割り振られた出張修理業務を全て受注すべきものとされ、業務にかかる期間1年の契約は申出があれば更新されないものとされている等に照らし、個人代行店は基本的に会社による個別の出張修理業務の依頼に応ずべき関係にあったこと（基本的に仕事の依頼に応ずべき関係）、⑤個人代行店が会社の指揮監督の下で労務の提供を行っており、かつ、相応の時間的場所的拘束も受けていたこと（指揮監督及び時間的場所的拘束）、の各事情に言及する。その上で、⑥「他社製品の修理業務の受注割合、修理業務における従業員の関与の態様、法人等代行店の業務やその契約内容との等質性などにおいて、なお独立の事業者としての実態を備えていると認めるべき特段の事情がない限り」、個人代行店は労組法上の労働者性が認められるとの判断を示し、原判決を破棄した上で、上記特段の事情の有無について審理を尽くさせるため、事件を差し戻した[5]。

　最高裁3判決は、総合考慮の対象として、共通して、①事業組織への組み入れ、②契約内容の一方的決定、③報酬の労務対価性、④基本的に仕事の依頼に応ずべき関係、⑤指揮監督及び時間的場所的拘束、の各事情について言及している。また、INAXメンテナンス事件最高裁判決は、上記のとおり「なお」として段落を改め、補足的と解される形で、⑥独立した事業者としての実態の欠如について、総合考慮される1事情として追加して言及している。ビクターサービスエンジニアリング事件は、この、⑥独立した事業者としての実態があることを、労組法上の労働者性を否定する特段の事情として挙げている。ビクターサービスエンジニアリング事件における⑥の事情の位置づけについては、これを、労組法上の労働者性の消極的要件、すなわち、①〜⑤の5つの事情の総合考慮により労組法上の労働者性が肯定される場合において、なお労組法上の労働者性を否定するものとして位置づける余地もあると考えられるが、INAXメンテナンス事件最高裁判決における⑥の事情の位置づけと整合的に理解する

5）差戻審（東京高判平成25・1・23労判1070号87頁）は、特段の事情の有無について検討し、個人代行店の労働者性を肯定した。

135

第3章　労働者概念をめぐる法的課題

ならば、①～⑤と同様、総合考慮する諸事情の1つ（消極的要素）として位置づけうると考えられる[6]。

これら①～⑤及び⑥の各事情の総合考慮における位置づけについては、各事件における国（中労委）の上告受理申立て理由が、基本的に、労組法上の労働者性について、①～⑤の諸事情に照らして総合的に解釈、判断すべきと主張したことを受けて、最高裁がこれを容れたにすぎないと考えられること[7]を踏まえると、最高裁の判断は、①～⑤の各事情について、特定の要素を重要な要素あるいは補足的な要素と位置づけるものとは解されない。また、⑥の事情については、INAXメンテナンス事件によれば補足的な事情であることが行論上明確といえるが、ビクターサービスエンジニアリング事件によれば、（①～⑤の各事情の検討により労組法上の労働者性が基本的に肯定される場合にはじめて検討されるという点では特殊性があるものの）、①～⑤の各事情と比較して、より重要あるいは補足的に過ぎないものであるとする事情はうかがわれない。以上によれば、労組法上の労働者性の判断基準及び判断要素については、①～⑤及び⑥の諸事情を総合考慮する、というのが現在の最高裁の立場であると考えることができる。

(2)　判断要素を評価する視角

最高裁3判決は、労組法上の労働者性の判断要素を評価する視角について、下級審裁判例に比較して、特徴がある。

---

6) 竹内（奥野）寿「判批」ジュリ1445号（2012）117頁、119-120頁。
7) 新国立劇場運営財団事件及びINAXメンテナンス事件にかかる国による上告受理申立て理由については、別冊中労時1406号（2011）11頁以下、36頁以下を、ビクターサービスエンジニアリング事件にかかる国による上告受理申立て理由については、別冊中労時1422号（2012）12頁以下参照。ビクターサービスエンジニアリング事件にかかる上告受理申立て理由では、①、②、③が肯定される場合には、労組法上の労働者性が肯定されるべきであるとして、これら3つの事情を労組法上の労働者性を肯定する基本的な事情と位置づける見解が主張されているが、判決は④及び⑤（更には⑥）の事情にも言及しており、この見解を（必ずしも否定しているとはいえないが）採用しているとはいい難い。

3判決の下級審裁判例は、一定の指揮監督や支配、拘束等の存在の評価について、「集団的舞台芸術性」に由来するものにすぎない（新国立劇場運営財団事件高裁判決）、あるいは、業務「委託契約の委託内容による制約」（INAXメンテナンス事件高裁判決及びビクターサービスエンジニアリング事件高裁判決）にすぎないとして、事案に現れた拘束等について、労組法上の労働者性を肯定するものとは容易には評価しない判断を行っていた。このことに関連して、ビクターサービスエンジニアリング事件高裁判決は、「業務委託契約を締結して受託者が業務に従事する場合……委託者の必要に応じて受託業務に従事する以上、委託内容により拘束、指揮監督と評価できる面があるのが通常であるから、契約関係の一部にでもそのように評価できる面があるかどうかによって労働者性を即断するのは事柄の性質上相当でなく、委託契約に基づく委託者と受託者の関係を全体的に見て……判断すべき」との一般論を述べており（INAXメンテナンス事件高裁判決も同旨）、形式上業務委託契約として契約が締結されていることについて、法的に有効に業務委託契約であることを前提とする考え方を示しており[8]、契約の性質についての当事者の認識を考慮するに等しい判断を示していた。

最高裁3判決は、いずれも、こうした考え方には言及しておらず、かつ、事案の判断においても、指揮監督や一定の時間的場所的拘束を肯定しており、契約の性質が労働契約ではない（労組法上の労働者性を基礎づける契約関係ではない）ことを基本的前提に事実の評価を行う方法、また、関連して、契約の性質についての当事者の認識（いわば形式）を前提とする判断方法は採用しないとしたものと位置づけることができる[9]。

また、新国立劇場運営財団事件及びINAXメンテナンス事件の各高裁判決は、「法的な使用従属の関係」（INAXメンテナンス事件高裁判決）が認められるか否かに照らして労組法上の労働者性を判断する考え方を採用し、特に、いわ

---

[8] 具体的な拘束等の存在を業務委託契約上のものと評価するためには、当該契約が法的にみて、労働契約ではなく、業務委託契約として有効に成立していることが論理的前提であり、したがって、本文で述べた評価が成立する。

第 3 章　労働者概念をめぐる法的課題

ゆる諾否の自由について、関係する事実の評価を法的な義務の有無に注目する形で行っていた。これに対して、最高裁 3 判決は、いずれも、法的な義務の有無ではなく、当事者の認識や契約の運用の実態に照らして仕事の依頼に「基本的に……応ずべき関係にあ」るか否かを検討しており、実態に注目する考え方を採用するものといえる[10]。

(3)　相手方との「関係において」の労働者性、労組法 7 条 2 号の「雇用する労働者」との関係

最高裁 3 判決のうち自判した INAX メンテナンス事件最高裁判決は、(1)で述べた諸事情を総合考慮した上で、「CE は、被上告人との関係において労働組合法上の労働者に当たる」と判断した上で、申し入れられた団体交渉議題が義務的団体交渉事項に該当しており、被上告人は正当な理由なく CE を組織する労働組合との団体交渉を拒否できないところ、CE は労組法上の労働者でないとの理由で拒否したことは、労組法 7 条 2 号の不当労働行為を構成する、と述べている。

この行論によれば、最高裁は、第 1 に、ある就業者が労組法上の労働者に該当するか否かの判断、換言すれば、労組法 3 条の要件を満たしているか否かの判断は、特定の相手方との関係で判断するとの立場を採用していることがうかがわれる。このことは、労組法上の労働者性について自ら結論付けている新国立劇場運営財団事件最高裁判決においても、同様である。また、最高裁は、第

---

9)　ビクターサービスエンジニアリング事件最高裁判決は、個人代行店が源泉徴収や社会保険料等の控除を受けていなかったという事情について、「実態に即して客観的に決せられるべき労働組合法上の労働者としての性質がそのような事情によって直ちに左右されるものとはいえない」と述べており、「直ちに」と若干の含みは残しているが、本文で述べたところと同様に、基本的に、当事者が操作可能な形式的事情を考慮しない立場をとることを示していると評価することができる。

10)　この考え方は、いわゆる諾否の自由について、最終的に、「原則としてこれに従うべき基本的関係」と表現している CBC 管弦楽団労組事件最高裁判決の立場に沿うものでもある。竹内（奥野）寿「労働組合法上の労働者性をめぐる 2 つの最高裁判決について」労働 118 号（2011）165 頁、174-175 頁参照。

2に、労組法7条2号の不当労働行為の成立に関係して、「労働組合法上の労働者」に該当するとの判断以外には、義務的団体交渉事項該当性及び正当な理由の有無について言及するのみであり、労組法7条2号が定める「雇用する労働者」との文言についての判断が別途行われているわけではない。最高裁は、(1)で述べた諸事情の総合考慮を労組法7条2号の「雇用する労働者」に該当するか否かの関係で行っているとみる見方も完全には否定しえないが[11]、「労働組合法上の労働者」は、その文言に照らして定義規定である労組法3条の労働者を意味すると理解するのが適切と考えられ、したがって、最高裁は、労組法3条の労働者に該当する以上は、(該当性を判断するにあたって諸事情を考慮した就業にかかる契約の相手方との関係で)同法7条2号の「雇用する労働者」にも該当する(当該相手方との関係で「雇用する」関係にある)とする立場と位置づけることができる。

2　労使関係法研究会報告書

労使関係法研究会報告書(以下、本項では単に、報告書とする)は、総論として労組法上の労働者性を検討する意義等について言及した上で、労組法上の労働者性についての基本的考え方、及び、(労組法上の労働者性にかかる当該時点における最高裁判決の分析を挟んで)労組法上の労働者性の判断要素についての考え方を述べている。以下、報告書の中でも特に重要と考えられる、労組法上の労働者性についての基本的考え方、労組法上の労働者性の判断要素についての考え方を概観する。

労組法上の労働者性についての基本的考え方の箇所では、報告書は、労契法上の労働者、労基法上の労働者と比べ、労組法上の労働者は、3条における同法の定義上、「使用され」という要件が含まれておらず、失業者も同法の保護

---

11) 国の上告理由においては、(1)で述べたような労働者性の判断要素は、3条についての箇所ではなく、7条2号についての箇所で述べられている。別冊中労時1406号(2011)36頁、41頁参照。

第3章　労働者概念をめぐる法的課題

を受ける労働組合の構成員となりうること、及び、同法の目的規定（1条）を参照した上で、同法の労働者は「使用者との間で団体行動権の行使を担保とした団体交渉法制による保護が保障されるべき者」を指すと解されるとする[12]。

このように、報告書は、労組法上の労働者を、基本的には、団体交渉法制による保護が保障されるべき者と解しているところ、より具体的に、いかなる者がこうした保障を享受すべきかについては、更に様々な議論の余地がある。この労組法上の労働者性の具体的な判断要素について、報告書は、以下のとおり述べている。

すなわち、基本的考え方で示された団体交渉法制による保護が及ぶべき理由は、労組法の趣旨、立法趣旨を踏まえると、「売り惜しみのきかない自らの労働力という特殊な財を提供して対価を得て生活するがゆえに、相手方との個別の交渉においては交渉力に格差が生じ」るためである[13]。このことに、労組法3条の文言、学説、従来の労働委員会命令、及び、CBC管弦楽団労組事件、新国立劇場運営財団事件、INAXメンテナンス事件の最高裁判決を併せ考慮すると、①事業組織への組み入れ、②契約内容の一方的・定型的決定、③報酬の労務対価性、④業務の依頼に応ずべき関係、⑤広い意味での指揮監督下の労務提供、一定の時間的場所的拘束、⑥顕著な事業者性、の各要素に基づき総合的に判断すべきである。これらの判断要素について、報告書は、①、②、③の3つを「基本的判断要素」、④及び⑤を（これらの事情が存在する場合には労働者性が補強される）「補充的判断要素」[14]、⑥を、これが認められる場合には労働者性を否定する方向に作用する「消極的判断要素」と位置づけている。また、これらの要素にかかる事情の検討にあたっては、契約の形式にとらわれず、契約の実態を重視して判断すべきとしている。

最高裁3判決と対比した場合、言及されている要素自体は（新国立劇場運営財団事件、INAXメンテナンス事件の各最高裁判決が下された状況下で、これらの

12）報告書5-6頁。
13）報告書10頁。
14）より詳細には、④は①を補強するものとして、また、⑤（が認められること）は労働者性を肯定するものとして、位置づけられている。報告書10-11頁。

3-2 集団的労働関係における労働者概念

判決における具体的判断を詳細に参照しながら作成されていることもあり）基本的に同一であるが、各要素を、基本的判断要素、補充的判断要素、消極的判断要素にそれぞれ位置づけ、総合考慮における各要素の重みづけを一定程度明らかにしている点に、特徴がある。また、これらの要素が考慮の対象となることについて、労働力の財としての特殊性等に言及し、その理論的根拠についても、一応、言及がある点でも、特徴がある。

なお、報告書は、労組法上の労働者性が相手方との「関係において」判断されるものであるか、あるいは、労組法3条の労働者に該当することと、労組法7条2号の「雇用する労働者」との関係については言及していない。

3 小　括

1で述べたように、労組法上の労働者性の判断基準についての現在の判例の到達点は、①事業組織への組み入れ、②契約内容の一方的決定、③報酬の労務対価性、④基本的に仕事の依頼に応ずべき関係、⑤指揮監督及び時間的場所的拘束、⑥独立した事業者としての実態（消極的要素）の各要素[15]を総合考慮して判断する、当事者（とりわけ、労働者性が争われる主体の相手方）の主観に判断されやすい形式的事情（具体的には公租公課の取り扱い）は重視しない、業務請負契約など、労働契約以外の形式をとっているからといって、一定の拘束等をそうした契約に基づくものとして、労働者性を基礎づけるものとは容易に評価しないとの考え方はとらないというものである。また、2で述べた労使関係法研究会報告書は、判例が言及する考慮要素、判断視角を踏まえつつも、考慮要素につき、基本的、補助的等の形で重みづけをした判断基準を提示するとともに、この判断基準を導くことに一定程度関連付ける形で、労組法上の労働者性についての基本的考え方を明らかにしている。

最高裁3判決以降の裁判例では、判例を踏まえて、上記の諸要素を総合考慮

---

15) 以下、①〜⑥について言及する場合には、原則としてここに挙げた各要素を指すこととする。

141

第3章　労働者概念をめぐる法的課題

して判断を行うものがみられる[16]。一方で、⑤指揮監督及び時間的場所的拘束の要素を基本的には考慮することなく、また、それ以外の要素について当事者間の「経済的・社会的格差」の観点から検討する（⑤を重視しないという意味では判例よりも労使関係法研究会報告書の判断基準により近接する）ものがみられる[17]。また、労働委員会のうち、中央労働委員会は、具体的な判断基準について、基本的に①〜③の要素に照らして判断し、また、⑥を、労働者性を否定する要素と位置づけ、④及び⑤については、①の事業組織への組み入れを判断する事情として位置づけている。⑤の要素も④の要素と同様に、①を判断する事情として位置づけている点は別として、労使関係法研究会報告書とほぼ同様の立場をとっている[18]。

以下、こうした判例等の状況をも手掛かりにしつつ、労組法上の労働者性の判断のあり方について、考察することとしたい。

4　考　察[19]

(1)　労組法上の労働者性についての基本的な考え方

労組法が、労働者に、自ら団結し、使用者と労働条件等について団体交渉を行い、争議行為等の団体行動を行うことについて保護、助成しているのは、交渉、取引の対象である商品が「労働力」という、貯蔵性がなく、かつ、一般的に市場で供給が過剰であるものであることに由来して、当事者（労務供給者・労務受領者）間に交渉力格差がある（労働力の売り手たる労務供給者が、労務受領者と比較して交渉上弱い地位におかれる）と一般的に位置づけられることによる

---

16) 東京地判平成24・11・15労判1079号128頁［ソクハイ事件］、東京高判平成25・1・23労判1070号87頁［ビクターサービスエンジニアリング（差戻審）事件］。

17) 前橋地判平成25・4・24労旬1803号50頁［NHK前橋放送局事件］。

18) 中労委決平成22・7・7別冊中労時1395号11頁［ソクハイ事件］。正確には、中労委の立場が労使関係法研究会報告書に反映されているというべきであろう。

19) 以下の(1)及び(2)の叙述は、竹内（奥野）寿「労働組合法上の労働者性について考える――なぜ『労働契約基準アプローチ』なのか？」季労229号（2010）99頁、竹内（奥野）・前掲注10) 論文、竹内（奥野）・前掲注6) 論文を基礎としている。

と考えられる[20]。労使関係法研究会報告書が労組法上の労働者性についての基本的な考え方をこの観点から論じている[21]のは正当と考える[22]。この観点、及び、労働者を定義する労組法 3 条の文言を踏まえる[23]と、労組法上の労働者性は、他人に自己の労務を提供し、その報酬を得る者であるか否かに基づき判断すべきと考えられる。

近時、学説では、労組法上の労働者につき、団結活動等が競争法による取引制限規制（競争制限規制）に抵触しない者[24]、あるいは、独占禁止法（私的独占の禁止及び公正取引の確保に関する法律、以下、独禁法とする）による規制の対象等となる事業者に該当しない者[25]として、競争法との対比の視点から理解する見解が主張されている[26]。これらの見解は、労使関係法が競争法の下における団結活動の抑圧を除去するものとして発展してきた歴史を踏まえた考察として意義があるものと考えられる。

この点、競争法の嚆矢であるアメリカのシャーマン法（Sherman Act）[27]が

---

20) 労働者と使用者の労働力取引における交渉力の格差は、情報の非対称性や、事実上、特定の相手方とのみ取引を行っている（他の取引先を容易に見つけることができない）ことによっても生じうる。もっとも、こうしたことに基づく交渉力格差は、独立の事業主とその取引先との間でも生じうることであって、労働者にのみ本文で述べるような保護を与えることの基礎をなすものではないと考えられる。
21) 労使関係法研究会報告書 10 頁。注 13) の付された本文（140 頁）参照。
22) もっとも、2 で述べたとおり、労使関係法研究会報告書は、このことに労組法 3 条の文言のほか、判例の状況等を加味して具体的な判断基準を導いているところ、こうした状況を加味すること及びその結果としての具体的な判断基準と基本的考え方との関係は明らかにされておらず、この点では疑問がある。
23) 詳細につき、4 つ後の段落（注 33) の付された文を含む段落（145 頁））を参照。
24) 毛塚勝利「労組法上の労働者・使用者論で見失われている視点」労判 1000 号（2010）2 頁、及び、これを敷衍した毛塚勝利「妥当な結論だが、不透明さを増す判断枠組み」労旬 1745 号（2011）31 頁、33 頁、西谷敏ほか編『新基本法コンメンタール労働基準法・労働契約法』（日本評論社、2012）327 頁〔毛塚勝利執筆〕。
25) 橋本陽子「個人請負・委託就業者と労組法上の労働者概念」労働 118 号（2011）26 頁。もっとも、同論文は、具体的な解釈論としては、独禁法が定義する事業者（2 条 1 号）との対比で議論しているわけではない（注 32) 参照）。
26) こうした学説の詳細については、竹内（奥野）・前掲注 4) 論文・246-248 頁参照。

第 3 章　労働者概念をめぐる法的課題

労働組合に適用されて団結や労働組合活動が抑圧されていたことからの解放を図った最初の立法であるクレイトン法（Clayton Act）[28]は、6 条の最初の一文で、「人間の労働は商品または取引の目的物ではない。(The labor of a human being is not a commodity or article of commerce.)」と宣言したうえで、労働組合に対する競争法からの保護を与えている。「人間の労働は商品または取引の目的物ではない」ということについては、労働力が通常の商品とは同じものではなく、「特殊な商品である」ことを意味するものと理解することができることを踏まえれば[29]、こうした競争法との対比に照らしても、先に述べたように労働力という特殊な財を取引していること、すなわち、「他人に自己の労務を提供し」ているか否かという観点が労組法上の労働者性にとって意味を持つものであると考えられる[30]。

　上記の基本的考え方について敷衍すると、第 1 に「他人に自己の労務を提供し」ている者であるというのは、上記のとおり、特殊な財である労働力を他人との取引の対象としていることに由来するものである。この点、自己の危険と計算の下、自己の事業を営むと評価できる者が個人事業主として自ら業務に従事する場合、他人に自己の労務を提供するのではなく、当該自己の事業のために、自己の労務を投入、利用している（このことをつうじて他人と商品や役務にかかる取引を行っている）と理解することができ、したがって、他人に自己の労務を提供する状況にあることを否定することとなる。このため、「他人に自己の労務を提供し」ているか否かについては、事業者ではない者、との観点からの検討が意味を持つこととなると考えられる。この点では、判断要素としての具体的な位置づけは別として、最高裁判決（具体的には、INAX メンテナンス事件最高裁判決及びビクターサービスエンジニアリング事件最高裁判決）、労使関係

---

27) 26 Stat. 209 (1890), *as amended*, 15 U.S.C. §§ 1 et seq.
28) 38 Stat. 730 (1914), *as amended*, 15 U.S.C. §§ 12 et seq.
29) 石田眞「労働市場と企業組織――労働法学からのアプローチ」石田眞＝大塚直編著『労働と環境』（日本評論社、2008）3 頁、5-8 頁参照（特に、7-8 頁における第 2 の意味を参照）。
30) 現行法規としての独禁法との関係については、V 参照。

法研究会報告書等が労働者性を否定する方向で事業者性（⑥）を考慮していることは評価できる[31)32)]。

　第2に、「その報酬を得る者」というのは、獲得する報酬が「その」報酬であること、つまり、他人への労務提供の対価であることに由来するものである。労組法3条は同法の労働者を「職業の種類を問わず、賃金、給料その他これに準ずる収入によつて生活する者」と定義しているところ、「賃金、給料その他これに準ずる収入」は、収入が、他人に自己の労務を提供したことの対価としてのものであるという、収入の性質を意味するものと解される。この意味で、そもそも報酬を受けているか否かを別として、上述した、他人に自己の労務を提供しているか否かが実際には重要となるものと考えられる。なお、文言上は、「……収入によつて生活する者」であることも定められているが、当該収入が生計の一部であれ構成していることを意味するにすぎず、当該収入の生計維持に占める程度等を勘案する趣旨ではないと解すべきである[33)]。

---

31) 24年労組法3条と同内容を定めていた20年労組法3条の立法史において、事業者に相当する者を労働者の概念から除外する考え方が示されていたことにつき、鎌田耕一「労働組合法上の労働者概念の歴史的形成」小宮文人ほか編『社会法の再構築』（旬報社、2011）17頁、18-20頁参照。

32) 労組法上の労働者性につき、事業者ではない者との観点から（事業者性の観点から）検討することを重視する学説として、橋本・前掲注25）論文が、また、「独立事業者」を労働者から除外する学説として、川口美貴『労働者概念の再構成』（関西大学出版部、2012）297-307頁がある。もっとも、橋本・前掲注25）論文はドイツ法における学説を参照しつつ、いわゆる「使用従属性」にかかる要素を含めて判例等で言及されている要素を改めて位置づけるものとして事業者性を理解するのに対し、川口書は、生産手段の所有・専属性の観点から、交渉力の非対等性の実質的欠如を示すものとして事業者性を理解するなど、理解の仕方は一様ではない。事業者性の観点については、「これにより本当に労働者の概念が明確化されるのか、疑問を禁じえない」とした上で、その「意味をさらに掘り下げる必要があ」るとの指摘がなされているところ（中窪裕也「コメント」労働118号（2011）39頁、40頁）、本文で述べた私見は、事業者性を労組法上の労働者性の判断において意義のある観点とした上で、1つの試みとして、自己の労務の他人提供性を明瞭にすることとの関係で事業者性を理解しようとするものである。

33) 同旨、東京大学労働法研究会『注釈労働組合法（上巻）』（有斐閣、1980）227頁。

第 3 章　労働者概念をめぐる法的課題

(2)　労組法上の労働者性の判断基準

ここでは、(1)で論じた基本的考え方に照らし、判例等が示している具体的な判断要素について検討することで、基本的考え方の下における判断基準を明らかにしたい。

他人に自己の労務を提供しているか否かに関しては、労組法上の労働者性について判断した最初の最高裁判決である CBC 管弦楽団労組事件最高裁判決が「労働力の処分」についての指揮命令の権能を有していたことが注目される[34]。同最高裁判決は、放送会社と楽団員との間の契約が、楽団員らを事業組織へ組み入れ、事業遂行に不可欠な労働力を恒常的に確保するためのものであること、及び、楽団員は、契約上原則として仕事の依頼に応ずべき義務(「原則としてこれに従うべき基本的関係」)があることを述べた上で、「労働力の処分につき会社が指揮命令の権能を有しないものということはできない」としていた。この行論によれば、労働力の処分についての指揮命令の権能があるか否かは、①事業組織への組み入れ、及び、④基本的に仕事の依頼に応ずべき関係に照らして検討することが考えられる。

こうした観点に照らすと、最高裁 3 判決が①及び④の要素に言及していることそれ自体は評価できる。もっとも、最高裁 3 判決はこれらの要素を別個に検討するのみであり、CBC 管弦楽団労組事件最高裁判決のように、労働力の処分についての指揮命令の権能の有無の評価に結び付ける形で考慮しているわけではない点では、適切ではないと考えられる。この点、労使関係法研究会報告書は、④を、①の補充的判断要素としてではあるが、関連付けており、最高裁 3 判決に比較すれば、より適切であるといえる。

②契約内容の一方的決定については、これを判断要素に含める必要性につき、疑問がある。この要素は、就業者が、相手方との関係で、交渉上劣位にあることを示すものとして挙げられていると考えられるが、労組法上の労働者性

---

[34] 労組法上の労働者性を、相手方が労働力の処分についての権能を有すると評価できるか否か、報酬が労働力供給の対価と評価できるか否かに注目して判断する見解として、古川景一「労働組合法上の労働者――最高裁判例法理と我妻理論の再評価」季労 224 号 (2009) 165 頁参照。

146

が使用者と労働力取引において交渉力に劣るのは、労働力という特殊な財の売り手であることによるのであり、これは、上記①及び④の要素の検討をつうじた労働力の処分についての指揮命令の権能の有無により基礎づけられることであると考えられる。また、具体的に交渉上劣位にあるか否かを②を通じて検討しようとすると、例えば、パートタイム労働者等が合意によって勤務地等を限定しているといった場合について、労働者性を否定する方向に考慮することになりかねない。

③報酬の労務対価性については、(1)で述べたとおり、労組法上の労働者性を肯定するにあたり必要であると考えられる。もっとも、報酬の労務対価性は、労働力の処分についての指揮命令の権能の有無の検討をつうじて、他人に自己の労務を提供しているといえるか否かにより実質的には判断されるのであり、報酬の計算方法や、額の多寡が考慮されるべきであるとは思われない。

⑤指揮監督及び時間的場所的拘束については、②と同様に、これを判断要素に含める必要性はないと考えられる。「労働力の処分」そのものについての権能が相手方に認められる限り、具体的な業務遂行上の指揮監督や時間的場所的拘束が及んでいるか否かとは無関係に、労組法による保護を及ぼすべき交渉力の欠如が肯定できるからである。

⑥独立した事業者としての実態については、他人に自己の労務を提供していることを消極的に解する要素として考慮される。この事業者性にかかる要素は、基本的には、(1)で述べたことを踏まえて、自らが収益を上げる機会を有し、また、損失の危険を負っているか否かの観点から、すなわち、基本的内容としては、ビクターサービスエンジニアリング事件最高裁判決が述べるように、「独立した経営判断に基づいてその業務内容を差配して収益管理を行う機会が実態として確保されているか否か」に照らして判断するのが適切と考えられる。

結論としては、他人に自己の労務を提供しているか否かを、①事業組織への組み入れ、④諾否の自由、及び、消極的要素として、⑥事業者性（自らが収益を上げる機会及び損失の危険を負っているか）の各判断要素に照らして検討し、また、これをつうじて、③報酬の労務対価性を検討し、労組法上の労働者性を

(3) 相手方との関係に照らした判断要素の検討・「関係において」の労働者性判断

判例及び労働委員会命令は、労働者性の判断要素の具体的検討を、就業にかかる契約を締結している特定の相手方との関係にかかる事情に照らして判断している。また、これとも関連するが、1(3)で述べたとおり、判例は、ある就業者について、労組法上の労働者に該当するか否かの結論を述べるにあたり、当該特定の相手方との「関係において」労働者に該当するか否かを論じている。こうしたことにつき、学説上は、特定の相手方との関係で労組法上の労働者を捉えることを批判する見解が主張されている。

こうした見解は、第1に、失業者も労組法上の労働者と考えられていることとの整合性の欠如や、労働組合の団結活動には、交渉的規制（労務供給の相手方との団体交渉をつうじた労働力取引の規制）だけではなく、自治的規制（労務供給者の仲間内での労働力取引の規制（労働力安売りの規制））を含み、特定の相手方との関係性を問題とすることは適切ではないことを指摘する[35]。また、第2に、（失業者との整合性の欠如のほか、）地域合同労組を念頭において、ある会社との関係で労働者と認められる主体が、他の会社における労働争議、団体交渉への参加にあたって、当該他の会社との関係で労働者と認められなくなることの問題性を指摘し、「絶対的な意味」での労働者を検討すべきと主張する[36]。

これらの主張のうち、失業者との整合性の欠如や、自治的規制との関係についてのものは、労働者性の判断要素として（労組法3条の労働者に該当することの要件あるいはその要素として）、相手方との関係という観点を持ち込むことは適切でないとの趣旨に理解することができる。しかし、失業者が労組法上の労

---

[35] 毛塚・前掲注24) 論文［労旬論文］33頁及び西谷ほか編・前掲注24) 書327頁［毛塚執筆］。

[36] 野田進「労働者性に関する最高裁2判決」労旬1745号（2011）36頁、40頁。

働者に該当するのは、労組法上の労働者性が相手方との関係を問わないものであるからではなく、仮定的な形であるが、失業中の者が他人に自己の労務を提供して報酬を受ける形で就業する意向であるか否かを検討し、そうした意向が認められることによるものと考えられる[37]。また、自治的規制に関する点は、競争法との関係を念頭に置いたものであるところ、上述した私見((1)参照)によれば、そうした視点に立っても、他人に自己の労務を提供する者である（ゆえに競争法に抵触しない）か否かという形で他人との関係の検討とは無関係ではないし、現に特定の相手方と就業にかかる契約関係がある場合には、それが原則として競争法に抵触しない関係であるか否か（換言すれば、就業者が、労組法上の労働者であるか、収益を上げる機会等を有する事業者であって労働者には該当しない者であるか）を、具体的に判定する必要がある。こうしたことに鑑みると、上述した判例や労働委員会命令のように、労働者性の判断要素について、特定の相手方との関係にかかる事情に照らして判断することは不当でないと思われる。

また、上記の主張のうち第2の点は、特定の相手方との関係においてのみ労働者として認められる（労組法3条の労働者であることの効果が認められる）のは適切ではないとする趣旨として理解することができる。しかし、ある労働者が別途事業者としての活動をも行っている場合などを念頭に置くと、いかなる相手方との関係でも労働者であるとすることは、適切ではないと考えられる[38]。もっとも、労働組合への加入（ある就業者が労働者であって、当該労働組合が労組法2条に適合する労働組合であるものと取り扱われること）のように、そもそも特定の相手方を念頭に置かない労働者の行為について、労組法が関係する（労組法の適用が関係してくる）ことがある。このような特定の相手方を念頭

---

[37] 川口・前掲注32) 書・287-288頁。

[38] 川口・前掲注32) 書・288-292頁参照。野川・前掲注1) 論文・96頁は、「どのような相手に対しても労働者であるような」存在はあり得ないとする。なお、判例の判旨は、複数の就業関係がある状況下で、ある会社との関係で労働者と認められる場合においても、他の会社との関係で労働者と認められないかは別途判断がなされるべきことであることを否定するものではないと考えられる（川口・前掲注32) 書・290頁参照）。

に置かない行為に関して労働者であることまでが否定されるべきではないと考えられる[39]。ソクハイ事件中労委命令（中労委決平成22・7・7別冊中労時1395号11頁）は、「メッセンジャーは……と定義された労働組合法上の労働者に当たる」として労組法3条の労働者に該当するこいわばそのものを肯定した上で、「そして、メッセンジャーは、会社との関係で『労働者』としての労務供給関係にあるから、同法第7条の『雇用する』との要件をも充たす」として相手方との関係でも労働者であるとしているところ[40]、上述の趣旨としての判断としては、判例のように述べるよりも、このように述べる方が適切であると思われる。

III 労組法7条2号の「雇用する労働者」との関係

II 1(3)でみたとおり、判例は、ある就業者が労組法3条の労働者に該当する場合、当該就業にかかる契約の相手方との関係で同法7条2号の「雇用する労働者」にも該当するとしており、別途「雇用する労働者」にかかる判断を行っているわけではない。

この点について、3条の労働者を非常に広く解することを前提に、7条2号の「雇用する労働者」について、「団体交渉の保護を及ぼす必要性と適切性」の観点に基づき、より限定的に解する見解が主張されている[41]。この見解は、3条と7条2号の関係を明らかにする必要性を認識させたものとしては意義がある[42]。しかし、憲法28条による団結権、団体交渉権、団体行動権の保障を

---

39) 本文で検討している第2の主張は、この趣旨のものと理解することも可能と思われる。
40) この点は、同事件の地裁判決（東京地判平成24・11・15労判1079号128頁）においても基本的に同様である。
41) 野田進「就業の『非雇用化』と労組法上の労働者性——労組法3条から同7条2号へ」労旬1679号（2008）6頁。
42) 古川陽二「最近の不当労働行為救済申立をめぐる諸問題(2)」労判989号（2009）5頁、9頁。

具体的に実現する立法である労組法の人的適用範囲（これらの権利の保障を享受する者の範囲）を決定するのが労組法3条の労働者概念であり、上記の「団体交渉の保護を及ぼす必要性と適切性」の観点は、採用するとしても、3条の労働者概念について検討されるべきものと考えられる[43]。こうしたことを踏まえると、7条2号の「雇用する労働者」については、3条の労働者とは別個の、より限定される労働者の概念として「雇用する労働者」を定めたものとして理解するのではなく、相手方が、3条にいう労働者との間で（「雇用する労働者」にいう「労働者」はこの意である）、当該労働者性を基礎づけるところの労務供給にかかる関係にある（「雇用する労働者」にいう「雇用する」はこの意である）か否かを検討するものとして理解するのが適切である[44]。上記の判例の判断は、こうした立場をとるものとして理解でき、かつ、そうしたものとして適切であると考える。

IV　労基法、労契法上の労働者概念との関係[45]

労働関係立法の適用対象者を画する労働者の概念について、かつては、学説

---

[43] 当該見解は、3条の労働者を労働組合運動の主体との観点から基礎づけているようであり（野田・前掲注36）論文・40頁）、比喩的表現となるが、団結等の活動にかかる「最低限度」の保障を認められるべき者である限り広くこれに含めた上で、団体交渉についての保護等、より「追加的」な保障の可否については、別途個々の規定において検討するという発想であるようにも思われる。しかし、このような考え方は、明確な除外規定等がない限り、本文で述べた趣旨で労組法の人的適用範囲を画する概念として3条の労働者概念が定められていることと整合しない（野川・前掲注1）論文・96-97頁参照）上、3条の労働者と認められる者について、不当に労組法上の保護の限定をもたらす可能性に道を開く危険性があると思われる。
[44] 菅野648頁。同旨の判断を述べる中労委命令として、中労委決平成22・7・7別冊中労時1395号11頁［ソクハイ事件］、30頁参照。これは、結局、相手方が、労組法7条にいう使用者に該当するか否かにかかる問題であると考えられる。毛塚勝利「労組法7条2号の『使用者が雇用する労働者』をめぐる議論の混乱をどう回避すべきか──ニチアス事件・中労委命令（平成22・3・31）を素材に」労旬1742号（2011）51頁参照。

第 3 章　労働者概念をめぐる法的課題

上、労働法上、統一的な概念として理解する、すなわち、労基法（及びその付属法規ないし関連法規からなる労働保護法）上の労働者（同法 9 条）と、労組法上の労働者とは、失業者が含まれないか含まれるかを除き、同一であるとする見解が多くみられた[46]。もっとも、今日では、定義規定の文言の違い、立法の目的の違い等を踏まえ、労基法と労組法とにおける労働者の概念を個別的に（相対的に）理解し、後者をより広い概念と捉える見解が多数を占めている[47]。また、労契法上の労働者（同法 2 条 1 項）については、「事業又は事務所」に使用されることを別として、労基法上の労働者と同一であるとの理解が多数説である[48]。要するに、労基法及び労契法上の労働者概念と労組法上の労働者概念との間には違いがあるというのが今日の学説の多数の見解である。

判例についても、最高裁 3 判決は、労組法上の労働者性を労基法の労働者性よりも緩やかに判断する（逆にいえば、両者には違いがあるとする）ものであると位置づけることができる[49]。

労基法上の労働者性については、1985 年の労働基準法研究会報告書[50]に沿う形で、指揮監督下の労働であるか否か、報酬が労務の対償といえるか否かの 2 つの観点、特に、前者の観点から判断がなされてきている。Ⅱ 4(1)・(2)での検討を踏まえれば、労組法上の労働者性の判断は、こうした指揮監督下の労働か否かを重視する判断とは区別されるべきである[51]。

労組法上の労働者概念と労契法上の労働者概念との関係についても、労基法

---

45) この項目の叙述は、一部、竹内（奥野）寿「労働者の概念」争点 4 頁を基礎とした。
46) 片岡昇「映画俳優は『労働者』か」季労 57 号（1965）156 頁、157 頁等。
47) 菅野 590-592 頁等。
48) 菅野 84 頁等。この旨を明言する裁判例として、神戸地判平成 26・6・5 労判 1098 号 5 頁［NHK 神戸放送局事件］がある。
49) なお、労組法上の労働者性を肯定しつつ、労契法上の労働者性を否定した下級審裁判例として、前橋地判平成 25・4・24 労旬 1803 号 50 頁［NHK 前橋放送局事件］参照。同判決については、土田道夫「NHK 受託業務従事者の労契法・労組法上の労働者性」季労 246 号（2014）68 頁参照。
50) 労働省労働基準局編『労働基準法の問題点と対策の方向』（日本労働協会、1986）53 頁以下。

上の労働者概念と労契法上の労働者概念とは同一であるとの見解に従えば、同様に、区別されるべきこととなる。もっとも、近時においては、学説上、労基法上の労働者概念と、労契法上の労働者概念につき、後者をより広い概念と捉える見解も有力となっている[52]。この見解においては、契約当事者の交渉能力の不均衡を基軸に据えた上で、労契法2条1項にいう「使用者に使用されて労働」することを、労務給付の（他人決定性ではなく）他人目的性（他人に労務給付するか否か）の意味で理解すべきことが主張されている[53]。この見解自身は労組法上の労働者を更に広い概念と捉えるものと考えられるが、こうした見解の存在は、労組法上の労働者概念と労契法上の労働者概念との異同を考察、整序することの必要性を示唆しているものと思われる。また、労基法上の労働者概念と労契法上の労働者概念とは同一の概念であるとする多数説においても、労契法については類推適用の可能性を認める見解が存在する[54]。この見解との関係では、労組法上の労働者に該当する者の労務供給にかかる契約が、労契法の類推適用の対象となる契約であるか、その関係（例えば、原則として対象となるか、別途の検討を要するか等）が整理される必要があると思われる[55]。

V 独禁法との関係

労組法上の労働者については、II 4(1)で述べたとおり、競争法との対比での議論も行われている。当該箇所で述べたとおり、私見としては、競争法との対

---

51) 野川・前掲注1) 論文・99頁。これとは反対に、労基法上の労働者を含め、労働法上統一的に労働者の概念を理解すべきことを改めて主張する近時の見解として、川口・前掲注32) 書、橋本陽子「『労働者』の概念形成」荒木尚志ほか編『菅野和夫先生古稀記念論集　労働法学の展望』（有斐閣、2013）29頁、46-48頁参照。
52) 西谷ほか編・前掲注24) 書・327頁［毛塚執筆］。同旨の見解についても、同文献を参照。
53) 西谷ほか編・前掲注24) 書・325-326頁［毛塚執筆］。
54) 荒木57頁等。

第3章　労働者概念をめぐる法的課題

比においても「他人に自己の労務を提供し」ているか否かという観点が重要となると考えられる。

　もっとも、こうした検討とは別に、労組法上の労働者あるいは労組法と日本の現行法規としての独禁法との関係を検討しておく必要がある。これについては、優れた先行研究があるところ[56]、ここでは、労組法上の労働者あるいは労組法と独禁法との関係にかかわる基本的な問題状況について整理しておくこととしたい。

　独禁法は、同法における規制の違反主体や、規制主体を画する等のための概念として、「事業者」概念を定めている（2条1項）。そして、同法は、「契約、協定その他何らの名義をもつてするかを問わず、他の事業者と共同して対価を決定し、維持し、若しくは引き上げ……ることにより、公共の利益に反して、一定の取引分野における競争を実質的に制限すること」を「不当な取引制限」（2条6項）とし、事業者がこれを行うことを禁止している（3条）。労組法上の労働者に該当する労務供給者が独禁法にいう事業者にも該当する場合、例えば、当該労務供給者が結成ないし加入する労働組合が使用者との間で締結する労働協約が、こうした不当な取引制限に該当する可能性がある。

　この点、1947年に独禁法が制定された際には、立法関係者により、「人が自分の勤労を提供することは、事業ではない」[57]、「法律の建前としては、労働

55）判例の労組法上の労働者性についての基本的考え方は明らかではないが、中労委命令は、労組法上の労働者についての基本的考え方を述べるにあたり、「労働契約法や労働基準法上の労働契約によって労務を供給する者のみならず、労働契約に類する契約によって労務を供給して収入を得る者で」労組法の保護を及ぼすことが必要かつ適切な者も含まれるとしている（中労委決平成22・7・7別冊中労時1395号11頁［ソクハイ事件］、30頁。傍点筆者）。こうした考え方においては、特に、労契法の類推適用との関係が整理される必要があろう。

56）大橋敏道「独占禁止法と労働法の交錯―― Labor Exemption の日米比較」福岡大学法学論叢48巻1号（2003）1頁、橋本・前掲注25）論文、荒木尚志「労働組合法上の労働者と独占禁止法上の事業者――労働法と経済法の交錯問題に関する一考察」菅野和夫ほか編『渡辺章先生古稀記念　労働法が目指すべきもの』（信山社、2011）185頁。

57）橋本龍伍『独占禁止法と我が国民経済』（日本経済新聞社、1947）117頁。

3-2 集団的労働関係における労働者概念

問題は総べて固有の労働法制によって取り扱う」[58]、あるいは、「労働者及び労働組合は事業者ではないから、事業者に関する本法の規定の適用は受けない」[59] として、労働者（及び労働組合）は、独禁法にいう事業者には該当しないとする見解が示されていた[60]。この考え方の下では、労組法上の労働者を考えるにあたり、独禁法上の事業者でない者との観点から捉え、当該独禁法上の事業者概念[61]につき考察することは意味があることとなる。

もっとも、その後、独禁法上の事業者概念については、これを拡大して理解する傾向が生じ[62]、今日では、「一律に労働者を事業者から除外することは……容易ではない。労働者が労働組合などにおいて団結しても独禁法に違反しないのは、労働者や労働組合が事業者にあたらないからではなく労働関係法令に準拠した行為であるために正当化されるからだ、と説明するほうが、首尾一貫している」との見解が有力に主張されるに至っている[63]。

こうした今日の状況との関係では、第1に、労組法上の労働者概念についての考察との関係では、現行の独禁法の事業者概念を検討することは有意義ではなく、こうした角度から検討するにあたっては、同法ないし競争法の歴史、理念に照らして検討する必要がある。労組法上の労働者性について競争法との関係を詰める必要があるとの指摘[64]は、こうした意味において理解されるべき

---

58) 橋本・前掲注57) 書・75頁。
59) 石井良三『独占禁止法』（海口書店、1947) 65頁。
60) もっとも、橋本・前掲注57) 書・74-75頁は、労働組合が不適当な目的を遂行する場合、理論的には、反トラスト法の適用を受けるとすることが正しいであろう旨を述べており、また、石井・前掲注59) 書・294頁（註）も、労働組合についても独禁法の適用を認める見解があることに言及しており、労組法上の労働者と独禁法上の事業者を二律背反的に理解することについては、理論的根拠が必ずしも十全なものであるわけではないことが示唆されている。
61) なお、石井・前掲注59) 書・64頁は、事業者は事業の経営者であり、事業の経営は、「一定の計画の下に人的物的の施設を統合してこれを組織づけ、それによって一つの経済単位を構成している場合をいう」と解されるとしている。
62) 大橋・前掲注56) 論文・7-10頁。
63) 白石忠志『独占禁止法〔第2版〕』（有斐閣、2009) 120頁。大橋・前掲注56) 論文も、同様の考えを取る。

155

であろう。第2に、労組法と独禁法の交錯を考えるにあたっては、上記の今日の状況においては、労組法上の労働者概念と独禁法上の事業者概念との峻別という観点ではなく、(労組法上の労働者、労働組合が、独禁法上は事業者に該当することを前提とした上で) 労働者や労働組合のいかなる行為が独禁法上の規制に抵触するかを具体的に明らかにすることがより重要と考えられる。こうした研究[65]が一層深められる必要がある。

Ⅵ　むすび

　本稿では、近時非常に注目を集めた労組法上の労働者性について、最高裁判決の到達点、労使関係法研究会報告書の内容を確認した上で、基本的考え方、具体的な判断要素のあり方について検討した。労組法上の労働者性については、こうした基本的考え方及び具体的な判断要素のあり方の検討が最も重要であると考えられる。もっとも、これらと並び、7条2号の「雇用する労働者」との関係などの労組法における関連する概念との関係、他の労働立法における労働者概念との関係、隣接する法領域（競争法）との関係など、労組法上の労働者性をめぐっては、議論が行われていないわけではないものの、なお検討を必要とする問題が他にも多く存在する。また、こうした問題にかかる状況の整理自体が必要であると思われる。本稿の後半ではこうした労組法上の労働者性をめぐる問題状況について整理を試みた。本稿における作業が、集団的労働関係における労働者概念についての理解をより深めることに貢献することを願うものである。

---

　64) 西谷ほか編・前掲注24) 書・327頁［毛塚執筆］。
　65) 大橋・前掲注56) 論文、荒木・前掲注56) 論文。

第4章　正規・非正規の区別と実務的・理論的課題

4-1　正規・非正規の区別と労働問題——労働組合の立場から
4-2　正規労働者に対する人事管理の構造と課題——経営側の立場から
4-3　正規雇用労働者の労働条件——経済学の視点から
4-4　労働者の多様化と従業員代表制のあり方——国際比較も含めて

4-1　正規・非正規の区別と労働問題
——労働組合の立場から

熊谷　謙一

はじめに

　わが国の雇用形態に関するかつての基本的なモデルは、基幹的あるいはその周辺の業務を期間の定めのない雇用形態である正規労働者が担い、臨時的補助的な業務を臨時工などの非正規労働者が行うというものであった。

　その後の経済、社会の展開のなかで、正規、非正規労働者ともに就労形態の多様化が進んだ。とくに、今日、非正規労働者はパートタイム労働者、「契約社員」、派遣労働者、請負労働者などのかたちで多様化しており、かつての臨時工の縁辺的な位置づけから転じて、生産やサービスにおける主要な業務を担うものも現れ、増加している。

　一方では、非正規労働者の多数にみられる雇用の不安定性、低い労働条件などが指摘されて久しいが、正規労働者との格差は依然として深刻である。また、近年では、労働者派遣制度の変質に象徴される間接雇用の広がりが懸念されている。集団的労使関係が及ばず労働法制による保護が行き届かない労働者層の拡大は、わが国の「職場」の持続可能性を底辺から脅かしつつある。

　このような非正規労働者の多様化について、労働組合は、それぞれの段階で現場での対応を迫られてきた。わが国の労働組合は企業別であり非正規労働者には関与が不十分との指摘があるが、本格的な事例は限られているとはいえ、

第4章　正規・非正規の区別と実務的・理論的課題

それぞれのステージでは現場の労働組合の真摯な対応例が見られ、先行的な分析と研究も行われている。

本稿では、非正規労働者の多様化の過程におけるそれらの事例を見つめることを通じて、労働組合の立場から、その就労の実態と労働問題についての考察を試みたい。なお、ここでは、非正規労働とその推移に関するデータについては、厚生労働省による調査（2010）[1] やその分析[2]、労使団体の各種活動による実態の把握などに基づいている。

また、ここでいう「職場」とは、単に労働力を提供する場所を示すものではなく、労働者が職業人として成長し、職業の技能と経験が継承されるような場のことをいう。

I　非正規労働と労使関係

1　臨時工問題と職場の対応

今日の非正規労働問題の原点は、第二次世界大戦後の事業所に登場し、主として補助的業務を担った臨時工、季節工等である。ここでは、まず、臨時工の問題を中心に、当時の状況を振り返ってみよう。

臨時工は、工場などで臨時的に就労する有期契約の労働者である。第二次世界大戦直後には、1か月程度以上の雇用期間で働くものと、日々あるいは1週間程度の短期就労の日雇作業者があった。このうち、後者は、労働者供給事業者から派遣されていたものも多かったが、1947年施行の職安法により禁止された（44条）。そして、企業による直接雇用に転換され、日々雇い入れられる形態となった。そのなかには、事実上、1年程度の有期雇用で作業を行う労働

---

[1] 厚生労働省「就業形態の多様化に関する総合実態調査（平成22年）」（2011）。
[2] 労働政策研究・研修機構「雇用の多様化の変遷＜そのⅢ＞：2003・2007・2010」（2013）。

者が含まれており、これは、臨時工に合流していく。一方では、実際に日々あるいは1週間程度以内で就労する日雇労働者も増加する。これは、昨今の「日々派遣」「日雇バイト」と問題点を共有している。

こうして、臨時工は、製造ラインの雑役的業務、周辺業務、技能業務などに幅広く使用されるようになる。だが、その後、工場の作業者には、正規労働者として中学・高校の新規卒業者が大量に採用されるようになり、臨時工についての問題は縁辺的なものとして扱われがちであった。しかし、臨時工の採用が増大するにつれ、労働行政、労働組合による現場の点検や調査が行われ、それが深刻な労働問題を含むことが提起されるようになる。

例えば、労働基準局が1952年に行った「臨時工調査」がある。埼玉労働基準局の調査では、常用工に比べて、臨時工では、賃金は48％、賞与は4割程度、退職金の支給は1割程度であった。東京労働基準局の調査によれば、労働災害の度数率で1.7倍、強度率で3.8倍である。また、社会保険の加入状況では約半数となっていた。

集団的労使関係の状況についても調査が行われている。それによると、臨時工が常用工の労働組合に加入しておらず、かつ、独自の労働組合を結成していないところが93％、常用工の労働組合に加入しているところが3％である。なお、ここでは、当時の労働組合は組織化以外にも様々な試みを行なっていることに留意しておきたい。

さて、1950年代の後半、製造業での臨時工の急増を受け、いくつかの労働組合は、産業別組織の方針も受けて、対応に乗り出すことになる。代表的と思われる事例の1つは電機メーカーA社の労働組合の取組みである。ここでは、久本憲夫の研究[3]等により、その歩みを検討したい。

A社では、他の電機メーカー各社と同様、1950年代後半からの高度成長の時代に、臨時工が急増した。A社労組は、企業側に求めていた「臨時工は従業員全体の2％以内」との要求が事実上無視され、グループのなかに、臨時工

---

3) 久本憲夫「相互信頼的労使関係形成への歩み――昭和30年代の臨時工問題を素材に」経済論叢別冊　調査と研究（京都大学）11号（1996）69頁。

第 4 章　正規・非正規の区別と実務的・理論的課題

が 2 割を超える工場が現れてきたことを、労働組合の存在意義にかかわる事態と受け止めた。また、増え続ける臨時工の職場での要求にも耳を傾ける必要があった。

　労働者に占める臨時工の割合の上限について、労働組合の要求は、その後、7％、15％ を経て 20％ に引き上げられたが、1960 年前後に、現実には臨時工は正規労働者の半数近くに達した。このような状況の中で、労働組合は、臨時工の上限を 25％ とすること、そのために勤続 1 年超の臨時工を本工に登用することを求めた。春闘のなかで賃金について本工の約 2 倍の引き上げを要求したこともある。さらに、臨時工を共済的機能を持つ「親睦会」のかたちで組織化する運動をすすめ、1961 年までには全ての支部で結成をみている。

　A 社労組の取り組みから見えてくる当時の臨時工の問題は、まず、労働組合として許容できる労働者に占める割合の上限である。そして、賃金の水準と制度、正規従業員への転換制度のあり方などがあった。さらに、組織化と集団的労使関係への組み込みをどう進めるか、共済制度などの福祉制度をどう構築するかという問題がある。これらはいずれも今日に通ずる課題であるが、当時の労働組合は、事業所の労働者全体の労働条件への責任とともに、正規労働者の権益を超えて、「職場」の持続可能性への危機感を抱いたといえよう。

　A 社労使の 10 年に近い交渉は、1964 年、東京オリンピックの年にほぼ決着した。その後は、事業の拡大が加速するなかで、A 社では労働組合の想定を超えた臨時工の本工化がすすみ、この問題は労使の焦点の課題ではなくなっていった。これは A 社の事例であるが、臨時工の活用は、その後も各製造業の現場を中心に拡散と拡大が続き、「期間工」などとも呼称されつつ今日に至っている。

　なお、A 社の場合に限らず、当時、臨時工の組織化に取り組んだ労働組合の指導者からは、今日の労使に対して、非正規労働者対策の一層の拡充を求める声も多い[4]。

　ところで、筆者の非正規労働者との出会いは、1970 年代の中盤から勤務し

4）例えば、ジャンタ・クラブ「関西労働調査報告」（2014 年 5 月）など。

た自動車工場の臨時工である。彼らは労働組合員の範囲に含まれてはいなかったが、労働組合の職場の役員として、労働条件や生活についての意見交換をする機会は少なくなかった。臨時工の多くは、様々な理由で離転職を繰り返しており、他社の労働条件との比較は興味深いものだった。ある臨時工の住居を訪ねると、8畳ほどの一室に妻、病身の親と3人の子供が暮らしていた。既に10社以上での就労経験があるという彼は、「今は夜勤で何とか生活している。でも将来のことを考えると、ここでなるべく長く働きたい。それに盆暮れにはもっとちゃんとした手当が欲しい」と語っていた。

また、当時の工場には、季節工（地方の農業の就労者が農閑期に都市部の工場で3か月から半年程度就労するもの）が見られた。職場でのリーダー格の季節工からつぎのようにいわれたことを覚えている。「以前努めていた工場では経営が傾いて人員整理があり、親しくしてくれた組合の委員長が責任をとって辞めた。大学出のエンジニアでいい奴だった。あなたも組合の役員はほどほどにしておいた方がいい」。

この場合、臨時工、季節工は、正規労働者の労働組合に距離感を感じながらも、労働者の代表として使命感を持ち行動する姿にある種の敬意を払っていた。労働組合も臨時工、季節工の強い要望などは折に触れて労使間の協議等で会社側に伝えた。そこでは、双方はある種の棲み分けの意識を持っていたともいえよう。

2　パートタイム労働者問題の展開

(1)　パートタイム労働者の登場

パートタイムという言葉がはじめて使われたのは大丸百貨店東京店といわれる。1954年の首都圏の新聞に「奥様とお嬢様の3時間の百貨店勤め」というコピーとともに「パートタイム女子店員募集」告知が登場した。米国の百貨店を視察した同社の幹部が発案、「奥様は夫を仕事に送り出した後に3時間、お嬢様は学校帰りに3時間勤務をしてもらうというアイディア」だった。彼女たちのなかには「お給料が大卒で公務員になった兄より多くて驚いた」ものや、

第4章　正規・非正規の区別と実務的・理論的課題

正社員に登用され定年まで勤めたケースもあったという[5]。

そのようなかたちで登場したパートタイマーであるが、1960年代になると、経済の高度成長のなかで、臨時工にかわって、工場や事務所の補助的業務を担うとともに、一部には基幹的な業務に就くものも現れる。

1964年、ある産業別労組が増加しつつあるパートタイム労働者の実態調査を行っている。その結果は、労働契約は事業所により様々であり、勤務時間は5～6時間、賃金は時給で70円前後であるが、約4割が基幹的作業に従事しているというものであった。

この産業別組織では、調査結果について、増えつつあるパートタイム労働者は、若年労働者の不足を家庭の主婦で補おうとするものであり、臨時従業員と同じく望ましいものではないと考え、当面はできるだけ基幹的な労働をさせないよう求めることとした。とはいえ、パートタイム労働者の主力が家庭の主婦であったことへの捉え方もあり、労働組合は臨時工の拡大時ほどの危機感は持たなかった。

1970年代の中頃、筆者が工場に勤務していた時期は、組立ラインにパートタイム労働者が登場したころであった。説明書など一連の書類をビニール袋に詰める比較的軽度の作業等が彼女たちの仕事であった。地域の主婦を対象に募集したところ定員以上の応募があったとのことで、休憩時に就労の事情や職場の環境などについて話し合ったことを覚えている。

(2) パートタイム労働者の増加

1980年代になると、パートタイム労働者の問題は、流通業などで先鋭化した。その数が、職場の労働者の半数に近づき、スーパーマーケットなどの労務管理の主要な課題になるとともに、労働組合の過半数代表の資格を脅かす事例が現れてきたからである。

当時の代表的な事例の1つに首都圏でスーパーマーケットのチェーンを展開

---

[5] 朝日新聞全国土曜版夕刊連載「昭和史再訪」2012年12月1日版「パートタイマーの誕生」。

するB社のケースがある[6]。同社では、1981年、パートタイム労働者を含めた労働組合が結成された。当時、パートタイム労働者対策は労使ともに手探りの時期であり、会社は、その組織化の動きにかなり神経質な対応を見せた。その後、労働組合が設立され、労使は交渉のテーブルに着くことになる。交渉では、パートタイム労働者に関して、労働組合員の範囲、雇用期間、賃金水準、社会保険、福利厚生などについての論議が続いた。また、労働組合結成2年後にはユニオンショップ協定が結ばれている。

今日、B社では、約6,500名の従業員のうち、ほぼ4分の3、約5,000名がパートタイム労働者である。正社員に対して「パートナー社員」と呼ばれ、週30～35時間未満で雇用契約期間1年の「パートナー社員Ⅰ」が約400名、週30時間未満で雇用契約期間半年の「パートナー社員Ⅱ」が約4,100名で、いずれも労働組合員である。

さて、1990年代になると、パートタイム労働者の問題は非正規労働者の中心的課題となり、その労働力を活用する企業に適正な労務管理を求める声が強まる。1993年には「短時間労働者の雇用管理の改善等に関する法律」(以下「パートタイム労働法」)が施行されている。

2001年には、今日のわが国最大のスーパーマーケット・チェーンの1つ、C社で、パートタイム労働者の組織化が動き出す。これについては、連合総合生活開発研究所の調査報告[7]などにより見ていきたい。

C社は、全国でスーパーマーケットを展開する企業であり、これまで大小の合併を繰り返すことにより、わが国最大の民間企業の1つに成長した。現在の従業員は約10万5千人、そのうち、約85％がパートタイム労働者などの非正規労働者である。C社の労働組合は、1990年代末のアジア通貨危機のなかで流通業界が動揺するなか、2001年に、パートタイム労働者を組織化する方針を打ち出した。それまで、未組織であった約8万人のパートタイム労働者に対して、各支部での働きかけをはじめたのである。

---

[6] 連合・非正規労働センター「パート・契約労働者の組織化事例」連合HP参照。
[7] 連合総合生活開発研究所「『非正規労働者の組織化』調査報告書」(2009) 31頁。

第4章　正規・非正規の区別と実務的・理論的課題

　労使の間では、正規社員、非正規社員の取り扱いについて論議が繰り返されたが、非正規労働者の呼称はやがて「コミュニティ社員」に統一される。このうち、雇用保険未加入の短時間就労者は、当面、組合員の範囲から除外された。なお、このなかで、それまで転勤のない正規社員（L社員）とされていた区分は、「コミュニティ社員」に含まれることになった。現在、同社の正規社員の区分は、全国転勤のあるもの（N社員）と地域内転勤のあるもの（R社員）の2つである。

　労働条件では均等・均衡処遇のあり方が大きな論点となり、それは、今日でも継続している。これまでに、時給と一時金の引き上げ、退職金制度の適用が行われているが、その水準等には論議がある。また、福利厚生、教育訓練などについては原則として正規労働者と同様に利用できるようになった。なお、無期契約への転換制度、家族手当などは労使の見解に隔たりがあるという。

3　「契約社員」の活用と疎外

　ここでいう「契約社員」とは、正社員と類似あるいは専門分野の業務を行い、3か月、6か月、1年などの有期雇用契約で就労するフルタイム労働者のことをいう。企業の「減量経営」が強まり、基幹業務は正社員でというコンセプトが崩れるなかで、その増加が続いている。1990年代には採用がさらに拡大し、これに直面する労働組合がいくつかのアクションを行っている[8]。

　D社は、音響機器メーカーの子会社で、携帯電話回線を販売することが主な業務である。約140名の従業員の7割が「契約社員」であり、多くは販売店で働いている。また、70名の派遣労働者が就労している。同社では、雇用契約や労働条件に不満が広がっていることから、親会社の労働組合主導による「契約社員」の組織化がすすめられた。具体的な取組みは2003年からであり、20歳代前半を中心とする「契約社員」に、それぞれ働きかけが行われた。「雇用の不安や低い賃金の問題を自分たちが参加して解決しないか」などの呼びかけ

---

8) 連合総合生活開発研究所・前掲注7) 58頁。

に、2004年のうちに、ほとんどの「契約社員」が労働組合に参加したという。

その後の労使交渉では多くの課題が論議された。まず、組合員の対象範囲の問題である。会社側との「綱引き」が続いたが、「店長を含む6ヶ月以上勤務」の契約社員を対象とすることになった。これを受けて、ユニオンショップ協定が結ばれている。

労働条件の面では賞与の支給が論議された。結果として「勤続1年以上の契約社員について、一律配分部分は正社員の3分の2、業績反映部分は正社員の40％程度」という内容が確認された。このほか、それまで契約社員は政管健保であったものを正社員と同様に組合健保に移行することなどが確認された。

また、外部労働力の割合についての問題も大きな論点であった。労働組合は「外部労働力頼みの経営で良いのか」と交渉し、まず、「外部労働力に一定の制限を行うべきである」という点で一致した。そして、2005年に、「外部労働力は2割以内とする」という基準が労使間で確認されている。

今日では、「契約社員」、とくにその壮年期での疎外感の強まりが指摘されている。これについて、極端な事例ではあるが、冷凍食品を生産するE社での最近の事件がある。同社では、2013年12月、冷凍食品から農薬が検出されたが、これは社会的に大きなニュースとして取り扱われた。翌年1月、40歳代の「契約社員」が容疑者として逮捕された。同社の当時の従業員構成は、「契約社員」が66％、正社員が22％、派遣労働者が9％、パートタイム労働者が3％である。「契約社員」は初任給でも正社員の7割以下、正社員への登用は年数名の狭き門であるという[9]。これは当事者個人の問題も少なくないであろうが、最近の調査[10][11]などに示されている壮年期「契約社員」の状況に通じるものがあると思われる。

---

9) 「どうした日本の製造業」週刊東洋経済2014年3月15日号46頁。
10) 労働政策研究・研修機構「多様な就業形態に関する実態調査」（2011）。
11) 労働政策研究・研修機構「壮年期の非正規労働——個人ヒアリング調査から——」（2013）。

第4章　正規・非正規の区別と実務的・理論的課題

4　派遣と請負による間接雇用化

(1)　派遣労働の登場と変質

1986年、労働者派遣制度が登場した。当初は「派遣という新しい働きかた」がPRされた。高い技能や知識を持つ労働者が、企業内で「ゼネラリスト」となるかたちとは別に、社会的なスペシャリストとして職業人生を歩むことができる、女性の高い能力を引き出すルートとなる、そして、通常の労働者を代替するものではない、などである。

労働者派遣事業は、発足時には対象職種の数は13に限定されていた。筆者は制度発足時の論議に参加していたが、当時は、政労使ともに、立場の違いがあるとはいえ、新しい制度が生まれる以上、労使双方ならびに社会にとって意義のあるものにしようとの機運があった。

この制度は、発足30周年が近づくが、当時の肯定的な評価を延長して考えれば、キャリアを積み重ねた例えば女性派遣労働者の「スター」が生まれ、従来の日本型雇用とは異なる生き方と、それに伴う労働条件が注目されるはずであった。また、派遣事業ならではの労使関係が生まれ、「派遣春闘」による賃金相場の形成も想定されなくはなかった。しかし、1999年の「ネガティブ・リスト化」、2003年の「製造業への派遣」、「日々派遣制度」の導入等が制度の変質をもたらした。

2008年の末から2009年の1月はじめ、筆者は「年越し派遣村」の相談員として東京の日比谷公園に詰めていた。その頃、「派遣切り」による失業と生活不安が社会問題となり、労働組合とNGOが公園の一角に年越しのためのテント村を用意した。そこで感じたことは、わが国の雇用がここまで劣化したこと、その手段として労働者派遣制度が使われたことである。

正月2日に40歳代後半の男性が訪れ筆者が対応した。彼は川崎市の製造業の工場に派遣されていたが、12月下旬にいわゆる「派遣切り」となり、宿舎の利用もできなくなった。行政の相談を訪ねると「どなたか支援してくれる親族はいないのですか？」と聞かれたという。(九州に弟がいる。しかしその家族の生活も苦しい。兄がこんな姿で助けてくれとはとても言えない)。年が明け、彼

は、もう身を投げるしかないと思い詰め、川崎の港に向かったという。その途中に街の電光掲示版のニュースで「年越し派遣村」を知り、そこから日比谷公園まで歩いて来た。現金は数百円程度しか持っていなかった。私たちは仕事初めの日まで彼を保護するとともに、生活保護の申請の手続きを手伝った。

今日、労働者派遣制度は、労働市場のなかで一定の意義を持ち、役割を果たしていることは事実である。しかし、この間の大きな変質により、不安定雇用の拡大をもたらす側面が強くなった。さらに、2014年の国会に提出された改正法案は、派遣期間の上限を事実上撤廃し、生涯にわたり派遣労働で就労することも想定されている。その通りに施行されるならば、間接雇用化を促進する法律として制度の重大な転換をもたらす恐れがある。

(2) **労働者派遣制度と職場**

さて、ここでは、労働者派遣制度と労使関係に関する事例をみておこう[12]。2001年に合併で設立された自動車部品を製造する外資系企業、F社に関するものである。

F社はグローバル化がいちだんと進むなかで、製造ラインへの労働者派遣の解禁を受けて、その導入を行った。2005年になるとラインにおける派遣労働者の割合は4割近く、すなわち約80名中の30人強に達し、その多くは若年者であった。一方、正規労働者の新規募集は中止されており、その平均年齢は40歳代の後半となっていた。

正規労働者の間では、このままでは技能の継承や若年者の育成などができなくなるとの危機感がひろがった。F社労組は、「『ものづくり』の現場において、従業員が先々の希望を失わず、活力ある職場を確保することが労働組合の使命である」と考えて、ラインの派遣労働者との対話を重ねた。その結果、大半の派遣労働者が正社員としての就労を希望していることが分かった。

2006年、F社労組は派遣労働者の「正社員としての組織化」の方針を打ち出す。労使交渉は難航し、外資系企業の本国から顧問弁護士が来日する事態に

---

12) 連合総合生活開発研究所・前掲注7)。

なったが、会社は「正社員化を検討する」との回答を行い、2007年までに14名の派遣労働者が正社員に転換した。一方、会社は中高年の正社員の希望退職を求め、11名が応募している。この間、派遣会社を巻き込み、雇用と労働条件についての様々な論議があった。

F社の事例は、派遣労働者の多用に伴う間接雇用化の進行に対して、労使交渉により一定の歯止めをかけた事例として知られており、TVの全国放送でも取り上げられた経緯がある。

なお、最近の派遣労働者の働きかたとキャリアの実態については、労働政策研究・研修機構による調査[13]等がある。

(3) 請負労働と偽装請負

今日の職場において、請負労働は、派遣労働とならんで、間接雇用化の有力な手段となっている。

まず、事業所内での業務処理請負の事例である。自動車部品などを製造する地方の中規模企業G社では、請負労働者が労働組合を組織し労使交渉を通じて正規化を進めた。このケースについては、伊藤大一の現地調査を含む研究[14]がある他、地方のマスコミ等で取り上げられ注目された。

G社では、1990年代末に、コストの削減と作業の専門性向上をはかるため、3つの請負会社に業務を依頼した。これにより、2006年になると、作業場では正社員が約200名、請負労働者が約230名となり、外部労働者が過半数を超えた。なかでも、あるセクションでは、請負労働者が3分の2を超え、業務の管理について、作業経験の比較的長い請負労働者が新たに就労した請負労働者に、作業の指導をするまでになった。

G社の事例の特徴は、それらの請負労働者が、2004年に独自の労働組合を結成したことである。ここでの労使交渉の中心は、請負労働者の直接雇用化、

---

[13] 労働政策研究・研修機構「派遣労働者の働き方とキャリアの実態――派遣労働者・派遣先・派遣元調査からの多面的分析」(2013)。
[14] 伊藤大一『非正規雇用と労働運動』(法律文化社、2013) 9頁。

さらには正社員化であり、労働条件の向上であった。

　労働組合は労使交渉と並行して行政や社会へのアピールを行った。自らの就労実態を対外的に紹介し、請負会社には偽装請負の解消、G社には直接雇用を求めた。労使交渉の過程では、指名解雇とストライキ、一部の請負会社の撤退と他の請負会社の雇用代替、行政（地方労働局）による偽装請負の認定と請負適正化の指導などもみられた。その後、会社は、2006年に、請負労働者を「契約社員」として直接雇用に移した。そして、2012年には、請負労働者の大半を正社員とすることに成功したという。

　H社の事例は、就労者のほとんどを個人請負の形式としたケースである。

　同社は、書類や物品を自転車やバイクで短時間に配達することを事業とする企業であるが、300名強の配達員との間に、個人事業主としての「請負契約」を結んだ。業務の負荷は強いものの、最低賃金や労災保険の適用もないことなどから、2007年に労働組合が結成された。しかし、会社は、配達員は個人事業主であるとして、団体交渉に応じず、労働委員会に救済申請をした労働組合の指導者を解雇した。

　労働組合は、地労委に、解雇権の濫用、不当労働行為に当たるとして地位確認を求め、同委は全面的な救済命令を行った。厚生労働省が同年に発した通達でもこのケースでは配達員に労働者性があることが示されていた[15]。

　会社は、地労委の命令を不服とする行政訴訟を行った。これに対して、地裁は、2010年4月、配送員は運送請負契約に基づく個人事業主であり労働者性はないと判示[16]したことから、H社の事例は請負型労働の労働者性をめぐる焦点の事例として注目された。

　2010年7月、中労委は、配送員は事業組織に組み込まれていること、報酬は労務供給の対価に類似していることなどをポイントに、労働組合法3条の労働者とする決定を行った。会社はこの命令を不服として行政訴訟を行ったが、

---

15) 厚生労働省労働基準局長通達「バイシクルメッセンジャー及びバイクライダーの労働者性について」（2007年9月27日）。
16) 東京地判平成22・4・28判時2091号94頁［ソクハイ事件］。

2012年11月、地裁はこの請求を棄却した[17]。会社は高裁への控訴を見送り判決は確定した。

H社の事例と中労委決定は、2011年4月の非正規型労働をめぐる二つの最高裁判決（「新国立劇場運営財団事件[18]」「INAXメンテナンス事件[19]」）における労働組合法上の労働者性の判断に影響を及ぼしたといわれる。非正規労働者の信念のある取組みとそれを支え続けた労働組合（地域ユニオン）の活動[20]がその背景にある。

II　労働協約と労使協定

さて、前章（I）では、主なタイプの非正規労働者に関して、職場での取組みの代表的な事例等を通じて、労働問題についての検討を試みた。ここでは、それらに関して、労働協約と労使協定による対応の概要と課題に触れておきたい。

1　行政の調査から

わが国の労働協約の全国的な状況についての調査に、厚生労働省の「労働協約等実態調査」がある[21]。この調査は5年おきに行われるものであり、最新の報告は2012年6月に公表されたその前年6月時点の調査結果である。調査の対象は、労働組合員数が30名以上の民営事業所にある単位労働組合であり、4,086の労働組合のうち2,597の組織から回答を得ている。

---

17) 東京地判平成24・11・15労判1079号128頁［ソクハイ事件］。
18) 最三小判平成23・4・12・民集65巻3号943頁。
19) 最三小判平成23・4・12判時2117号139頁。
20) 詳細は連合東京の「連合ユニオン東京」大会報告（2012年12月）など参照。
21) 厚生労働省「平成23年『労働協約等実態調査』の結果——正社員以外の労働者に労働協約が適用される労働組合が増加」（2012）。

4-1　正規・非正規の区別と労働問題——労働組合の立場から

　今回の報告では、サブタイトルとして、この調査でははじめて、「正社員以外の労働者に労働協約が適用される労働組合が増加」を掲げており、非正規労働者への労働協約の適用の拡大を示している。

　まず、労働協約の締結状況全般についてである。労使間で労働協約を締結していると回答した労働組合は91.4％であり、前回（2006年）を2.4％上回っている。

　同調査では、非正規労働者について、パートタイム労働者と、パートタイム労働者以外の有期雇用労働者について尋ねている。パートタイム労働者については、「労働協約があり、その全部又は一部がパートタイム労働者に適用される」が今回調査では41.9％であり、前回の33.5％を8.4％上回った。なお、「労働協約はあるが、パートタイム労働者には全く適用されない」は49.5％であり、前回の55.7％より減少し、はじめて半数を下回った。この結果をみると、パートタイム労働者については労働協約の適用についての前進がみられる。

　有期契約労働者についてはどうか。適用についての問いに対する回答は、「全部又は一部が適用される」が45.0％で、前回の42.7％を2.3％上回った。「労働協約は全く適用されない」は45.7％で、これも前回の47.4％を若干下回っている。

　人事に関する事項についての労働組合の関与状況を見ておこう。調査によれば、「正社員以外の採用計画」についての関与は44.5％、このうち「関与の程度が大きいもの」は、同意1.7％、協議5.3％、意見聴取4.0％で合わせて11.0％である。民間の労働組合のうち、非正規労働者の採用計画に意見反映ができるかたちの労働協約を持つものは1割強にとどまっている。

　なお、ここで示した調査でいうパートタイム労働者とは、「一般の正規労働者より1日の所定労働時間が短いか、又は1週間の所定労働日数が少ない労働者」であり、有期労働者については、「常用労働者であって、例えば3か月や1年など期間を定めた契約で雇用した労働者をいう。ただし、パートタイム労働者、派遣労働者、日々雇われている者及び当該事業所を出向先とする出向社員を除く」とされている。

2　労使協定と労働協約の状況

さて、非正規労働に関して、労使協定と労働協約の状況の概要をみておこう。

まず、非正規労働者をめぐる労使関係の1つのゴールとして扱われているものにユニオンショップ協定の締結がある。

例えば、日本最大のスーパーマーケット・チェーンC社のケースでは、2004年から非正規労働者をめぐる本格的な労使交渉がはじまり、一定の要件を満たすものを労働組合員の対象としたが、その大半が加入した2007年末にユニオンショップ協定が締結された。これは、同社のパートタイム労働者対策における重要なステップと位置づけられている。

また、「契約社員」をめぐる労使交渉が行われた音響機器メーカーD社のケースでは、労働組合が雇用と労働条件をめぐる交渉をはじめてから約1年半を要して、「有期契約社員ユニオンショップ協定」が締結された。その範囲は、勤務して3か月以上経過をしている週20時間超勤務の「契約社員」である。なお、同社では、前述のとおり、「外部労働力は2割以内に抑える」という基準を労使間で確認している。

労働協約をめぐる労使交渉の焦点の1つは、労働組合員とする非正規労働者の範囲である。前述のC社では、労働組合員の範囲を「雇用保険非適用者を除くコミュニティ社員」としている。また、E社では、「勤続6か月超(当初労働協約から延長)で週20時間超就労の契約社員」とした。

それぞれの労働条件についての労働協約の締結状況はどうか。全体の傾向は前項(1)に紹介した「労働協約実態調査」に示されている。例えば、パートタイム労働者については、高い順に、「労働時間・休日・休暇」90.4%、「賃金」78.6%、「安全衛生」74.8%、「福利厚生」73.2%、「人事」60.7%である。有期契約労働者については、高い順に、「労働時間・休日・休暇」93.6%、「賃金」79.0%、「安全衛生」78.1%、「福利厚生」76.2%、「人事」63.5%である。なお、企業や産業の労働協約に関する具体的な状況については、それぞれの使用者団体、労働団体の資料等を参照していただきたい。

さて、ここで、今日の非正規労働に関して労働協約に期待される役割について触れて置きたい。

これまでに見てきたとおり、わが国の労働協約は、全体としてはほぼ現状維持に近いが、非正規労働者に関しては若干の改善が見られる。しかし、その機能は主として一部の産業の大企業に限定されている。また、労働協約の有無によるギャップがあるだけではなく、整備されているところでも、非正規労働者が主体的に参加して締結されるものは少ない。非正規労働全体を見渡した場合に、「協約なくして労働なし」からはほど遠い世界がひろがっていると云える。

この状況を改め、労働協約の本来の機能を取り戻すことは、今後の非正規労働の改善に関する本質的な課題である。その意味では、大企業中心とはいえ、労働協約が現状を維持し、非正規労働者に目を向けつつあることは今後の可能性を示すものである。当面、これまでに達成された内容を振り返り、各産業、企業で労働協約による対応を強化し、非正規労働者にその意義と機能を周知することが必要である。そのためにも、基本的な労働協約の内容を公開し、社会的に共有しうる仕組みにしていくことが求められる。労働協約における非正規労働への視点をさらに強め、海外の先進事例にも学びつつ、発想と運動の転換をはかることが必要であろう。

Ⅲ 労働法制と職場

ここでは、非正規労働者に関するこれまでの職場の取組み等に関して、今日の労働法制がどのように機能しているかの概要とその課題を考えてみたい。一つは、労使関係と労使自治による対応を支える労使関係法制についてであり、もう一つは労働者保護等に関する法制のあり方である。

第4章　正規・非正規の区別と実務的・理論的課題

1　労使関係法制

(1)　労働組合法制

　非正規労働に関する労使関係について、労働法制の根幹の一つはいうまでもなく労働組合法などの集団的労使関係法制である。しかしながら、今日、労働組合を最も必要としていると思われる非正規労働者の大多数にとって、労働組合法などの法律は関心の枠外にあり、「労働者が使用者との交渉において対等の立場に立つことを促進することにより労働者の地位を向上させること」(労働組合法1条)は空文に近い状況である。

　社会における非正規労働者をめぐる集団的労働法制についての論議も、一部の研究などを除けば、この間、不活発な状況が続いてきた。その背景には、労働市場の大きな変化にもかかわらず、これまでの対応と論議が、労働組合の組織化を含め、企業の正規労働者を中心とする労使関係に重点を置き過ぎてきたこと等が挙げられよう。

　しかしながら、今日でも、非正規労働者をめぐる労働組合の結成と初期の運営、あるいは、労使の緊張関係においては、当事者は労働組合法などに直接かかわることになる。例えば、Ⅰに記したB社の場合は、労働組合結成時に正規労働者と非正規労働者を1つの労働組合に組織化し労使交渉を行った事例である。この場合には労使双方ともに労働組合法などについて専門家を招いての学習を繰り返した。

　事例を通じて示されている大きな課題の1つは労働組合員の範囲である。音響機器メーカーD社の場合には、これをめぐり労使紛争に近い状況を経験している。労働組合法の趣旨を考えるとき、事業所の労働者は、労使の交渉を通じて、できるだけ幅ひろく対象とされるべきであろう。団体交渉の当事者についても問題が多い。事例に見られるとおり、派遣労働者、負請労働者などの間接雇用に関する問題では、正規労働者と同じ職場に就労し、その作業環境や勤務態様の影響を直接受けるに場合にも、団体交渉の当事者と認められるケースがあまりにも限定されている。

　また、非正規労働者の就労の実態を考えると、労使関係の適切な構築に向け

て、労組法による労働協約の拡張適用についての再検討が必要であろう。すなわち、「一般的拘束力」(17条)、「地域的拘束力」(18条) の要件などを見直す必要があるものと思われる。

さらに、非正規労働者の労働者性をめぐる論議の状況を考えるとき、一定の要件のもと、職種による労働協約の拡張適用のあり方、さらには、関係労働法の拡張適用についても検討することが望まれる。

(2) **労働者代表法制**

ここで検討する労働者代表制には、労働基準法等に規定されている事業場の過半数労働者の代表と、労働組合とは別に事業所等の労働者を代表する機能を持つものとがある。

まず、前者であるが、労働基準法などでは、その規定の一部を緩和する等の要件として、職場の労働者の過半数代表者との協定、協議や意見聴取を求めている。この場合、過半数代表者とは「当該事業場に、労働者の過半数で組織する労働組合がある場合においてはその労働組合、労働者の過半数で組織する労働組合がない場合においては労働者の過半数を代表するもの」である。

これまでの事例を見ると、正規労働者を中心とする労働組合が、非正規労働者の組織化に踏み出した最大のドライブの１つがこの規定である。非正規労働者が過半数を超える場合、少なくともその一部を組織化しない限り、労働組合は過半数代表の資格を失うからである。

しかし、職場の非正規労働者にとっては、労働組合が組織しているところでも、労働者の過半数代表に関与しているとの意識は低い。ましてや、労働組合のない事業所では、正規労働者を含め、過半数代表の選任手続きや実際の代表者を知らないところが少なくない。なお、「パートタイム労働法」では、就業規則の作成手続において、短時間労働者の過半数代表者への意見聴取の努力義務を定めているが (7条)、実効性の確保はこれからの課題である。

このように、非正規労働者は、現在の過半数代表からも事実上、その多数が疎外されているのである。

さて、労働組合とは別に事業所の労働者を代表する法律上の組織は、ドイツの「従業員代表委員会」(設置義務：従業員5名以上事業所)[22] が代表的な事例

であり、韓国では「労使協議会」（同：30名以上事業所）[23]の設置が義務づけられている。これらの制度を持つ国と日本の制度の落差としてとくに指摘されるものは中小企業の状況である。ドイツでは従業員数101人以上200人未満の企業での設置率が66％（WSI調査、西地域）であり、韓国では従業員数100名から299名の企業での設置率が89％（韓国労働研究院調査、労働組合のない企業）であるが、わが国での労働組合組織率は100人以上300人未満の民間企業で8.2％（厚生労働省調査）である。この比較から見ても「労働条件の労使対等決定原則」からかけ離れた実態が示されているが、そのなかで、非正規労働者の場合はさらに抑圧された状況に置かれやすいことは明らかである。

　労働者代表組織における非正規労働者の参加については、ドイツ、韓国の場合でも不十分として論議が進行中である。わが国において、職場の非正規労働者が参加し関与できる新しい労働者代表制度を実現することが不可欠であろう。なお、これに関連して、非正規労働者の労使紛争処理についても、その実情を踏まえた制度の点検と運用が必要である。

2　労働者保護関係法制

　非正規労働者の労働契約、労働条件等を保護する労働法制の中心はいうまでもなく労基法、労衛法などの基本的な労働法制である。2007年に制定された労働契約法は、非正規労働への対応が期待されてはいるが、現時点では労働者保護のレベルが高いとはいえない。

　さて、非正規労働に関しては、1985年の派遣法制定以降、雇用形態別のいくつかの立法やガイドラインの制定が行われている。主なものとして、立法では、「パートタイム労働法」（1993年）、有期労働契約に関する「労働契約法」の規整（2007年）、ガイドラインとしては「労働者派遣事業と請負により行われる事業との区分に関する基準」（1986年）、「有期労働契約の締結、更新及び

22）ドイツ「事業所組織法」（1952）。
23）韓国「勤労者参与及び協力増進に関する法律」（1997年改正法）。

雇止めに関する基準」(2008年)などがある。しかしながら、それらの法制等は、労働者保護の視点からみると、一部を除き、労使関係の現場で直接的な効力を見せる機会が乏しい状況が続いている。

ここでは、Ⅰに示した事例を踏まえ、それらの労働法制についての問題点と課題を見ておきたい。

(1) 立法政策の一貫性

雇用形態別の労働法制の状況をみると、労働者保護の強化に踏み出しているもの、判例法理の法制化のレベルにあるもの、ガイドラインに止まっているもの、あるいは、派遣法のように、労働者保護に逆行して間接雇用化を推進するものなどがあり、一貫した政策が見られない。

事例に示したとおり、今日の職場では、パートタイム労働者、「契約社員」、派遣労働者、請負労働者など、多様な非正規労働者が混在していることが少なくない。各労働法制において、一貫した政策が不在であることは、現場の対応を複雑化し実効ある適用を難しくする。また、そのことにより、非正規労働者の雇用が規制の緩やかな分野にシフトする傾向が生ずる。

典型的なケースが、2013年に「パートタイム労働法」をめぐり見られた。同法は、2007年改正で、限定的ではあるが通常の労働者との差別的取扱いを禁止した。これは、雇用形態による差別をはじめて法で禁止したものである。

2013年12月、この規定(パートタイム労働法8条・2014年改正で9条)をめぐる初めての判決が行われた[24]。タンクローリーを運転する短時間労働の準社員が、時間外割り増し賃金、賞与、退職金での差別があるとして訴えたもので、裁判所は、割増賃金と賞与の格差については同法に基づく不法行為を認め、損害賠償を命じた。ところが、会社は、高裁に控訴するとともに、準社員を短時間労働者からフルタイムの契約社員とする就業規則の変更を行ったのである。

これは、「契約社員」の場合には規制が異なるとの判断によるものであろう

---

24) 大分地判平成25・12・10労判1090号44頁［ニヤクコーポレーション事件］。

が、この事例以外にも保護回避のために雇用形態を変更する事例は少なくない。非正規労働全体を見据えた一貫した立法政策が必要とされる所以である。

(2) 「均等待遇」の原則

雇用形態別の労働法制は、国際的基準というべき均等待遇原則の明示を欠くことから、中心的な理念が分かりにくく、現場での実効性や社会的なインパクトが弱くなっている。

これを改善するためは、今後の法改正において、改めて均等待遇原則の明示を行う必要があろう。現状では、「パートタイム労働法」においては限定的な差別禁止の規定が導入され（8条）、「労働契約法」では有期雇用に伴う不合理な労働条件の禁止が制限的に記されたにとどまっている（20条）。また、派遣法では均衡を配慮した待遇の確保の配慮義務を規定するのみである（30条の2）。具体的な基準の策定が簡単ではないとして先送りされてきたものであるが、非正規労働者が2000万人を超え、労働者全体の38.2％、女性労働者でみれば57.5％を占める今日[25]、この原則を明示して施策を推進する時期を迎えていると思われる。なお、「パートタイム労働法」の改正による限定的な差別禁止の実効性については、連合総合生活開発研究所の詳細な研究と分析がある[26]。

ところで、筆者は「パートタイム労働法」制定時の論議に深くかかわったのだが、当時の議論のなかで「均等」は「均衡」に置き換えられた。「なぜ均等にしないのか」との国会での質問への答弁では、「均衡とは『多少はばを持った均等』、『やわらかい均等』であり、一定の前提を踏まえた場合には大きな差異はない」とされ、「農業基本法」における「均衡」概念が引き合いに出されていた[27]。非正規労働の現状をみると、このような認識は過去のものとすべき時期を迎えていることは明らかであろう。

---

25) 総務省「平成24年就業構造基本調査」（2014年7月）。
26) 連合総合生活開発研究所「パート労働法改正の効果と影響に関する調査報告書」（2011年12月）。
27) 参議院労働委員会・労働省（当時）による確認答弁（1993年6月10日）。

(3) 正規労働者への転換

非正規労働に共通する主要な課題として正規労働への転換のルールがあり、働き方の公正性を担保するものとして非正規労働者自身の関心も低くない。Ⅰの事例においても、パートタイム労働については、労使交渉を通じて正規労働への転換制度を導入した事例がみられる。また、連合総合生活開発研究所の前掲研究[28]では、2007年のパートタイム労働法改正の効果として、通常の労働者等への転換制度を新設あるいは改正した企業のケースを紹介している。

しかしながら、正規労働者への転換制度については、パートタイム労働においても実際に活用している企業は限られており、「契約社員」、派遣労働者については、さらに少数である。非正規労働の各分野にこの制度を広げることは、これからの大きな課題であろう。

(4) 有期雇用契約の規制

有期雇用契約の無原則な拡大が続いている。従来から非正規労働の多くは有期雇用であるが、近年では、Ⅰの事例等に示される通り、事業所の基幹的な業務にひろがりつつある。また、短期の有期雇用契約を反復する労働者の悩みとして、「つねに『就活』の状態にあること」、すなわち、就労と同時に契約期限後の次の就職準備を行う必要があり、現在の職場で十分に貢献できないというものがある（前掲調査報告[29]など）。このような状況の進行は、労働条件の確保、技能の継承、労使関係の確立に逆行し、労働者のモチベーションを低下させ、結果として「職場」の持続可能性を脅かすものとなっている。

労契法は、2012年改正により、契約期間が5年を超える労働者の期間の定めのない労働契約への転換（18条）、いわゆる「雇い止め法理」の法定化（19条）、期間の定めのあることによる不合理な労働条件の禁止（20条）などを定めた。これには、一定のインパクトがみられるが、本格的な実効性の確保は、今後の施策と労使の取組みによるものが大きいであろう。

---

28) 連合総合生活開発研究所・前掲注26) 62頁。
29) 労働政策研究・研修機構・前掲注11)。

第 4 章　正規・非正規の区別と実務的・理論的課題

今日、雇用契約期間のあり方をめぐっては、「入口規制」（有期雇用に「業務の性格が臨時的であること」などの要件を求めること）の当否などの論議が続いているが、非正規労働の拡大のなかで、問題点はそのような論議を超えて深化しているとみるべきであろう。

(5)　間接雇用化への対応

今日の非正規労働をめぐる労働法制の大きな特徴は、パートタイム労働などの直接雇用については曲がりなりにも労働者保護を拡大する方向が見られることに対して、派遣労働をはじめとする間接雇用では、それに逆行する動きが強められていることである。それは、前述のとおり、労働者派遣制度の変質、請負労働の不適切な利用の拡大によりもたらされている。また、前項 (4) で触れた「常時就活」の状況にある短期契約を反復する労働者（「契約社員」など）は、意識の面では間接雇用に近い。

間接雇用で働く労働者は低収入であることが多く、その場合、自らの能力を高めたり家族を支える力を持つことは難しい。また、最近では、事業主による間接雇用化へのためらいが失われつつあることが懸念される。労使協議を通じて業務を改善し生産性を向上することに代えて、間接雇用化により当面のコストをカバーする動きである。これは、中期的にみれば、技能の喪失と生産性の低下につながる恐れが強い。

このような状況を改善するためには、まず、労働者派遣制度を「職場」の持続性を確保するレベルに押し戻す必要がある。また、複雑化する請負労働の状況を的確に把握し、その就労を適正化するルールづくりが求められている。

なお、現時点では間接雇用の労働者の全体に占める割合は必ずしも高くはない。しかし、その動向は、わが国の雇用の質を著しく劣化させる潮流の先行指標として見るべきである。直接雇用を軸とする雇用への真剣さを取り戻す必要があり、そのなかでの適切な多様化を推進すべきであろう。また、現在の間接雇用化には社会的な歯止めも不可欠である。間接雇用の許容範囲を含め、そのあり方について、労使を軸とする社会的な合意が新たに形成されることが必要であろう。

むすびに〜今後に向けて

　これまで、本稿では、非正規労働の多様化の過程における職場での取組みの事例、労働協約や労働法制の状況を振り返ることを通じて、非正規労働問題を中心に労働現場の現状と課題についての検討を行った。そこで示されたことは、それぞれの非正規労働に対して質の高い取組みの事例が見られること、しかし、それは限定的なものであり、社会的慣行を形成するには遠く至っていないことである。全体としてみた場合には、公正な労働からの著しい逸脱が常態化し、間接雇用のひろがりを含め、「職場」の持続可能性が危機に近づいている状況といえよう[30]。

　これを克服するには、労使の対応と制度の改革が求められると思う。ここでは、今後に向けて、集団的労使関係の再構築と国際的な連携の推進という二つの視点からの私見を述べておきたい。

1　集団的労使関係の再構築

　今日、非正規労働者は、わが国労働力の3分の1を超えるようになったが、その全体をみると、集団的労使関係からの著しい疎外が続いている。これは、労働組合の組織率の低下、労使関係の社会的機能の弱体化のなかで、わが国の労使関係に本質的な危機をもたらしている。正規労働者を中心としてきたこれまでの労使関係の再構築を行わない限り、それはやがて大企業や公務の一部に偏在するものとして社会的な存在感を失いかねない。

　一方、全国の職場のなかには、これまで見てきたとおり、各種の非正規労働について、労働問題を改善あるいは解決をしてきた事例がある。また、非正規

---

[30]　ここでいう「職場」とは、単に労働力を提供する場所を示すものではなく、労働者が職業人として成長し、職業の技能と経験が継承されるような場のことをいう（「はじめに」参照）。

労働者の多くは、潜在的に、職場の労働者を代表して労働条件や労働環境の改善をはかる組織を求めており、パートタイム労働者の今日の推定組織率は6.7%であるが、労働組合員数は100万人に近づいている[31]。使用者のなかにもその能力の活用と向上を期待し支援しようとする意思がみられる。企業の社会的責任（CSR）に関するソフトローにも非正規労働者の権利や労働条件を重視するもの[32]がみられる。それらを今後の取組みの重要な資産と位置づけ、現状の改革に結びつけることが必要であろう。

それには、まず、労使の当事者が、今日の情勢についての危機感と共通認識を持つことが必要である。労働組合については内外からの多くの提言が示すとおり、非正規労働者や労働弱者の支援と組織化をその最重要の活動に位置づけることが求められる。そのためには、組織の風土を改め、草の根活動を行う仲間としてコミュニティから受け入れられる活動をすすめ、新しい連帯のかたちを示して、変革の流れをつくることが必要であろう（「連合」は2007年に「非正規労働センター」を設置し全国的な活動をすすめている）。

労働協約についてもその視点からの再構築が必要である。非正規労働の世界で「協約なくして労働なし」の理念を実現するためには、これまでの積み重ねを基礎に、内容の見直しと適用の拡大を推進し、社会的な共有化がはかられなければならない。同時に、前述のとおり、地域的あるいは職種的な機能の拡大が検討されるべきであろう。

労働法制などの制度によるサポートも重要である。まず、現行制度の十分な利用と新たな活用をはかる必要がある。目の前の労働弱者の支援と救済には、将来に向けての政策活動は力にならず、連帯や支援の活動も広がらないからである。そのうえで、労働組合法の改正や労働者代表法制の制定などに踏み込むための政策実現活動の強化が求められる。

31）厚生労働省「平成26年労働組合基礎調査」（2014）。
32）例えば、ISO（国際標準化機構）「ISO26000（社会的責任に関する手引）」（2010）。

2　国際的な連携の推進

　非正規労働の拡大は世界的な動向である。先進諸国ではオイルショックなどを経て、短時間、派遣などの非正規労働が大きく拡大した。経済成長の続く途上国では、従来の想定を超える労働の非正規化が進行している。グローバル化が加速するなかで、世界はかつてない就労の多様化、非正規化の時代を迎えているといえよう。ここでは、非正規労働対策に関する国際的な連携のあり方について考えておきたい。

　わが国がこれまで非正規労働対策の指針として参考にしてきたものに、欧州、とりわけEU（欧州連合）の動向がある。「パートタイム労働指令」（1997年）、「有期労働指令」（1999年）、「テンポラリー派遣労働指令」（2008年）をはじめとする欧州レベルの基準である。EUの政労使の論議を通じて形成されたそれらのルールが、いずれも均等待遇を中核に据えていることについて、改めて重く受け止める必要がある。さらに、その各国での最新の展開をフォローしつつ連携を強めるべきであろう。

　ILO（国際労働機関）の動向も注目される。1994年に「パートタイム労働条約」（第175号）が制定されたが、それ以降、自営労働、契約労働、インフォーマル労働、家内労働など非正規型の労働に関する論議が積み重ねられている。2006年の「雇用関係に関する勧告」（第198号）では労働者性についての検討が行われた。ILOでの国際的なコンセンサスは深化しており、わが国での対策と関連した論議を深める必要がある。

　また、労使の国際団体であるITUC（国際労働組合総連合）、IOE（国際使用者連盟）もそれぞれの立場から非正規労働に関する対策の強化を呼び掛けている。国際組織や各国政労使の経験と論議が深まるなかで、非正規労働対策の共通課題も増えつつあり、実務面を含む連携の質的な強化が求められる。

　一方、わが国の企業進出が続く途上国、とくにアジア諸国では、わが国の労働法制、非正規労働対策への関心が高まり、また影響力も強まっている。筆者は、アジア各国の政労使の関係者と非正規労働問題について意見交換を続けているが、グローバル化と経済成長のなかで、この地域は「労使関係と労働法制

の時代」を迎えており、その中心的な課題の一つに非正規労働問題が浮上している[33]。アジア諸国では、さらに、制度上の保護が及ばないインフォーマル・セクターの就労者が大きく増加している。

そのなかで、最近、非正規労働についての新しい取組みもみられる。インドでは、ここ10年間に、1000万人規模のインフォーマル・セクターの労働者が組織化されたといわれる。インドネシアでは間接雇用（アウトソーシング）が労働問題の焦点となり、全国レベルの政労使での論議がすすめられている。法律上の従業員代表組織（「労使協議会」）を持つ韓国では、非正規労働者の参加をどのように実現するかが論議となっている。

アジア諸国は、わが国との経済的な結びつきが強いが、労働分野のルールの整備が遅れているところも多い。非正規労働について、地域に共通する主要な労働問題として位置づけ、活動や政策の新たな連携を進めるべき時代を迎えていると思う。さらに、その先に世界の動向を踏まえた共通のプラットフォームを展望することを期待したい。

なお、本稿では、非正規労働の多様化に焦点を当て論考を行っており、正規労働のあり方については主要な論点としていない。また、この問題の背景には雇用における男女の不平等があり、わが国ではとりわけ深刻な論点である。それらは非正規労働と表裏一体の課題であるが、その視点による具体的な論考は、関連する他稿に譲りたい。

---

[33] 熊谷謙一「アジアの労使関係、労働法と労使紛争」中労時1162号（2013）～1183号（2014）。

参考文献等

塩次喜代明＝高橋伸夫＝小林敏男『経営管理〔新版〕』（有斐閣、2009）

菅野和夫『労働法〔第10版〕』（弘文堂、2012）

角田邦重＝毛塚勝利＝山田省三＝米津孝司『労働法2〈保護法〉』（中央大学通信教育部、2011）

竹信三恵子『ルポ雇用劣化不況』（岩波書店、2009）

中野麻美『雇用破綻最前線』（岩波書店、2011）

仁田道夫＝久本憲夫編『日本的雇用システム』（ナカニシヤ出版、2008）

野川忍『労働法原理の再構成』（成文堂、2012）

濱口桂一郎『新しい労働社会』（岩波書店、2009）

盛誠吾『労働法総論・労使関係法』（新世社、2000）

厚生労働省「非正規雇用のビジョンに関する懇談会報告書」（2012）

労働政策研究・研修機構「契約社員の就業実態（個人ヒアリング調査から）」（2011）

労働政策研究・研修機構「非正規労働者の組織化に関するヒアリング調査」（2012）

労働政策研究・研修機構「「多様な正社員」の人事管理（企業ヒアリング調査から）」（2012）

労働政策研究・研修機構「「短時間労働者の多様な実態に関する調査」結果」（2013）

連合「評価委員会報告」（2003）

連合　非正規労働センターHP〈www.jtuc-rengo.or.jp/roudou/koyou/hiseikiroudou〉

4-2　正規労働者に対する人事管理の構造と課題
　──経営側の立場から

三宅　龍哉

はじめに

　筆者は1980年に富士通株式会社に入社し、以来30余年間、主に人事と人材育成部門の実務を担当してきた。当社は今でいうICTの業界に属する80年近い歴史を持つ会社であるが、1つの会社として継続して事業を営みながらも、業態は大きく変化してきた。

　世界のICT企業に目を向けると、この領域で重要な位置を占める企業の多くが当社よりもずっと若い会社であることに気づく。また、筆者が入社したころ目標としていた欧米企業のかなりが今や存在していない。その中で長い歴史を持ちながら今なおリーディングカンパニーの1つであるIBM社も大きく業態を変えてきた。「ルイス・V・ガースナーがCEOに就任した1993年以降、IBMはハードウェア中心のビジネスからサービスを軸にしたビジネスへと業態変革を進め続けていたのである。世界中にいたおよそ43万人の従業員は25万人にまで減らされた。（略）43万人のうち、実際に残ったのは9万人で、16万人は新たに採用された人々だったのだ」[1]。

　欧米の多くの企業が、会社の単位で新陳代謝を迫られ、あるいは会社は存続

[1) 講談社編『スマータープラネットへの挑戦』（講談社、2011) 23頁。

第 4 章　正規・非正規の区別と実務的・理論的課題

するものの、人材を大幅に入れ替えスキルや事業領域を変えていくのに対し、当社をはじめとして日本企業の多くが人材を維持したまま再教育などを通じて徐々に業態をシフトしてきたように思われる。ここに日本的な人事管理の特徴を見出すことができる。

筆者の経験では、当社はおおよそ 10 年ごとにビジネスモデルを変化させてきたように感じられる。ICT の業界は技術革新が激しくビジネスの変化のスピードも速いが、たとえば、①かつての高度成長から低成長へ、②競争のグローバル化、③人材のホワイトカラー化と高学歴化・高齢化の進展、などの変化は日本経済の縮図のように見える。

もとより筆者は研究者でもなく、富士通という 1 つの会社での経験しかないので、一般化した議論を行う資格も能力もない。当社での経験から感じた人事管理の課題を以降に述べるが、実務を通じて得られたごく限られた範囲の主観的な経験知であることをお許しいただきたい。また、何らかの仮説めいたことを述べたとしても、それは筆者の私見であり、富士通の考えを代表したものではないことをあらかじめお断りをしておきたい。

I　日本企業の競争環境

『ジャパン　アズ　ナンバーワン』[2] が著されたのが 1979 年のことであった。このころ戦後日本の高い経済成長の要因の 1 つとして日本的経営のシステムが賞賛されていたが、その後いくつものバブル経済とその崩壊を経て、日本企業の多くは失われた 20 年と言われる雌伏のときを過ごすことになった。2012 年 12 月の政権交替で、安倍政権により経済政策としていわゆるアベノミクスが打ち出され、円安、株高の環境下で各企業は成長戦略を模索している状況にある。高度成長期から今日に至るまでの経済情勢の変化に伴い、企業の人事政策

---

2) エズラ・F・ヴォーゲル（広中和歌子＝木本彰子訳）『ジャパン　アズ　ナンバーワン――アメリカへの教訓』（ティビーエス・ブリタニカ、1979）。

4-2 正規労働者に対する人事管理の構造と課題——経営側の立場から

は変容してきた。まずは、人事政策に影響を与えてきた企業環境を概観し、それに対応するための企業の内部要因について整理を試みたい。

1　経済成長の時代

　日本の経済は戦後の高度成長期から1970年代の安定成長期を経て、1985年のプラザ合意を引き金とした平成バブル期へと進んでいった。この間、総じて業績は拡大基調であったが、多くの製造業のビジネスモデルは、海外の技術を導入あるいは参考にし、独自の工夫を加えて機能と性能を高め、QCサークルに代表されるような改善活動を通じて品質を向上し、競争力ある製品に仕立て上げるという、キャッチアップ型のモデルが主体であったように思う。これを支えたのが、教育水準が高く、勤勉でチームワークに長けた優秀な労働力であった。企業は成長を続けていたため、社員の年齢構成はピラミッド型であり、終身雇用の慣行を前提に熟練の技能を持つ先輩が後輩をOJTで指導をするという、人を育てる文化も定着していた。また、市場自体も成長していたため、画期的な新製品を生み出した先頭を走る企業だけでなく、それに続く二番手、三番手企業もそれなりの市場シェアを得て共存することが可能であった。

　この間、円高が進行し、これに対応するため、生産の海外展開が進んだ。これが東南アジアに代表される新興国の経済発展を促した。

2　デジタル化の進展

　エレクトロニクスの世界では技術のデジタル化が進んだ。また、いろいろな機能の制御も機械（メカ）によるものからソフトで行うようになった。このことがものづくりの様相を大きく変えることになった。すなわち、アナログ製品で所定の性能を出すには微妙な調整が必要であるし、複雑なメカを作りあげるのには微細な加工技術が必要である。いずれも高度な熟練を要する、いわゆる「摺り合わせ技術」といわれるものである。一方、デジタルの世界では部品を組み合わせれば、だれでも均一な品質の製品ができる。いわゆる「組合せ技

術」である。この技術の変化が、円高による日本のコスト高とあいまって、新興国のものづくりの競争力を高めた。日本製と遜色ないものが安く作れるようになったのである。

3　バブルの崩壊

　1987年にいわゆる「新前川レポート」（経済構造調整特別部会報告「構造調整の指針」）が建議され、そこでは「2000年に向けてできるだけ早期に、現在のアメリカ、イギリスの水準を下回る1800時間程度を目指す」ことが示された。当時の日本の長時間労働の実態と併せて日米貿易不均衡が背景にあったと思われるが、ゆとり論と時短促進の方向が政策として打ち出され、電機各社も労使協議を通じて休日、休暇の増加、1日当たりの所定労働時間の短縮が実施された。一方でこのころ米国ではホワイトカラーミドル層を中心に厳しいリストラが行われ、生産性の向上が図られたといわれている。

　平成バブル崩壊後、アジア通貨危機、2000年前後のITバブル、米国のサブプライムローン問題とリーマンショックを経て、実物市場が成長しないなか、日本企業の多くは、設備、負債、人員の過剰を適正規模に調整することにエネルギーを費やしてきた。

　市場での競争はますます熾烈になり、パソコンや携帯電話に代表されるように、製品のモデルチェンジは短期化した。これらの商品では市場に投入するタイミングが売れ行きを大きく左右するため、全量を一気に生産することになる。このため、1年を通してみると生産量の変動が大きく、これを正規従業員のみで対応することは不可能になった。上述の組合せ技術化で製造に熟練を要しなくなったこともあり、コスト競争力の面からも製造工程内での請負や派遣労働力の活用が不可欠となった。

4　グローバル化

　日本企業の技術力が世界のトップに肩を並べると共に、新興国において低コ

ストで品質の良いものづくりが可能となった結果、従来のキャッチアップ型のビジネスモデルは競争力を失うこととなった。さまざまなデバイスがネットワークやワイヤレス環境でつながれるようになったため、グローバルな規格でデファクトスタンダードをとることが市場での地位を決めることになった。また、サプライチェーンもグローバルに展開されるようになった。このことは2011年3月11日の東日本大震災や同年のタイでの洪水で部材調達が困難になったことで思い知らされることになる。

日本企業がバランスシートの調整に苦労するなか、たとえば電機業界ではスケールメリットを追求するため資本力の勝負の側面が強くなり、韓国、台湾、中国などとの競争は体力勝負の様相を見せてきた。このため事業譲渡や資本提携など、業界の再編成も進んだ。2000年には商法が改正され、会社分割の制度が創設された。これと同時に労働契約承継法が成立し事業再編時のルールが定められた。

5 ビジネスモデルの変革へ

これからの競争環境を見通すと、競争のグローバル化は不可避である。その上競争相手は今までの同業とは限らない。特にICTの業界では新興企業が一気に市場を支配することも珍しくない。ものづくりの世界でも3Dプリンターの登場で、工場で量産するという常識が崩れるかもしれない。ハードウェア製品はサービスと一体化し、対価はサービスに対して支払い、ハードはサービスを実現するツールというビジネスモデルが一般化するであろう。技術開発でも、オープンイノベーションといわれる、企業の枠を超えたコラボレーションによる場面が増えるだろう。このように変化の幅も早さもその度合いを強めていくことが予想される。人事政策はこれらの変化への対応を迫られている。

第4章　正規・非正規の区別と実務的・理論的課題

Ⅱ　企業の内部環境の変化

　上記のような競争環境の変化を受け、日本企業の内部でもさまざまな変化が見られる。

1　組織の"成熟化"

　企業の成長力が弱まり、新規採用数も拡大基調から安定基調になるのに伴い、社員の平均年齢が上昇した。富士通の例でみると、1980年に平均年齢30.9歳、平均勤続年数10.2年であったのが、2010年には平均年齢41.7歳、平均勤続年数18.6年になった。平均勤続年数の伸びよりも平均年齢の伸びが大きいのは高学歴化の進展の影響が大きいと思われる。日本企業では、平均年齢の上昇と高学歴化の進展に伴い、管理職期待層が増加する一方、成長の鈍化で管理職ポストの不足が顕著となった。社員のモチベーションを考慮して、不足するポストを補うため、スタッフ管理職や代理職位の増加、組織階層の重層化が徐々に進んできた。また、求められる技術の専門性が深まり、幅も広がるにつれて、それへの対応のため組織の細分化が進んだ。その結果、1人の管理職が掌握する部下の数が減少し、また、部下を持たない管理職も珍しくなくなった。非管理職層についても、新規採用数が絞られた結果、後輩を育てた経験がないまま管理職適齢期を迎える者も見られるようになった。
　これらの結果、①組織間の壁が厚くなった（いわゆる蛸壺化、サイロ化）、②意思決定のスピードが落ちた、③リーダーシップや組織マネジメント力が弱体化した、などの課題が指摘されている。

2　グローバル化の進展

　各社の人事関係担当者が集まる場で近年の課題として必ず話題になるのが、グローバル化の推進と、グローバルビジネスリーダーの育成である。かつての

製品を輸出するシンプルなモデルから、ローコスト生産のための途上国への進出、先行市場としての先進国、成長市場としての新興国ビジネスなどグローバル化の形態は多様化している。また、先行技術や市場の獲得を狙った海外企業のM&Aやアライアンスも常態化しており、海外拠点や海外子会社に対するガバナンスが大きな課題となっている。

競合企業もかつての同業日本企業だけでなく、新興国も含めた海外企業との競争であり、また業際も崩れつつある。サプライチェーンのグローバル展開も併せて、このようにグローバル化の流れは避けて通れない必然となっているのに対し、多くの日本企業にとって人材、ガバナンス、さらには経営情報システムのグローバル化は充分に追いついているとは言い難い状況にあるように思われる。

3　ICTの進展とワークスタイルの変化

キャッチアップ型から市場創造型へとビジネスモデルがシフトすると共に、ICT化が進みホワイトカラーの生産性向上が求められたことを背景に、1987年に労働時間管理の柔軟化を認めた労働基準法の改正が行われた。当時のオフィスにおける情報インフラは、OAコアでの共用のワープロ、通信手段としてのFAX程度のものであった。その後、パソコンが普及して個人に配備されるようになり、Windowsの登場によりアプリケーションとデータの互換性が進み、パソコンは業務に必須のアイテムとなった。通信技術は、パソコン通信を経て、インターネットの登場と高速大容量通信網の整備、高速ワイヤレス通信網などのインフラが拡充し、端末についても携帯電話、スマートフォン、タブレット端末が普及し、モバイル環境は劇的に進化を遂げた。また、これらのインフラを前提に、文字、画像、動画を同時に扱ってあたかもface to faceと同様のコミュニケーションを可能とするツールも広がりつつある。これらの、仕事をする上でのインフラは、「専門的労働者」に限らず、オフィスで働く人にとってワークスタイルの変革をもたらした。

第4章　正規・非正規の区別と実務的・理論的課題

(1) ホワイトカラーの仕事の変質

　ICT の進化により、ホワイトカラーの仕事では、事務的な作業が効率化され、質的にも量的にも仕事の中核は創造的な成果を求めるものに変化してきた。80 年代から 90 年代にかけて日本の産業が先行市場のキャッチアップ型モデルから脱却し、世界の先頭を走り始め自ら市場創造を求められるモデルに変わってきたことにより、創造的な成果がより強く求められるようになった。すなわち、仕事のコアは量的な意味も含めて、何かの作業をすることではなく、「考える」ことになった。

(2) 労働時間による管理の限界

　創造的な成果を生み出すためには、一見、業務とは関係のないような異分野の情報を得るなど、今までの発想では業務に関連しているように思われないようなことも行う必要がある。また、「考える」ことはいつでもどこでも可能であり、新しい着想はたとえば酒席で突然にわいてくることもある。すなわち、創造的な仕事では、そもそもどこまでが仕事であるかを時間的に明確に区分することは難しいし、なじまないといえる。

　知的創造の仕事はパソコンとインターネット環境があれば時間と場所を選ばない。仕事のコアである「考える」ことは、それに従事しているかどうかは外形上見分けることはできない。すなわち、会社にいなくても仕事はできるし、会社にいるから仕事をしているとは限らない。この点が工場での生産業務やオフィスでの事務的業務と本質的に異なると考える。そして、日本経済の先進化やサービス化により、こういった仕事がホワイトカラーの多くに拡大したにもかかわらず、労働時間管理の原則が在場時間に軸足を置いている、あるいは置かざるを得ないことは、実務を預かる者の実感とは大きく異なってきている。

　にもかかわらず、在場時間の管理が求められるのは、他に労働負荷を表す適切な指標が見当たらないからであろう。社員への安全配慮の視点で現代のホワイトカラーの労働負荷を見るとき、在場時間のみを指標とすることは、全体の中の一部分のみを見ていることになる。一部に在場時間の管理の厳密化を求める行政指導があるように感じられるが、労働者保護の視点で本当に必要なこと

は在場時間管理の精緻化ではなく、仕事の質的な面も含めた複合的な視点であると考える。

(3)「部下が何をしているかがわからない」

パソコンとインターネットを使えば、ほとんどの業務を行うことができるため、社員は1日中パソコンに向かって「何か」をしていることになった。以前であれば、電話での会話や、担当者の打合せの様子を通じて、管理職は何が起きているかを把握することができたが、今ではアウトプットを作成するのも、関係者と連絡をとるのも、情報収集も、作業の外形からは区別ができなくなった。時に業務外のことをしていてもわからないこともある。加えて、オフィススペースの効率化のため、いわゆるフリーアドレスとするところも多く、管理職は部下の状況を把握することに従前以上の労力を要することになった。

Ⅲ 人材マネジメントの潮流

上記のような企業内外の環境変化を受けて、人材マネジメント上の主要課題としてあげられるテーマを概観する。

1 成果主義

「成果主義」という課題の立て方はもはや旧聞に属する感もあるが、人事管理の課題を集約していると思われるので、振り返ってみたい。

富士通が成果主義のコンセプトのもとで、管理職への年俸制実施を皮切りに人事制度の改革を進めたのが1993年のことであった。当時、多くの日本企業が人事制度の刷新を試み、成果主義は時代の寵児のようにもてはやされたが、短期志向になる、チームワークを阻害する、低い目標を立てた者が得をする（達成度が高くなるので）などの批判をあび、昨今では年俸制と合わせてその言葉を聞くことは少なくなった。「それは、従来の『年功序列』や『能力主義』

の反対概念として使われている。だが、人事制度の骨格となる社員格付制度、基本給や賞与の決め方、人事考課の仕組みなどからみて、成果主義とはいったい何を意味するのか——この点はそれほど明確ではない。また、1990年代の後半には成果主義が声高に標榜されたにもかかわらず、2000年以降はその批判の大合唱となっている。これは、日本企業において『成果主義的』な人事改革がある程度浸透したこと、そしてその副作用や意図に反する結果が現れはじめたことの反映と思われる」[3]。成果主義という言葉自体は聞かれなくなったが、その目的とした考え方は多くの企業の人事制度のなかに入り込んでいると思われる。

(1) 背景1——年功的処遇の限界

　成果主義の導入が相次いだ1990年代は日本企業が高度成長から低成長へと移行する過程にあった。企業規模の右肩上がりの拡大は想定しづらく、ピラミッド型の年齢構成は崩れつつあった。併せて労働力のホワイトカラー化と高学歴化が進み、平均年齢も上昇を続けた。その影響は典型的には管理職ポストの不足としてあらわれた。従来であれば、大卒男子は一定年齢になれば多少の前後はあるとしても、ほとんどの人が管理職に昇進できたのが、学歴、性別を問わず管理職への門戸が開かれ、加えて適齢期の人が増大したため必要なだけのポストが用意できず、そのような処遇が困難になった。このため、いわゆるスタッフ管理職の創設、代理職位や組織の分割などでポストを増やして対応したが、これには組織階層の重層化により責任と権限が不明確になる、レポートラインが複雑になり意思決定が遅くなる、組織が細分化され組織間調整にエネルギーを要するなどの副作用があるため、ポスト創設にも限界がある。その結果、管理職登用年齢が遅くなり、活力が失われるといった現象を招いた。全員をそれなりに等しく処遇することでモチベーションを維持していくことはもはや不可能となった。ビジネスパーソンのキャリアの節目ごとに、各人の会社における位置づけをはっきりさせ、その根拠とともに本人にフィードバックする

---

3) 都留康＝阿部正浩＝久保克行『日本企業の人事改革』（東洋経済新報社、2005）3頁。

4-2 正規労働者に対する人事管理の構造と課題——経営側の立場から

ことが不可避となった。

　年齢により集団として処遇していくことに替えて、なんらかの指標により各人の評価を行い、フィードバックする仕組みが必要になった。その指標として考えられるのが、職務遂行能力と成果である。職務遂行能力については、職能給といった形ですでに人事制度に組み込まれていたが、その経験から、能力を適切に測ることは困難であること、そのため能力の代理変数として経験年数が用いられ、結果として年功的な運用になりがちであることが指摘された。それに比べて、成果は客観的に把握しやすいこと（当時はそのように思われた）、持って生まれた能力と比べて本人の努力により高めることができること、優秀な人でも手を抜くと厳しい結果となることもあり緊張感と達成感を与えられること、などが考えられ、成果を評価の指標とすることが選択された。

(2)　背景2——労働時間から成果へ

　1990年代はまた、日本企業の技術力やビジネスモデルが欧米の先行企業に肩を並べたころであり、これから先は自ら新たな技術や市場を開拓しなければならない状況にあった。そのため、社員に求められる働き方は、お手本となる目標に向かってわき目も振らず汗をかくことではなく、知恵を絞って新しい価値を生み出すことに重きが置かれるようになった。もちろん、仕事が一変したわけではないが、来るべき時代に備えて価値感の変革を求めるメッセージが必要であった。

　新しいものを創造するプロセスでは、そのために費やした時間と成果とが比例するわけではない。優れたアイデアを一瞬にして思いつくこともあれば、何日かかっても文章の一行も書けないこともある。一方、賃金は、所定労働時間を超過した場合は、その労働が成果につながったかどうかには関係なく、要した時間に比例して支払うことが法律上求められている。確かに労働への「拘束」の対価としては正当なものであるが、仕事の価値を反映したものではない。ホワイトカラーの仕事の中核が価値創造になっていくのに伴い、費やした労働時間の多寡により報酬額が決まるやり方は、会社への貢献という見方からすると適切ではなくなった。

第4章　正規・非正規の区別と実務的・理論的課題

　加えて、いわゆる新前川レポートでうたわれたように、国策として長時間労働の是正が求められた。すなわち、働き方へのインセンティブを、長時間労働＝勤勉＝高い報酬という考え方から生産性（アウトプット÷インプット）を高める方向へと変えていく必要があった。

　ところで、新前川レポートを受けて、いわゆるゆとり論が真剣に議論されていたころ、富士通で海外ビジネスに携わっている者から疑問の声が出された。いわく「海外子会社のエグゼクティブやマネジャーは猛烈に働いている。『欧米並み』に労働時間を短縮するというのには違和感を覚える。何かが違うのではないか」と。確かにアメリカの新興ICT企業ではオフィスに簡易ベッドを持ち込んでいるなどの猛烈な働き方が紹介されたこともあり、統計上の数字と個別企業の実態との間に何かカラクリがあるのではないかと思われた。この疑問を解消するために、当社では1994年に米国の同業数社を個別訪問して実態をヒアリングした。

　その結果わかったことは、①所定労働時間の比較では、すでに当社の方が米国同業他社よりも短いこと（日本は祝日が多いため）、②エンジニアなどの中核となる社員はホワイトカラーエグゼンプションの対象であり、そもそも労働時間を把握しておらず、労働時間統計にも実態は反映されていないこと、③そして、そうしたホワイトカラーは成果で評価され、厳しい競争を生き抜いていること、であった。こうした世界が望ましいかどうかは別として、我々はこうした環境下の人たちと戦わなければならない現実がはっきりと見えてきた。

(3)　成果主義の人事制度

　成果主義による人事制度は、いくつかの要素で組み立てられている。まず、評価の指標を成果に置くこと。具体的な方法論としては、目標管理型の評価制度の導入が一般的と思われる。1年間の目標を上司との話し合いで設定し、年度終了時に目標に対する達成度を上司と確認し評価する。一時、年俸制が広まったときには、賞与も含めた年間の報酬を一元的に決定するため、人事上の評価をすべて目標管理制度に一本化する動きもみられた。しかし昇格とか昇進など長期に影響する処遇の根拠とするには、短期の評価のみでは適切さを欠くた

め、現在では目標管理は賞与の評価として用いられるケースが多いと思われる。昇給、昇格、昇進などの根拠には、求める人材像に照らして職務遂行能力をいくつかの要素に分けて具体的に記述したコンピテンシーを用いることが一般的であると考える。

　成果主義の第2の要素は賃金体系である。年齢給に替えて、成果を反映した給与を賃金体系に組み入れる。成果主義の典型的な形として年俸制を想定し、プロ野球の年俸と重ね合わせてイメージした結果、大幅なアップダウンのある報酬制度と理解する向きもあるが、そのような制度は少数派ではないかと考える。多くは、成果に基づき毎年の昇給額を決める逓増型の賃金体系であると思う。ただ、従来の仕組みと異なるのは、昇給を約束するものではないこと、制度によれば減額基準もあり得ることである。

　成果主義の第3の要素は、賞与の算定方法である。従来の仕組みは、賞与は月例給与×係数（いわゆる何か月分）とする制度が多かったと思われる。年功的な月例給与に加えて、係数そのものも逓増する仕組みで、賞与の支給額は月例給与以上に年功的であったと思われる。成果主義によることにより、同一評価であれば、年次や資格に関わらず支給係数を同一にする、あるいは同一評価であれば賞与を同額にするなどのやり方で、年功的要素を薄めることができる。その結果、成果をあげられず評価が下がれば賞与額は下がるし、その逆もある。成果主義の狙いは賞与において最も実現されていると考える。

　第4の要素は、労働時間の長短ではなく、成果の大小により報酬を決める仕組みである。なぜこの視点が必要なのかは、上に述べた。日本の法律上、ホワイトカラーエグゼンプションは認められていないので、類似の効果を得る仕組みとして裁量労働制が利用された。

(4)　富士通の成果主義人事制度

　検討のきっかけはトップの問題意識であった。社内報の1992年8月号に「仕事の評価」と題して社長のメッセージが寄せられ問題提起がなされた。大意、創造的な仕事ではかけた時間と成果は比例しない、そしてOA化により人が行う仕事は創造的なものになっていく、高い目標を掲げてチャレンジを実

現し、「かかった時間」ではなく「上がった成果」で適切に評価すれば、職場は明るく活性化し、効率が上がる、というものであった。厳密にいうと、当時でも労働時間の長さで評価をしていたわけではないが、優秀な人に仕事が集まり、労をいとわずそれをこなす人が結果として高く評価されたことが、そのような印象につながったものと思われる。労働時間の長さで評価という一節は、当時は人事考課による基本給や賞与の金額差はさほど大きくなく、残業手当の多寡、さらには、勤続年数による差が報酬の総額を左右していたという状況をあらわしている。すなわち、富士通における成果主義の狙いは、処遇において年功的な要素を薄めることと、報酬をインプットとしての労働時間に依拠するのではなく、アウトプットとしての成果に基づくものに変えることにあった。

この目的のために、管理職層に目標管理型の評価制度を取り入れ年俸制とし、一般社員のうちリーダークラスに目標管理型の評価制度と裁量労働制を適用した（管理職層については、後に月俸と賞与を分けて、賞与は目標管理による成果連動とし、月俸についてはコンピテンシーによる評価で決定することに改めた）。特に、リーダークラスに裁量労働制を積極的に取り入れたことが、先進的な取り組みとして注目を集めることになった。裁量労働制については、適用者に対する報酬制度と合わせた成果主義型の勤務制度とし「SPIRIT」と命名した。

SPIRITは労働時間管理の枠組みと、報酬制度の組合せからなる。労働時間管理の枠組みは裁量労働制によるものとし、協定時間は所定労働時間とした。これは労働契約上求められる労働時間を働いたものとみなし、これにより労働時間の多寡を問題にしないという趣旨である。裁量労働制については、実態との整合性をとるために平均残業時間で協定する例も多いが、それはまだ実働時間の概念にとらわれていると考える。所定労働時間で協定することで実働時間の縛りから解放され、あとは対象者の報酬をどのように決めるかという報酬制度の問題となる。

SPIRITの適用者には、月俸に定額の「業務手当」を加算する。そして各人の成果を反映するものとして、通常の賞与に「業績賞与」を加算する。このように年収全体を通じて、労働時間ではなく成果による報酬を実現する仕組みとした。なお、SPIRITは上司の推薦と本人の同意を適用要件としており、機械

的、一律的な適用はしていない。これはリーダー層とはいえ、職種や業務の実態に幅があり、個別具体的な判断が必要であると考えたからである。

富士通で成果主義型の人事制度を取り入れてから20年になる。考え方としての成果主義は社内の風土として定着してきたように思える。しかし、この20年間、試行錯誤を余儀なくされたのが評価制度であった。個人としての目標を設定するため個人主義を助長しチームワークを阻害した、とか、半年単位での評価が短期志向にした、との声も聞こえる。確かにそういう面も否定できないが、これは、個人として責任を持って達成すべき事項に対するコミットメントの裏返しである。目標の設定のしかた（長期の課題も設定する）や、他のメンバーと目標を共有するなどのマネジメントの工夫で解決していくほかないと考える。

2　裁量労働制

「近年における技術革新、サービス経済化、情報化などのなかで、労働の遂行の仕方について労働者の裁量の幅（自由度）が大きく、その労働時間を一般労働者と同様に厳格に規制することが、業務遂行の実態や能力発揮の目的から見て不適切である専門的労働者が増加した。これら労働者は、多くの場合に、労働の量よりも質ないし成果によって報酬を支払われるのにより適している人々でもある」[4]。このような状況を背景に専門業務型裁量労働制が創設され、後に企画業務型が追加された。実務の観点から見ると、裁量労働制のもたらす効果について、2通りの理解があるように思われる。

第1の捉え方は、仕事の遂行方法を任せることによる労働時間の柔軟化を期待するものである。フレックスタイム制をさらに進めた形態として捉え、ホワイトカラーの生産性向上を狙ったものである。この目的で裁量労働制を実施したケースでは、制度の名称を「フリータイム制」とか「スーパーフレックス制」などとし、協定労働時間は対象者の平均残業時間で算定した労働時間とす

---

4) 菅野376頁。

ることが多いように見受けられる。

　もう1つの捉え方は、みなし労働時間の仕組みを活かして個々人の実働時間と報酬とを切り離し、成果で報酬を支払う仕組みとする考え方である。この考え方に立つ場合は、所定内労働時間で協定することが理にかなう。そして賞与を含めた報酬の制度と水準をどのように定めるかが労使協議の中心課題になる。すなわち、労働時間管理ではなく評価と報酬制度の問題として制度設計する必要がある。

　裁量労働制の存在意義を考えるならば、後者の視点により高い価値があると考える。なぜならば、労働時間の柔軟化であれば、コアタイムなしのフレックスタイム制を実施することで、よりシンプルに目的が達成できるからである。平均残業時間に基づいた協定時間についても、マクロでみた実働時間と報酬は対応するものの、個々に見た場合は過払いの人と支払い不足の人が混在し、意図したかどうかは別として、実働時間と報酬との切り離しが起きる。したがって、裁量労働制の本質は、報酬に対する労働時間管理のエグゼンプションであると考えられる。

　このように考えたときに、現行の裁量労働制は、①休日や深夜についてはみなし時間の対象外であること、②健康確保措置とはいえ対象者の労働時間管理を求めている点などで実働時間（実態は拘束時間）のしばりがあり、中途半端感は否めない。休日にしろ深夜にしろ、働き方を任された上での勤務であるにもかかわらず、それだけを切り出して実働時間管理を求めることは理解できない。休日の実働時間管理の目的が健康確保のためであれば休日が確保されていることを確認すればすむ。また、健康確保のために在場管理を求めることも、創造的成果を求められICT化によりいつでもどこでも仕事ができる、そもそも裁量労働制が前提としているはずの労働者像に対して有効な方法論とは思えない。

　確かに日本の現状の文化では労働時間管理を一切放棄すれば働きすぎの問題が起こることは想像できる。労働者保護の観点からは在場時間管理のみによるのではなく、①繁忙期で業務遂行上の裁量性が無くなった場合はその時点で制度の適用を停止する、②制度適用者には定期的な問診を義務付ける、③担当業

務に充分適応できず、能力が発揮できていないものには社内募集などで本人が異動を希望できるなどの社内労働流動化策を設けるなど、複合的な仕組みを労使で検討することが必要であると考える。

　ところで、会社側からみて裁量労働制の今日的意義が成果で報酬を支払うための枠組みであるとすれば、「創造的な仕事では費やした時間と成果が必ずしも比例しない」という裁量労働制導入の背景と「仕事の進め方の裁量性が高い」ということには微妙に論点のずれがある。裁量労働制がみなし時間の枠組みをとる以上、仕事の裁量性を要件とせざるを得ないのであればこれがこの制度の限界であろう。ICTによるモバイル環境を駆使した働き方はグローバルに広がりつつあり、ホワイトカラーの生産性を飛躍的に高めている[5]。これからのワークスタイルを考えたときにどのような枠組みがふさわしいのか、真剣に考えるときであると思う[6]。

3　グローバル化

　昨今、人事担当者の会合での共通の話題はグローバル化である。かつてはグローバル化の流れにどう対応するか、といったトーンであったが、最近はグローバル化をどう進めるかという積極的な意志が強く出ているように感じられ

---

[5] たとえば2014年1月15日の日本経済新聞朝刊に『社内情報共有スマホで一変　国内外で24時間開発・意思決定早く』としてユニファイド・コミュニケーションの導入事例が報じられた。

[6] 本稿を書き終えたのち、厚労省がホワイトカラーエグゼンプションの導入を検討している旨が報じられた。これに対し推進派は生産性向上の必要性を主張し、反対派は残業代ゼロが長時間労働を生むと主張、数年前と同様の議論が繰り返されている。思うにこれらの議論は①ホワイトカラーの仕事は外形からは実働を捉えることが難しくなってきていること、②モバイル環境が普及する中、在場時間を基本とした規制は多様な働き方の進化を阻害すること、③そして何より、企業から見ると創造的な成果を求められる人材は、代替のきく労働者像ではなく、掛替えのない顔の見えるプロフェッショナルである、という実状を踏まえて、どのようなマネジメントの仕組みを構築すべきかとの論点を欠いているように感じられる。

第 4 章　正規・非正規の区別と実務的・理論的課題

る。そしてビジネスをグローバルに牽引できる（海外ビジネスを牽引できる、ではなく）リーダーをどう育成するかが共通の関心事である。

　グローバル人材の育成というとき、以前は日本人社員の国際化を意味していたことが一般的ではないかと思われるが、今日では、世界各地の現地法人の（日本からみて）外国人社員も含めてワールドワイドで適材適所を志向する段階に入ってきた。そのためにはまずどこにどのような人材がいるのかを把握しなければならない。人材をデータベース化するためには、登録すべきデータの標準化、情報システムの統一化が必要であるが、なかなか容易なことではない。たとえば、日本的な感覚でいえば年齢は重要な人事情報であるが、諸外国では年齢を根拠とした人事管理は許されないことも多い。そのためワールドワイドで統一するためには最も規制の厳しいところに合わせたものになる。情報インフラの統合には特に M&A の場合は多大なエネルギーを要する。また、国によっては人材の流動性の高いところもある。したがって実務的には一定レベル（たとえばマネジャークラス）以上の人材についてはデータベース化がされていることが多いと思われる。

　把握した人材のうち、それぞれの経験、実績やコンピテンシーを評価し、グローバルリーダーになりうる人材を抽出する。いわゆるタレントマネジメントである。一方、主要なポストについてはサクセッションプランとして、次世代の後継者候補を選定し、育成プログラムにのせていく。

　育成の方法としては、選抜された者を集めて OFF-JT で切磋琢磨させることに加えて、難易度の高いミッションを与えて一定期間実務を担わせる、いわゆる修羅場を経験させることが有効といわれている。

　このように適材適所の配置とグローバルリーダー育成の両面から、国をまたがる人材のローテーションの必要性が高まってきているが、国により人事管理の考え方や慣習が異なるため、その調整が必要となる。その過程のなかで徐々にわかってきたのは、人事制度や慣習は各国それぞれに多様性があるものの、大きく分ければ日本対その他の国、という構図になるということである。日本の制度の異質性が際立つ。ちなみに、1 で紙幅を割いて述べた成果主義についても、日本の人事制度を考えるときには重要な論点になったが、海外の人事担

4-2 正規労働者に対する人事管理の構造と課題——経営側の立場から

当者にとっては当たり前のことなので、話題にのぼったことはない。

　日本とその他の国の違いの根幹にあるのは、言い古されていることであるが、人に仕事をつけるか、仕事に人をつけるかの違いであると考える。日本ではジョブの定義があいまいで、他のメンバーとの分担や個人に与えられた権限がはっきりしないことが多い。これに対して、日本以外の各国ではジョブの定義がはっきりと定められている。これは、日本の人員管理があたかも粘土で壺を作るようなもので、作りかけの壺に粘土の塊が追加される（職場に人員が追加される）と壺全体に粘土が練りこまれて一回り大きな壺ができる（職場のメンバー全員で仕事を再配分する）のに例えることができる。これに対して非日本的な人事管理はレゴブロックでカップを作るようなもので、ブロックの1ピースを与えられても、今あるブロックと入れ替える以外、カップの原型を保つことはできない。

　グローバル人材の育成として、日本人を海外の現地拠点に派遣し実務を経験させることが有効といわれているが、上記のことがこれを難しくしている。日本的感覚では、とりあえず1人派遣して、何らかのプロジェクトに加えてもらえればよい、詳細は赴任後に現地のマネジャーと相談をして決めること、人件費は日本で負担するので現地に迷惑をかけることもない、まずは派遣すること、と考えがちである。粘土のひとかけらを追加して練りこむ発想である。これに対して受け入れ側は、誰のジョブを日本からの研修生に任せるか（どのピースを入れ替えるか）、研修生と入れ替えた人の次のジョブをどうするか、受け入れの結果、組織のパフォーマンスは落ちないか、研修期間が明けて帰任した後の体制はどうするか、などを考えると簡単に受け入れを承諾するわけにはいかない。

　海外から日本に社員を派遣する場合には逆のことがおきる。日本に派遣される社員のジョブは別の社員が引き継ぐことになる、すなわち研修終了後にそのポストに戻ることはない、元の職場に戻ることの保証がないので研修で成果をあげてプロモーションしなければ職を失うことになりかねない、それだけのリスクを負うわけであるから日本で用意されるポストは今のポストよりも上位のものでないと納得できない、そのため派遣元として日本側にどういうポストを

用意しているのかを確認すると、赴任してからよく相談しましょうといわれた、これでは安心して人を送り出せない、ということになる。

グローバル化の推進のために、幹部級の人材を中心に国境を越えたローテーションを考えている企業も多いと思う（グローバルモビリティ）。上で述べたような問題を回避するため、処遇についての考え方のグローバルな統一と、世界の主要ポストの職責を1つの基準でレベリングする必要がある（グローバルグレーディング）。日本以外の国ではこのことの必要性はよく理解され、大きな問題なく実施される。一方で日本では、本来は当該ポストの職責の格付けであるはずのものが、そのポストについている人の格付けのように受け止められ、実施に抵抗感が多いと聞く。グローバル化のためには職責の重さで格付けし報酬を支払う方向に日本の制度を修正していくことになろう。

これはレゴブロックでカップを作るような組織になるわけであるから、カップの形や大きさを変えるときにはブロックの過不足が生じる。この需給を調整する仕組みがないと、結局は個々のブロックの形や大きさで調整するほかなく、粘土で壺を作るのとかわりがなくなる。すなわちこの問題は職務記述の精度を上げるという単純な問題ではなく、新卒を本社で一括採用し各職場は本社から配属された人を見て職務分担を考えるという日本的雇用慣行を抜本的に見直さないと解決できない問題であると考える。また近年、非正規雇用の問題に関連して、同一価値労働同一賃金化が議論されるが、その場合でも職務定義の明確化とその背景となる雇用慣行の見直しを含めて検討しないと、粘土の塊をブロック化することはなかなか難しいと思われる。

4　評価制度

長年、人事制度の企画を担当してきて、いまだに悩みが深いのが評価制度である。海外も含めていろいろな人の話を聞くと、評価の視点として、コンピテンシーとパフォーマンスの二次元でとらえていることが一般的なようである。

4-2 正規労働者に対する人事管理の構造と課題——経営側の立場から

(1) コンピテンシー評価

以前は職務遂行能力として、同年次（経験年数が同じ）の者を1つの母集団にくくり、その中での相対的な位置づけを総合的に評価していたケースが多いと思われる。そして評価結果は昇給に反映したり、昇進、昇格の判断材料として利用された。年功的な処遇体系のもとでは、一旦差がつくと挽回することは容易ではなく、あたかもマラソンのレースで先頭集団から徐々に選手が絞り込まれていくかのようであった。

近年は求める人材像を定義して、それに必要な能力をコンピテンシーとしていくつかの要素に体系化し、各要素に対する評価を行うことを志向しているようである。ここでは、単に能力の高低を総合的にみるだけでなく、その人がどのようなことに強みを持ち、何が苦手なのかといった個性を捉えようとしている。一言で有能な人物といっても万能の人は少なく、攻めに強いタイプもあれば守りに強い人もいる。これらを把握した上で、事業の性格に合わせて人材を配置することに役立てようという意図である。評価に、より正確を期すために部下や同僚からの多面的な評価を実施することも多い。人材の配置のためだけでなく、評価結果を本人にフィードバックし、気づきを与えて育成につなげるという面でも有効であると考える。

グローバルに共通の人材像とコンピテンシーを定めて、世界中の人材を統一した基準で評価し人材データベースに登録をして、サクセッションプランに反映していくという方向に進んでいくものと思われる。

(2) パフォーマンス評価

当年度のパフォーマンスを評価するためには、目標管理型の評価制度が一般的であると思われる。事実に基づいた客観的な評価が可能な仕組みとして期待されるが、実務上はいくつかの課題がある。

まず、そもそも客観的な評価が可能かという問題がある。わかりやすい例の典型であるように言われる営業職の売上目標についても、年初計画に対してその後の環境変化をどうみるか、数字は達成したとしてもその中身は計画通りか、達成の方法は適切であったか、さらにはこの成果が会社の戦略の文脈にて

らしてどのような価値を持つのか、など評価者によって見方が分かれる。恣意的であってはならないという意味で評価者と被評価者が合意した事実を根拠とするものの、その価値をどう見るかは評価者の価値観に基づく判断、すなわち主観的なものとなる。これはいくら制度を精緻にしても解決できるものではない。評価の客観化という幻想を追うのではなく、評価は評価者の価値観に基づき評価者の責任において行う判断であることからマネジャーは逃げてはいけないと思う。

次に、相対評価か絶対評価かという問題がある。たとえば評価結果で賞与支給額を決めるといった使い方が多いと思うが、その場合は限られた原資を配分するのであるから、相対評価が望ましい。ところが評価される人には自分の目標しか見えないので、上司に承認された目標を達成すれば高い評価が得られると考える。被評価者の視点に立てば絶対評価（達成したらAのように）がわかりやすい。しかし、他の人との公平性のためには部下全員の目標のレベル（難易度）をそろえるほかないが、実際にはきわめて難しい。また、絶対評価とすると、全般に評価が高めに収斂する傾向がある。これは、米国では低い評価とされた人は組織に必要とされていないと認識し新天地を求めて退職することが多いのに対し、日本ではそのようなことは少ないため、メンバーのモチベーションを落としてまで厳しい評価をするよりも、甘い評価になってもその方が組織全体のパフォーマンスを高く維持できると考えがちだからである。

実務的には、評価の客観性に過度な期待を抱かず、目標管理は本人の達成した成果と、それをどのように達成したかという行動の確認ツールとして活用し、評価自体はマネジャーの責任で行う判断であることを認識するほかないと考える。

目標管理を導入したら評価の不満やトラブルが増えたという話をよく聞く。しかし、評価に対する不満は、今までは年功的な総合評価のもとで評価結果を被評価者に通知しなかったものを、目標管理によりオープンにしたことによるものである。会社の成長を背景に多くの社員を年功的に処遇できた時代は終わり、各人の位置づけを本人に伝えざるを得なくなった結果、今まで隠れていた評価の難しさが顕在化したとみるべきであろう。

評価制度が目指すものは納得性の向上であると考える。納得性はいかなる制度であってもマネジャーとの日頃からの信頼関係に依存するのではないだろうか。

5　ダイバーシティ

ダイバーシティはCSRの1つとして理解される側面もあるが、近年ではより積極的な意味で人材戦略としてとらえられている。

その1つの見方として、多様な価値感が交流することがイノベーションを生む力となるという考え方である。市場が成熟するなかで、従来の大量生産したモノを売るモデルから、多様なニーズに応えたコトを提供するモデルへの変化が迫られているという事情がある。ビジネスがグローバル化するなか、多様性の受容は成功の必要条件と考えられている。

もう1つの見方は人的リソースの観点からである。日本では少子高齢化が進み、労働力が減少し始めている、これをカバーするためには、能力を持ちながら発揮する場を得ていない女性に対し（そしてこれからは高齢者にも）、働きやすい環境を整えるというものである。富士通では女性を対象にリーダー研修を行い、将来の管理職候補者の拡充を進めているが、人材の層を厚くするのは時間がかかる取り組みである。そしてその前提には働き続けられる環境があることが必要である。休業制度などの仕組みは整っていても、制度を活用するためには、意識改革や業務プロセスの見直しなどソフト面でのノウハウの蓄積が必要である。さらに介護の問題は男女を問わず、誰もが突然直面する可能性をもつ。ICTなどを活用して、制度としての多様な働き方とその運用ノウハウを確立した組織でないと、これからの時代への対応力を持つことができないと思われる。

第4章　正規・非正規の区別と実務的・理論的課題

むすび

　近年、日本人社員と海外拠点の外国人社員を交えた研修も行われているが、その様子を観察していると、どうも日本人は自分の意見を積極的に発信するのが苦手のように感じられる。指名されると発言するので、考えがないわけではない。時代はオープンイノベーションの世界に移りつつある。そこでは、企業や国籍の枠を超えて人の知恵が集まるインフォーマルなネットワークが形成される。このコミュニティに参加するためには自分もメンバーに提供できる価値がないと仲間には入れない。聞き上手ではイノベーションの世界からは置いていかれるのである。

　日本人の発信力を弱めているのは、教育の場（たとえば大教室での一方的な講義）であれ、会社生活の場であれ、自己について発信しなくても困らない環境にあるからではないかと考える。ある外資系の会社では、自己の成果をイントラネット上に登録し、それに賛同の声が集まると人事上の評価に反映されると聞く。今はキーワード検索が容易であるため、自分の関心のあるテーマで検索すると同様のテーマを研究している人が組織の壁を越えてワールドワイドでヒットする。こうして、会社内の全世界の叡智が結集できるし、類似の研究開発テーマを束ねられるので投資のダブリも避けられる。この事例はこれからのイノベーションのスタイルを表していると思うが、この世界では考えを発信しない人は淘汰されていくのである。

　これに対して日本の人事管理は主に年齢を機軸として「層」として人材を管理してきた。労働条件は就業規則により約款のような形で定められ、採用も新卒を一括して採用し、一律の初任給を適用する。人材マネジメントの方法としては効率的ではあるが、この枠組みが社員一人ひとりの「個」を埋没させているのではないかと思う。

　従来の日本的雇用慣行、ボトムアップを主体とするマネジメントスタイルは、「普通」の人を束ねて同質的で強い集団を作るのに有効であった。しかし、グローバル化の流れの中で日本企業がリーダーシップをとるためには強い個

人、すなわち発信力のある個人を育てる枠組みを作る必要がある。

　日本的雇用慣行は、新卒定期採用と長期雇用、層的な人事管理、就業規則による約款的な労働契約、企業内労働組合、低い労働流動性などが整合性を持った、一貫したプロセスとして有効に機能してきた。したがって、その中のどれかを改めれば問題が解決するのではない。システム全体として、整合性のとれた形での見直しが求められるのである。

　日本企業の人事部門は、グローバルに生き残るために、個別契約型の枠組みを構築するときであると考える。

参考文献

エズラ・F・ヴォーゲル（広中和歌子＝木本彰子訳）『ジャパンアズナンバーワン――アメリカへの教訓』（テイビーエス・ブリタニカ、1979）

戦後高度成長期の日本の産業構造について、村上泰亮『新中間大衆の時代』（中央公論社、1984）

米国ホワイトカラーのリストラについて、野村達朗『アメリカ労働民衆の歴史』（ミネルヴァ書房、2013）279頁

ソフトウェアエンジニアの働き方について、G・パスカル・ザカリー（山川洋一訳）『闘うプログラマー（上）（下）』（日経BP出版センター、1994）第8章

リーダーの育成方法について、ラム・チャラン（石原薫訳）『CEOを育てる』（ダイヤモンド社、2009）

4-3 正規雇用労働者の労働条件──経済学の視点から

安藤　至大

I　はじめに

　正規雇用とは、法律による明確な定義がある用語ではない[1]。しかし、専門家の間では、無期雇用・直接雇用・フルタイム雇用という三条件を満たす働き方のことを指す場合が多い。
　また、この正規雇用（＝正社員）という働き方は一様ではない。まず俗に限定正社員と無限定正社員と呼ばれる区分がある。限定正社員とは、職種や勤務地、また残業の有無といった労働条件のうちの少なくとも一つについて、契約により限定がある働き方のことである。これに対して無限定正社員の場合には、労働者の働き方についての決定権を原則として使用者側が持つことになる。次に正規雇用の三条件を満たしていても、大企業の正社員と中小企業の正社員とでは働き方に大きな違いがある。本稿では、このような正規雇用労働者の働き方の現在と未来について、経済学の視点から検討したい。
　以下では、まず、雇用に対する経済学の考え方を簡単に紹介する。続いて、

---

1) パートタイム労働法には「通常の労働者」という言葉があり、その施行通達の中に「いわゆる正規型の労働者」という表現があるが、これは一般に考えられている正規雇用とは必ずしも一致していない。

第 4 章　正規・非正規の区別と実務的・理論的課題

これまで正規雇用という働き方がどのようなときになぜ選択されてきたのかについて、労使双方の視点から検討する。その上で、正規と非正規に限らず、すべての異なる雇用形態の間には、上下関係ではなく一長一短の関係があることを説明する。最後に、高度経済成長期に形成された「正しい」とされる働き方がすでに時代に合わなくなりつつあるという事実を踏まえて、これからの働き方がどのように変わるのかについて考察したい。

Ⅱ　経済学の視点

1　個人の選択と交換の利益を考える

　経済学の考え方というのは、比較的単純なものである。以下では、その基本を紹介したい。

(1)　個人の選択
　まず経済学では、個々の経済主体（個人、世帯、企業など）の選択は、主観的な満足度を最大にすることを目的として、自身の選好と保有している情報を基に合理的に行われると考える。
　ただし、この「合理的」というのは「本人がその時点では納得している」とか「なぜそのような選択を行ったのかを他者に対して説明できる」といった程度のことである。したがって、ある人の選択が当人にとって満足のいくものであるなら、異なる好みを持つ他者から見たときに不合理に思えるものであってもよい。また選択肢に関する情報獲得や比較検討に費用がかかる場合のように、よく考えずに決めてしまうことが合理的になることもあるし、不確実性がある場合のように、その時点では合理的な判断であっても結果として後悔することがありうる。

(2) 分業と交換

　個人や企業は、自身の満足度を最大化するための手段として、他者との間で分業や交換を行う。それは自分の生活に必要なものをすべて自給自足により賄うよりも、分業して交換するほうが、消費できる財・サービスの種類や量、また余暇の時間が結果的に増えるからだ。

　人々の間でこのような取引が合意に基づいて行われるとき、当事者の全員が得をすることになる。もしそれにより損してしまうようなら、取引に応じなければよいからだ。また、取引の前後で増加した満足度のこと、言い換えれば交換の利益のことを、専門用語では余剰という。

　これを雇用の文脈にあてはめて考えると、ある労働者が、まず他者と協力して働くのは、それにより交換の利益を得られるからだといえる。そして他者と対等な立場で分業するのではなく、企業に雇われて働いているとしたら、労働力を提供する代わりに賃金を受け取る契約形態である雇用を選択することが、現時点で選べるその他の選択肢よりも相対的に優れているからである。同時に、その労働者を雇っているということは、雇う側の企業にとっても利益になっていると考えられる。

2　市場における自発的な取引と政府による介入

(1) 個別取引への政府介入

　人々の間で取引が行われることにより余剰が発生するというのは、取引を通じて世の中がより豊かになるということを意味する。そして経済学では、この余剰を最大限に実現させることを目的として、人々の間の取引行為について、どのようなときに当事者の自主的な判断に任せるべきか、またどのようなときに政府が個別取引に介入した方がよいのかという問題が、長年にわたって研究されてきた。

　その結果を簡潔にまとめると次のようになる。まず個別取引に対して政府介入が求められるための必要条件は、「市場の失敗」か「個人の失敗」が発生していることである[2]。

第 4 章　正規・非正規の区別と実務的・理論的課題

　市場の失敗が発生しているとは、注目している財・サービスの取引に関して①独占や寡占などの不完全競争があるとき、②外部性があるとき、③公共財であるとき、④情報の非対称があるとき、そして⑤取引費用が大きいときのことをいう。このとき政府が様々な市場介入を行うことで社会に生み出される余剰が増加する可能性がある。その具体的な取組みとしては、例えば、
・不完全競争の場合に、競争を促進するための競争政策や取引促進のための価格規制を行うこと、
・外部性があるときに、当該行為の規制や義務づけ、また課税や補助金の供与を行うこと、
・公共財のときに、その財・サービスを政府が直接的に供給するか資金提供を行うこと、
・情報の非対称があるときに、情報公開の義務付けや品質保証制度の導入を行うこと、
・取引費用が高いときに、取引所の整備や仲介業の支援、また契約の雛形を提供すること
などが考えられる。

　次に個人の失敗があるとは、経済主体が本人にとって望ましくない選択を行ってしまう可能性が高いことをいう[3]。そのような場合には、政府が、例えば初等教育を受けるといったような特定の行為を個人に対して義務づけたり、中毒性のある薬物の使用を禁止したりすることになる。

　ただし市場の失敗や個人の失敗があることにより、政府による介入が直ちに正当化されるわけではない。政府介入に伴い発生する問題（これを政府の失敗という）もあるからだ。したがって市場の失敗や個人の失敗による悪影響よりも政府の失敗による併害のほうが小さいことが介入の条件となる。

　規制とは人々の自由な行動に干渉するものであるため、規制が行われる際に

---

2) 詳細は、ミクロ経済学の標準的な教科書（例えば安藤（2013）など）を参照していただきたい。
3) 個人の失敗に基づく労働者保護の必要性については、安藤（2012）を参照のこと。

は明確な根拠が必要となる。そして経済学の視点からは、市場の失敗や個人の失敗という考え方に基づいて、規制の必要性を精査することが必要だといえる。また規制の精査は導入時だけに求められるものではない。時代の変化や技術の進歩により望ましい規制の形が変わることから、定期的な見直しが不可欠となる。

(2) 雇用に関する規制

続いて、雇用契約に関する規制について、経済学ではどのように考えるのかを紹介したい。

まず最も重要な規制とは、労働基準法によるものである。なぜなら労働基準法とは、仮に当事者が合意したとしても認めてはいけないとされる働き方の最低限度を示しているものだからだ。以下では具体的に、最低賃金制度を例として考えてみたい。

最低賃金制度について、多くの経済学者は次のように考える。まず労働力を取引する市場がある程度以上円滑に機能している場合には、言い換えれば、労働力の売り手も買い手も多数存在しているために相場の賃金が形成されている場合には、最低賃金制度は望ましいとはいえない。実効性のある水準で最低賃金が定められてしまうと、それにより少なくとも一部の労働者が仕事を失うことになり、交換の利益が損なわれるからだ。例えば最低賃金を時給1000円とすると、一時間あたり1000円の賃金に見合う貢献度を挙げられない労働者は仕事を失うことになる[4]。

これに対して、市場の失敗がある場合、例えば労働力の需要者である企業側

---

[4] 川口・森 (2009) では、最低賃金の上昇により10代男性労働者と中年既婚女性の雇用が減少することが示されている。また経済の実態からみて高すぎる最低賃金制度の導入が雇用喪失につながることは、日本以外でも観察されている。アメリカにおける最近の研究としては、Neumark et al. (2013) を参照していただきたい。また具体例としては、アメリカ領サモアにおけるアメリカ本土並みの最低賃金への引き上げ計画が参考になる。なおアメリカのオバマ大統領は、サモアの最低賃金引き上げを2015年までは凍結する法案に署名している。詳細は、アメリカの労働省のホームページ (http://www.dol.gov/whd/minwage/americanSamoa/ASminwage.htm) を参照のこと。

第4章　正規・非正規の区別と実務的・理論的課題

が独占的である場合のように、最低賃金制度が必要となる可能性がある。具体的には、ある地方都市に大きなショッピングセンターが一つだけ存在していて、昼間のアルバイトやパート労働をする人は、ほとんどがこの店で働いているような状態を想像していただきたい。

　このとき企業側が一定の価格支配力（つまりは賃金を一方的に決める力）を持つことになり、社会的に見て望ましい状態よりも少ない人数の労働者を低賃金で雇う可能性がある。そしてこのような場合に、最低賃金制度を適切な水準で導入することができれば、雇用される労働者の人数と賃金を同時に増やすことができる。そして企業側が得る余剰はこの規制により減少することになるが、労働者側の余剰増加分のほうが大きいため、社会全体の視点からはこれは望ましい規制であると考えられる。

　また個人の失敗の観点からも最低賃金制度が正当化される可能性がある。例えば、本当はもっと時間をかけて本人に合った仕事（これは適性がある仕事なので結果として賃金が高い仕事となる）を探す方が労働者にとって望ましいのに、目先の低賃金の仕事を選んでしまうというような傾向が多くの人に見られたとしよう。このとき最低賃金制度があれば、企業に採用されるためには時間をかけて以前よりも生産性が高い仕事を探さざるを得なくなるため、労使のマッチングが改善される効果が期待できる。

　このように「最低賃金制度を支持するか」という問いに対しては、多くの経済学者は「市場の失敗や個人の失敗の悪影響が大きい場合には支持する」といったような条件付きの回答をすることになる。

　なお労働者が低賃金だと生活が苦しくなることを理由として最低賃金の引き上げが必要だという考え方については、経済学者は否定的な見解を持つ可能性が高い。それは先ほども述べたように最低賃金が引き上げられると一部の労働者が仕事を失う可能性があること、また最低賃金で働いている労働者の多くは家計補助のために働いているため、生活が苦しいかどうかは世帯収入で見る必要があることなどが理由となる。そして貧困問題への対処としては、職業訓練の充実や再分配政策の強化により行うことが望ましいと考えることになる。

3 経済学の発展と雇用関係の分析

ここまでは市場における人々の自発的な取引とそれに対する政府介入との役割分担の視点から、経済学における雇用規制の考え方を整理してきた。続いて、最近になって発展した経済学の分析手法をいくつか紹介した上で、それらの手法により雇用問題がどのように扱われるようになったのかを紹介したい。

(1) ゲーム理論と契約理論

1980年代以降、ゲーム理論と契約理論の発達により、それまで経済学では分析の対象とすることが難しかった領域、例えば人々の戦略的行動、組織の内部構造、契約や法制度の設計といった分野の研究が進展した。それにより雇用契約の内容についても経済学的な分析が行われるようになった[5]。

契約の経済分析を行う際にカギとなるのが、情報の非対称とインセンティブである。まず取引を行おうとする当事者間で保有している情報に違いがあるとき、情報を持たない側は、損をさせられることを怖れて取引に抑制的になる。これは取引が実現していれば生まれたはずの余剰が失われている状況であるため、余剰を最大化させる観点から当事者に何ができるか、また政府にはどのような対策が求められるのかが研究されるようになった。

具体例として、企業が労働者を採用する状況を考えたい。そして労働者は自分の能力を知っているが、企業側は知らないとする。このような情報の非対称があるとき、企業はどうすれば能力が高い労働者を見分けることができるだろうか。

ここで面接において「あなたは優秀ですか」と直接的に質問しても意味はない。なぜなら優秀な人もそうでない人も同様に「はい」と答えるからだ。したがって求められるのは、異なるタイプの労働者が異なる行動をとるように仕向けることである。

---

5) 契約理論の詳細については伊藤（2003）を、また平易な紹介としては伊藤（2012）を参照のこと。

第4章　正規・非正規の区別と実務的・理論的課題

　その際に重要になるのは、当事者のインセンティブについて知ることである。インセンティブとは、人々の選択に影響を与えるアメやムチのことであり、人々の行動を望ましい方向に誘導するためには、インセンティブについて理解することが欠かせない。

　上記の採用の例では、複数の契約を労働者に対して提示して、能力の高い人と低い人が異なる契約を選択するように仕向けることなどが手段として考えられる。具体的には、固定給部分は小さいが成果が出れば大きいボーナスを得られる契約と、固定給部分は大きいがボーナス部分は小さい契約とを労働者に提示したとすると、それが上手く設計されていれば、能力の高い人は前者を、また低い人は後者を選択するだろう。なお、このようなふるい分けの手法のことをスクリーニングという。

　ここで挙げたような企業による自主的な取組みに加えて、政府による情報流通のための取組みも労使間の情報格差を縮小し、労働者が雇われやすくなるための手助けとなる。例えばジョブカード制度のような取組みを充実させることは、企業が求職者の能力をあらかじめ知ることにつながり、よりマッチングの良い雇用を増加させる可能性がある。

(2)　サーチ理論

　1980年代の終わり頃から、サーチ理論が発達し、労働市場の理論的分析が再び活発に行われるようになった。サーチ理論とは、取引相手を探すのには時間やお金など様々な費用がかかることを明示的に分析に取り入れた市場理論であり、それにより労使のマッチングと失業についての研究が進展し、労働政策を考える上での有益な知見がもたらされることになった[6]。

　例えば、伝統的な経済学では失業率は低い方が良いと考えられていたのに対して、サーチ理論により望ましい失業率の水準があることが示された。なぜ失業率が高いだけでなく低すぎても良くないのだろうか。

　失業率が低いということは、多くの人が実際に雇われて働いている状況であ

---

[6] サーチ理論については、今井・工藤・佐々木・清水（2007）を参照のこと。

る。そして、企業が多くの労働者を雇用しているということは、賃金がとても低い状態である可能性が高い。したがって労働者の視点からは、失業率が少し高いときのほうが、生涯で得られる賃金が高いということが起こりうる。これは例えば5年に一度の頻度で1か月だけ失業するが年収が600万円の状態と失業はないが年収300万円の状態とを比べたら、労働者にとって失業率は高くても前者の方が良い状態だということだ。また失業率が低いときには、企業は労働者を新たに雇用することが難しいため、衰退産業から成長部門や新興企業に労働力が移動しにくいといった弊害も考えられる。

このようにサーチ理論の発達により、社会的に見た人材の最適配置をどのように実現するのかを検討することの重要性が再認識されたといえる。

III 正規雇用が選ばれる理由

以下では、これまでに紹介した経済学の基本的な考え方を用いて、なぜ正規雇用という雇い方・働き方が労使により選ばれるのかについて整理する。まず使用者側の立場から、労働者を正規として雇用する理由を考えたい。その際には、無期雇用・直接雇用・フルタイム雇用の三条件を順に検討する。

1 使用者が労働者を無期雇用で雇う2つの理由

企業が労働者を雇う際には、その契約期間を原則3年までとされている有期雇用にするか無期雇用にするかを選択する必要がある。この無期雇用とは、期限を決めずに、どちらかが解約を申し出るまでは自動更新されていくような契約形態である。そして労使のどちらからでも解約を申し出ることは本来は自由である[7]。

しかし使用者側から無期雇用の解約を申し出る際には、労働契約法16条で

---

7) 労働法については、野川（2010）などを参考にした。

「解雇は、客観的に合理的な理由を欠き、社会通念上相当であると認められない場合は、その権利を濫用したものとして、無効とする」と定められている。これは具体的には、労働者が契約で定められた仕事をこなすことができる限りにおいて（これには能力的にその仕事がこなせること、また技術進歩や経営の失敗などによりその仕事が失われていないことの両方を必要とする）、雇用が継続されることを意味する。

ただしこれは解雇ができないという意味ではない。懲戒解雇・普通解雇・整理解雇といった正当な解雇は可能であるが、正当な解雇のふりをした恣意的な解雇が規制されるということである。したがって無期雇用とは、使用者側からは正当な解雇事由が発生しない限りは定年までの雇用保障を提供する一方で、労働者側からは離職できるという片務的な長期雇用保障契約だと考えることができる。

以下では、使用者側が労働者に対して無期雇用契約を提示する理由として(1)安定した雇用を望む労働者に対して無期雇用を提示することで、使用者がリスク負担の対価を得られること、(2)労働者に雇用の安定を保障することにより、企業特殊的な技能形成への投資を労働者に行わせることができることという2つの理由に分けて考えていきたい[8]。

(1) 安定した雇用を望む労働者から対価を得られるから

経済学では、財やサービスを取引するだけでなく、リスクを取引することでも交換の利益が生まれることが知られている。そしてリスクの許容度に違いがある複数の経済主体がいる場合には、よりリスクを回避する程度の少ない人がすべてのリスクを負担することで、最適なリスク分担が実現する[9]。このような取引の代表例は、生命保険や損害保険などの保険契約である。そして労使間で結ばれる無期雇用契約には、保険契約とよく似た性質があるのだ。

個々の労働者と企業側とを比較したとき、ほとんどのケースにおいて、労働

---

8) 有期雇用を経済学でどのように考えるのかについては、佐野・勇上 (2014) が詳しい。
9) 最適なリスク分担については、神戸 (2004) や安藤 (2006) を参照のこと。

4-3 正規雇用労働者の労働条件——経済学の視点から

者のほうがリスク許容度は低い。なぜなら親が資産家であるなどの例外的なケースを除けば、景気の変動や自身の業績の変化等に応じて毎月の手取り賃金が極端に上下してしまう状況や、雇用契約がいつ打ち切られるか分からないような状況では、生活設計が立てにくいからだ。したがって最適なリスク分担の観点からは、長期の雇用保障があり、また賃金も固定給のような雇用形態が望ましいといえる。

このように安定した契約を提示することは使用者側にとっても利益になる可能性がある。労働者自身がリスクを負担する場合には、例えば平均的には500万円に相当する年収を提示しなければ採用できない場合でも、労働者に安定した雇用を提供してリスクから解放する場合には年収500万円未満の固定額で（例えば年収450万円で）雇うことができるようになるからだ。これは企業の視点からは、保険契約を提示して保険料を受け取るのと同じことである。

ただし雇用契約の内容を最適リスク分担の視点のみで決めるわけにはいかない。雇用保障があって常に固定給が支払われるような環境では、労働者にとって職務において適切な努力をするインセンティブが失われてしまうからだ。このように最適なリスク分担と適切なインセンティブ供与とにはトレードオフの関係があり、このことを指してモラルハザードの問題という。

モラルハザードの問題への対策として、多くの企業では固定給と業績給（歩合給、ボーナス、昇進などによる動機付け）の組み合わせが賃金体系として採用されている[10]。そして業績給の活用のみにより適切な動機付けができるのであれば、契約期間を有期にしておいて契約更新の可否をツールとして動機付けをする必要がないため、利益の最大化を考える企業は労働者の雇用喪失リスクの大部分を引き受ける形の無期雇用を提示するだろう。

それでは近年、無期雇用契約が新たに結ばれるケースが減ってきたのはなぜだろうか。それはこれまで考えたような長期雇用保障を可能にするためには、いくつかの条件が満たされることが必要であるが、それが満たされにくくなったからだと考えられる。

---

[10] 詳細は、神戸（2004）pp. 184-214 を参照のこと。

第4章　正規・非正規の区別と実務的・理論的課題

　長期雇用保障を提示するためには、まず企業が必要とする労働力が長期的に増加していくか、少なくともある程度は安定していることが求められる。また仕事の内容や必要な技術が、対象となる労働者が対応できる程度の変化であることも求められる。

　したがって高度経済成長期には長期雇用保障を比較的提示・実現しやすい環境にあったが、今日では長期雇用保障を提示しにくい経済環境となっているといえる。なぜなら人口減少など様々な理由により経済成長が停滞し、同時に技術進歩と産業構造の変化が加速しているからだ。

(2)　企業特殊的な技能形成を労働者に行わせるため

　労働者が持つ技能や知識には、多くの企業で利用可能なコンピュータのスキルのように一般的なもの、また業務に関する技術的な知識のように同業であれば他社でも活用できるもの、そして自社製品に関する知識や企業内の人間関係など特定の企業の中でしか活用できない「企業特殊的」なものなど多種多様である。

　そのうち企業特殊的な技能は、外部で学ぶことは難しいために、採用された後の段階で、実務経験等を通じて労働者が習得することになる。このような技能は、労働者が転職する際に他社には持っていけないものであるため、その習得にかかる投資費用は企業側がその大部分を負担することになるが、同時に労働者がそのような訓練を受け入れることも不可欠となる。

　ここで仮に労働者が技能を習得した後の段階で十分な対価が支払われない可能性があるとき、労働者は、企業特殊的技能ではなく一般的な技能の習得に時間を使おうとするだろう（これをホールドアップ問題という）。

　これに対して企業が労働者に長期雇用保障を提示している場合には、相対的に労働者側の交渉力が強くなるため、労働者は安心して企業特殊的訓練を受け入れることができる。このことが労働者に対して企業が長期雇用保障を提示することの二つ目の理由である。

　それでは無期雇用契約が減ってきたことについて、企業特殊的技能の視点から理由を考えてみよう。まず、それまで企業特殊的だった技能や知識が、コン

ピュータや情報技術の発展を通じて企業間で統一化されてきたことは、無期雇用を減らす要因となり得る。

　また、企業特殊的な訓練を行った労働者に対して企業側が事後的に十分な対価を支払わないといった裏切り行為をとったことが、インターネットの発達等により、企業の内外で容易に知ることができるようになったとすると、これも無期雇用を減らす要因の一つとなる。なぜなら、そのような悪い評判がたった企業には、優秀な労働者が集まらないため、結果的に企業側は良い評判を維持するインセンティブを自発的に持つことになり、その結果として長期雇用保障を提示することにより企業特殊的訓練を受け入れさせる必要性が薄れるからである。

2　使用者が労働者を直接雇用で雇う理由

　次に直接雇用が提示される理由を考えたい。直接雇用とは間接雇用ではない、つまり派遣労働ではないということを意味する。企業が労働力を必要とするとき、なぜ直接雇用をするのかを考えるためには、反対に、どのようなときに派遣を活用するのかを先に考えた方が分かりやすいだろう。

　企業にとって労働者派遣を利用するということは、人事労務管理の外注を意味する。具体的には、直接的に雇用する場合に必要となる、求人や採用の手続き、また採用後の労務管理や賃金の支払いを自社で行うのではなく、派遣元企業に一括して外部委託することになる。

　したがって企業が直接雇用を行うのは、業績に直結する重要な仕事を任せる労働者を雇用する際のように、採用や人事労務管理を自社で手がけることのメリットが外注することによるコスト削減効果よりも大きい場合といえる。

　なお派遣が活用される理由として、人件費を引き下げるためであるとか解雇しやすいからといった理由が挙げられることがあるが、それは間違いである。直接雇用であっても人件費を切り下げることは可能であるし、また雇用調整についても有期雇用を活用できるからだ。

　派遣労働者については、例えば2008年には148万人であったのが2013年に

は82万人になるなど減少傾向にある。これは法改正などによる影響が大きいと思われるが、今後仮に労働者派遣が増えて直接雇用が減るとしたら、それは企業にとっての直接雇用のメリットが相対的に小さくなったことが理由といえるだろう。

3　使用者が労働者をフルタイムで雇用する理由

　それでは労働者をフルタイムで雇う理由はどうか。企業は多くの場合において、フルタイムで働くことができる労働者を好む。なぜなら安定した仕事量があるとき、それをフルタイムの労働者に担当させる場合と比べて、複数のパートタイム労働者に任せるとなると引き継ぎ時間などのロスが発生してしまうからだ。また短時間だけ働きたい複数の労働者の希望をうまく組み合わせて、必要な時間帯を埋めるためにはシフト表の作成作業が必要になるが、その手間もかかることになる。

　したがってパートタイムを雇用する理由は、例えばスーパーのレジ打ちのように、一日や一週間で仕事量に変動がある場合が考えられるだろう。また最も大きい理由は、労働者側がそのような働き方を求めるからだといえる。

4　正規雇用が減少する理由

　ここまで企業がなぜ正規雇用を選ぶのかを三条件の一つずつについて順番に考えてきた。また正規雇用が減っていることの理由についても簡単に検討したが、その最も大きな理由は、やはり景気の先行きの見通しが立てにくいことと労働者に求められる技能が変化していくことから無期雇用を提示しにくくなったことだといえよう。このような変化が激しい環境下では、仕事内容や働き方の変化に柔軟に対応できる労働者でなければ長期雇用としては雇いにくくなっているのである。

　また非正規雇用の割合が増加していることについては、人口構成の変化という要因も重要である。人数の多い団塊世代の正規雇用労働者のうちの一人が定

年を迎え、その後も働き続ける場合には、正規が一人減り、非正規が一人増えることになる。それにより労働者全体に占める非正規の割合は増加してしまうことは理解しておく必要がある。

なお、正規雇用が減っている理由として「企業が悪意をもってやっている」と考えるのは間違いである。あくまで経済環境の変化に適応するために行われていることを理解しなければ、労働者が求める安定した雇用を実現するための方法を議論することはできないだろう。

5　労働者はなぜ正規雇用を求めるのか

これまで使用者側の視点から問題を考えてきた。次に、労働者側からも正規雇用の三条件について考えてみたい。

まず自身の収入で生活を支える必要がある一般的な労働者は、リスクを嫌うという性質があるため、仕事内容や賃金など他の労働条件が一定であるとしたら、有期雇用よりも無期雇用を好む。そして安定した無期雇用を選ぼうとすると、実質的には正規雇用として働くという選択肢しかないという実態がある。もちろん間接雇用であっても派遣元企業に長期的に雇用されているケースもあれば、パートタイム労働者であっても無期雇用というケースもあるが、割合として小さい。

次に直接雇用を求める理由は、直接雇用の方が昇進や昇給の可能性があること、また労使双方に人的資本投資のインセンティブが働きやすいことなどが理由として考えられる。ただしすべての労働者がそのように考えるわけではない。例えば、零細企業の直接雇用よりも大手派遣元企業に所属するほうが、きれいなオフィスで働ける、理不尽な対応をされる可能性が低い、雇用が結果的に安定するといった理由で、派遣労働を好んで選択する労働者も存在することには注意したい。

最後にフルタイム雇用については、自身の収入で生活を支える必要がある一般的な労働者は、生活できるだけの賃金を得るためにも、このような働き方を望む可能性が高い。もちろん短時間で十分な賃金を得られるのであればそれに

越したことはないが、やはり難しいからだ。これに対してパートタイム労働を求めるのは、学業や家事・育児・介護との両立が必要だからという理由が一般的だと考えられる。

Ⅳ　多様な正社員

　これまで正規雇用について、労使双方の視点から、どのような場合になぜ選ばれるのかを考えてきた。しかし例えば大企業のホワイトカラー男性正社員のような働き方だけを正規雇用としてイメージするのは間違いである。正規雇用には多様な働き方が存在するからだ。

　正規雇用の三条件を満たす場合でも、働き方は一様ではない。職務を限定しない形で採用され、長期的な雇用と教育訓練が行われることが前提となる内部労働市場型の正社員という働き方もあれば、職務や勤務地が契約で限定され、当該職務のプロとして雇用される外部労働市場型の正社員もある。また企業規模の大小や産業などによっても異なる雇用慣行が見られる。以下では多様な正社員の現状について簡単に整理したい。

1　無限定正社員と限定正社員

　まず本稿の最初に述べたように、正規雇用には無限定と限定という区分が考えられる。労働者の働き方について使用者側が原則として決定権を持つことになるのが無限定正社員であり、職種・勤務地・残業の有無といった労働条件のうちの少なくとも一つが契約により限定されているのが限定正社員である。

　無限定正社員とは新しい働き方ではない。代表的なケースとしては、金融機関で一般職として採用されていた女性労働者を想像すればよい。まず職務は支店における窓口業務など限定されている。また勤務地も自宅から通える範囲の支店に限られていることが多い。そして特別なトラブルがあるときを除くと通常は定時で帰宅できるという意味で残業も限定されている。このように、限定

された働き方はすでに存在している。また身近なところでいえば、大学教員も職務が限定されている働き方である。

それではどのような場合に企業が無限定正社員を採用するのだろうか。それは無限定の場合には、配置転換や職種変更などの働かせ方に関して命令できることが多く、つまりは使いやすいからということが最大の理由である。例えば配置転換を行う際に労働者の同意を個別に得なければならない状況よりも人事管理が容易になるだろう（ただし権利濫用ではないことが必要となる）。

これに対して限定正社員の場合には、契約で定められている内容については、本人の同意により契約を上書きしなければ変更は出来ない。

2　大企業の正社員と中小企業の正社員

わが国では企業数で99.7%の中小企業が労働者のおよそ7割を雇用している。このように中小企業における働き方が大多数である現状を踏まえると、大企業の働き方のみを見て労働政策を考えるのは間違いである。

大企業と中小企業では、働き方の実態に大きな違いがある。例えば正規雇用労働者として一般にイメージされるのは、日本型雇用の三条件（＝雇用保障の強さ、年功賃金制度、企業別労働組合）が満たされている働き方であるが、中小企業では、これらがあてはまらないケースの方が多いだろう。

まず無期雇用であっても雇用保障はそれほど強くはない。なぜなら小規模な企業の方が経営に行き詰まるケースも多いし、経営者の恣意的な解雇などを受ける可能性も高いからだ。また年功賃金はないか、あったとしても傾きは緩やかである。そして企業別労働組合もないケースが多いだろう。

第 4 章　正規・非正規の区別と実務的・理論的課題

V　異なる雇用形態の間にある一長一短の関係

1　労働条件はどのように決まるのか

　これまで正規雇用と非正規雇用の労働条件について見てきたが、それらの間にはどのような関係があるのだろうか。正規と非正規が上下関係であると考えるのは間違いで、これらは一長一短の関係にある。また無限定正社員と限定正社員の関係もやはり一長一短である。なぜそのようになるのかを以下では確認したい。

　まず雇用とは労働力と賃金の取引であり、契約によりその内容が定められる。これは正規非正規に関係なく成立する事実である。それではどのように契約内容は決まるのだろうか[11]。

　労使が一対一で交渉するケース考えたとき、本稿の最初で説明したように、双方に利益がなければ雇用契約は結ばれない。この交渉は中途採用の場合で見られるように、労使が話し合って待遇を決めるケースもあるが、新卒採用など多くの場合には、使用者側が提示した契約案を労働者が受け入れるか拒否するかという形式がとられる。これを take it or leave it offer と言い、提案する側が有利な交渉形態である。

2　参加条件と誘因条件を満たす契約設計

　このように一方的に条件を提示できる状況であっても、使用者側がいくらでも労働条件を切り下げられるわけではない。なぜなら、求職者は多くの場合、その使用者の下で働くということ以外の選択肢（他社で働く、自営するなど）を

---

[11] 労使関係は、国が定めた最低基準を満たしている限りにおいて、当事者が契約で決めることになる。また契約締結に伴う費用の面から、集団的に労働条件を決定することもある。労働条件の決定に関して経済学でどのように考えるのかについては、大内・安藤（2008）や佐々木（2011）を参考にしていただきたい。

持っているため、それらのような外部機会の魅力よりも劣る労働条件では労働者を引きつけることができないからだ。経済学の契約理論では、このことを指して「雇用契約は参加制約を満たす必要がある」という。また適切な努力を引き出すためには、雇用契約にはアメやムチの要素が必要になる。この条件を誘因制約、またはインセンティブ制約という。

企業は、財・サービスの市場において企業間競争に直面しているだけでなく、労働者を採用する市場においても競争している。優秀な労働者を安い賃金で雇用したいと個々の企業が考えていたとしても、参加条件と誘因条件を考慮して契約を提示しなければならないのである。

労働条件はパッケージ全体での魅力が問題であり、それが労働者の参加制約を満たすことが求められる。したがって、使用者側から労働者に対して提示される労働条件とは、労働者の能力を一定としたとき、ある面で有利な条件があるときには他の面で不利になるようにできている。例えば、雇用保障が強ければ賃金が低いとか、配置転換がないなら管理職への昇進の可能性が低いなど一長一短の関係がかならず存在することになる。

このように「良いところ取りはできない」というのは労使双方に言えることである。労働者の視点からも、労働条件のうちのどこかを改善するためには何かを犠牲にしなければならない。例えば、負担を減らすために転勤がない条件で雇用契約を結ぶとしたら、その分だけ他の労働条件のどこかにしわ寄せがいくことになる。

3 異なる雇用形態の間にある一長一短の関係

それでは正規雇用と非正規雇用では、どのような一長一短の関係があるのだろうか。本来、非正規雇用は多様であるため、個々の働き方を分けて検討しなければならないが、ここでは大まかな傾向を考えることにする。

まず正規雇用の場合には、雇用保障が強いことが最大の利点であるといえる。そして非正規の場合には、反対に雇用保障が弱いことになる。それでは正規雇用にはどのような欠点があるのだろうか。無限定正社員の場合、最も大き

いのは働き方の自由度が低いことである。例えば、労働者が特定の職種にこだわりを持っていたとしても、配置転換により仕事を変えなければならないことが起こりうる。また居住地の変更を伴う転勤なども受け入れる必要がある。そして労使協定などの条件が満たされていれば、残業や休日出勤などもしなければならない。これに対して働き方の自由度が高いのが非正規の利点であるといえよう。そして限定正社員はその中間に位置することになる。

　正規と非正規は上下関係ではなく一長一短の関係にあるというと「現実には正規のほうが労働者の待遇が良いではないか」とか「同一労働同一賃金が成り立っていない」という批判を受けることがある。

　しかし本当に同じ仕事であるなら理論通りになっていることが多い。また待遇に違いがあるのは、仮に現在担当している仕事が同じであっても、労働者に求められている能力や今後の働き方に違いがあることが理由だとも考えられる。これは職務給ではなく職能給の場合には避けられないことだ。

　また有期雇用の場合のように、労働者の貢献と支払われる報酬が短期間でバランスする雇用形態とは異なり、無期雇用の場合には、年功賃金により雇用期間全体において貢献と報酬が釣り合いがとれるようになっていることが多い。したがってある時点での貢献度と賃金だけを見て多い少ないを議論することは出来ない点にも注意が必要である。

VI　これからの「正規」雇用とは

1　一企業内での安定は難しい時代に

(1)　高度経済成長期の結果としての長期雇用

　労働者にとって最も関心がある労働条件とは、雇用の安定と賃金である。以下では安定した雇用を実現するために、これまでどのような仕組みがあったのか、またこれからはどのような仕組みが必要なのかを検討したい。無期雇用が難しくなってきたことの理由については既にⅢで簡単に述べているが、現状を

理解するために、再度ここで整理しよう。

まず無期雇用という雇用形態が実質的に定年までの長期雇用を意味するようになったのは、あくまで企業と労働者の間の契約がベースにある。高度経済成長期は極端な人手不足の時代であり、一度雇用した労働者にはできるだけ長期間働いてもらいたいと企業は考えていた。これは産業構造の変化がゆっくりであったため、勤続年数が長い労働者の方が多くの場合は熟練していて、優れた労働者であったことも理由である。

企業は離職を防ぐために様々な手段を講じた。長期的に大切にすると口約束もしただろうし、年功賃金という実質的後払い賃金の導入や勤続年数に応じて逓増するかたちの退職金制度などを用いて、離職すると不利になるような仕組みも設けた。

このような離職を妨げる仕組みを導入した結果として、本来は自動更新契約のようなものであった無期雇用の内容が変化した。そして現在の無期雇用労働者に対する解雇規制として、労働者が契約で定められた仕事をこなせる限りにおいては使用者側からの解雇が制限されることになったといえる。また職種が契約により限定されていない場合には、社内に担当できる仕事がある限りは、できるだけ雇用が維持されるような取組みが求められるようになったと考えられる。

しかしこのような雇用形態は、細かい景気変動はあるものの大きなトレンドで見れば経済が安定的に成長している環境下で成り立つものであることを理解する必要がある。

(2) **大企業型の正規雇用は人事部を通じた間接雇用の側面がある**

大企業において、中小企業よりも相対的に強い雇用保障を労働者に提供できるのにはいくつかの理由がある。すぐに思いつくのは、景気変動等による業績の変化があっても企業としての体力があるために労働者を解雇する必要性が低いことである。これに加えて重要だと思われるのが、企業規模が大きいときには配置転換が可能な範囲が広いということだ。

ここで注目したいのは、大企業の「正規雇用」が正規雇用の三条件のうちの

直接雇用の条件を実質的には満たしていない可能性である。

　大企業では、人事を担当する部署が採用を決定し、各部署に配属を決定することが多い。そして人事部のコントロールによりいくつかの部署を経験した後に、適性などを考慮して仕事内容が次第に固定化されていくことになる。しかし部門毎で必要となる労働力の増減に応じて、ある程度シニアになってからも、仕事の内容を変えることもありうる。

　このような働き方は、実は常用型派遣に近い雇用形態といえる。その違いは、派遣という間接雇用の場合にはどこの会社でどのような仕事をするかを決める際には本人の意思確認があるが、大企業型の配転の場合には、当然本人の希望は聞くものの最終決定権は企業側にあるという点にある。

　このように間接雇用に近い働き方だからこそ、大企業の正社員にとっては、自身に適した仕事を探せるというメリットだけでなく、衰退事業から成長事業へと人を動かす人材の再配分を通じて雇用保障を実現することができたと考えられる。

　そこで検討すべきは、今後、一企業内での長期雇用が難しくなっていくのであれば、社会全体で上手く人材の再配置をすることで、仕事が途切れないという意味で安定した雇用を実現できないかということだ。

2　人々が求める雇用の安定と社会的な適材適所の実現を両立させるために

　多くの人はリスクを嫌う傾向があり、安定を求める。同時に労働条件の向上も望んでいる。それを実現するためには何が必要なのだろうか。

　まずは稼得能力を向上させるための教育訓練が重要である。これまで出来なかったことが出来るようになると、それは待遇の向上に繋がることになる。

　また雇用契約の内容を書面により明確にすることも必要といえる。これまで多くの企業において、採用時に詳細な労働条件が明示されていないという実態があるからだ。例えば採用が決まる前の段階で、その会社の就業規則を読んだことがあるひとがどのくらいいるのだろうか。おそらくとても少ないだろう。雇用というのは契約であるという基本をまずは徹底することが、労働条件の透

明化と待遇の向上に繋がると思われる。

　働き方の将来を考えるとき、生産性の向上は欠かせない。少子高齢社会を迎えた日本では、今後さらに少ない働き手で多くの人の生活を支えていくことが必要となる。そのためには先程述べたような教育訓練による稼得能力の向上に加えて、労使のマッチング改善による適材適所の実現が必要となる。それでは労働者が求める生活の安定と適材適所の実現のために政策として何ができるのだろうか。

(1) 外部労働市場を通じた途切れない雇用の実現

　産業構造の変化が加速したことにより一企業での長期雇用が難しくなってきたことを踏まえると、およそ40年間にもわたる労働人生を一つの会社で過ごすというのは今後さらに難しくなっていくと思われる。

　そこで重要になるのは外部労働市場の活用である。人生のうちに数回は会社を移ったり仕事内容を変えたりすることが当たり前の時代になることが考えられるため（ただしこれは中小企業においては、以前から当たり前のことである）、円滑な労働移動の支援が必要となる。

　また今後は、技術の進歩により失われる職種も増えることが予想される。例えば自動運転自動車の普及により、タクシー・トラック・バスなどのドライバー職は今後なくなってしまう可能性が高い。このとき必要なのは、どのような職種経験がある人は次にどのような仕事に上手く適応できるかといった情報の蓄積と活用である。このような知識には公共財としての性質があるため、政府による取組みと支援が必要となる。

(2) 産業別労働組合の取組みや派遣会社の活用による安定の実現

　また企業間での労働移動が今後より活発になることを踏まえると、労働条件の維持向上のためには現在のような企業別労働組合よりも産業別労働組合の役割がより重要になる。それは労働条件交渉の面だけでなく再就職支援の観点からもいえることだろう。ある企業において仕事を失った労働者が最も容易に仕事を見つけることができるのは同業他社であるからだ。

第4章　正規・非正規の区別と実務的・理論的課題

そして派遣会社等の人材サービス業の役割も重要になる。個々の労働者が自分のキャリア形成について相談したり、より待遇のよい職場への移動について支援を受けたりするためには、人材サービス業の利用を忌避するのではなく、良質なサービスが安価に利用できるようにするための仕組みづくりが必要となる。また仲介する事業者にも、よりよいマッチングを実現させることへのインセンティブが必要となる。これらは取引費用が高い状況において、その費用を引き下げるための取組みであり、政策的支援も求められる分野であるといえよう。

Ⅶ　おわりに

労働者にとって「正しい」働き方とはどのようなものだろうか。その答えは一様ではない。それは人によっても異なるし時代によっても変化する。

これまで高度経済成長期の成功体験を基にして、大企業型の無限定正社員こそが目指すべき正しい働き方であり、非正規雇用は「かわいそう」であるといった考え方を持つ人が多かった。そのことを反映して、日本の労働政策においても、正規雇用の維持を多面的に支援すると同時に、非正規雇用を使いにくくすることを通じて、正規雇用への誘導が行われていたと考えることができる。

しかし本稿でも説明したように、すべての労働者が大企業型の無限定正規雇用を望むわけではない。非正規雇用を望む人も、また限定正社員という働き方を望む人もいるという事実を直視するなら、雇用形態は今後も必然的に多様化していくことになる。したがってこれからは「正規」雇用の再定義が必要となる。そして求められるのは、企業間労働移動の支援に加えて、異なる働き方の間の移動が円滑に行えるようにすることである。

労働政策を考えるのは難しい。それはまず生身の人間を相手にしていること、また人によって目指すべき社会の姿には違いがあることが理由だ。そして今後、政策担当者や実務家、また法学者や経済学者が労働政策について議論する際に求められるのは、結論ありきではない冷静な議論だろう[12]。

238

4-3 正規雇用労働者の労働条件——経済学の視点から

　そもそも政策について考える際には、目的と手段を分けて検討する必要がある。目的が違えば当然取るべき手段についての意見は違うが、目的が同じならば手段の優劣を議論することができる。しかし異なる目的を想定している論者が手段について議論していることから、考察が深まらないことも多い。また結論ありきの議論も多く、例えば外国の制度の良いところと日本の制度の悪いところを比較して、外国を参考にせよといったり日本を批判したりするような主張も見られる。

　私たちの生活を豊かにするために必要なのは、一部のエリート層に注目した議論ではなく、普通の人の働き方をより良いものにするための取組みである。そのためには教育訓練を充実させること、また働く場を増やすことに加えて、生活に困っている人に対して適切な再分配政策をとることも求められる。

　そして適切な再分配を実現するためには、優秀な人にその能力を遺憾無く発揮してもらい再分配のための原資を負担してもらうことは重要なはずだ。そうであるなら「応分の負担をしろ」とか「金持ちから奪い取れ」といった攻撃的な主張ではなく、再分配の必要性を訴え、十分な感謝と尊敬とともに気持ちよく負担をしてもらうほうが良いのではないだろうか。

　また労働者の生活を豊かにするために、企業を悪者扱いする必要はない。求められるのは企業が利潤を追求するために自発的に行う取組みが同時に社会全体のためになるような仕組みを作ることであり、インセンティブをよく考えた制度設計である。その意味でも経済学における契約理論等の知見を今後さらに活用することが求められるだろう。

---

12) 労働法学者と労働経済学者の共同作業は、以前と比べれば活発になってきたといえよう。そのような取組みの一例として、神林編（2008）や大内・川口（2014）などがある。

第 4 章　正規・非正規の区別と実務的・理論的課題

参考文献

安藤至大（2006）:「労働市場における不確実性と情報の非対称性」福井秀夫・大竹文雄編著『脱格差社会と雇用法制』第 5 章，日本評論社

安藤至大（2012）:「労働者保護の必要性と手段」日本労働研究雑誌 No. 624, pp. 46-54.

安藤至大（2013）:『ミクロ経済学の第一歩』有斐閣

伊藤秀史（2003）:『契約の経済理論』有斐閣

伊藤秀史（2012）:『ひたすら読むエコノミクス』有斐閣

今井亮一・工藤教孝・佐々木勝・清水崇（2007）:『サーチ理論　分権的取引の経済学』東京大学出版会

大内伸哉・安藤至大（2008）:「労働条件の変更」荒木尚志・大内伸哉・大竹文雄・神林龍編『雇用社会の法と経済』第 5 章，有斐閣

大内伸哉・川口大司（2014）:『法と経済で読みとく雇用の世界——これからの雇用政策を考える〔新版〕』有斐閣

川口大司・森悠子（2009）:「最低賃金労働者の属性と最低賃金引き上げの雇用への影響」日本労働研究雑誌 No. 593, pp. 41-54.

神林龍編（2008）:『解雇規制の法と経済』日本評論社

神戸伸輔（2004）:『入門ゲーム理論と情報の経済学』日本評論社

佐野晋平・勇上和史（2014）:「経済学からみた有期労働契約」大内伸哉編『有期労働契約の法理と政策』有斐閣

佐々木勝（2011）:「賃金はどのように決まるのか——素朴な疑問にこたえる」日本労働研究雑誌 No. 611, pp. 4-13.

野川忍（2010）:『新訂労働法』商事法務

Neumark, D., J. M. Ian Salas, and W. Wascher（2013）"Revisiting the minimum wage—employment debate: Throwing out the baby with the bathwater?" NBER Working Paper No. 18681.

4-4 労働者の多様化と従業員代表制のあり方
——国際比較も含めて

成田　史子

I　はじめに

　本稿は、本書『変貌する雇用・就労モデルと労働法の課題』の検討の一端として、日本における従業員代表制[1]のあり方について考察を行うものである。

　日本では、バブル経済崩壊後の長引く不況や経済のグローバル化、サービス経済化やIT化が進展する中で、有期労働契約、パートタイム労働、労働者派遣などの「非正規雇用」とよばれる雇用形態で働く労働者が増大した。また、産業構造の変化などにより、労働法が対象とする労働者像や雇用モデルが多様化してきている[2]。

　非正規雇用については、①雇用の不安定さ、②正規労働者と非正規労働者との処遇格差、および③労働組合の組織率の低さからなる労使間コミュニケーション面での格差などがおもな問題点として指摘されている[3]。これまで、非正規労働者の保護を図るものとして、労働基準法および労働契約法上の有期労働

---

1) 集団的労使関係を担う労働者集団として、現行制度では、労働組合、過半数代表および労使委員会が法定されているが、本稿でいう「従業員代表制」とは、これらとは別の従業員の利益を代表する集団のことをさす。
2) 2014年には、役員を除く雇用者に占める非正規雇用は37.4%であった（総務省「労働力調査」）。

契約に関する規制、パートタイム労働法および派遣法などの法整備が進められてきた。正規労働者との処遇格差の救済に関しては、学説や裁判例[4]において議論が展開し、公正な処遇については、上記の個別法においても一部規定されるに至っている[5]。そして、労使間コミュニケーションに関しては、集団的な労使関係を担うものとして、伝統的に労働組合がある。しかしながら、労働組合の組織率は年々低下しており、2013年には17.7%にまで落ち込んでいる[6]。さらに、日本で多くを占める企業別労働組合は、正規労働者によって組織されている場合が多く、非正規労働者を組織化する取組みを十分に行ってこなかったことも指摘されており[7]、正規・非正規労働者双方の利益を公正に調整する機能が弱い状況でもある。一方、労働組合のほかに、集団的な労使間コミュニケーションシステムとしては、過半数代表および労使委員会の2つの労働者代表機関が労基法に法定されている。この2つの労働者代表機関も、後述の通りその選出方法などに関して、さまざまな問題点が指摘されているところである[8]。

以上のように、現行制度では、多様な労働者に対応するための集団的な労使間コミュニケーションシステムとして、伝統的に労働組合が存在し、労働組合ほど強力ではないが、過半数代表や労使委員会が法定されている。労働組合の

---

3) 水町319-320頁。
4) 女性正社員と女性臨時社員の賃金格差が問題となった事案では、臨時社員の賃金が正社員と比べて8割以下になる場合には、労基法3条・4条の根底にある均等待遇の理念に反し、公序良俗違反であるとして、正社員の賃金の8割との差額相当額の損害賠償が認められた（長野地上田支判平成8・3・15労判690号32頁［丸子警報器事件］）。
5) たとえば、「通常の労働者と同視すべき短時間労働者」の差別的取扱いの禁止（パートタイム労働法9条）、一方「通常の労働者と同視すべき短時間労働者」以外の短時間労働者については、通常の労働者との均衡を考慮しつつ賃金を決定するよう努めることを事業主に求めている（同10条）。また、労働者派遣法においても、派遣労働者の賃金等の決定にあたって同種の業務に従事する派遣先の労働者との均衡や、派遣労働者の職務内容・成果・意欲・能力・経験等を考慮するよう配慮しなければならないとされる（労働者派遣法30条の2）。
6) 厚生労働省平成25年労働組合基礎調査。
7) 竹内（奥野）寿「企業内労働者代表制度の現状と課題」労研No.630（2013）3頁。

一般的な問題点としては、組織率の低下や、非正規労働者の増加により、多様な労働者の利益を公正に反映することへの限界を抱える状況にあることが指摘されている。また、過半数代表制および労使委員会についても、制度上のさまざまな問題点が指摘されており、現行制度を改善すべきか、または現行制度とは別の新たな集団的労使関係を構築すべきなのか、以前から議論が繰り返されてきた[9]。

そこで、以下では、現行の集団的労使関係の問題点を抽出したうえで、新たな従業員代表制導入の是非などについて、労働関連法規の改正および立法の沿革とともに、どのような議論が展開してきたのかを整理する。そして、今後の労働者像及び雇用モデルの多様化に対応した集団的労使関係の構築方法について若干の検討を行う。

II 現行の集団的労使関係の問題点──過半数代表制および労使委員会制度

ここでは、現行の集団的労使関係のなかでも、特に過半数代表および労使委員会の制度を確認し、その問題点について検討を行う。

---

8) たとえば、特に、事業場に過半数代表組合が組織されていない場合の過半数代表者の選出手続に関して、適切性・公正性が十分担保されていない点、その役割を果たすにあたり、被代表者たる従業員の意見集約をする機会が保障されていないこと、常設的な機関ではないなどである。また、この問題点は、複数性・常設性を除き、労使委員会にも妥当する（竹内（奥野）・前掲注7）4頁）。

9) 1990年代初頭までの従業員代表制に関する文献を詳細に整理・分析したものとして、藤川久昭「労働法学における従業員代表制論」季労169号（1993）173頁以下がある。また、毛塚勝利「日本における労働者代表制の現在・過去・未来」季労216号（2007）4頁以下でも詳細な整理・分析が行われている。

第 4 章　正規・非正規の区別と実務的・理論的課題

1　過半数代表

　過半数代表とは、使用者と労使協定[10]を締結する一方当事者であり、事業場の過半数を代表する組合（過半数代表組合）、または、そのような組合が存しない場合には、過半数を代表する労働者（過半数代表者）のことをいう。過半数代表者は、当該事業場に過半数代表組合が存在しない場合にのみ選出されるものである[11]。過半数代表者の選出については、かつては、労基法上何らの定めもなかったが、1998 年労基法改正にともない、その選出方法が労基法施行規則などにより規制されることとなった。過半数代表には、さまざまな権限が付与されている。たとえば、時間外労働に関する労基法 36 条による 36 協定の締結や、賃金全額支払いの原則の例外を定めている同 24 条など法律上の強行的規制の適用を排除する権限や、変形労働時間制の適用（労基法 32 条の 2 第 1 項、同 32 条の 4 第 1 項、同 32 条の 5 第 1 項）などの強行規定を弾力化する権限などである。また、使用者からの意見聴取[12]、会社分割手続における使用者との協議権限[13]などが付与されている。

　過半数代表の制度上の問題点として、以下のことが指摘されている。

　すなわち、1 点目としては、当該事業場に過半数代表組合が組織されていない場合の過半数代表者の選出方法についてである。これについては労基法施行

---

10) 労使協定は、使用者と過半数代表との間で締結され、労基法等の労働保護法の最低基準効を解除する効力および罰則を免れしめる効力である免罰効が認められる。しかし、労働協約とは異なり、労働契約自体を規律する私法上の効力は認められないとされている（荒木 34 頁）。
11) 過半数代表者は、①管理監督者（労基法 41 条 2 号）ではないこと（労基則 6 条の 2 第 1 項 1 号）」、②労使協定締結等をする者の選出であることを明らかにして実施される選挙、挙手等により選出された者であることが要求され（同 2 号）、不利益取扱いも禁止される（同条 3 項）。
12) 就業規則の作成・変更（労基法 90 条 1 項）、安全衛生改善計画の作成（労衛法 78 条 2 項）等。
13) 会社分割にあたって、労働者の理解と協力を得るための努力義務である、いわゆる「7 条措置」（労働契約承継法 7 条）。

4-4　労働者の多様化と従業員代表制のあり方——国際比較も含めて

規則などに規定があるものの、選出手続の運営主体に関する規定が存在しておらず、適切性や公正性が十分に担保されていないとされる。また、2点目としては、過半数代表は、労働条件の法定基準を罰則付で設定した労働保護法の規制を解除する労使協定の締結（たとえば36協定の締結）や、使用者の就業規則作成・変更に関する意見聴取を通じた労働条件設定へ関与する役割を果たすものの、現行法には、過半数代表が労働者の意見集約を行う手段・制度に関する規定が何も用意されていない点である。そして、3点目としては、過半数代表は必要のたびに個人がアド・ホックに選出され、常設性・機関性がないため、労使協定で取り決めた内容を、使用者が適切に履行しているかどうかをモニタリングする機能を果たし得る制度設計になっていない点などである[14]。

2　労使委員会

労使委員会は、「賃金、労働時間その他の当該事業場における労働条件に関する事項を調査審議し、事業主に対し当該事項について意見を述べることを目的とする委員会」（労基法38条の4第1項）である。労使委員会の委員は、使用者および事業場の労働者を代表する者であり、「委員の半数については、当該事業場に、労働者の過半数で組織する労働組合がある場合にはその労働組合、労働者の過半数で組織する労働組合がない場合においては労働者の過半数を代表する者」によって任期を定めて指名される（同条2項1号）[15]。労使委員会は、1998年労基法の改正により導入された制度である。おもに、企画型裁量労働の導入・運営に関する権限を有し、対象業務・対象労働者の具体的範囲、みなし労働時間数、対象労働者の健康および福祉を確保するために使用者

---

14) 竹内（奥野）・前掲注7）4頁、労働政策研究・研修機構「様々な雇用形態にある者を含む労働者全体の意見集約のための集団的労使関係法制に関する研究会報告書」（平成25年7月）12頁。
15) 2003年労基法改正前は、労働者代表委員の選任については、過半数代表の指名に加え、労働者の過半数の信任が必要とされていたが、この手続は廃止された。また、管理監督者（同41条2号）は労働者側の代表にはなれない（労基則24条の2の4第1項）。

が講ずる措置、対象労働者の苦情の処理手続などを5分の4の多数決により決議する（労基法38条の4第1項1号ないし5号）[16]。

　労使委員会は、過半数代表と異なり、常設的かつ複数からなる機関であるため、過半数代表より整備された機関とも言えるが、過半数代表によって労働者側の委員が指名される点や、制度運営に係る費用負担に関する規定、労働者側委員の意思決定に労働者が関与する手続についての規定が存在しないなどの問題が指摘されている[17]。

Ⅲ　従業員代表制に関するこれまでの学説

　以上のように、現行の集団的労使関係にはさまざまな問題点が指摘されている。また、以前からどのような集団的労使関係を構築すべきなのか、学説においても議論が繰り返されてきた。そこで、以下では、集団的労使関係にかかる労働関連法規の改正および制定の沿革を追いながら、重要な学説・議論について整理する。

1　1987年前後の議論

(1)　1987年以前

　過半数代表制は、1947年制定の労基法36条に規定される労使協定の締結主体として導入された。現行制度と同様に、過半数代表は、過半数代表組合または、そのような組合が存在しない場合には、過半数代表者とされていた。1998年に労基法が改正され、過半数代表組合がない場合の過半数代表者の選出手続に関する規定や、不利益取扱の禁止などの規定が設けられた。また、当初は、

---

[16]　これまで決議要件は、全員一致であったが、2003年の労基法改正により、5分の4に緩和された。
[17]　前掲注14)「報告書」14頁。

過半数代表組合が過半数代表の中心となることを想定しており、過半数代表者は、あくまでこれを補完するものと考えられていた[18]。

従業員代表制の導入に関する議論は、後述するとおり、1980年代後半から活発化していくものの、それ以前にも議論は存在していた。議論の中心は、経営参加型の従業員代表制に関するものが多く[19]、1977年に開催された労働法学会では、「経営参加と労働法」と題したシンポジウムが開催されている[20]。

(2) 1987年労基法改正とそれに対する議論

1987年には、労基法における労働時間規制が大きく改正され、変形労働時間制、フレックスタイム制、事業場外労働・裁量労働、計画年休等が導入された。また、これらの労働時間規制を当該事業場に適用するにあたり、過半数代表との労使協定の締結を要求するなど、過半数代表の役割が高められた。

この改正に関して、菊池高志は、これまでは、労働条件は立法による規制、協約および就業規則に定められた基準によって定められており、個別契約意思を超えた画一的基準は存在してこなかったが、過半数代表による書面協定にも、「労働条件基準の定立機能を認めるとすれば、これはわが国の労働法理のうえに大きな変更をもたらす可能性がある」との見解を示した。そして、労働組合の組織率低下ゆえに、「過半数代表の大半は未組織従業員集団の中から選出されるものと考えるべき」であり、「これが締結する協定に、労働条件基準の決定の機能が認められることは、従来の法理からすれば大きな転換を意味する」と指摘した[21]。

以上のように、過半数代表組合が組織されていない場合に選出される、過半

---

18) 前掲注14)「報告書」10頁。濱口桂一郎『労働法政策』(ミネルヴァ書房、2004) 483頁。

19) たとえば、沼田稲次郎は、労働者の経営参加を法制度化する方向で、速かに専門委員会を設けて法案要綱の作成にとりかかるべきである、とし、経営参加型の従業員代表制を提言している（沼田稲次郎「経営参加法（仮称）の検討を開始せよ」季労102号 (1976) 2頁）。その他、経営参加型の従業員代表制に関する論文として、秋田成就「経営参加の法理論的検討」季労102号 (1976) 4頁などがある。

数代表者に大きな役割が課せられることを懸念する見解が示される中で、過半数代表者の選出方法についての研究も行われた[22]。

また、小嶌典明は、憲法 28 条の解釈を再構成し、労働基本権の内容は、①「事業所代表を自主的に選出ないし選択する権利」と、②「事業所代表が行使することを予定された代表権ともいうべき三種の権利（労使協定締結権、意見聴取権、推薦権）とをあわせ含むもとして、その解釈がなされるべきである」、と主張した。そして、過半数代表制を労働組合の団交・協約制度と同様の労使

---

20) 報告者の一人である宮島尚史は、労働者の経営参加論の再燃について、以下の背景を示した。すなわち、①労務管理の合理化により、職場の労働条件が複雑になり、労働運動への対応につき遅れをとったこと、②そのことにたいして、職場の労働者から批判があったこと、③「労働運動以外の、市民参加、政治参加、住民参加、消費者参加、そして学生参加等の我が国における一般的な「参加」の風潮が活発化してきていること、そして、④「労使協調、すなわち労使紛争の予防と経営の体質改善という発想」が生まれてきた点、⑤「国際情勢、特に西ヨーロッパ先進資本主義諸国、EC（ヨーロッパ共同体）ないし ILO における経営「参加」の一連の動向」があることである。そして、労働者の労使参加の実効性については、①ストライキを伴ないこと、しかしながら、②「労働者が経営諸制度乃至諸組織において「事前同意制」＝「拒否権」を制度化し、それによって経営独走を法的にも現実的にも阻止するごとき場合である」と指摘する（宮島尚史「労働者の経営参加の権利構造」労働 51 号（1978）5 頁）。また、同シンポジウムの報告者の一人である菊池高志は、「経営参加」の推進・拡大が要請されるその背景として、①「急激な技術革新とそれのもたらした諸結果」が最大の要因である、とする。また、②「寡占的大企業の産業支配」、③「高成長経済時代の終焉、長期化する不況」、④「政治における労働者階級の台頭」の 4 つをあげる。そして、「現代の参加の促進は、労働者の権利と利益の擁護、拡大が基底にあることは疑いな」く、「労使関係の理解に変更を加えるものではない」が、労働組合との関係を議論すべきであり、その際、「従来のわが国労働法理の伝統に対する全面的ともいえる再検討をも迫るものであ」り、「生存権保障理念と団結権保障法制に対する検討」を行わなければならない、とする。さらに、「職場作業ルールをも含む雇用をめぐる問題と、安全・衛生確保の問題に参加推進の途が求められるべきであ」り、「それへの具体的対処のなかから、わが国の参加理論の一層の展開も可能となろう」と主張していた（菊池高志「経営参加の可能性と参加論の課題」労働 51 号（1978）29 頁）。
21) 菊池高志「労働時間法改正と労使協定の機能」季労 146 号（1988）17 頁。
22) 労働省「労使協定における過半数代表者に関する調査研究会報告」（1989）。

自治と位置づけ、それに対する憲法28条や不当労働行為制度の適用を認めよとの問題提起をした[23]。

これにたいし、西谷敏は、労働組合と過半数代表とは著しく性格を異にするものであるとし、「現行法における過半数代表制は、国家的な労働政策の実施に際して、あるいは一定の柔軟性を確保し、あるいは政策を円滑に実施するために、その補助的制度として、法律によって創設されたもの」と位置づける。その理由として、①「労働組合は、……労働者の自由意思による加盟を原則とする任意団体であり、その人的範囲も労働組合が自主的に決定する」ものであるが、「過半数代表の基盤となる従業員は、……自由意思による団体ではない」点をあげる。また、②「日本の現行法における過半数代表は、……常設の機関として予定されているわけではない」とする。さらに、③過半数代表組合が存在しない場合の過半数代表者の選出方法について、労基法はいっさい規定しておらず、それゆえ、過半数代表には、正統性が欠如しており、また、④労働組合と異なり、使用者と対等な立場で協定を締結するための基礎的条件が欠如している、と指摘する。このように、現行の過半数代表制は多くの問題点を含むため、現行制度を抜本的に改め、常設の労働者代表委員会の設置の必要性を提言した[24]。

一方、籾井常喜は、まず、「労働組合が、①自主的に集結する、②"要求"の主体としての労働者（組合員）を代表し、③その"統一的要求"の実現にむけての団体交渉機能（取引権能）をもつのにたいし、「労働者代表」制は、①立法政策上の所産であり、②労働保護法上の庇護の対象としての、法定単位内の全労働者を代表し、③法定の任務と権限の範囲においてのみ代表権能をもつにすぎない」と指摘した。そして「組合運動の低迷にたいする危機感による実践的問題意識としてならばわかるが、制度論としては誤解をまねく」として、過半数代表組合のない事業所においてのみ従業員代表機関を設置する「補完的従業員代表制度」[25]については、異議を呈した。そのうえで、現行の過半数代

---

23) 小嶌典明「労使自治とその法理」労協333号（1987）13頁。
24) 西谷敏「過半数代表と労働者代表委員会」労協356号（1989）2頁。

表制について、①「「過半数組合」制が当該組合の組合員以外の労働者までをも自動的に代表すること」、また②「「過半数代表者」制が民主的選出の制度的保証を欠如していること」を問題点として指摘した。そして、何らかの「労働者代表」制を整備するのであれば、労働保護法上の手続・要件に関する法的事項に限定すべきであるとした。そして、労働者代表に代表権能を与え、また、「事業場」単位内の全労働者を母体としての投票により「代表」を選出すべきである、とした。加えて、現行の過半数代表は「個別問題毎代表」であるが、所定期間内の「代表」として責任を負う「任期制代表」制の仕組みが必要である、と主張した[26]。

以上のように、この時期、1987年の労基法改正によって過半数代表の役割が増大したことにともない、過半数代表制度が抱える問題点について議論が展開した。また、従業員代表制を創設すべきか否か、従業員代表制を創設するな

---

[25] 「補完的従業員代表制度」については、毛塚勝利が以下のように主張していた。すなわち、わが国において従業員代表制度を検討すると、まず、①西欧諸国において従業員代表制度の展開をもたらした要因はわが国にはないため、「併存型従業員代表制度」ではなく、「組合のあるところでは従業員代表制度の必要はすくなく、組合のないところでだけ従業員代表制度をもとめる」必要がある、と主張した。これは、わが国では、企業別労働組合の多くが従業員代表機能を営んでいることから、従業員代表の設置を求める必要は無く、労働組合の有無にかかわらず西欧諸国のような「併存型従業員代表制度」を設けることは、労働組合の存在と活動の基盤を奪いかねないからである。それゆえ、②過半数代表組合のない事業場においてのみ従業員代表機関を設置する「補完的従業員代表制度」をとるべきである、とする。また、具体的な設置方法として、(a)個別代表方式、(b)包括代表機関方式（従業員代表委員会）、(c)一部代表機関方式（専門委員会方式とその変形）を提示し、このように設置された「従業員代表委員会」には、これまで過半数代表が持っていた労基法の強行性解除（弾力化機能）権限を超えて労使協議を行い、一定の範囲において労働条件形成を行う権限を与えることとした。そして、協約優位原則を定めるとともに、賃金・労働時間等の労働組合の基本的規制権限に抵触する労使協定は任意的なものであれ法的効力を認めないことで、労働組合の規制権限との調整をはかることなどを主張した（毛塚勝利「わが国における従業員代表法制の課題」労働79号（1992）129頁）。

[26] 籾井常喜「労働保護法と「労働者代表」制」伊藤博義＝保原喜志夫＝山口浩一郎編『外尾健一先生古稀記念　労働保護法の研究』（有斐閣、1994）27頁。

らば、労働組合との関係をどうすべきなのかなど、具体的議論が展開していった。

2　1990年代後半以降の議論

1990年代後半以降は、1998年に労基法が改正され、また2007年には労働契約法が制定されるなど、労働関連法規の大きな改正・制定が行われた。1998年には労基法に労使委員会制度が規定され、また過半数代表の役割も拡大された。このような状況を受け、集団的労使関係制度をどう構築すべきかさらなる議論の展開がみられた。

(1)　法改正・立法の動き

1987年労基法改正により、過半数代表の役割が拡大すると、「過半数代表組合」が存在しない場合の、「過半数代表者」の選出方法に関する議論が展開した。1998年には、労基法改正にともない労基法施行規則も改正され、過半数代表者の選出方法についてのルールが規定されるに至った。すなわち、その選出に際して、労基法施行規則6条の2には、過半数代表者が労基法に規定される管理監督者ではないこと、投票・挙手等による選出手続を行うこと、加えて、過半数代表者に対する不利益取扱を禁止する規定が明記された。また、1998年労基法改正では、企画型裁量労働制を導入するための決議を行う機関として、労使委員会が設置されることとなった（労基法38条の4）。

その後、2007年には労働契約法が制定され、翌年施行された。立法過程では、2005年9月15日に出された厚生労働省「今後の労働契約法制のあり方に関する研究会」報告書（座長菅野和夫明治大学法科大学院教授〔当時〕）において、常設的な「労使委員会」の設置が提案された。これによると、労働者の意見集約の上で、「労使委員会（報告書案）」による決議がある場合には、就業規則の変更の合理性を推定すること、また、「労使委員会（報告書案）」に事前協議や苦情処理の機能を持たせ、それらが適正に行われた場合には、そのことが配置転換、出向、解雇等の権利濫用の判断において考慮要素となり得ることを

指針等で明らかにすることなどが盛り込まれていた[27]。しかしながら、最終的に、「労使委員会（報告書案）」は労働契約法には規定されなかった。

(2) 学説上の議論
　(a) 1998年労使委員会の設置
　1998年労基法改正により労使委員会の設置が導入されたことにたいして、毛塚勝利は、「労使委員会制度は、基本的には、過半数労働者代表制度と同様に、労働保護法の弾力的規制の一手段に過ぎないが、その委員について改めて従業員の投票による信任手続を求めたこと、その権限に労働条件に関する「調査審議を認めた常設的な労使協議機関として設計したことにおいて、過半数労働者代表制よりも一歩従業員代表制へと歩を進めたものとなった」と一定の評価をした。そして、過半数代表との違いとして、①任期制の委員で構成される常設機関であること、②組合指名の委員を含めて従業員の直接信任手続が求められていること、③従業員から相対的に独立して意思形成をなしうる機関であることをあげる。また、毛塚は、従業員代表制度の要件として、①代表者が企業ないし事業場における従業員によって選出されること、②代表者が単なる従業員意思の伝達者ではなく、独自の意思形成をなしうる機関であること、③労働条件の形成に直接間接に発言・関与する権限を持つこと、をあげ、労使委員会は、不十分とはいえこの3つの要件を一応満たしていると評価した。しかし、労使委員会は、裁量労働の導入要件にかかわり設置が予定された経緯から、特に、使用者が望まないかぎり設置されることはない点をあげ、従業員代表機関としては極めて特異であり、その権限も少ないと指摘した[28]。
　(b) 労働契約法立法過程およびそれ以降
　労働契約法の立法過程において提出された上記「報告書」において、常設的な「労使委員会（報告書案）」の設置が盛り込まれたことにたいしては、さま

---

27) なお、1998年労基法改正により導入された労使委員会と区別するため、「労使委員会（報告書案）」と明記する。
28) 毛塚勝利「『労使委員会』の可能性と労働組合の新たな役割」労研485号（2000）13頁。

4-4 労働者の多様化と従業員代表制のあり方——国際比較も含めて

ざまな議論が展開した[29]）。

　特に、藤内和公は、報告書が示す「労使委員会に事前協議や苦情処理の機能をもたせることを提言するなどの点で積極的な観点を含んでおり、それを推し進めること」が重要である、との見解を示した。そして、報告書にたいする以下の疑問点を指摘した。すなわち、①労働者代表制度のあり方に関しては、「多様な労働者の利益を公正に代表する」ために、「雇用形態や職種の違いを考慮して別々の選出単位で選ぶこと」や、「部門の独自性が高い、部門の性格が異なるなどの事情があれば、部門別に選出」するなど、選出方法を検討すべきであるという点や、意見集約の場面でも、すべての労働者を公正に代表し、活動できるようにする点である。また、②関与する対象事項については、まず、就業規則変更に関して、「労使委員会という労使混合機関における決議」は「労働者のみで構成する代表が同意することとは持つ意味が異なり、労使が対等な立場で話し合い労働者側がそれに同意するという意味が乏しい」と指摘していた[30]）。

　結局、同「報告書」で提案された常設的な「労使委員会（報告書案）」は、労働契約法に規定されなかったが、この後も従業員代表制の創設に関する議論が展開していくこととなる。

　まず、毛塚勝利は、結果的には、従業員代表制度は、労働契約法において実現されなかったものの、立法過程において、「労使委員会（報告書案）」制度の整備等が議論されたことは、画期的であったと評価した。また、従業員代表制度をめぐる議論が避けて通れない問題であることを認識させた点において、大きな功績であった、と評価した。そして、「現在において従業員代表制をめぐる議論は、すでに導入すべきか否かの段階を超えて、どのように整備すべきかを詰める段階」にある、と指摘した。さらに、労働組合に関して、その組織率の低下や、第三次産業に従事する労働者の増加・情報技術の進展・成果主義的

29）浜村彰「労働契約法制と労働者代表制度」労旬 1615 号（2006）38 頁等。
30）藤内和公「労働契約法制における労働者代表制度をどう構築するか」季労 212 号（2006）39 頁。

253

第4章　正規・非正規の区別と実務的・理論的課題

な仕事の仕方により、労働者の連帯が困難となっている点を指摘した。そして、「労働組合に組合民主主義のルールを超え、公正代表義務を課して多様な労働者の利害を調整させることは適切」ではなく、「発達した代表民主主義の原理を、多様な労働者が登場するようになった企業にも適用することのできるシステムの方が、より適切、有効」である、とした。そこで、従業員代表制の導入として、以下のことを提案した。すなわち、①常設性・機関性を与え、締結が認められる労使協定には直接・間接的に規範的効力が生じることを認めるべきこと、②団結権・組合機能の不可侵として、過半数代表組合がある場合には不選出とし、過半数代表組合がない場合に限って選出する補完的役割にとどめること、および少数組合の交渉機能が奪われないことを前提とすること、③「代表民主主義原理の確保として、過半数組合が従業員代表機関として、強行法規の解除を超え、規範的効力をもつ協定を締結する場合には、非組合員従業員の代表を含めた委員会」を設置して対応することが必要である、とした。そして、実際に従業員代表制として整備するにあたり、①憲法上の地位と設置義務の有無として、(i)従業員代表制度が、法律によって生み出される制度であること、(ii)代表制民主主義の原理に基づく労働者の代表を選出し、(iii)使用者（企業）の権限（財産的法益）の制約を含む労働生活条件にたいして規制を行うものであることを考慮し、憲法13条、27条2項、29条2項にその合憲性の根拠を求めるべきである、とした。そして、②常設機関性の確保と組合組織との競合問題については、従業員代表機関を常設機関とする以上、企業内組合機能を部分的に営むことは否定できないが、労働条件規制機能を制限する方法で競合問題に臨むしかない、とした。また、③選出手続の整備と過半数代表組合の対応については、選出資格および被選出資格の定め、選挙の定期性、選挙管理の方法等の細かい整備が求められる、とした。加えて、④従業員代表の権限および就業規則の取扱いについては、現行法における過半数代表や労使委員会の任務が極めて広範囲になっていることをふまえ、労基法の規制解除を中心的任務とすべきである、などの指摘をし、従業員代表制度をどのように構築すべきかを具体的に示した[31]。

一方、大内伸哉は、「憲法規範上は、労働組合中心主義ないし労働組合優先

4-4 労働者の多様化と従業員代表制のあり方——国際比較も含めて

主義が妥当しており、労働組合以外の労働者代表を立法により制度化する場合には、労働組合の活動範囲や権限を侵害しないようにしなければならない」と主張する。しかし、現実の労働組合は、「労働者代表機能には衰退傾向がみられるのであり、法規範上の労働組合中心主義は実態と合っていない」とする。また、現行法上は、「過半数代表や労使委員会という一種の従業員代表が存在しており、労働組合の労働者代表機能が低下しているなか、こうした従業員代表を活用すべきという有力な主張もある」ものの、「労働組合は任意団体であることから、企業によっては労働組合が組織されていないところがあるし、また労働組合が組織されている場合でも、従業員全員を代表するわけではないので、従業員統一的に決定されるべき事項については、労働組合では代表機能をはたすことができない」とする。他方で、労働組合は、「組織する労働者だけでなく、従業員全体に影響力をもつような活動もしてきている」ので、「労働組合が組織されていない企業があるということは、労働者の保護という点で大きな問題（セーフティネット問題）があ」り、その解決のためにも「従業員代表は必要といえるかもしれない」とする。ただ、従業員代表は、「労働組合よりも対抗力が小さいなど劣った点があるのであり、常設的な従業員代表の設置を法制化すればそれでよいというわけではない」と指摘した。外国をみると、「労働者代表法制には、大きく分けて労働組合のみの1元型と労働組合と従業員代表が並存する2元型とがあ」る、とし、「現在の日本の法制度をみると、1元型のシステムをとりながら、過半数代表制により一定の限定された分野でのみ過半数代表者による補完的代表を認めるという意味では、2元型の要素もとりいれているのであり、比較法的にみても独特の制度である」と指摘する。そして、こうした日本のシステムは「労働組合優先主義と抵触するとまではいえず、またセーフティネット問題の解決が可能であるという点で注目に値する」と主張する。しかしながら、「過半数代表者は、労働組合に匹敵するような労働者代表ではないし、また過半数組合も含めて、多数の労働組合が企業内ないし事業場内における全労働者を代表する正統性があるかどうかについては疑

---

31) 毛塚・前掲注9) 参照。

問」であり、「正統性を付与することが模索されるべきであろう」とする。そして、「現行の過半数代表を超えて、常設的な従業員代表を設置することは、とくに規範論の観点から妥当ではなく、まずは労働組合の活性化を図るという選択肢が最も妥当」である、と主張した[32]。

3　小　　括

以上のように、従業員代表制をめぐる議論は、1987 年労基法改正前後から活発化してきている。これらの議論を簡単にまとめると、以下のようになるだろう。

すなわち、現行の集団的労使関係の当事者である労働組合、過半数代表、および労使委員会のそれぞれの問題点を指摘し、①現行制度を維持しつつ問題点を改善すべきなのか、それとも、②新たな集団的労使関係制度（従業員代表制度）を構築すべきなのか、について議論が展開している。

まず、①現行制度を維持しつつ問題点を改善すべきであるとの主張については、例えば、小嶌[33]は、憲法 28 条の解釈を再構成し、過半数代表制を労働組合と同様の労使自治と位置付け、憲法 28 条や不当労働行為制度の適用を認めることによって、その権限の強化を図るべきである、と主張していた。また、大内[34]は、労働組合が組織されていない企業においては、労働者保護のために従業員代表は必要かもしれないが、まずは、労働組合の活性化を図ることを主張している。

②新たな集団的労使関係制度（従業員代表制度）を構築すべきであるとの主張に関しては、西谷[35]は、現行の過半数代表制が有する多くの問題点を指摘したうえで、常設の労働者代表委員会を設置すべきだと主張している。同様に、籾井[36]も、過半数代表制の問題点を指摘し、労働保護法上の手続などに

---

[32]　大内伸哉『労働者代表法制に関する研究』（有斐閣、2007）225 頁以下。
[33]　小嶌・前掲注 23) 参照。
[34]　大内・前掲注 32) 参照。
[35]　西谷・前掲注 24) 参照。

関与する「労働者代表制」を整備すべきだとし、その選出方法・任期について具体案を提示している。また、毛塚[37]は、従業員代表制については設置の如何を議論する段階ではなく、もはやどのように設置すべきかについて議論すべきである、と主張し、従業員代表の権限や設置のルールなどについて具体的な提案を行っている。

IV 考　察

本稿では、労働者の多様化に対応した集団的労使関係のあり方について検討するために、現行制度の問題点を抽出し、そして、これまで展開してきた学説上の議論を整理した。以下では、学説の流れをふまえたうえで、今後、多様化した労働者の利益を公正に調整する集団的労使関係制度をどのように構築すべきなのか、若干の検討を行う。

1　現行制度の問題点

労基法に規制される過半数代表は、1947年労基法制定時に同法36条の労使協定締結主体として設けられたものである。

過半数代表の役割としては、大きく、以下の2つに分類される。すなわち、①労働条件の法定基準を罰則付で設定した労働保護法の規制を解除する労使協定の締結（たとえば36協定の締結）である。そして、②使用者の就業規則作成・変更に関する意見聴取を通じた労働条件設定への関与である。

以上のように、過半数代表は、法定基準を解除したり、新たな最低基準の設定に関わる交渉を担うなど重要な役割を果たすものの、現行法には、過半数代表が意見集約を行う手段および制度に関する規制が無い点が問題点としてあげ

36）籾井・前掲注26）参照。
37）毛塚・前掲注25）および28）参照。

られている。また、常設性がなく、個別の問題ごとに選出されるため、労使協定で取り決めた内容を、使用者が適切に履行しているかどうかを監視する機能を果たし得る制度設計になっていない点や、運用にかかる費用負担に関する規定が無い点も問題として指摘されている。そして、特に過半数代表組合が存在しない場合の過半数代表者の選出手続に関して、適切性や公正性が十分に担保されていない制度上の問題が指摘されている。

また、労使委員会は、企画業務型裁量労働制の導入に必要な決議を行う常設的機関であり、労働者の健康・福祉の確保、苦情処理に関して使用者が講ずべき措置を決議するなどの役割を果たす。常設の機関であり、監視機能も果たしており、過半数代表よりは、問題点は少ないとされている。

一方、労働組合に関しては、組織率の低下が大きな問題点として指摘される。日本で多くを占める企業別労働組合は、伝統的に正規労働者を組織対象としており、非正規労働者が増加している現在、多様な労働者の利益を公正に調整する機能は弱い状況にある。

以上のように、日本における集団的労使関係は、それぞれ多くの問題を抱えている。このような問題点は以前から指摘さており、①現行制度を維持しつつ問題点を改善すべきなのか、それとも、②新たな集団的労使関係制度（従業員代表制度）を構築すべきなのかについて議論が展開してきた。

2　新たな集団的労使関係制度の構築方法の検討

以上をふまえ、今後、どのような集団的労使関係制度を構築すべきか、以下で若干の検討を行う。

まず、①現行制度を維持しつつ問題点を改善すべきであるとの見解について検討する。特に多くの問題点が指摘されている過半数代表に関しては、(a) 過半数代表組合が存在する場合と、(b) そうでない場合とに分けて検討する必要がある。(a) 過半数代表組合が存在する場合には、非組合員の利益の公正な代表方法について配慮する必要がある。一方、(b) 過半数代表組合が存在しない場合には、以下の点に配慮する必要がある。まず、選挙により選出される

4-4 労働者の多様化と従業員代表制のあり方——国際比較も含めて

過半数代表者は、労働組合員よりも交渉力の面で劣る可能性が想定されるため、交渉力を高める目的で過半数代表者を複数とすることが重要であろう。そして、多様な労働者集団から公正に過半数代表者を選出するための選挙手続や選出方法を構築する必要がある。一方で、過半数代表者が強化されることにより、労働組合の組織率が下がらないように配慮することも重要である。また、過半数代表制度の一般的な改善点として、過半数代表が多様な労働者の意見を集約する仕組みの整備や、締結した労使協定が履行されているかどうか監視するような機能を強化するために過半数代表を常設化する必要があろう。

　つぎに、②新たな集団的労使関係制度（従業員代表制度）を構築する場合、考えうる問題点について検討を行う。

　検討すべき1点目は、従業員代表と労働組合との競合にどのように配慮すべきか、という点である。

　わが国の労働法研究でもよく参照されるドイツでは、産業別に労働組合が組織され、企業内に従業員代表である事業所委員会（Betriebsrat）[38]が労働者のイニシアティブによって設置される二元的労使関係を築いており、かつ労働組合と従業員代表との権限分配に配慮した法制度を構築している。すなわち、産業レベルで組織された労働組合により締結される労働協約は、おもに賃金等いずれの企業でも共通する労働条件について規制する。労働協約の効力は、通常は非組合員には及ばないが、協約の一般的拘束力宣言（Allgemeinverbindlicherklärung）[39]の制度により、未組織の使用者および労働者にたいしても、その効力が拡張される（労働協約法5条）。そして、事業所委員会と使用者との間で締結される事

---

[38] 事業所委員会は、常時少なくとも5人の選挙権を有する常用労働者を擁し、かつ、そのうち3人の被選挙権を有するものを含む事業所で選出されるものである（事業所組織法1条1項）。ここでいう選挙権とは、事業所委員会の委員を選挙で選出する際の選挙権のことを指し、18歳に達した事業所の労働者全員が有するものである。また、派遣労働者も派遣先事業所に3か月以上派遣されていれば、派遣先事業所で選挙権を得ることができる（事業所組織法7条）。一方、被選挙権とは、事業所委員会の委員に選出されうる権利を意味し、6か月以上当該事業所に所属するか、または、上に当該事業所のために家内事業に従事する労働者で、上記の選挙権を有するものが被選挙権を有する（事業所組織法8条1項参照）。

第 4 章　正規・非正規の区別と実務的・理論的課題

業所協定（Betriebsvereinbarung）は、事業所における統一的な労働条件等を設定するものであり、当該事業所に所属するすべての労働者に適用され、直律的・強行的に労働条件を規制する。一方、日本の労働組合は、前述のとおり、企業別組合が組織されている場合が多く、従業員代表制を構築する場合、ドイツ以上に労働組合と従業員代表の権限分配に配慮した制度設計としなければならないだろう。この点、大内[40]も「憲法規範上は、労働組合中心主義ないし労働組合優先主義が妥当しており、労働組合以外の労働者代表を立法により制度化する場合には、労働組合の活動範囲や権限を侵害しないようにしなければならない」と主張している。一方、労働組合が存在しない場合に限定して、従業員代表制に労働条件設定機能を与える方法も考えられる[41]。しかし、この方法については、労働者から労働組合に加入するインセンティブを奪ってしまうおそれも考えられる。

　検討すべき 2 点目としては、労働組合と異なり争議権等を有してない従業員代表は、交渉力に欠けるという問題があげられる。この点、従業員代表を複数名選出することにより、交渉力強化を図るという対応策が考えられる。

　加えて、多様化した労働者集団の利益を公正に調整することができる制度となるよう、以下の 2 点に留意する必要がある。まず、1 つ目は、その選出方法である。正規労働者など特定の労働者集団からのみ選出されるのではなく、多様な労働者に配慮した選出方法を構築すべきであろう。そして 2 つ目は、従業員代表に苦情処理機能を付与することにより、労働組合によって代表されない

---

39) 協約の一般的拘束力宣言を行うことにより、協約の拘束を受けない使用者と労働者に協約の効力が拡張される。一般的拘束力宣言は、労・使それぞれのナショナル・センター（ドイツ労働総同盟およびドイツ使用者団体連合）からの代表者各 3 名で構成される協約委員会の同意を得て、連邦労働社会省が行う。協約に拘束される使用者が協約の適用範囲内にある労働者の少なくとも 50% を雇用し、かつ一般的拘束力宣言が公益に適っていることが前提条件である（労働政策研究・研修機構「現代先進諸国の労働協約システム——ドイツ・フランスの産業別協約——（第 1 巻ドイツ編）」労働政策研究報告書 No.157-1（2013）40 頁）。

40) 大内・前掲注 32) 参照。

41) 毛塚・前掲注 25) 参照。

4-4 労働者の多様化と従業員代表制のあり方——国際比較も含めて

非正規労働者などの苦情の受け皿を整備することである。

さらに、現行の過半数代表制の問題点としても指摘されているとおり、従業員代表は任期付常設機関とする必要があろう。これにより、締結した労使協定等の履行を監視する機能も発生する。

以上のように、現行の集団的労使関係制度は、さまざまな問題点を抱えており、多様な労働者の意見を公正に調整する、という点についても問題が山積している。一方、①現行の制度を維持しつつ、問題点を改善するのか、それとも②新たな従業員代表制を構築すべきなのかについても、上記のとおり、検討すべき課題が多くある。一方で、労働組合の組織率が減少の一途をたどり、また労働者の多様化により、それぞれの労働者の利益状況も多様化してきている昨今、労働者の利益を公正に調整することが可能な集団的労使関係制度をどのように構築すべきかを検討することは避けては通れないであろう。本稿では、現行制度の問題点の抽出および学説の展開、そして、考えうるいくつかの集団的労使関係制度について検討を行った。しかしながら、多様化する労働者像にもっとも適切な集団的労使関係制度のあり方の具体的モデルの掲示ついては、さらに慎重かつ詳細な検討を行う必要があろう。具体的な集団的労使関係制度の提示については、今後の検討課題としたい。

第5章　有期労働契約と新たな法規制

5-1　無期転換ルールの解釈上の課題（労契法 18 条）
5-2　雇止めの法規制をめぐる課題（労契法 19 条）
5-3　不合理な労働条件の禁止と均等・均衡処遇（労契法 20 条）

5-1　無期転換ルールの解釈上の課題（労契法18条）

川田　知子

I　はじめに

　2012年に改正された労働契約法（以下、「労契法」という）は、「有期労働契約の反復更新の下で生じる雇止めに対する不安を解消し、また、期間の定めがあることによる不合理な労働条件を是正することにより、有期労働契約で働く労働者が安心して働き続けることができる社会を実現するため、有期労働契約の適正な利用のためのルール」を整備することを目的としている[1]。この目的を実現するために、①有期労働契約が繰り返し反復更新されて5年を超えたときは、有期契約労働者の申込みにより、期間の定めのない労働契約（以下、「無期労働契約」という）に転換できる仕組み（以下、「無期転換ルール」という。同法18条）、②最高裁判例で確立した「雇止め法理」の法定化（同法19条）、③期間の定めがあることによる不合理な労働条件の禁止（同法20条）が創設された。
　このうち労契法18条の無期転換ルールは、有期労働契約の濫用的な利用を抑制し、安定的な無期労働契約への転換を図るために新設されたものであり、

---

[1]　平成24年8月10日付基発0810第2号「労働契約法の施行について」（厚生労働省労働基準局長発　都道府県労働局長あて）（以下、「施行通達」という）。

その効果が期待されている。しかし、無期転換ルールについては様々な問題点が指摘されており、実務に大きな影響を与えることが予想される。

そこで、本稿では、無期転換ルールの内容を確認したうえで、無期転換ルールの解釈上の課題について論じることとする。

II　無期転換ルール

1　概　要

同一の使用者との間で締結された2以上の有期労働契約の契約期間を通算した期間（以下、「通算契約期間」という）が5年を超える有期契約労働者が、当該使用者に対し、現に締結している有期労働契約の契約期間が満了する日までの間に、無期労働契約の締結の申込みをしたときは、使用者は当該申込みを承諾したものとみなされる（労契法18条1項前段）。労働者が無期労働契約締結の申込権（以下、「無期転換申込権」という）を行使すると、使用者は当該申込みを承諾したものとみなされるため、有期労働契約は無期労働契約に転換される。無期労働契約に転換された場合の労働条件は、別段の定めがない限り、従前の有期労働契約の内容である労働条件（契約期間を除く）と同一のものとされている（同条同項後段）。

無期転換ルールは、一方で、無期転換のハードルを低くするために、①無期転換を労働者自身の選択に委ねていること、②5年という比較的長期の無期転換基準を採用したこと、③無期転換後の労働条件について、別段の定めがある部分を除き、有期労働契約におけるのと同一の労働条件とすることとしており、他方で、安易な雇止めを防止するために、④無期転換直前の雇止めについても、労働者に雇用継続への合理的期待がある場合には、労契法19条（雇止め法理）の適用により、雇止めを制限しうること、⑤クーリング期間（有期労働契約と次の有期労働契約の間の空白期間。後述IIの5参照）を6か月と比較的長期に設定することによって、無期転換ルールの潜脱を容易に認めず、無期転換

の実効性を確保すること、としている[2]。

2 「同一の使用者」について

「同一の使用者」とは、労働契約を締結する法律上の主体（法人であれば法人単位・個人であれば個人事業主単位）が同一であることをいう。この要件をめぐっては、使用者が有期契約労働者の「無期転換申込権」の発生を免れる意図で派遣や請負を偽装して、労働契約の当事者を形式的に他の使用者に切り替える場合が問題になる。

労契法18条にいう使用者の同一性は、労働契約の当事者としての同一性を原則とするものの、勤務の実態の同一性（勤務の内容、場所等）も考慮して解釈される。したがって、使用者が、就業実態が変わらないにもかかわらず、無期転換申込権の発生を免れる意図で労働契約の当事者を形式的に他の使用者に切り替えた場合は、法を潜脱するものとして、同条1項の通算契約期間の計算上、「同一の使用者」との労働契約が継続していることになる[3]。

また、企業が合併された場合や会社分割の場合には、労契法18条の通算契約期間がその時点で切断されてしまうのか、という問題がある。この場合には、労働契約がそのまま承継されるので、同一の使用者とみることができ、無期転換ルールにおける通算契約期間も継続して計算される。他方、事業譲渡（例えば、A社の事業部門をB社に事業譲渡する場合）で、労働契約をそのまま引き継ぐ場合には、同一の使用者となるが、労働者がA社をいったん退職したうえで、B社に新たに採用される形式がとられている場合には、A社とB社は同一の使用者とは言えないので、労契法18条の通算契約期間は切断されることになる[4]。

---

2) 荒木458頁以下。
3) 施行通達第5の4（2）イ。
4) 水口洋介「有期労働契約に関する労働契約法改正について」季刊労働者の権利299号（2013）7頁。

第 5 章　有期労働契約と新たな法規制

3　無期転換の申込みと承諾

　労契法 18 条は、有期労働契約の通算契約期間が 5 年を超えた場合に、自動的に無期労働契約に転換するのではなく、無期労働契約への転換について労働者の申込みがあることを要件としている[5]。無期転換申込権は、有期労働契約の通算契約期間が 5 年を超える場合、その契約期間の初日から末日までの間に行使することができる。この期間内に無期転換申込権を行使せず、再度、有期労働契約が更新された場合は、新たに無期転換申込権が発生し、有期契約労働者は、更新後の有期労働契約の契約期間が満了するまでの間に、無期転換申込権を行使することができる[6]。本条の申込みについては、特別の定めはないが、労契法 4 条 2 項の要請により、できる限り書面により確認すべきであり、書面確認をしない場合でも、口頭で明示すべきであるとされる[7]。

　労働者が申込みをすると、使用者は当該申込みを承諾したものとみなされる。「申込み」と「承諾」という形式をとってはいるが、労働者による申込みは、法的には、労働者に有期契約を無期契約に転換させる転換申込権という形成権を付与したに等しい[8]。承諾したものとみなされる以上、労働者の申込みがあればそれだけで現在の有期労働契約の満了後、直ちに期間の定めのない労働契約が成立するのであって、使用者はこれに反対する意思表示（承諾拒否）をすることはできない[9]。

---

[5] 労働者の申込みを要件とした理由として、有期契約社員のなかには正社員として人事管理下に入ることを回避したい者が少なからずいることや、契約形態を有期労働契約とすることにより、正社員よりも有利な給与その他の労働条件（いわゆる「有期プレミアム」）を享受している者が少数ながら存在することを考慮したためであるとする。菅野 224 頁。これに対して、水口・前掲注 4) 10 頁は、有期だからという理由で賃金プレミアムをされているような場合、これを無期にするから切り下げるという例はほとんどない、と指摘する。

[6] 施行通達第 5 の 4 (2) エ。

[7] 西谷敏ほか編『新基本法コンメンタール労働基準法・労働契約法』〔法セ増刊〕〔2012〕420 頁〔野田進〕。

[8] 衆院厚労委員会・政府参考人金子順一労働基準局長答弁。

[9] 野田・前掲注 7) 421 頁。

4　無期転換申込権の放棄

　無期転換申込権発生前に、権利を行使しないことを更新の条件としたり、契約締結時に通算契約期間が5年を超えても無期労働契約に転換することはない旨の合意をするなど、有期契約労働者にあらかじめ無期転換申込権を放棄させることが考えられる。これは、雇止めによって雇用を失うことを恐れる労働者に対して、使用者が無期転換申込権の放棄を強要する状況を招きかねず、労契法18条の趣旨を没却するものであり、こうした有期契約労働者の意思表示は、公序良俗に反し、無効と解される[10]。

　例えば、使用者が、「無期転換申込権は、5年無期転換ルール適用の1か月前までに行使しなければならない」と就業規則に定めても、これに法的拘束力はないので、その契約期間満了の日まで労働者は権利を行使することができる。使用者は、無期転換申込権を契約期間満了の直前に行使されると、人員の計画を立てるのが難しいことから、事前に無期転換を行使するかどうかを尋ねる程度は許容されるが、無期転換申込権の行使を抑制するような場合は違法になる。

　また、無期転換申込権発生後に、申込権を放棄させることは許されるか否かについて、施行通達は、「労働者が自由な意思で放棄することは違法ではない」とする。この場合、労働者による放棄は、自由な意思表示に基づくものであることが認められる客観的に合理的な理由が存在する状況下でなされたものであることが必要である[11]。無期転換申込権発生後に申込権を行使しないことを約束させることは、結局、無期転換申込権の行使を抑制することになる。したがって、基本的には、事前あるいは事後においても、使用者が有期契約労働者に対して、無期転換申込権を放棄するように働きかけることを許容すべきではない。労契法18条は強行法規なので、無期転換申込権を抑制するような使用

10）施行通達第5の4（2）オ。
11）荒木462頁。

第5章　有期労働契約と新たな法規制

者の処置は同条違反で違法になる[12]。

5　クーリング期間

　有期労働契約がいったん終了し、その次の有期労働契約との間に、これらの契約期間のいずれにも含まれない期間が6か月以上であるときは、その空白期間より前の有期労働契約は通算されない（労契法18条2項）。この6か月以上の空白期間（＝無契約期間）を「クーリング期間」という。これに対して、クーリング期間に満たない長さの無契約期間である場合には、その期間をはさんだ有期労働契約は通算される。

　例えば、1年の有期労働契約を4回更新して5回目の契約期間満了後に、6か月の空白期間をおいた後、再び1年の有期労働契約を締結する場合には、クーリング期間の前の期間は通算契約期間にカウントされない。今般の改正でクーリング期間を6か月とした理由は、そもそもクーリング期間を認めなかったり、それがあまりに長期であれば、同一企業での再雇用を希望する労働者の職業選択の自由・雇用創出を阻害することになるし、反対に、あまりに短期であれば無期転換ルールが容易に潜脱されてしまう点にある[13]。

　6か月のクーリング期間の長さについては、労契法18条2項および「労働契約法第18条第1項の通算契約期間に関する基準を定める省令」（平24厚労令148号。以下、「通算契約期間則」という）が定めている。通算契約期間則によると、最初の有期労働契約の契約期間が1年に満たない場合には、当該契約期間に2分の1を乗じて得た数をクーリング期間の長さとする（労契法18条2項）。より詳細には、当該契約期間に2分の1を乗じて得た数が1月未満の端数がない場合にはその月数（たとえば契約期間が6か月であれば3か月）、1月未満の端数がある場合には、その数を切り上げた月数（たとえば契約期間が3か月であれば2か月）をクーリング期間の長さとすると定められている。ただし、

---

12) 水口・前掲注4) 8頁。
13) 荒木463頁。

5-1 無期転換ルールの解釈上の課題（労契法18条）

クーリング期間の長さの算定においては、無契約期間の前にある連続した2以上の有期労働契約は契約期間を通算され、クーリング期間となるには足りない長さの無契約期間の前後にある複数の有期労働契約は連続した有期労働契約として契約期間を通算される（労契法18条2項、通算契約期間則1条）。

6 無期転換後の労働条件

労契法18条は、無期転換後の賃金、業務内容、労働時間等の労働条件については、当事者の契約関係において『別段の定め』がなされない限り、それまでの有期労働契約の内容と同一の労働条件とする、と規定している。『別段の定め』とは、労働協約（労働組合が組合員の無期転換について労使で労働協約を締結する）、就業規則（使用者が無期転換労働者向けの就業規則を新たに作って、そこに別段の定めをする）、及び、個々の労働契約（無期労働契約への転換に当たり従前の有期労働契約から労働条件を変更することについての有期契約労働者と使用者との間の個別の合意）である[14]。同条1項による無期労働契約への転換は期間の定めのみを変更するものであるが、同項の『別段の定め』をすることにより、期間の定め以外の労働条件を変更することができる[15]。また、『別段の定め』をすることにより、有利な変更のみならず不利な変更を行うことも禁止されていないとされている[16]。もっとも、無期労働契約への転換に当たり、職務の内容などが変更されないにもかかわらず、無期転換後における労働条件を従前よりも低下させることは、無期転換を円滑に進める観点から望ましいものではない[17]。これについては後述Ⅲの4で検討する。

---

14) 施行通達第5の4（2）カ。
15) 施行通達第5の4（2）カ。
16) 荒木465頁。
17) 施行通達第5の4（2）カ。

第5章　有期労働契約と新たな法規制

III　無期転換ルールの意義・問題点と解釈上の課題

1　無期転換ルールの意義と問題点

　無期転換ルールは、雇止め誘発的に作用する要素を抑止し、無期契約転換への誘導を図る制度として構想されたものである。これにより、5年を超えて継続して働く有期契約労働者は無期労働契約に転化されるべきとの法的ルールが公序として確立された[18]。また、無期転換ルールの規制の根底には、雇用や労働条件の安定を保障するためには労働契約は本来期間の定めのないものであることが望ましいとの基本理念があることから、ドイツやフランスの立法に見られるような、労働契約は本来期間の定めのないものであるとする規制理念に一歩接近したと積極的に評価されている[19]。

　しかし、労契法18条は、従来の判例法理にはなかった規制原理を、労契法の名の下に新たに実現するものであり、企業の実務や雇用政策への影響は甚大であることが懸念されている。具体的には、無期転換ルールが導入されたことにより、使用者がそれを回避するために、5年を超える直前に有期契約労働者を雇止めすることや、当初から有期労働契約は5年未満とする上限規制を就業規則や有期労働契約に定める措置が広がることになるため、かえって労働者の権利を後退させかねない危険性を含んでいる[20]。そのため、通算契約期間が5年でしかもクーリング期間が置かれるという労契法18条の5年ルールでは、無期化を促進する効果はきわめて限定されたものになるといわねばならない[21]。

　また、「無期雇用転換申込制度」は、企業の雇用の自由を制限する、いわば強制採用という「みなし雇用」方式による一方的な制度であり、従来の我が国

---

18) 水口洋介「改正労働契約法の実践的活用を」季刊労働者の権利298号（2013）62頁。
19) 野田・前掲注7) 417頁。
20) 水口・前掲注18) 61頁。「2012労働者の権利白書　第2　有期労働者契約法制」季刊労働者の権利296号（2012）6頁。

5-1　無期転換ルールの解釈上の課題（労契法 18 条）

企業の安定した雇用体系を壊し、雇用調整についてルール化されてきた過去の雇用慣行を混乱させ、かえって新たな紛争問題を引き起こす改正ではないか、と批判されている（これについてはⅢの 2 で検討する）[22]。

2　無期転換制度は法律による労働契約の締結強制か？

　上記のように、労契法 18 条は、法律による締結強制によって「労働契約を締結したものとみなす」という法制度を立法化したものであり、採用の自由を制限し、企業活動の自由を規制するものである、との批判がある[23]。

　採用の自由については、「企業者は……経済活動の一環としてする契約締結の自由を有し、自己の営業のために労働者を雇傭するにあたり、いかなる者を雇い入れるか、いかなる条件でこれを雇うかについて、法律その他による特別の制限がない限り、原則として自由にこれを決定することができる」とする三菱樹脂事件最高裁判決（最大判昭和 48・12・12 民集 27 巻 11 号 1536 頁）がある。そのため、この見解は、労契法 18 条の無期転換制度は、国の社会保障上、雇用対策上の必要性という公共の福祉の観点からする上記最高裁判決の「法律による特別の制限のある場合」という事由にあたるので合憲とするのか、このよ

---

21) 5 年という無期転換基準を採用した理由については、5 年にわたり雇用可能であった労働者であれば、無期化しても問題なく雇い続けることができるとの判断が十分に可能であるし、当初は技能の点で無期契約で雇用するレベルに至っていなかったとしても、有期契約労働者は 5 年の間に十分技能を発展させている可能性があり、無期化の障害は解消される、と説明されている。荒木尚志「有期労働契約規制の立法政策」荒木尚志＝岩村正彦＝山川隆一編『菅野和夫先生古稀記念論集　労働法学の展望』（有斐閣、2013）175 頁。これに対して、西谷敏「労働契約法改正後の有期雇用――法政策と労働組合の課題」労旬 1783・1784 号（2013）11 頁は、「5 年という期間が他の諸国に比較して相当長いことに注意すべきである」とし、「限度期間が長いことは、使用者にとってこの制度が使い勝手が悪くないことを意味し、それだけ無期雇用への転換に誘導する効果は小さいことになる」と指摘する。

22) 安西愈「改正労働契約法等の雇用強制制度をめぐる問題」労働法令通信 2304 号（2013）4 頁。

23) 安西・前掲注 22) 5 頁以下参照。

第5章　有期労働契約と新たな法規制

うな規制は企業活動と労働契約の自由を不当に制限するもので違憲の可能性を有していると解するかは、議論の余地がある、とする。

たしかに、無期転換ルールは、有期契約労働者が無期転換申込権を行使すると、使用者は当該申込みを承諾したものとみなされ、無期労働契約に転換されるものである。承諾したものとみなされる以上、労働者の申込みだけで有期労働契約期間満了後、直ちに無期労働契約が成立し、使用者は承諾を拒否することはできないことから、望まない労働者の採用を強制されるようにも思われる。

しかし、労働契約は期間の定めのないものが原則であり（無期原則）、有期労働契約の締結には合理的な理由が必要であるとする立場からすると、そもそも同一の使用者との間で5年も継続する業務を有期労働契約の反復更新で行う必要性はなく、また、使用者が有期契約労働者に対して圧倒的に優位的な地位に立つ契約関係を5年以上継続利用することは有期契約の濫用的な利用であるといえる。したがって、通算契約期間が5年を超えた場合には、有期労働契約に合理的な理由が認められないから、原則に立ち返って有期労働契約は無効とされ、無期労働契約が締結されたとみなされるべきである。

仮に、無期原則の立場に立たないとしても、無期転換ルールは、有期契約の濫用的利用を抑制し、労働者の雇用の安定を図ることを目的として新設されたものであり、不安定雇用から安定雇用への道筋を作る必要性や安定雇用に誘導するインセンティブという「雇用対策上の必要性」がある。また、労契法18条は、申込みと承諾の意思表示の合致という基本構造を前提にして、使用者の承諾の意思表示がなされたものと法的に取り扱うものであるから、当事者の意思と無関係に契約締結を強制する（いわゆる契約強制）ことを定めたのではない[24]。したがって、無期転換ルールは、違憲となるような契約締結強制とは言えないと考える。

---

24) 野田・前掲注7) 420頁は、このような承諾意思のみなしの実質的な根拠としては、使用者は通算して5年もの間、有期労働契約を継続して締結していたのであるから、5年経過後には、より安定的な雇用を保障する意思を有すると解釈すべきであり、期間の定めのない契約を維持する意思を有するものとみなすのが当然であるとする。

3 無期転換ルールの濫用

　有期労働契約は契約期間が満了すれば自動的に終了するので、基本的には5年を超える直前に雇止めをすることができる。しかし、使用者が労契法18条の無期転換を回避するために、5年を超える直前に有期契約労働者を雇止めするとしたら、無期化を促進する効果は限定されたものになるだけでなく、有期契約労働者の権利を後退させ、また、雇用の不安定化に拍車をかけることにもなりかねない。

　労契法18条の無期転換ルールは、使用者が、有期契約労働者に対して圧倒的に優越的な地位に立つ契約関係を5年以上継続利用することを、有期契約の濫用的な利用と評価し、安定的な無期契約への転換を図らせるべきであるとの趣旨に出たものである[25]。したがって、無期転換を回避するために5年直前に雇止めすることは、同条の趣旨を没却するものであり、また、同条が強行規定であることから、他に正当化する理由がない限り、労契法19条の雇止め法理のもとで違法無効になると解すべきである[26]。

　労契法19条は、有期労働契約が反復更新されたことにより、雇止めをすることが解雇と社会通念上同視できると認められる場合（1号）、又は労働者が有期労働契約の契約期間の満了時にその有期労働契約が更新されるものと期待することについて合理的な理由が認められる場合（2号）のいずれかに該当し、労働者が契約期間満了までに更新の申込みをしたか、または、期間満了後に遅滞なく有期労働契約の締結の申込みをしたときは、使用者による当該申込みの拒絶が、客観的に合理的な理由を欠き、社会通念上相当であると認められなければ、これまでの有期労働契約と同一の条件で使用者の承諾があったとみなされる、とする。したがって、無期転換ルールを回避するための雇止めが、労契法19条1号又は2号に該当するときには、同条の適用によって、従前の有期労働契約の内容である労働条件と同一の労働条件で当該申込みをしたものとみ

25）荒木456頁。
26）水口・前掲注18）62頁。

第 5 章　有期労働契約と新たな法規制

なされる。この場合に、通算契約期間が 5 年を超えることを回避しようとする使用者の脱法行為的な意図の存在が認められるときは、この意図は同条本文の解釈適用において、「当該申込みを拒絶することが、客観的に合理的な理由を欠き、社会通念上相当である」か否かの判断の考慮要素として十分に斟酌されるべきである。

　また、労契法 18 条の無期転換ルールは、クーリング期間を置くと、それ以前の有期労働契約を通算しなくてもよいという大きな抜け穴が用意されている[27]。例えば、1 年の有期労働契約を 4 回更新して、5 年に達する前に雇止めし、6 か月のクーリング期間を置けば、再び 1 年の有期労働契約を締結することができる。このような不自然な空白期間の設定は、脱法行為としての疑いを免れず、契約は継続しているものと解釈されるべきである[28]。また、「更新する場合の基準」を明示することが求められている関係で、雇止めを正当化するに足る合理的な理由がないときには、労契法 19 条により更新拒絶の効力が否定されるから、結果的に空白期間中も更新契約により契約期間が存続したものとされ、従前の有期契約期間と通算される場合が生じることになろう[29]。

　さらに、前述（Ⅱの 2）したように、使用者が無期転換申込権の発生を免れる意図で労働契約の当事者を形式的に他の使用者に切り替えること（例えば、空白期間に有期契約労働者を派遣労働者として業務に従事させたり、偽装請負させること）が問題になる。形式的には空白期間が 6 か月以上になると通算期間は中断されるが、この場合には、勤務の実態の同一性（勤務の内容、場所等）も考慮して解釈されるので、勤務実態が変わらないにもかかわらず、無期転換を回避する意図で形式的に他の使用者に切り替えることは、法を潜脱するものとして無効になる。いかなる事実をもって法の潜脱と見ることができるかについては、当該派遣をもたらした労働者派遣契約の締結状況、派遣労働契約の手続状況（社会保険等の手続きも含む）、労働者の業務の継続実態、当該使用者たる

---

[27] 西谷・前掲注 21) 11 頁。
[28] 野田・前掲注 7) 422 頁以下。
[29] 毛塚勝利「改正労働契約法・有期労働契約法制をめぐる解釈論的課題」労旬 1783・1784 号（2013）20 頁以下。

企業と派遣会社との関係等を考慮することにより、解釈を通じてこれを通算契約期間とみなすべきかを判断することになる[30]。

4　無期転換後の労働条件

Ⅱの6で述べたように、無期労働契約に転換された場合の賃金、業務内容、労働時間等の労働条件は、別段の定めがない限り、従前の有期労働契約の内容である労働条件（契約期間を除く）と同一のものとされている（労契法18条1項後段）。問題は、無期転換後の労働者（以下、「無期転換労働者」という）を適用対象とする新たな就業規則に無期転換前の労働条件より不利な労働条件が記載されている場合、あるいは、従前の有期労働契約には職務・勤務地限定などの労働条件が定められていたが、無期転換後に適用されることになった就業規則にはその規定がない場合に、無期転換労働者の労働条件はどうなるのか、また、このような就業規則の不利益変更に労契法7条が適用されるのか、同法10条が適用されるのか、である。

この点、無期転換後の労働条件は従前の労働条件と同一であることが原則なので、使用者が無期転換にあたって不利な労働条件を提示したとしても、労働者はそれを拒んで、従前の労働条件と同一の内容で無期転換申込権を行使すればよいとする見解がある[31]。これによれば、例えば、無期転換前の従前の有期労働契約において職務・勤務地が限定されている場合には、別段の定めをしない限り、当該労働者は無期転換後も職務・勤務地限定を維持していることになる。労契法18条は、有期労働契約時の労働条件と同一とすることを原則しているので、就業規則によってそれを不利に変更する場合には就業規則の不利益変更が問題になるが、労働契約関係が5年を超えて継続している実態、および全くの新規契約ではなく、まさに従前の労働条件との比較を問題とせざるを得ないことを踏まえると、従前の労働条件の就業規則による変更問題を処理す

30）野田・前掲注7）423頁。
31）水口・前掲注4）9頁。

第 5 章　有期労働契約と新たな法規制

る枠組みである労契法 10 条（ないしその類推）によって処理されると解すべきである[32]。この場合には、厳格な合理性の要件が必要となるから、労働条件変更の不利益の程度、労働条件を変更するための業務上の必要性、労働組合との交渉の経過など、様々な条件で合理性があるかどうかをチェックすることになる[33]。

　これに対して、労契法 18 条は「現に締結している有期労働条件の内容である労働条件」と定め、かつ、「別段の定めがある部分を除く」と規定されている以上は、「別段の定めがあればそれによる」という優先的適用となる、とする主張も見られる[34]。これによれば、無期転換雇用は、新しい使用者と労働者との間の労働契約であって、それは本来、労使の合意（労契法 6 条）により成立するものを法律によって一方的に「使用者が承諾したものとみなす」という合意の擬制をもって雇用関係が成立するものであり、新たな契約であるから、労契法 7 条が適用される。そして、この場合には、労働条件が合理的であればよく、緩い合理性があれば良い、とする[35]。

　たしかに、条文上は、「別段の定め」があれば、（「優先的」と言うかどうかはともかく）それが適用される。また、無期転換労働者の受入れをスムーズにして雇用関係を維持するため、さらに、当初から正社員である労働者（以下、「典型的正社員」という）と無期転換労働者の労働条件の統一からも、別段の定

---

32) 荒木 465 頁。
33) 水口・前掲注 4) 9 頁以下。
34) 安西・前掲注 22) 8 頁。その理由として、使用者としては無期転換労働者の受入れをスムーズにして雇用関係を維持していく義務がある以上、使用者側の経営事情のことをも当然配慮することが法制度上の公平の立場であること、また、使用者側が無期転換申込を受け入れるにあたって、合理的な労働条件であればそれを設定することは許されると解され、それが優先適用となる、としたうえで、雇用強制を受容する経営者側としての必要で、かつ、許された労働条件設定権といえよう、とする。野川忍『わかりやすい労働契約法〔第 2 版〕』（商事法務、2012）177 頁も、「カッコ内に期間の定めの部分以外について『別段の定め』があればそれが優先するという趣旨の内容が記載されている」とする。
35) 安西・前掲注 22) 9 頁。

5-1 無期転換ルールの解釈上の課題（労契法18条）

めによって労働条件を変更する必要性があろう。しかし、通達は、「法第18条第1項の規定による無期労働契約への転換は期間の定めのみ変更するものであるが、同項の「別段の定め」をすることにより、期間の定め以外の労働条件を変更することは可能である」とする[36]。この表現は、無期転換後の労働条件（期間の定めを除く）は従前の労働条件と同一であることを原則とし、「別段の定め」をすれば従前の労働条件を変更することもできる、ということを意味している。また、労契法18条は形式的には新たに無期労働契約が成立する形をとっているが、実際に労働契約関係は5年を超えて継続しているので、「現に締結している有期労働条件」、すなわち従前の労働条件（期間の定めを除く）が無期転換後の労働条件のベースになると考えられる。

なお、有期契約労働者が無期転換して正社員と同じ仕事に従事するようになったにもかかわらず、労働条件は従前の有期労働契約のままということになると、正社員と無期転換労働者間に不合理な労働条件格差が生じることが懸念される[37]（これについては後述〔6〕する）。

労働条件の不利益変更としては、例えば、無期転換後も有期労働契約の時と同じ業務に従事しているにもかかわらず、就業規則の変更によって賃金の引下げが行われることが考えられる。このような不利益変更には労契法10条が適用され、厳格な合理性の要件が必要となるので、このような賃金の引下げには合理性が認められないことになろう。また、例えば、有期契約労働者を適用対象とする就業規則では勤務地が限定されていたが、無期転換後に適用される就業規則の配転条項によって、広域配転を命じられることが考えられる。この場合、無制限に配転させられるわけではなく、業務上の必要性や労働者の不利益

---

[36] 施行通達第5の4（2）カ。

[37] これに対して、荒木・前掲注21）175頁の注37によると、「無期契約に転換しても、労働条件をいわゆる正社員並とすることを強制しない点で不十分との考え方もある。しかし、無期転換されれば、有期契約の雇止めを恐れた労働条件改善交渉の障害が除去されることの意義を過小評価すべきではなく、また、いきなり正社員並みの処遇を強制することは、むしろ無期化を回避する行動を誘発することに留意すべきであろう」とする。

第 5 章　有期労働契約と新たな法規制

の程度等でチェックすることになる。業務上の必要性がなく、労働者の不利益の程度が著しい場合には、このような広域配転条項には合理性がないと判断される[38]。

5　無期転換後の雇用保障について

　無期転換後の雇用保障、いわゆる無期転換後の解雇について典型的正社員と無期転換労働者は同列に扱われるか否か、が問題となる。無期転換労働者の雇用保障の程度は、当該労働者の労働契約内容を考慮して判断されるが[39]、これについては 2 つのケースを考える必要がある。

　一つは、Ⅲの 4 で述べたように、無期転換労働者の労働条件は原則的に従前と同一（期間の定めを除く）であるとするので、無期転換前に職務や勤務地を限定して雇用されていた有期契約労働者は、別段の定めがない限り、無期転換後も従前と同様に職務・勤務地の限定が維持されることになる。通達によれば、「無期労働契約に転換した後における解雇」について、「一般的には、勤務地や職務が限定されている等労働条件や雇用管理がいわゆる正社員と大きく異なるような労働者については、こうした限定等の事情がない、いわゆる正社員と当然には同列に扱われることにならない」とする[40]。また、このような労働者が無期契約に転換しても、従前の勤務地・職務の限定が維持されている場合、当該勤務地や職務が喪失された際の雇用保障の程度は、勤務地・職務の特定がないため配転等による解雇を回避すべき典型的正社員と比較すると、より

[38) なお、無期転換後の広域配転をめぐるトラブルを避けるために、無期転換の際に勤務地限定や職種限定の特約を維持するときには、労使は別途に個別労働契約でその旨を合意する必要があり、その合意は、就業規則より有利な労働条件を定める特約として効力を有する（労働契約法 7 条ただし書）。野田・前掲注 7) 421 頁以下。
39) 荒木 465 頁。
40) 通達第 5 の 4（2）ク。この通達に対しては、「無期転換後の解雇の場合に、法 16 条の定める解雇権濫用法理のいずれの要件が、いかなる場合に・いかなる範囲で緩和されるかについて、何ら分析することなくこうした一般論を提示することが行政指導として妥当であるか、大いに疑問である」との批判がある。野田・前掲注 7) 421 頁。

限定的なものとなる[41]。

　それでは、職務・勤務地限定の典型的正社員と職務・勤務地限定の無期転換労働者が同じ職場に存在し、当該勤務場所や職務が喪失したとき、両者の雇用保障の程度に差異はあるのだろうか。

　一般に、使用者は、正社員の解雇を出来るだけ回避しようとするため、当該労働者の勤務地や職務が喪失した場合でも、勤務地や職務内容を変更することによって雇用を維持するように努めている。職務・勤務地限定の無期転換労働者の場合も同様に考えるべきであろう。また、職務や勤務地の限定があるとはいっても、それが形骸化していてほとんど機能していないとか、あるいは、業務上、職務や勤務地を限定する必要がないのに、これまで職務・勤務地を限定することによって労働条件の差異を正当化してきた場合が考えられる。このような職務・勤務地限定の労働条件は、単に典型的正社員と無期転換労働者を区別するためだけのものであり、それによって両者の雇用保障に差異を設けることは、妥当ではない。

　もう一つは、就業規則等『別段の定め』によって無期転換労働者の労働条件を典型的正社員と同一にした場合である。正社員の採用手続きに比べて、無期転換前の有期契約労働者は採用手続きが簡易であるから、両者の雇用保障に差異があっても仕方ないとする見方もあろう。しかし、この場合も、正社員と無期転換労働者の雇用保障の程度は同じであり、解雇については労契法 16 条の適用において差異は生じないと考えるべきである。なぜなら、労契法 18 条の無期転換ルールは、有期労働契約の濫用的利用を抑制し、安定的な無期契約への転換を図るために設けられたものであるから、典型的労働者と比較して、無期転換労働者の雇用保障を限定することは、制度の趣旨を無視したものであり、妥当ではないからである。

41）荒木 465 頁。

6 無期転換労働者の人事労務管理上の課題

　無期転換ルールは実務に大きな影響を与えることが予想される。特に、これまで正社員と非正規労働者を契約期間の有無によって区別してきた企業は、無期転換労働者を従来からの典型的正社員として扱うのか、あるいは、正社員と非正規労働者の中間に位置づけるのかなど、無期転換労働者の処遇や労務管理面での対応を迫られている。

　無期転換ルールは、労働契約を無期に転換するものであって、無期転換労働者を正社員にすることを強制するものではないとする見解は、無期転換労働者をどのように位置づけるかは企業の対応や雇用制度の設計に委ねられているとする。そして、実際上、無期転換労働者は、採用手続や社員教育・キャリア体系が正社員と異なっていることから、直ちに正社員に移行させるのではなく、企業の雇用・人事体系上、無期転換労働者に適用される就業規則を作成して、企業の人事労務管理上対応することになるという[42]。これについて別の見解は、もっともその際、企業は、無期転換労働者を典型的正社員とは異なる第三の層として固定化するのではなく、正社員である無期契約労働者の処遇体系に組み込む（近づける）ように当該企業における雇用や処遇の体系を見直すことが期待されると指摘する[43]。

　筆者は、原則的に無期転換労働者を典型的正社員として扱うべきだと考える。本稿で最初に確認したように、今回の労契法改正の目的は、「有期労働契約の……雇止めに対する不安を解消すること」、また、「不合理な労働条件を是正すること」により、「有期労働契約の適正なルール」を整備することにある。したがって、無期転換制度は、有期雇用を無期雇用に転換することによって雇

---

[42] 安西・前掲注22) 5頁以下は、今回の法改正は「中間的・準正社員的地位」の労働者を創設するもので、無期雇用転換者の法的地位は正規雇用と非正規雇用者の中間的に位置付けられるものであるから、企業は、「無期転換者就業規則」とか「準社員就業規則」を作成して、人事労務管理上対応することが必要であり、その上で、労働者の人材活用と雇用関係の安定を指向する正社員登用制度を設けることを指摘する。

[43] 菅野 224頁。

止めの不安を解消するだけではなく、無期転換後の「不合理な労働条件の是正」も同時に求められているのである。

今回の労契法改正では、不合理な労働条件を禁止する規定（労契法 20 条）が新設されたが、同条は「期間の定めがあることによる」不合理な労働条件を禁止するものであるため、無期転換労働者に対する不合理な処遇は同条によって禁止されていない。これでは、雇用の安定と引き換えに不合理な労働条件を甘受せよということにつながりかねない。

また、正社員と無期転換労働者に適用される就業規則を別々に作成して雇用管理を区分することは、両者の労働条件の差異だけではなく、身分差別をもたらすことになる。なぜなら、無期転換労働者は、有期雇用で採用されたという採用時の身分（地位）を無期転換後もずっと引きずっていかねばならないからである。これまで問題になっていた正規・非正規雇用の二極分化は、無期転換労働者を割り込ませることによって、①「無限定正社員」（長時間残業や遠隔地配転、出向などに限定がない形で働く労働者）、②無期転換労働者や限定正社員などの「多様な正社員」（勤務地や仕事の内容、労働時間が限定された形で働く労働者）、③有期の「非正規労働者」に三極分化し、それによって新たな格差が問題になると予想される。紙幅の都合上、この点について詳細に論じることはできないが、このように新たな格差を助長する無期転換労働者と典型的正社員の雇用管理区分には賛成できない。

現在、政府が普及・推進している「多様な正社員」構想の実現には、多様な働き方を推進する条件整備が不可欠である[44]。今後、有期雇用を無期化して雇用の安定を図るとともに、正社員区分間の不合理な格差の固定化や実質的な男女差別を招かないように適切な雇用管理を行うことが求められる。

---

44) これについては、「「多様な形態による正社員」に関する研究会報告書」（2012 年 3 月 28 日公表）参照。

Ⅳ　おわりに

　筆者は以前の論稿において無期転換ルールの問題点を指摘し、この制度の導入には慎重であるべきとの主張をしてきた[45]。しかし、無期転換ルールは、有期労働契約の濫用的利用を抑制し、雇用の安定を図ることを目的として創設されたものである。無期転換ルールが制度化された以上、これが無業・失業状態にある者を雇用に結びつけ、有期労働契約で雇用されている間に、本人の職業能力を発展させて、不安定雇用から安定雇用への架橋になるように機能することを期待したい。

　もっとも、有期契約労働者の雇用の安定を目指すのであれば、そもそも、労働契約は期間の定めのないものが原則であり、例外的に、法の定めた締結事由に限って有期労働契約の利用を認める、という入口規制を採用すべきであった[46]。今般の労契法改正の際にも、有期労働契約の立法規制として、「入口規制」（合理的理由が存在する場合に限り、有期労働契約の締結・更新を認める）と「出口規制」（有期労働契約の締結を自由に認めたうえで、一定の条件の下で雇止めを制限する）の導入が検討された。しかし、「入口規制」を行わずに、「出口規制」を選択することによって、無業・失業状態にある者を雇用に結びつけ、また、無期転換ルールを導入することによって、有期契約労働者を不安定雇用から安定雇用たる無期労働契約へと誘導することとした[47]。

　たしかに、日本には有期労働契約を禁止する条文は存在せず、これまで労働者と使用者は自由に有期労働契約を締結することができた。そのため、有期労働契約の締結を原則禁止してしまうと、無業・失業状態にある者を雇用に結び

---

45) 川田知子「有期労働契約法制の新動向」季労 237 号（2012）2 頁以下。
46) これに対して、有期契約利用を原則禁止し、雇用する以上は無期契約で雇用すべきとの立場を採った場合の雇用政策上の効果を重視する見解がある。これによると、雇用の場を求めている無業・失業状態にあるものを雇用に結びつけることが喫緊の課題であるが、その雇用に際して、原則、無期契約によるべきことを使用者に要求しても、雇用のハードルを高くするだけで雇用創出効果は望めない、とする。荒木 459 頁。

5-1 無期転換ルールの解釈上の課題（労契法18条）

付けるという有期労働契約の重要な機能が阻害されてしまうという雇用政策上の問題を無視することはできない。

しかし、現在の有期雇用は本当に安定雇用たる無期雇用に結びついているのであろうか。低賃金で雇用が不安定な有期雇用という働き方の増加が、労働者の雇用生活を不安定にしてきたのではないだろうか。むしろ、合理的理由が存在する場合に有期労働契約の締結・更新を認めるという緩やかな例外を認めることによって、有期労働契約の重要な機能が阻害されるという懸念を解消し、同時に、有期契約労働者の雇用の安定と労働条件の改善を目指すべきであると考える。

また、欧州では、有期労働契約を締結するときには、正当な理由あるいは合理的な理由が必要であるという規制が行われているが、近年、規制が緩和されている、と指摘されている。しかし、欧州では、期間の定めのない雇用が原則であることからスタートして、徐々に規制緩和が行われるなかでも原則を維持している。これに対して、雇用の原則を決めずに有期雇用が広がった結果、不安定雇用への対応に追われている日本の有期労働契約法制は大きく異なる。日本も入口規制を導入しない限りは、本当の意味での有期労働契約の雇用の不安定さや低い労働条件は是正できない[48]。

改正法では、法施行後8年経過してから見直しがなされることになっている

---

47) 荒木459頁。荒木・前掲注21) 174頁以下によると、更新回数規制や利用可能規制ではなく無期転換ルールを導入した理由として、更新回数規制や利用可能期間規制では、その上限規制による無期化効果を回避するため、上限手前での雇止めを誘発する危険があること、それに対して、客観的規制基準のない雇止め法理の場合には、そうした雇止めの誘発の可能性は低く、事案に応じた妥当な処理が可能になるというメリットがある、という。また、雇止めの問題については、雇止め法理で対処すれば足りるので、無期転換ルールは必要ないという議論があるが、雇止め法理による救済は、有期契約としての更新をもたらすものでしかなく、無期労働契約への転換という効果は導きえないこと、しかも、雇止め法理は、その適用の予見可能性が低く、雇止めの効力を事後に裁判で争って初めて、その適用の有無が判明するものであるから、雇止め法理が存在しても、次回の不更新を恐れて当然の権利行使を控えるという状態は解消され難いことから、無期転換ルールが採用されたとする。

48) 水口・前掲注4) 5頁。

第 5 章　有期労働契約と新たな法規制

(改正法附則第 3 項)。8 年後の見直しの際には、無期転換ルールの検証が行われ、再び、入口規制か出口規制かの議論が再燃するであろう。労契法 18 条の無期転換ルールが無期原則への第一歩となることを期待したい。

［追記］

　本稿脱稿（2014 年 4 月 1 日）後、改正労契法及び無期転換ルールに関する多くの文献に接したが、本稿で紹介・検討することができなかった。今後の課題としたい。

　また、改正労契法 18 条は平成 25 年 4 月に施行されたばかりであり、無期転換ルールによって労働者から無期転換の申込みがなされるのは平成 30 年 4 月 1 日以降である。現時点では無期転換ルールの適用事例が見られず、法改正の必要性が検証されていないにもかかわらず、すでに改正労契法の無期転換ルールに特例を設ける法整備が行われている。「研究開発システムの改革の推進等による研究開発能力の強化及び研究開発等の効率的推進等に関する法律及び大学の教員等の任期に関する法律の一部を改正する法律」（平成 25 年 12 月 13 日法律第 99 号。平成 26 年 4 月 1 日から施行）、および、「専門的知識等を有する有期雇用労働者等に関する特別措置法」（平成 26 年 11 月 28 日法律第 137 号。平成 27 年 4 月 1 日から施行）である。これらの法律の運用次第では、無期転換ルールの内容が空洞化してしまうおそれがある。この検討は別稿において行う予定である。

5-2　雇止めの法規制をめぐる課題（労契法 19 条）

小畑　史子

I　はじめに

　2012 年の労契法改正により同法第 4 章「期間の定めある労働契約」に加えられた労契法 19 条は、雇止め法理と呼ばれる判例法理を条文化したものである[1]。

　判例法理の条文化である以上、基本的には、雇止め法理に関する効果や限界についての議論が、同条の効果や限界の議論に継承される[2]。その意味では、条文化により変化が起こるわけではないが、条文化により雇止め法理がより広く知られ、人々に意識されるようになるとは言えよう。そこで、雇止め法理に関する課題とされていた事柄で、法改正に伴い、あらためてクローズアップさ

---

1) 平成 24 年 8 月 10 日基発第 810002 号「労働契約法の施行について」。
2) 条文化が判例法理に忠実になされたのであれば、新しい効果は生じず限界も変化しないが、労契法 19 条についてそうであるといえるか否かにつき、岩村正彦＝荒木尚志＝島田陽一「鼎談・2012 年労働契約法改正——有期労働規制をめぐって」ジュリ 1448 号（2012）28 頁、鎌田耕一＝水口洋介＝木下潮音＝新谷信幸＝田中秀明「シンポジウム改正労働契約法の実務上の問題と労使の課題」季労 239 号（2012）120 頁以下の議論、唐津博「改正労働契約法第 19 条の意義と解釈——判例法理（雇止め法理）との異同を踏まえて」季労 241 号（2013）2 頁、細川良「労契法 19 条——有期労働契約の更新等」労旬 1815 号（2014）48 頁等。

れると考えられるものに着目し、検討する。

また、今回の労契法改正が雇止め法理に与えた影響に関して、特筆すべきなのは、同条が規定されると同時に同法 18 条に 5 年無期転換ルールが規定されたことである。これは雇止め法理の守備範囲に大きな変化を生じさせる。この点も確認しよう。

本稿では、Ⅱにおいて、雇止め法理の形成とその立法化（労契法 19 条）について概観する。Ⅲにおいて、労契法 18 条が同法 19 条とともに改正で加えられたことが雇止め法理にいかなる影響を与えるかを検討する。Ⅳにおいて、労契法 19 条のインパクトを、Ⅴにおいて、同条を踏まえた契約当事者の行動の予測とそれに関する課題を探究する。

Ⅱ　雇止め法理と労契法 19 条

1　雇止め法理

まず、雇止め法理を概観する。

わが国においては、期間の定めのない労働契約で働く労働者については、戦後早い時期に、客観的に合理的で社会通念上相当でない解雇は解雇権の濫用として無効とされるという解雇権濫用法理が構築された[3]。それにより、期間の定めのない労働契約で働く労働者は、長く安定的な雇用を得ることができた。

それに対し、期間の定めある労働契約で働く労働者については当初は格別な法理は存在しなかった。期間の定めある労働契約すなわち有期労働契約は期間満了により当然に終了する。更新された有期労働契約であっても、さらなる更新がなされない限り、期間満了により終了するのが原則である。それゆえ、解

---

[3] 野川忍『わかりやすい労働契約法〔第 2 版〕』（商事法務、2012）157 頁以下、水町 180 頁以下、荒木尚志「労働契約法 16 条」西谷敏＝野田進＝和田肇編『新基本法コンメンタール労働基準法・労働契約法』（日本評論社、2012）394 頁以下等。

5-2 雇止めの法規制をめぐる課題（労契法19条）

雇規制のある無期の労働契約を避けて有期労働契約による雇用を選択し、有期で働く労働者を必要に応じて契約更新し、不景気の際に雇用量の調節弁として利用する使用者が多く現れた[4]。中には、有期労働契約の反復更新により、期間の定めの有無こそ異なっているが、正規従業員と同様の業務に長期間従事する有期雇用の労働者もおり、そのような労働者が期間の定めがあるという理由のみで不景気の際に契約更新をしないという方法で雇用を奪われるのが理不尽と感じられるケースもあった[5]。

そのような中で判例上確立されたのが、有期労働契約更新拒否に解雇権濫用法理を類推適用し、合理的理由のない更新拒否の効力を否定する雇止め法理である[6]。

この法理はまず、後に「実質無期契約タイプ」と呼ばれることになるケース[7]について構築された。すなわち、2か月の期間の定めがあるものの採用時に長期継続雇用や本工への登用を期待させる言動を会社側から受け、多数回（二十数回）にわたる契約更新の手続が杜撰で、仕事の種類、内容が本工と差異がない臨時工の雇止めにつき、雇止めの意思表示が実質において解雇の意思表示にあたり、解雇に関する法理を類推すべきであるとした東芝柳町工場事件最高裁判決[8]のタイプである。

次に、日立メディコ事件最高裁判決[9]により、無期契約と実質上異ならな

---

4) 荒木466頁。
5) 菅野和夫『雇用社会の法〔新訂補訂版〕』（有斐閣、2004）189頁、菅野228頁、荒木466頁等。
6) 野川・前掲注3) 167頁以下、菅野228頁、荒木466頁、奥田香子「有期労働契約」西谷敏＝根本到編『労働契約法と法』（旬報社、2011）295頁、盛誠吾「有期労働契約の更新拒絶と解雇権濫用法理」労旬1785号（2013）25頁、荒木尚志編著『有期雇用法制ベーシックス』（有斐閣、2014）70頁、荒木尚志＝菅野和夫＝山川隆一『詳説労働契約法〔第2版〕』（弘文堂、2014）205頁、土田668頁等参照。
7) このタイプに属する裁判例として、名古屋地判平成7・3・24労判678号47頁［ダイフク事件］、名古屋地決平成8・2・1労経速1618号16頁［中部交通事件］等。
8) 最一小判昭和49・7・22民集28巻5号927頁。野川忍『労働判例インデックス〔第3版〕』（商事法務、2014）248頁参照。

い関係とはいえない場合でも、雇用関係にある程度の継続が期待され、契約が更新されていた場合に解雇権濫用法理が類推適用されるとする「期待保護タイプ」のケースも雇止め法理の中に加わった[10]。さらに、労働者の雇用継続への期待が保護されるべきケースは、有期労働契約が反復継続されていなくてもあり得るとして、初回の更新拒絶のケースでも「契約の更新を拒絶することが相当と認められるような特段の事情が存しないかぎり」更新拒絶は信義則に照らし許されないとする事例も現れた[11]。

2　労契法 19 条

この雇止め法理は、2012 年の労契法改正で、労契法 19 条として立法化された。

労契法 19 条は、1 号又は 2 号に該当する場合に、労働者からの契約更新申込み、ないし契約締結申込みに対する、使用者の拒絶が「客観的に合理的な理由を欠き、社会通念上相当であると認められないとき」に、使用者は従前と同一の労働条件で承諾したものとみなすと規定している。この部分は解雇権濫用法理の類推適用により雇止めの効果が否定されることを意味している[12]。

解雇権濫用法理の類推適用により雇止めの効果が否定されるか否かの判断に先立ち、そもそも解雇権濫用法理の類推適用があり得るか否かを決しなければならないが、同条は「実質無期契約タイプ」と「期待保護タイプ」の 2 類型

---

9) 最一小判昭和 61・12・4 労判 486 号 6 頁。本件評釈として水島郁子「有期契約と雇止め」唐津博＝和田肇＝矢野昌浩編『新版労働法重要判例を読むⅡ』（日本評論社、2013）259 頁等。

10) 本件評釈として川田知子「有期契約の更新拒否」百選 162 頁等。野川・前掲注8) 250 頁、荒木編著・前掲注6) 71 頁も参照。

11) 大阪高判平成 3・1・16 労判 581 号 36 頁［龍神タクシー事件］。野川・前掲注3) 169 頁、菅野和夫＝諏訪康雄『判例で学ぶ雇用関係の法理』（総合労働研究所、1994）224 頁以下、荒木編著・前掲注6) 72 頁等。

12) 本条の構造については山川隆一「労働契約法 19 条」西谷＝野田＝和田編・前掲注3) 428 頁。

を、類推適用の対象と定め、1号と2号に掲げている[13]。

III　労契法18条と同法19条

　2012年改正では、5年無期転換ルールも定められた。5年無期転換ルールとは、有期労働契約で働く労働者が契約の反復更新により雇用が5年を超えた場合に申込みをして無期労働契約に転換することを可能にする労契法18条のルールである[14]。

　同改正前は、5年無期転換ルールがなく、有期雇用であっても期間満了で安易に雇用を終了できないようにする役割を、雇止め法理が担っていた。今回の改正で、労契法18条に5年無期転換ルールが設けられたことから、雇止め法理の活用される範囲は狭まった。5年を超えれば労働者は無期契約に転換できるため、5年経過する前までが同法19条の主要な守備範囲となった[15]。

　仮に、この改正で、5年無期転換ルールが設けられると同時に、雇止め法理が役割を終えたとして葬られていたならば、5年で無期転換を受け入れることを避けつつ可能な限り長く有期の労働者を雇い続けようとする使用者・企業のとる道は、クーリングを利用して（たとえば4年半ごとに半年の）クーリング期間を挟んで有期雇用を継続するか、漫然と契約を更新し5年直前で雇止めする

---

13) 前掲注1) 行政通知参照。2号に統一してもよかったのではないかとするものに龔敏「法定化された雇止め法理（法19条）の解釈論上の問題」ジュリ1448号（2012）47-48頁。それに対し区別の実益がないとはいえないとするものに山川・前掲注12) 425頁、荒木＝菅野＝山川・前掲注6) 209頁。2つの類型として整理した判例法理の到達点をそのまま法律に規定するというコンセンサスがあったとするものに岩村＝荒木＝島田・前掲注2) 29頁〔荒木発言〕。パナソニックプラズマディスプレイ（パスコ）事件判決（最二小判平成21・12・18民集63巻10号2754頁）の類型化に倣って成文化したと指摘するものに荒木編著・前掲注6) 72頁等。荒木469頁も参照。

14) 詳細は本書前章参照。野川・前掲注3) 173頁以下、野田進「労働契約法18条」西谷＝野田＝和田編・前掲注3) 417頁。

15) 菅野231頁、龔・前掲注13) 51頁。

かになったであろう。現実にはそうではなく、5年無期転換ルールと同時に雇止め法理が条文化され、雇止め法理が存在し続けることが明確にされたことから、使用者・企業は5年に達する前であっても、安易に短期の有期契約の反復更新により雇用を長引かせ、5年直前に雇止めするという後者の選択肢をとりにくくなった[16]。

改正に向けた議論をたどると、同法19条を設けるについては、まさに、5年を超えない有期労働契約の多数回にわたる反復更新に雇止め法理の保護が及ぶ可能性が高まる結果、更新回数規制に代わる機能を営みうること、5年無期転換ルールの適用を回避するための雇止めにも一定の抑止効果を持ちうることなどが考慮されていた[17]。

Ⅳ　雇止め法理と労契法19条の影響

1　雇止め法理の影響

歴史を振り返ると、前掲東芝柳町工場事件最高裁判決等により「実質無期契約タイプ」の雇止め法理が判例法理として確立されたことで、杜撰な更新手続をしていると、実質的に無期契約と異ならないと評価され、雇止め法理を適用されてしまうと警戒した使用者・企業が、厳格な更新手続を行うようになった[18]。

---

16) 菅野231頁、荒木＝菅野＝山川・前掲注6) 203頁。
17) 荒木468頁。なお、更新回数制限による契約存続期間の終期が5年に近接している場合には、同法18条の無期転換権の発生を阻止することを目的としたものであると推認すべきであるとするものに中村和夫「有期と派遣の制度改正の実務への影響——労働側弁護士の立場から」季労239号 (2012) 24頁。
18) 野川・前掲注3) 169頁、菅野229頁、荒木467頁。裁判例は実質無期契約タイプに該当するとまでは認めず期待保護タイプとして処理するものが多いと指摘するものに城塚健之「有期労働契約の雇止め」岩村正彦＝中山慈夫＝宮里邦雄編『実務に効く労働判例精選』(ジュリ増刊) (2014) 138頁。

その後、無期契約と実質上異ならない関係とまではいえない場合でも、雇用関係にある程度の継続が期待され、契約が更新されていた場合に解雇権濫用法理を類推適用する、「期待保護タイプ」が雇止め法理に加わり、さらに初回の更新拒絶であっても雇止めは信義則上許されないとする裁判例も現れた。しかし、どのような場合に合理的期待が認められるのかが不明確であった[19]。これらを踏まえ、使用者・企業の中には、合理的期待の存在が認められないようにするための対策として、面接の際に長期の雇用・契約更新の期待を生じさせる発言をしないように留意する等の対策を講じたところもあったが、いかなる場合に合理的期待の存在が肯定されるのかが不明確であるため、不十分な対応とならざるを得なかった。

2 労契法19条の影響

(1) 労契法17条2項との関係

今回の労契法改正で雇止め法理が条文化されたことで、雇止め法理がより広く知られ、人々に意識されるようになる。

また、Ⅲで述べたように同法18条と同時に立法化されたため、5年未満という限定的な期間に限定して雇止め法理を捉え直す結果、5年未満の中においても必要以上に短期の有期労働契約を反復更新してはならないことが明らかとなり、更新回数が抑制され得る。

ところで、労契法17条2項は、必要以上に短い期間を定めて有期労働契約を反復更新することのないよう配慮すべき義務を規定しているが、雇止め法理

---

19) 荒木472頁、土田675頁。裁判例が「更新することができる」という文言の場合ですら更新の合理的期待を認めていると指摘するものに山川隆一＝大内伸哉「ディアローグ労働判例この1年の争点」労研484号（2000）25頁〔山川発言〕。他方、更新回数が多数回にわたってもあるいは契約存続期間が長期に及んでも雇止めが有効とされた例として、東京高判平成2・3・28労民集41巻2号392頁［亜細亜大学事件］、東京高判平成24・2・22労判1049号27頁［加茂暁星学園事件］。過去の裁判例を類型化したものとして盛・前掲注6）25頁、小畑史子『最新労働基準判例解説』（日本労務研究会、2003）343頁以下参照。

第5章　有期労働契約と新たな法規制

は確立されていたものの、法文上は本条の実効性を確保する方策は特に用意されていなかった[20]。労契法19条は、実質的には無期契約であるのに有期労働契約を反復更新している場合を1号に、また、合理的期待が認められる場合を2号に掲げており、規制の目的は同法17条2項に通じている[21]。労契法19条が改正により挿入されたことは、同法17条2項の実効性の確保につながる[22]。

(2)　使用者・企業の対応

労契法19条を立法したことの背景には、5年無期転換ルールを免れるための雇止めは抑止すべきであるとの考えがある。何の問題もなく数回の更新を経ており、従事している業務も消滅する予定もないにもかかわらず、5年無期転換ルールの適用を免れるために、クーリングを利用することもなく、4年ほど経った時点で雇用を終了させることは、実質無期雇用タイプや合理的期待保護タイプに該当するとされる可能性があるため、使用者・企業はそのリスクを避けようと行動するであろう。

長く働いてほしいという希望を持ちつつ無期転換は避けたいという使用者・企業の中には、更新を1回で済ませるために、期間の長さを従来に比べ長く設定するところも登場すると考えられる。更新回数を制限する条文を設けなくとも、同法19条が実際にその機能を果たすことになるといえよう。

使用者や企業が、有期労働契約を一度も更新をせず、継続的な雇用を期待させる言動もせず、5年に到達する前に期間が満了したとして雇用を終了する場合には、同法19条を活用することは困難であろう。たとえば長期のプロジェ

---

20) ただし平成15年10月22日厚生労働省告示第357号「有期労働契約の締結、更新及び雇止めに関する基準」が締結時の提示事項、雇止めの予告、契約期間についての配慮等につきガイドラインを示した。この告示は平成20年3月1日一部改正された。

21) 水町334頁は、使用者が労契法17条2項の配慮を欠いている場合、同19条による保護の可能性が高まると解釈できると指摘する。

22) これも改正の議論の中で注目されていた。荒木468頁、荒木＝菅野＝山川・前掲注6) 203頁。法改正により更新の回数や限度期間を設定する有期労働契約が増える可能性を指摘するものに西谷敏「労働契約法改正後の有期雇用——法政策と労働組合の課題」労旬1783・1784号（2013）15頁。

クトをいくつかの期間に細分化し、そのどれかに対応する形で雇用し、当該細分化した部分の終了と同時に期間満了を理由に雇用を終了させる場合も、労働者が同法 19 条を根拠に雇用継続を主張することは原則として容易でないであろう。

(3) 増加が懸念される紛争

労契法 17 条 1 項は、期間の定めのある労働契約を締結した場合、やむを得ない事由がなければ満了前に労働者を解雇することができない旨を規定している。やむを得ない事由が認められなければ満了まで待たなければ雇止めできないため、有期契約の期間を長くする選択をする使用者・企業は、トラブルが起きても少しの期間待てば期間満了を理由に雇止めできるというメリットを活用できない[23]。今回の改正を受けて期間の定めを長めに設定する使用者・企業は、期間途中の解雇の困難さを考慮していない可能性があり、その結果期間途中の解雇をめぐる紛争が増加することが考えられる。

V　労契法 19 条をめぐる課題と契約の両当事者の行動

1　合理的期待をめぐる課題

労契法 19 条に 1 号が規定されたことにより、使用者・企業は、5 年を超える前にも、安易に有期労働契約の反復更新により雇用を長引かせ、5 年直前に雇止めするという選択肢をとりにくくなった。また、2 号が規定されたことにより、有期労働契約を用いつつ雇用を継続させたいと考えて労働者に対しても

---

23) プレミアライン（仮処分）事件（宇都宮地栃木支決平成 21・4・28 労判 982 号 5 頁）を引きつつ、期間の定めのある労働契約について期間の満了を待たずに解雇することを正当化する「やむを得ない事由」とは、期間の定めのない労働契約における解雇の合理的で相当な理由（16 条）よりも限定された、より重大な事由であることが求められると指摘するものに水町 329 頁。

第 5 章　有期労働契約と新たな法規制

その期待を持たせる言動をしたにもかかわらず期間満了を理由に雇用を終了することも困難になった。今後は、1 号・2 号に該当するか否かの判断が適正に行われることが重要である。

このうち 2 号については、条文化される前後を通じ、どのような場合に「期待保護タイプ」に該当するかの予測可能性が低いことが問題視されてきた[24]。すなわち、使用者・企業にとって、1 号の実質無期契約タイプに該当しないために何をすべきか（たとえば更新手続を厳格化する、更新回数を減らす等）は、かなりの程度まで明らかになっており、すでに多くの使用者・企業が対応に着手している。それに対して 2 号の期待保護タイプについてはいかなる場合に合理的期待の存在が認められるかが不明確であるため、対応に苦慮している。この点の明確化が強く求められている。

使用者・企業としては、有期労働契約を活用する場合、合理的期待の存在が肯定されないためには、労働契約の相手方である労働者に対し、有期労働契約を選択する理由を明確に説明し、その理由から必然的に導き出せる契約存続期間の限界を伝え、同意を得ることが重要である。

労働者が有期労働契約を活用する際にも、有期労働契約を選択する理由を明確にし、その理由から必然的に導き出せる契約存続期間を伝え、相手方の同意を得ることが重要となる。

---

24) 荒木 472 頁、荒木編著・前掲注 6) 79 頁、中村・前掲注 17) 23 頁、唐津博「有期雇用（有期労働契約）の法規制と労働契約法理」労働 121 号（2013）41 頁、富永晃一「労働契約法の改正」法教 387 号（2012）55 頁、國武英生「有期労働契約法制のあり方とその課題」労働 117 号（2011）141 頁。合理的期待は労働者の主観ではなく客観的な要保護性の問題であるとするものに西谷 446 頁。合理的期待については城塚・前掲注 18) 134 頁。前掲注 1) 行政通知は「法第 19 条第 1 号又は第 2 号の要件に該当するか否かは、これまでの裁判例と同様、当該雇用の臨時性・常用性、更新の回数、雇用の通算期間、契約期間管理の状況、雇用継続の期待をもたせる使用者の言動の有無などを総合考慮して、個々の事案ごとに判断されるものであること」とする。

2　使用者による有期労働契約の活用

(1)　使用者の対応

　今回の労契法改正を受けて、同法 19 条の上記の意義と機能を踏まえ、企業実務には有期労働契約の活用につき変化が起こると考える。

　もはや、5 年を超える前であっても、安易に有期労働契約の反復更新により雇用を長引かせ、5 年直前に雇止めすることはリスクが大きい。また、有期労働契約を用いつつ雇用を継続させたいと考えて労働者に対してもその期待を持たせる言動をしたにもかかわらず期間満了を理由に雇用を終了することもリスクが大きい。労働者に有期労働契約を選んで契約する目的を明確に説明し、どのような計画で有期労働関係を継続・終了するのかにつき労働者と同意することが必要となる。

　使用者・企業は、ごく短期間の臨時的・一時的な補助として 1 回限りで有期労働契約を活用するという場合には、これをある程度行っていると考えられる。なぜならば、使用者・企業は、有期労働契約を締結する際に職務内容や雇用期間を説明すれば、有期労働契約を締結する相手方に、何のために一時的に補助的業務が必要となったのか、そのためにどれほどの期間が必要となるかを明らかにしたことになる場合が多く、相手方もそれを承知して締結に応じているからである。

　そうではなく、使用者・企業が、ある程度長い雇用関係の継続を予定するのであれば、今後は、契約締結に臨む労働者に対し、どのような目的で雇用を行うのか、その目的の達成のためにどれほどの期間の雇用が予定されるのか、期間満了を理由に雇用関係が終了する可能性があるのはいかなる場合か等につき、あらかじめ一定期間を通じた計画を立てた上で明確に説明し、合意をとって有期労働契約を締結するよう一層留意すると考えられる。一定期間を通じた計画を立ててあれば、有期労働契約を漫然と更新したり突然期間満了を理由に更新拒絶を行うこともないため、同法 19 条 1 号に該当するとはされにくく、仮に該当するとされたとしても雇止めの効力は認められやすい。また、目的を明確化し計画をあらかじめ伝えてあれば、雇用継続を期待することに合理性が

ないか否かがある程度明らかとなり、同条2号に該当するとはされにくく、仮に該当するとされたとしても雇止めの効力は認められやすい。

実際に、近年注目を集めている有期労働契約の活用事例を見れば、この方法が改正前から意識され始めていることが明らかである。

(2) 適性判断と有期労働契約

第1に、有期労働契約を選択する理由が、技能を獲得させ適性を判断する期間として有期労働契約を活用することである事例がある[25]。たとえば、有期労働契約を複数回更新し、各契約期間中に段階的にスキルを身につけさせ、各契約期間満了時に適性をチェックし、予定された複数回の期間を経て一人前のスキルを身につけた時に初めて期間の定めのない労働契約で雇用される正社員となるという制度を設けるのである。期間満了時にスキルの習得と適性をチェックし、問題があれば更新せず、なければ更新する。その事例においては、契約存続期間は、当然、適性がないと判断された場合はその判断がでた直後の期間満了時までであり、適性があると判断された場合はそれを超えて継続することとなる。このような有期労働契約の活用における雇止めについては、使用者・企業に一定の合理的な範囲内の裁量が認められるとする裁判例が登場しており、このように目的と手段を明確化して有期労働契約を活用するのであれば、期間満了時のチェックで問題があって更新を拒絶しても、労契法19条の関係では問題がないとされる。

具体例をあげよう。日本航空（雇止め）事件[26]によれば、Y₁会社（日本航空）は、客室乗務員につき、契約社員として1年間の有期雇用契約を締結し、適性を見て3年を経ると正社員に登用する制度を採用している。採用した契約社員に対する3年間の育成プログラムを設けて、様々な教育、研修を施し、実

---

[25] 有期雇用が試用的機能を持った働かせ方に活用されていることを指摘するものに城塚・前掲注18) 137頁。試用的雇用により労働者を選別するJALなどの制度は雇止め法理の適用を免れようとするもので、労働力の需給関係で使用者側に有利な分野や業種でこうしたやり方が広がっていく可能性があることを「改正法では解決しない問題」と論じるものに西谷・前掲注22) 15頁。

際に機内業務及び地上業務に就けて、FI、CDI 等が指導教育し、正社員として勤務するに足る知識、技能等を習得させるのである。Y₁ 会社は、この契約制客室乗務員制度について、契約社員は、その雇用期間中、その勤務状況等に基づき正社員としての知識、技能の習得度について複数の管理職の評価を受け、1 年間の期間を区切った毎年の期間満了時に更新の可否を判断されつつ、合計 3 年間の経験を経た上で正社員として業務適性があると認められたときに初めて長期の雇用継続が保障されうる正社員の地位に登用されるものとして運用している。

　このような事実関係を踏まえ、判決は、「客室乗務員が、緊急時の保安要員として乗客の安全に重大な責任を負う立場にあり、高い水準のサービスに応じるべき立場にあることからすれば、上記のとおり、契約制客室乗務員制度が人件費削減のための施策の一貫として導入されたという経緯があったとしても、Y₁ 会社が、同制度を上記のとおり位置付けて運用していることを不合理なものということはできない」とした上で、「契約制客室乗務員制度の趣旨・目的が、……契約社員について、育成プログラムに沿った教育指導を行うとともに、正社員登用の可否を最終判断するまでの 3 年間、1 年間の期間を区切って毎年の期間満了時に更新の可否を判断し、客室乗務員としての適性を評価・判断するというところにあるのであるから、契約社員の雇止めについては、期間の定めのない労働契約についての解雇とまったく同視することはできず、使用者に一定の合理的な範囲内の裁量を認めるのが相当というべきである。本件雇止めの効力を判断するにあたっては、正社員（期間の定めのない労働契約）に対する解雇権濫用法理と同等の判断基準が用いられなければならないという X の主張は採用できない」と判断した。

---

26) 東京高判平成 24・11・29 労判 1074 号 88 頁。一審＝東京地判平成 23・10・31 労判 1041 号 20 頁、上告審＝最三小決平成 25・10・22 労経速 2194 号 11 頁。これにつき小畑史子「3 年後の正社員登用を視野に入れた契約制客室乗務員制度における 2 年目契約満了時の更新拒絶」労働基準 778 号（2014）24 頁。原判決評釈として、仲琦・ジュリ 1463 号（2014）117 頁、矢野昌浩・法セ 689 号（2012）131 頁、山川和義・季労 237 号（2012）186 頁等。

第5章　有期労働契約と新たな法規制

　これは、有期労働契約を活用する目的と手段が明確化され、適した計画が立てられ労働者側に示されており、いかなる場合に雇用が終了するかについても明らかにされていて、実際にそのような場合に該当する事態に立ち至り、雇止めがなされたということであれば、問題はないとされることを示す例である。1で述べた有期労働契約の目的の明確化や雇用終了も含めた見通しに関する同意をしておけば、有期労働契約を活用できることを示す例と言えよう。

　有期労働契約の期間中にスキルを身につけさせ満了時にスキルを獲得したと認められれば契約社員にするという形で有期労働契約を用いている例としては、奈良観光バス事件[27]がある。

　判決は、「被告は、本件労働契約の締結と同時に、原告に対し、所定の研修課程を修了し、かつ被告のバス運転者としての適性・能力を有することを条件として、本件求人票に記載されている契約社員の労働条件で労働契約を締結する旨の申込みをしており……原告は、本件中間検定後も、被告に対し、契約社員として採用されることを希望していたことが認められるから、原告被告間における契約社員の労働契約の成否は、原告が被告のバス運転者としての適性・能力を有していたか否かによることとなる。ただし、被告のバス運転者としての適性・能力を有するか否かの判断は、使用者である被告の裁量に属する事項であるから、被告が恣意的にこれを行ったなどの特段の事情のない限り、被告の判断の結果は是認されるべきである」と述べていた。

　日本航空事件判決と同様、使用者の裁量を広く認めていることが重要である。有期労働契約を経て、精進を重ねステップアップしていく労働者像が、1つのモデルとして確立されつつあるといえよう。

(3)　ジャストインタイムシステムと有期労働契約

　第2に、有期労働契約を選択する理由が、ジャストインタイムシステムを支える労働力の柔軟な確保である事例がある。有期労働契約は、メーカーのジャストインタイムシステムを支えるものとして、需要のあるときのみ雇用する目

---

27)　大阪地判平成23・2・18労判1030号90頁。

的で、活用されている[28]。

　このこと自体は違法ではなく、労働者にそのような事情を説明した上で更新限度を明示して有期労働契約を締結し、基幹的作業を行う労働者として雇用を続け、期間満了を理由に関係を終了させることは原則として可能である。

　この事例に関して大きな問題となっているのが不更新条項である。契約締結時に不更新条項が既に契約に含まれていた場合には、合意があったことは明らかであり、予め更新しないとされた時点までで原則として労働関係は終了する[29]。

　現在問題となっているのは、不更新についての合意が、有期労働契約を締結する時点ではなく、更新を繰り返した後に生産停止等の状況が生じてから行われた場合に、どう評価するかである[30]。

　それが問題とされた近時の注目すべき事例が、本田技研工業事件[31]である。

　この事件で、当該会社Yは、正社員については、長期雇用を前提とし、職種の限定のない基幹的労働者として位置付けているのに対し、期間契約社員

---

[28] かつて期間工が景気の調節弁と位置づけられていたのを超えて企業のジャストインタイムシステムを支えるための働かせ方になっていると指摘するものに城塚・前掲注18) 137頁。製造業の場合に経済的変動に応じて、更新拒否をめぐる紛争を回避しつつ労働者を雇止めにすることを目的とする上限期間の設定が行われており、これは雇止め法理の適用を免れようとするもので、労働力の需給関係で使用者側に有利な分野や業種でこうしたやり方が広がっていく可能性があることを「改正法では解決しない問題」と論じるものに西谷・前掲注22) 15頁。企業が最近、基幹的業務に非正規労働者を従事させ、即戦力人材の確保や高度・専門的業務への対応のために活用しており、所得の多い非正規労働者が着実に増えていると指摘するものに川田知子「非正規雇用の立法政策の理論的基礎」労研636号（2013）5頁。自動車業界における雇用量調整のための純粋有期の雇止めは「わが国の産業界で、もう既に確立したある種の雇用慣行と言えます。それを否定することはできないと思います」とするものに、徳住堅治＝水口洋介＝安西愈＝木下潮音＝濱口桂一郎＝菅野和夫「パネルディスカッション『24年改正労働契約法への対応を考える』」Business Labor Trend 471号（2014）20頁〔木下発言〕。

[29] 更新年数や更新回数の上限を設定し、それ以上更新しない旨を明示する「不更新条項」のうち契約締結時に更新限度を明示していた場合については、その限度を超える雇用継続の合理的期待は否定される場合が多い。京都地判平成18・4・13労判917号59頁［近畿建設協会事件］。

301

第5章　有期労働契約と新たな法規制

は、そのような正社員の雇用継続を前提とした上で、景気変動、生産計画の変動等による製造ラインの需給調整に対応する臨時的・一時的雇用者として位置付けていた。

　Y会社は、ガソリン価格の急騰による四輪駆動車用の部品生産部門での34名の期間契約社員の雇止めに続き、リーマンショックにより自動車部品の必要人員数が製造ラインに従事する正社員数を下回るという状況に至り、モジュール間での配置換え等をしたものの、期間契約社員の全てについて雇止めを実施せざるを得ない状況に陥った。

　Xは、勤務シフト別に期間契約社員に対して開催された説明会に出席し、現状の説明を受けて理解し、もはや期間契約社員の雇止めは回避し難くやむを得ないものとして、雇止めを予定した不更新条項が盛り込まれた契約書に署名し、拇印を押してYに提出した。

　このような事実関係を踏まえ、判決は、「従前は更新があり得る内容の有期雇用契約を締結していた労働者が、不更新条項が付された有期雇用契約を締結

---

30) 不更新条項につき詳細に論じたものに篠原信貴「不更新条項とその解釈」季労242号（2013）32頁。唐津・前掲注2) 10頁、小西康之「不更新条項に基づく雇止めと解雇法理の類推適用の可否」ジュリ1324号（2006）131頁、橋本陽子「有期労働契約の雇止めに関する判例法理の意義と不更新条項の効力」学習院法務研究4号（2011）49頁、土田676頁、毛塚勝利「改正労働契約法・有期労働契約規制をめぐる解釈論的課題」労旬1783・1784号（2013）22頁、小宮文人『雇用終了の法理』（信山社、2010）147頁、今津幸子「有期と派遣の制度改正の実務への影響——使用者側弁護士の立場から」季労239号（2012）36頁以下、中村・前掲注17) 23頁、大内伸哉「有期労働契約の不更新条項と雇止め制限法理」季労244号（2014）120頁、奥田香子「不更新の合意により雇止めを有効とした例」民商133巻4・5号（2006）873頁、中町誠「有期労働契約の不更新条項の効力」ジュリ1446号（2012）117頁、和田肇「反復更新された有期労働契約の更新拒否」ジュリ1322号（2006）176頁、西谷敏『人権としてのディーセント・ワーク』（旬報社、2011）108頁、徳住ほか・前掲注28) 19頁以下、小畑史子「期間契約社員の雇止めの効力」労働基準776号（2014）24頁以下等。

31) 東京高判平成24・9・20労経速2162号3頁。一審＝東京地判平成24・2・17労経速2140号3頁。最高裁で上告棄却及び上告不受理決定＝最三小決平成25・4・9労経速2182号34頁。これにつき小畑・前掲注30) 24頁以下参照。

する際には、不更新条項に合意しなければ有期雇用契約が締結できない立場に置かれる一方、契約を締結した場合には、次回以降の更新がされない立場に置かれるという意味で、いわば二者択一の立場に置かれることから、半ば強制的に自由な意思に基づかずに有期雇用契約を締結する場合も考えられ、このような具体的な事情が認められれば、不更新条項の効力が意思表示の瑕疵等により否定されることもあり得る（Ｘがその主張において引用する裁判例は、このような具体的な事情が認められた事例であるとも考えられる。）」としつつも、「不更新条項を含む経緯や契約締結後の言動等も併せ考慮して、労働者が次回は更新されないことを真に理解して契約を締結した場合には、雇用継続に対する合理的期待を放棄したものであり、不更新条項の効力を否定すべき理由はないから、解雇に関する法理の類推を否定すべきである」として、「Ｘは、本件雇用契約は、従前と異なり更新されないことを真に理解して契約を締結したことは前判示のとおりであり、その後にその認識のままで本件退職届を提出したものと認められることは先に引用した原判決理由説示のとおりであるから、雇用継続に対する合理的期待を放棄したものとして、解雇に関する法理の類推適用を否定すべきである」と判示した。

近畿コカコーラボトリング事件[32]は、１年契約を７年にわたり更新して雇用継続への期待が生じていた労働者が、最終更新契約であると告げられて不更新条項を含む契約書に署名押印し、確認印も押し、それまで６割程度しかとっていなかった有給休暇を 100％ 消化した等の事情の事件で、契約終了に合意していたとして雇用継続への期待はないとされた。

いったん雇用継続の合理的期待が生じていた場合、使用者が一方的に以降更新しない旨を明示する等の措置を採っても、それにより労働者の合理的期待が当然に失われることにはならない[33]。行政の立場も、「法第 19 条第２号の『満了時に』は、雇止めに関する裁判例における判断と同様、『満了時』における合理的期待の有無は、最初の有期労働契約の締結時から雇止めされた有期労働

---

[32] 大阪地判平成 17・1・13 労判 893 号 150 頁。
[33] 神戸地尼崎支判平成 20・10・14 労判 974 号 25 頁［報徳学園事件］。

第 5 章　有期労働契約と新たな法規制

契約の満了時までの間におけるあらゆる事情が総合的に勘案されることを明らかにするために規定したものであること。したがって、いったん、労働者が雇用継続への合理的な期待を抱いていたにもかかわらず、当該有期労働契約の契約期間の満了前に使用者が更新年数や更新回数の上限などを一方的に宣言したとしても、そのことのみをもって直ちに同号の該当性が否定されることにはならないと解されるものであること」となっている[34]。

　問題は、本田技研工業事件や近畿コカコーラボトリング事件のように、労働者が不更新条項を受諾した場合である。

　学説においては、従来の裁判例を総括して、不更新条項を使用者が一方的に提示するだけでは、それにより既に生じていた雇用継続への合理的期待を消滅させることはできないが、労働者が自由意思によりこれに同意した場合は合理的期待の消滅を認めるという取扱いが導け、また、不更新条項に対する労働者の同意の認定は慎重に行うべきであるといえると分析するものがある[35]。

　合意の成立の厳格な吟味が必要であるとするものであるが、同様にそうした吟味が必要であるとする立場には、ほかに、不更新条項合意につき意思表示の瑕疵を問題とするもの[36]や、十分な説明と情報提供を行い労働者が客観的に見て自由意思に基づいて合意したものと認められることが必要であるとするもの[37]等がある。

　また、不更新条項を労働者が受諾しても、雇用継続への期待を消滅させるという不更新条項の効果を認めない立場もある。その中には、不更新条項を公序良俗違反で無効とする、あるいは次期の契約更新は行わないという雇止め予告に過ぎないとするもの[38]、不更新条項があっても雇用継続の合理的期待の消滅と評価せず、なお雇止め法理の適用を肯定し、雇止めについての解雇権濫用法理の類推適用に移行して、不更新条項は更新拒絶の合理性・相当性の要素と

---

34) 前掲注 1) 平成 24 年 8 月 10 日基発第 810002 号「労働契約法の施行について」。
35) 山川・前掲注 12) 426 頁。
36) 小西・前掲注 30) 131 頁。
37) 土田 676 頁。
38) 西谷 440 頁、川田・前掲注 10) 163 頁、同「有期労働契約の雇止め」争点 155 頁。

して理解するもの[39]、不更新条項は権利濫用の評価障害事実として総合考慮の一内容と位置づけるもの[40]がある。

それに対して、「不更新合意の事実認定は慎重になされるべきであるが、合意が認められればそれを超える更新の期待は遮断され雇止め法理は適用されず、……不更新合意があっても、それは雇止め法理の権利濫用判断の一要素にとどまり、労使の諸事情も総合的に考慮して濫用の有無を判断する手法……は労働条件に関する合意原則（労契法8条）に照らして賛成できない」との反論も展開されている[41]。

「これまでのところこの条項の効力を否定する決定的な法解釈論は確立されていない。この問題を解決する法解釈の確立は急務であるが、そもそも多くの人たちがその結果を不当と感じつつ、現行法の解釈でうまく解決できないという場合にこそ、立法の出番があるはずである」と指摘するものもある[42]。

この議論の状況からは、使用者・企業にとって、(1)で述べた有期労働契約の目的や計画を明確化し、いかなる場合に雇止めとなるかにつき予め合意しておくことの重要性は確認できた。今後、使用者・企業は、有期労働契約を締結する際に不更新条項を契約の内容に含め、締結時に同意をとるという選択をすると考えられる。ただし、不更新特約や更新上限を設定しても、雇用継続中に生じた他の事情等により合理的期待の発生が認められる可能性もあり[43]、初回の有期労働契約締結に際して設定される不更新特約や更新上限は、期間満了時の合理的期待の有無を判断するための重要な一要素にとどまるとする学説[44]

---

39) 毛塚・前掲注30) 25頁、唐津・前掲注2) 11頁。
40) 鴨田哲朗「不更新合意を強いてはならない」労旬1735・1736号（2011）18頁、明石書店事件（東京地決平成22・7・30労判1014号83頁）を引き、不更新合意を、第一段階ではなく、第二段階の解雇権濫用法理を判断する一要素として処理するのが妥当な結論をもたらす一つの判断手法であるとする城塚・前掲注18) 134・140頁。
41) 中山慈夫「有期労働契約の雇止め（Another Angle）」岩村＝中山＝宮里編・前掲注18) 142頁。同「労働契約法改正の評価と実務上の問題点」ジュリ1448号（2012）72頁、鎌田ほか・前掲注2) 123頁〔木下発言〕も参照。
42) 西谷・前掲注22) 15頁。
43) カンタス航空事件・東京高判平成13・6・27判時1757号144頁等。

第5章　有期労働契約と新たな法規制

が有力であることに留意する必要がある。

臨時的・一時的な補助を行う有期労働者ではなく、より中核的な業務を担う有期労働者という労働者像が登場し[45]、不更新の合意による期間満了時の契約関係の終了をどのような場合に認め、この労働者像にどこまで雇用の安定性を保障するかのモデル確定に向けた模索が行われていると見ることができる。

3　労働者による有期労働契約の活用

それでは次に、労働者が有期労働契約を活用する事例について検討しよう。その際にも、有期労働契約を選択する理由を明確にし、その理由から必然的に導き出せる契約存続期間を伝え、相手方の同意を得ることが重要となる。

有期労働契約は、期間の定めのない労働契約で働いていた労働者が、介護や育児など、家庭との両立を容易にするために、有期労働契約に転換したいと要望し、それに基づいて締結されることもある。その際、個別交渉の推移や契約書の文言から、有期労働契約に転換しても更新拒絶をしない黙示の合意があったと見ることのできる場合がある。仕事と家庭を両立する「労働者像」の在り方の1つとして、こうした事例は増加するものと思われる。

具体的な事例をあげよう。

医療法人清恵会事件[46]においては、昭和53年から期間の定めのない労働契約で働いてきた労働者が、母親の末期ガンのケアのため自らのパートタイマー

---

44) 山川・前掲注12) 428頁、水町勇一郎「労働契約法改正（有期労働契約法制）の施行と検討課題」中労時1173号（2014）13頁、篠原・前掲注30) 43頁、荒木尚志「有期労働契約法理における基本概念考――更新・雇止め・雇用継続の合理的期待」『西谷敏先生古稀記念論集　労働法と現代法の理論（上）』（日本評論社、2013）413頁、龔・前掲注13) 49頁。水町333頁は、「理論的には、契約を終了させる合意（真意）の存在の問題ではなく、労働契約関係上の信義則に基づき労働者の信頼を保護すべきか否かという関係的な規範的判断の問題であるため、更新に関する契約の形式・文言ではなく、継続的な関係のなかでの信義と誠実という観点から実態に照らして判断されるべきである」とする。

45) 城塚・前掲注18) 137頁。

化を提案し、人件費抑制の必要もあったことから、平成22年3月16日から平成23年3月15日までの再雇用契約を締結したが、同年1月5日に雇止め通知書を渡された。

この事例につき判決は、「本件再雇用契約は、単に、簡易な採用手続により、1年間の有期雇用契約に基づいて補助的業務を行う従業員を新規に採用するような場合とは全く異なり、長年にわたって期間の定めのない雇用契約に基づいて基幹業務を担当していた原告と使用者たる被告との間で、双方の事情から、期間の定めのない雇用契約を一旦終了させ、引き続き1年毎の有期雇用契約を締結したものであり、契約更新が行われることを前提とする文言が入った本件再雇用契約書を交わしていることからすれば、原告の契約更新への期待は、客観的にみて合理的な期待であるといえるから、本件再雇用契約を雇止めにより終了させる場合には、解雇権濫用法理が類推適用されるというべきである」と判示した。

本件は、個別交渉をかなりの程度行っており、契約書に定年の記載もあり、契約上、反復更新が予定されている、黙示の更新の合意があった、契約の文言上期待が付与されていると認定することもできた事例である。

この事例からも、(1)で述べた有期労働契約の目的や終了の条件等を含めた見通しに関する同意の重要性が想起される。有期労働契約を選択する理由は、労働時間が短い労働形態として有期労働契約しか選択肢がなく、育児や介護等家庭との調和のために無期労働契約から有期労働契約に移行するというものである。そのような理由であれば、労働時間を短くすることと同時に長く勤務を続けることを望んでいることは明らかであり、契約存続期間については長期を予定しており、簡単に期間満了を理由に雇止めすることはできないはずである。このことを無期労働契約から有期労働契約に移行する際に明確に合意することが、労働者にとって重要である[47]。

---

46) 大阪地判平成24・11・16労判1068号72頁。

第 5 章　有期労働契約と新たな法規制

4　小　　括

結局、労契法 19 条は、同 18 条とも関係し、有期労働契約を選択する理由とそこから導かれる契約存続期間につき、両当事者で明確な合意をするよう促す働きをすると言える。

Ⅵ　おわりに

労契法 19 条により雇止め法理が条文化されたことは、今回の改正の重要な内容の 1 つである。

雇用継続期間が 5 年を超えた有期労働契約で働く労働者に関しては同法 18 条の活用がメインとなるものの、同法 19 条は、雇用継続期間が 5 年に達する以前の有期労働契約で働く労働者につき、1 号・2 号に該当する場合、解雇権濫用法理の類推適用により、雇止めが客観的に合理的な理由を欠き、社会通念上相当であると認められないときにその効果を否定し、雇止めを抑止する機能を果たす。

その機能をどの程度果たしうるかは、同法 19 条 1 号・2 号にいかなる場合が該当すると判断するか等に依存するが、特に 2 号に該当するか否かの予測可能性が低いことが問題となっている。

同条の条文化により、使用者・企業が、ある程度長い雇用関係の継続を予定するのであれば、契約締結を臨む労働者に対し、どのような目的で雇用を行うのか、その目的の達成のためにどれほどの期間の雇用が予定されるのか、雇用

---

47) なお、期間の定めのない労働契約から有期労働契約に転換した事例においては、更新の合理的期待が認められた例が多い。定年後に期間を定めて再雇用された事例としては、京都地判平成 22・11・26 労判 1022 号 35 頁［エフプロダクト事件］、福岡地決平成 23・7・13 労判 1031 号 5 頁［トーホーサッシ事件］があげられ、経営上の理由によるリストラの一環として正社員が有期化された事例としては、大阪地判平成 8・5・20 労判 697 号 42 頁［駸々堂事件］があげられ、労働者側の事情で有期雇用に転換した事例としては、大阪地決平成 8・1・29 労判 689 号 21 頁［情報技術開発事件］があげられる。

が途中で期間満了を理由に終了する可能性があるのはいかなる場合かにつき、あらかじめ一定期間を通じた計画を立てた上で明確に説明し、合意をとって有期労働契約を締結することとなる。このように明確な説明を行って合意をとることは、労働者が有期労働契約を活用していく場合にも重要である。

現在、有期労働契約は、ジャストインタイムシステムを支える労働力確保策として、また、スキル習得や適性をチェックしつつより安定的な雇用に至る経過として、さらに介護等の理由で無期労働契約から転換する受け皿として、活用されている。そのような中で、労契法 19 条は、スキルの涵養や適性判断に時間がかかる職種、ジャストインタイムシステムをとる職種に有用な雇用形態として、また家庭と仕事の両立を目指す労働者像にフィットする雇用形態として、有期労働契約が活用されるにつき、目的と手段の明確化を促し、事前に予測される有期労働契約の帰趨（具体的にどのような場合に雇止めがなされるか等）に関する情報の共有を促す重要な機能を担う。

近時、研究能力開発法に見られるように、職種によっては、5 年無期転換ではなく 10 年無期転換を認める改正がなされている[48]。このような動きを受けて本条の活用される範囲は、広がりを見せている。需要に応じた労働者像や雇用モデルが生まれる中で、本条は、有期労働契約が活用される枠組みを作り、雇止めの妥当性が適正に判断される基礎を形成する重要な役割を担わなければならない。いかなる場合に合理的期待が認められるかをはじめとする複数の論点[49]につき更なる理論的深化が求められている。

---

48) 専門的知識等を有する有期雇用労働者等に関する特別措置法案が平成 26 年 3 月 7 日に提出された。

49) 雇止めの客観的合理的理由・社会的相当性の審査をはじめとするその他の論点については、荒木 473 頁、荒木編著・前掲注 6) 69 頁、荒木＝菅野＝山川・前掲注 6) 205 頁以下、龔・前掲注 13) 47 頁以下、岩村＝荒木＝島田・前掲注 2) 28 頁以下、鎌田ほか・前掲注 2) 120 頁以下、唐津・前掲注 2) 2 頁、細川・前掲注 2) 48 頁以下、富永・前掲注 24) 55 頁、國武・前掲注 24) 141 頁以下、徳住ほか・前掲注 28) 19 頁以下、篠原・前掲注 30) 34 頁、篠原信貴「有期労働契約の中途解約と雇止めをめぐる一考察」季労 212 号（2006）143 頁、桜庭涼子「雇止め法理の根拠と効果」季労 230 号（2010）213 頁、山川・前掲注 12) 425 頁、唐津・前掲注 2) 12 頁以下、毛塚・前掲注 30) 22 頁等。

5-3　不合理な労働条件の禁止と均等・均衡処遇（労契法 20 条）

水町　勇一郎

I　労契法 20 条と立法経緯

1　労契法 20 条の規定

　労契法 20 条は、「期間の定めがあることによる不合理な労働条件の禁止」という標題で、次のように定めている。
「有期労働契約を締結している労働者の労働契約の内容である労働条件が、期間の定めがあることにより同一の使用者と期間の定めのない労働契約を締結している労働者の労働契約の内容である労働条件と相違する場合においては、当該労働条件の相違は、労働者の業務の内容及び当該業務に伴う責任の程度（以下この条において「職務の内容」という。）、当該職務の内容及び配置の変更の範囲その他の事情を考慮して、不合理と認められるものであってはならない。」
　本条は、2012 年 8 月に成立した改正労契法によって、有期労働契約の無期労働契約への転換（現行 18 条）、雇止め法理の法定化（現行 19 条）と並んで、制定されたものである（本条は 2013 年 4 月施行）。

第5章　有期労働契約と新たな法規制

2　立法に至る経緯

(1)　民主党マニフェスト（2009年）と有期労働契約研究会報告書（2010年）

2009年の総選挙を経て民主党を中心とする政権が誕生して以降、政府は雇用形態による格差問題について検討と取組みを進めた。

民主党は、2009年総選挙の選挙公約（Manifesto2009）で、「性別、正規・非正規にかかわらず、同じ職場で同じ仕事をしている人は同じ賃金を得られる均等待遇を実現する」との公約を掲げていた。これを踏まえ、政府は、2010年6月に決定した新成長戦略において、「パートタイム労働者、有期契約労働者、派遣労働者の均衡待遇の確保と正社員転換の推進」を2013年度までに実施すべきとの実行計画（工程表）を定めた。

このような動きのなか、厚生労働省は、2009年2月に有期労働契約研究会を設置し（座長　鎌田耕一東洋大学教授）、2010年9月10日にその検討結果をまとめた報告書を公表した[1]。同報告書は、有期契約労働者の処遇格差問題について、次のように述べている。

「有期契約労働者の待遇について正社員との格差を是正するための規制方法として、EU諸国のような『有期契約労働者であることを理由とした合理的理由のない不利益取扱いの禁止』のような一般的な規定を法に置き、具体的な適用については個々に裁判所等が判断するという枠組みが一つの例となる。この枠組みを考える場合、我が国においては、近年、職務給的な要素を取り入れる動きも出てきているとはいえ、一般的には、諸外国のように職務ごとに賃金が決定される職務給体系とはなっておらず、職務遂行能力という要素を中核に据え、職務のほか人材活用の仕組みや運用などを含めて待遇が決定され、正社員は長期間を見据えて賃金決定システムが設計されていることから、何をもって正社員と比較するのか、また、何が合理的理由がない不利益取扱いに当たるかの判断を行なうことが難しく、民事裁判における判断も区々となることが懸念され、これらの点について、十分な検討が必要であ

---

1)　http://www.mhlw.go.jp/stf/shingi/2r9852000000uowg-att/2r9852000000uq8t.pdf

る。

　一方、パートタイム労働法の枠組みを参考に、職務の内容や人材活用の仕組みや運用などの面から正社員と同視し得る場合には厳格な均等待遇（差別的取扱いの禁止）を導入しつつ、その他の有期契約労働者については、正社員との均衡を考慮しつつ、その職務の内容・成果、意欲、能力及び経験等を勘案して待遇を決定することを促すとともに、待遇についての説明責任を課すという均衡待遇の仕組みの方法がある。……

　この仕組みのうち、正社員と同視し得る者に係る均等待遇（差別的取扱いの禁止）については、現行のパートタイム労働法は、無期契約労働者か『実質無期』の有期契約労働者であることを要件としている。有期契約労働者について同様の均等待遇の措置を考える場合、そもそも期間を定めて雇用されていることから、パートタイム労働法にいう実質無期要件についてどのように考えるべきかについて議論があった。この点も含めて、正社員との比較の在り方など、パートタイム労働法の枠組みや、平成19年の同法改正法附則第7条に基づく検討の動向に留意しつつ、引き続き十分に検討していく必要がある。」（同報告書23頁）

　ここでは、①EU諸国の不利益取扱い禁止原則が一例となるとしつつ、さらに日本の特殊性を考慮した検討が必要であること、②現行のパートタイム労働法の枠組み（均等待遇や均衡待遇の措置）も参考になるが、その改正に向けた検討の動向に留意しつつ、引き続き検討をしていく必要があることが述べられているにとどまり、均等処遇や均衡処遇の具体的な内容について明確な見解や方向性は示されていない。

(2) 雇用形態による均等処遇についての研究会報告書（2011年）

　厚生労働省はさらに、立法化に向けて均等処遇原則等についての比較研究を深めるべく、2010年9月、労働政策研究・研修機構に「雇用形態による均等処遇についての研究会」（座長 荒木尚志東京大学教授）を設置した。

　同研究会では、EUとその加盟国であるドイツ、フランス、イギリス、スウェーデン、および日本を対象に、正規・非正規労働者間の不合理な処遇格差を

第5章　有期労働契約と新たな法規制

禁止する法制等の概要と実態を研究したうえで、日本における正規・非正規労働者間の不合理な処遇格差を是正するための仕組みづくりへの示唆を得るための検討が行われた。その成果は、2011年7月に、「雇用形態による均等処遇についての研究会報告書」として取りまとめられた[2]。同報告書は、その知見および示唆を次のようにまとめている。

「○　日本においては、正規・非正規労働者間の処遇格差是正の文脈で『同一（価値）労働同一賃金原則』に言及されることもあるが、EU諸国における同原則は、人権保障の観点から、性別など個人の意思や努力によって変えることのできない属性等を理由とする賃金差別を禁止する法原則として位置付けられていると理解することができる。

　他方、当事者の合意により決定することが可能な雇用形態の違いを理由とする賃金の異別取扱いについては、上記の人権保障に係る差別禁止事由について認められる『同一（価値）労働同一賃金原則』は、特段の立法がない限り、直ちに適用可能なものではないと解されている。

○　EU諸国では、正規・非正規労働者間の賃金を含む処遇格差の是正については、雇用形態に係る不利益取扱い禁止原則の枠組みの中で対処されている。

　同原則は、非正規労働者の処遇改善の観点から、正規労働者と比べて、客観的（合理的）理由なく、非正規労働者を不利に取り扱うことを禁止し、かつ、非正規労働者を有利に取り扱うことも許容するものであり、有利にも不利にも両面的に異別取扱いを禁止するいわゆる均等待遇原則（差別的取扱い禁止原則）とは異なる類型に属するものである。

○　そして、雇用形態による異別取扱いが違法となるかどうかは、客観的（合理的）理由の有無により決せられるが、その判断は、人権保障に係る差別的取扱い禁止原則（特に直接差別）におけるよりも柔軟な解釈が行われている。

○　このような雇用形態に係る不利益取扱い禁止原則は、雇用形態の違い

---

2) http://www.jil.go.jp/press/documents/20110714_02.pdf

を理由とする異別取扱いについて、その客観的（合理的）理由につき使用者に説明責任を負わせることで、正規・非正規労働者間の処遇格差の是正を図るとともに、当該処遇の差が妥当公正なものであるのか否かの検証を迫る仕組みと解することができる。

　このような仕組みは、正規・非正規労働者間の不合理な処遇格差の是正及び納得性の向上が課題とされている日本において、示唆に富むものと考えられる。

　○　また、EUでは、差別禁止法一般について法違反による事後的救済のみでは十分に効果が上がらないことから、当事者自らによる改善に向けた取組を促すアプローチも導入されていることを参考に、日本においても、個別企業による正規・非正規労働者間の処遇の差の実態把握や、当該処遇格差が不合理な場合の是正に向けた労使の取組を進めることは、非正規労働者の処遇の改善及び納得性の向上に資すると考えられる。」（同報告書の概要[3]　7頁以下）

ここでは、①EU諸国では人権保障に係る差別的取扱い禁止原則と雇用形態に係る不利益取扱い禁止原則とは異なる類型に属するものと理解されていること、②後者は非正規労働者の処遇改善の観点から不利益な取扱いのみを禁止し、その客観的（合理的）理由の有無についても柔軟な解釈がなされていること、③このような仕組み（合理的理由のない不利益取扱いの禁止）は正規・非正規労働者間の不合理な処遇格差の是正と納得性の向上が課題とされている日本において示唆に富むものであることなどが指摘されている。このような形で、EU諸国の法規制のあり方を参照しながら、その後の労契法20条の規定につながる示唆が導き出されている。

(3)　労働政策審議会の建議（2011年12月）と改正労契法の成立（2012年8月）
　これらの研究会等による検討を踏まえつつ、2010年10月から、労働政策審議会労働条件分科会で有期労働契約のあり方について審議が重ねられた。同分

---

[3] http://www.jil.go.jp/press/documents/20110714_01.pdf

第5章　有期労働契約と新たな法規制

科会での1年を超える審議を経て、2011年12月26日、「労働契約の在り方について（報告）」が取りまとめられ、同日、厚生労働大臣に建議された[4]。同報告では、有期契約労働者の処遇格差問題について、「期間の定めを理由とする不合理な処遇の解消」という表題で、次のように記載されている。

　「有期契約労働者の公正な処遇の実現に資するため、有期労働契約の内容である労働条件については、職務の内容や配置の変更の範囲等を考慮して、期間の定めを理由とする不合理なものと認められるものであってはならないこととすることが適当である。」

ここでは、「雇用形態による均等処遇についての研究会報告書」（2011年）（上記(2)）による示唆を受けて、①有期契約労働者への不合理な労働条件を禁止することが適当であるとしつつ、②その際の考慮要素として職務の内容や配置の変更の範囲等を考慮するものとしている。

この報告に基づく建議を反映させた労契法改正法案が2012年の通常国会に提出され、同年8月3日、同法案は参議院本会議で可決・成立した。本改正では、労契法に有期契約労働者の保護を定める新たな章（第4章「期間の定めのある労働契約」）が設けられ、①通算契約期間が5年を超えた場合の無期労働契約への転換（現行18条）、②判例上確立されていた雇止め法理の法定化（現行19条）とあわせて、③有期契約労働者と無期契約労働者との処遇格差問題について、期間の定めがあることによる不合理な労働条件の禁止（20条）が定められた。厚生労働省は、同月10日、本改正の趣旨・内容に関する通達を発出している（以下、本稿では「施行通達」という）[5]。

---

4) http://www.mhlw.go.jp/stf/shingi/2r98520000022 m7s-att/2r98520000022m99.pdf
5) 平成24・8・10基発0810第2号「労働契約法の施行について」。

II 労契法 20 条の趣旨・性質――「差別禁止」か「不利益取扱い禁止」か？

1 趣　旨

労契法 20 条の趣旨について、労働政策審議会労働条件分科会の報告（上記 I 2 (2)）では「有期契約労働者の公正な処遇の実現に資するため」と表現され、また、労契法改正法案の国会審議では「有期契約労働者の……公正な待遇を確保するため」と説明されている[6]。厚生労働省による施行通達（前掲注 5)) は、これらを受けて、本条の趣旨について次のように述べている。

「有期契約労働者については、期間の定めのない労働契約を締結している労働者（以下「無期契約労働者」という。）と比較して、雇止めの不安があることによって合理的な労働条件の決定が行われにくいことや、処遇に対する不満が多く指摘されていることを踏まえ、有期労働契約の労働条件を設定する際のルールを法律上明確化する必要がある。

このため、有期契約労働者の労働条件と無期契約労働者の労働条件が相違する場合において、期間の定めがあることによる不合理な労働条件を禁止するものとしたものであること。」

このように、本条の趣旨は、有期契約労働者の処遇に対する不満等を踏まえ、その公正な処遇を実現するために、期間の定めがあることによる不合理な労働条件を禁止したものということができる。

2 性　質

(1) 労契法 20 条の規定と学説

労契法 20 条の特徴は、2011 年の「雇用形態による均等処遇についての研

---

[6] 平成 24 年 3 月 22 日第 180 回国会参議院厚生労働委員会会議録 7 頁〔小宮山洋子厚生労働大臣発言〕。

第5章　有期労働契約と新たな法規制

会報告書」（上記 I 2(2)）の示唆を受け、EU 指令および EU 諸国の「客観的理由のない不利益取扱い禁止」原則を参考とした条文となっている点にある。このような経緯と関連して、本条がどのような性質をもつものか、すなわち、労契法 20 条は有期契約労働者に対する差別的取扱いを禁止したものか、不利益取扱いを禁止したものかについて、学説上見解が分かれている。

学説は大きく分けると、①EU の法規制のあり方を参考に、有期労働契約という雇用形態にかかわる本条は、「差別禁止」ではなく「不利益取扱いの禁止」を定めたものであるとする見解[7]と、②有期労働契約という雇用形態にかかわるものであるからといって、本条を「差別禁止」と異質なものとする根拠は乏しいとするもの[8]とに分かれている。

この点の当否について理論的に考察する前提として、以下、EU 指令および EU 諸国（その代表的な国であるフランスとドイツ）の有期契約労働者の処遇にかかる法原則のあり方（規定と運用の実態）について確認しておこう。

(2)　EU における法規制のあり方

　(a)　EU 指令

ヨーロッパ（EU）では、正規労働者と非正規労働者との待遇格差について、EC 指令に基づいて、包括的な法規制が施されている。①EU の 1997 年のパートタイム労働指令（1997/81/EC）は、「パートタイム労働者は、雇用条件について、客観的な理由によって正当化されない限り、パートタイム労働であることを理由に、比較可能なフルタイム労働者より不利益に取り扱われてはなら

---

[7] 菅野 235 頁、荒木 476 頁以下。毛塚勝利も、基本的人権の確保を目的とする「差別禁止」と使用者に雇用形態等にかかわらずその構成員（労働者）を等しく取り扱うことを求める「平等取扱い」との峻別を説き（毛塚勝利「労働法における差別禁止と平等取扱」山田省三＝石井保雄編『労働者人格権の研究（下巻）』（信山社、2011）3 頁以下、同「非正規労働の均等処遇問題への法理論的接近方法──雇用管理区分による処遇格差問題を中心に」労研 636 号（2013）14 頁以下）、本条は後者に属するもの（合理的理由なく異なる取扱いをしないことを求めるもの）としている（毛塚勝利「改正労働契約法・有期労働契約規制をめぐる解釈論的課題」労旬 1783・1784 号（2013）27 頁）。

[8] 西谷 451 頁以下。

ない」(4条1項)、② 1999 年の有期労働契約指令 (1999/70/EC) は、「有期契約労働者は、雇用条件について、客観的な理由によって正当化されない限り、有期労働契約または関係であることを理由に、比較可能な常用労働者より不利益に取り扱われてはならない」(4条1項)、③ 2008 年の派遣労働指令 (2008/104/EC) は、「派遣労働者の基本的な労働・雇用条件は、派遣先に派遣されている期間中は、少なくとも、同じ職務に従事するために派遣先から直接雇用されるとした場合に適用される条件とされなければならない」(5条1項)と規定しており、EU 加盟各国は、これらの不利益取扱い禁止原則を実現するための諸措置を、それぞれ国内法で整備しなければならないとされている。これらのうち、②有期契約労働者と無期契約労働者との処遇格差について、EU の代表的な国であるフランスとドイツにおける法律規定とその解釈・運用についてみておこう[9]。

(b) フランス

フランスの 1982 年 2 月 5 日のオルドナンス第 130 号・第 131 号、1986 年 8 月 11 日のオルドナンス第 948 号および 1990 年 7 月 12 日の法律第 613 号は、常用雇用と不安定雇用の分断を抑止し労働の集団性を再構築するという観点から、次のような形で、有期契約労働者と無期契約労働者の間の平等原則を定めた[10]。

①「期間の定めのない労働契約を締結している労働者に適用される法律および労働協約の諸規定、ならびに、慣行から生じる諸規定は、労働契約の終了に関する諸規定を除き、期間の定めのある労働契約を締結している労働者にも平

---

9) 水町勇一郎「『格差』と『合理性』——非正規労働者の不利益取扱いを正当化する『合理的理由』に関する研究」社会科学研究 62 巻 3・4 号(2011)125 頁以下参照。
10) フランスの有期労働契約法制の制定経緯と全体像については、浜村彰「フランスにおける有期労働契約法」労旬 1229 号(1989)30 頁以下、島田陽一「フランスの非典型労働契約法制の新展開」労旬 1261 号(1991)4 頁以下・49 頁以下、奥田香子「フランスの有期労働契約法制」労働問題リサーチセンター・日本 ILO 協会『非正規雇用問題に関する労働法政策の方向——有期労働契約を中心に』(労働問題リサーチセンター、2010)160 頁以下など参照。

第5章　有期労働契約と新たな法規制

等に適用される。」(現行労働法典 L. 1242-14 条)

②「期間の定めのある労働契約を締結している労働者が受け取る、L. 3221-3 条にいう報酬は、同等の職業格付けで同じ職務に就く、期間の定めのない労働契約を締結している労働者が、同じ企業において試用期間の終了後受け取るであろう報酬の額を下回るものであってはならない。」(同 L. 1242-15 条[11])

　これらの規定には、次のような特徴が認められる。

　第1に、権利平等原則(①)においては、「客観的な理由がない限り」といった留保なく、無期契約労働者と平等に権利を享受する(諸規定の適用を受けるまたは施設を利用する)ことが法文上定められている。第2に、報酬(②)については、「格付け」が同等で「職務(または労働ポスト)」が同じ無期契約労働者を比較対象とし、それを下回る報酬を禁止する(それを上回る報酬は許容する)片面的平等(不利益取扱いの禁止)の形で規定が定められている。このように、有期契約労働者に対して、法律上かなり広く(かつ留保も限定された形で)平等な権利の享受および報酬上の不利益取扱いの禁止が定められている。

　しかし、実際の運用上は、次のような重要な留保がある。

　労働者に認められる権利・利益には、勤続手当、勤続に伴う昇給・昇格など、当該企業における在職期間(勤続年数)に応じて発生または増加するものが少なくない。このような当該企業での在職期間と結びついた権利・利益については、在職期間が短い有期契約労働者は、当該権利・利益の給付要件となる在職期間を満たさないゆえに、それを享受できないものと解釈・運用されている[12]。また例えば、期間の定めのない労働者の休業期間中、同労働者を代替するために期間の定めのある労働契約によって雇用された労働者に対しては、かりに両者が同じ格付けで同じ職務に就いていたとしても、当該企業への在職期間(勤続年数)の違いを考慮して、賃金の支給額は異なるものとされうると解釈されている[13]。このように、報酬上の不利益取扱いの禁止(②)の例外と

---

11) この規定には、3750 ユーロの罰金刑(再犯の場合には 7500 ユーロの罰金および 6 か月の禁錮刑)が付されている(同 L. 1248-8 条)。

12) Pélissier (J.), Supiot (A.) et Jeammaud (A.), *Droit du travail*, 24e éd., 2008, n° 326, p. 435.

なる考慮要素として、条文上明記された「格付け」や「職務」の違いだけでなく、「在職期間」の違いも考慮に入れた解釈・運用がなされている点には注意が必要である。

　（c）ド　イ　ツ

　2000年のパートタイム労働・有期労働契約法は、1999年のEC有期労働契約指令を国内法化し、有期契約労働者の待遇改善を図るために、次のような形で、有期契約労働者に対する不利益取扱いの禁止を定めた[14]。

　①　「有期契約労働者は、客観的な理由によって正当化されない限り、有期労働契約であることを理由として、比較可能な無期契約労働者より不利に取り扱われてはならない。」（4条2項1文）

　②　「一定の評価期間に対して支給される労働報酬その他の分割可能な金銭的価値を有する給付は、有期契約労働者に対しては、少なくとも、その評価期間に対する当該労働者の就労期間の長さの割合に応じて、支給されなければならない。」（同項2文）

　③　「労働条件が同一の事業場または企業における労働関係の存続期間の長さに依拠する場合、有期契約労働者については、客観的な理由によって正当化されない限り、無期契約労働者と同一の期間と評価されなければならない。」（同項3文）

　これらの規定は、次のように解釈・運用されている。

　有期契約労働者に対する不利益取扱いの禁止は、賃金、労働時間、休暇・休業、福利厚生給付等を含むすべての労働条件に適用される。これは、労働協

---

13) Cass. soc. 17 mars 2010, n° 08-43135; Pélissier (J.), Supiot (A.) et Jeammaud (A.), *Droit du travail*, 24ᵉ éd., 2008, n° 326, pp. 434 et s.

14) ドイツの有期労働契約法制の経緯と全体像については、富永晃一「ドイツ――差別禁止法制」労働問題リサーチセンター・日本ILO協会『雇用平等法制の比較法的研究――正社員と非正社員との間の賃金格差問題に関する法的分析』（労働問題リサーチセンター、2008）158頁以下、石崎由希子「ドイツにおける有期労働契約規制」労働問題リサーチセンター・日本ILO協会『非正規雇用問題に関する労働法政策の方向――有期労働契約を中心に』（労働問題リサーチセンター、2010）176頁以下など参照。

約、事業所協定、社会計画等の定めにもあてはまり、有期契約労働者をこれらの給付・措置から除外することは、原則として許されない。これらのすべての労働条件について、使用者は、客観的理由がない限り、有期契約労働者を無期契約労働者と同様に（有期契約労働者に不利にならないように）取り扱わなければならない[15]。

有期契約労働者の不利益取扱いを正当化する客観的理由の有無については、問題となっている給付の性質・目的に照らして個別具体的に判断されている。有期契約労働者について判例上問題となった点として、次の3つのタイプのものがある。

第1に、賞与等の特別手当を有期契約労働者に支給しないことの正当性である。この点については、特別手当が労働者の過去の貢献に報いる功労報償的な性格を有している場合には、有期契約労働者に対しても、その貢献の割合に応じて、手当を支給しなければならない[16]。これに対し、将来に向けて労働者の忠誠を確保する勤労奨励的な性格を有する手当については、そこに定められた将来の期日に労働関係が終了している有期契約労働者に対しては、それを支給しないことも正当であると解されている[17]。

第2に、企業年金の適用対象から有期契約労働者を除外することの正当性である。この点については、従来から重要な争点とされ、立法者[18]も、判例[19]も、適用を認めても給付額がわずかなものにしかならず、企業への忠誠を形成

---

15) Schaub/Koch/Linck/Vogelsang, Arbeitsrechts-Handbuch, 13. Aufl.（2009), S. 305（Koch).
16) BAG vom 28.3.2007-10 AZR 261/06＝AP Nr.265 zu §611 BGB Gratifikation.
17) Schaub/Koch/Linck/Vogelsang, Arbeitsrechts-Handbuch, 13. Aufl.（2009), S. 305（Koch). 前掲注16）判決の事件では、翌年の6月30日より前に労働者側の事由で労働関係が終了する場合には特別手当を返還する旨の条項が付されていたが、有期労働契約の期間満了による終了は労働者側の事由による終了（労働者の意思による辞職）とは同視できないとして、経営上の理由により解雇された労働者と同様、有期契約労働者（期間満了により労働関係が終了した者）は同手当を返還する義務を負わないと判示された。
18) BT-Drucks. 14/4376, S. 16.

し老後の生活保障を補充するという企業年金の目的を達成することが難しいため、有期契約労働者を企業年金の適用範囲から除外することも許容されうると解釈している。これに対し、学説上は、使用者の管理コストがかさむことは不利益取扱いの客観的理由とはなりえないため、このような解釈は疑わしいとの批判がある[20]。

第3に、無期契約労働者との法的状況の違いを理由とした給付からの除外の正当性である。判例上問題となったのは、無期労働契約によって雇用されている教員は夏休み期間中も賃金支払いを受けるのに対し、夏休み期間は契約期間とされない有期契約労働者（8月25日から翌年7月22日までの期間付きで雇用されている教員）は夏休み期間中賃金を支給されないことが、違法な不利益取扱いにあたらないかであった。判例は、このケースについて、有期契約労働者が夏休み期間中賃金を受けられないのは、労働義務を負っていない（逆に無期契約労働者は夏休み期間中も新学期の準備や会議への出席等を内容とする労働義務を負っている）からであり、有期労働契約を理由とした違法な不利益取扱いにはあたらないと判示した[21]。

(3) 考　察

(a) EU の法規制との異同と考察の視点

以上のように、EU（およびその代表的な国であるフランス、ドイツ）では、有期契約労働者について、「客観的な理由のない不利益取扱い」を禁止するという条文またはその解釈・運用によって法規制が展開されている。労契法 20 条は、2011 年の「雇用形態による均等処遇についての研究会報告書」（前記 I 2 (2)）をもとに、この EU の法規制と類似した条文の体裁をとっている。ただ

---

19) BAG vom 13.12.1994 AP Nr. 23 zu §1 BetrAVG Gleichbehandlung; BAG vom 27.1.1998 AP Nr. 45 zu §1 BetrAVG Gleichbehandlung; BAG vom 20.8.2002-3 AZR 14/01 = NZA 2003, S. 1112; BAG vom 19.4.2005-3 AZR 469/04 = NZA 2005, S. 840.
20) Schaub/Koch/Linck/Vogelsang, Arbeitsrechts-Handbuch, 13. Aufl. (2009), S. 305 (Koch).
21) BAG vom 19.12.2007 AP Nr. 16 zu §4 TzBfG.

第5章　有期労働契約と新たな法規制

し、その文言上、「客観的な理由のない」が「不合理な」、「不利益取扱い」が「労働条件の相違」となっており、また、「不合理性」の判断要素として、職務の内容、職務内容・配置の変更の範囲が例示的に挙げられている点は、EUの法規制と異なる点である。

　このような日本の法規定（労契法20条）の性質を考える際、EUの議論が日本にそのままあてはまるわけではないことを慎重に考慮することが必要であろう。そこでは、EUと日本の背景状況の違いなどを考慮に入れ、EUにおける議論の理論的な基盤にも目を向けて考察することが重要である。また、その検討にあたっては、①「不合理な労働条件の相違」の禁止は「有利な取扱い」まで禁止しているのか、②「不利益取扱いの禁止」といっても「差別禁止」と明確に峻別できるのか（峻別すべきなのか）について、両者を区別しながら丁寧に論じる必要がある。

　(b)　有利な取扱いまで禁止しているか

　労契法20条は、有期契約労働者への不利益な取扱いのみを禁止しているのか、有利な取扱いも含めて両面的な差別を禁止しているのか。例えば、期間の定めのある労働契約を締結していることで雇用保障が限定されている分、賃金を無期契約労働者よりも高く設定する取扱い（いわゆる「有期プレミアム」）も、本条が禁止するものといえるかが、ここでの問題となる。

　この点については、有期契約労働者の処遇に対する不満等を踏まえ、その公正な処遇を実現するために、期間の定めがあることによる不合理な労働条件を禁止したものであるという本条の趣旨（前記1）や本条制定の背景（前記I）からすると、本条が、有期契約労働者への有利な取扱いまで禁止したものとは考えにくい。その意味で、本条は両面的な禁止規定ではなく、有期契約労働者への不利益取扱いのみを禁止した規定であると解釈することができよう。もっとも、このことから、本条は「不利益取扱い禁止」規定であり、「差別禁止」法理と峻別されるべきである、すなわち、「差別禁止」法理をめぐって発展してきた考え方を本条に及ぼすことはやめるべきである、と解釈すべきかについては、次に述べるようなより慎重な検討が必要である。

5-3 不合理な労働条件の禁止と均等・均衡処遇（労契法20条）

(c) 「差別禁止」と峻別すべきか

たしかに、欧米諸国の議論をみると、人権保障の観点から要請される人種、民族、宗教・信条、障害、年齢、性的指向などを理由とする「差別禁止」と、パートタイム労働、有期契約労働、派遣労働など雇用形態による不利益取扱いを禁止する「平等取扱い」とは、理論的にある程度峻別され、法規制のあり方という点でも異なる特徴をもつものと位置づけられてきた（アメリカではそもそも前者のみで、雇用形態による相違については法規制がない）[22]。そのなかで法政策のあり方を考えるにあたり、欧米諸国の法規制を参照しながら法規制のあり方を類型的に整理するという目的で、「差別禁止」と「平等取扱い」とを峻別する視点をもつこと（整理分類法としての峻別論）は有用であるといえる。

しかし、法政策の具体的な制度設計をするうえでもこの峻別論に依拠し、「差別禁止」と「平等取扱い」とを2つに分断して考えるという態度をとること（規範的判断としての峻別論）には、より慎重な考慮が必要である。ここで考慮すべき点は、大きく3つある。

第1に、そもそも差別禁止と平等取扱いという2つの観点から法規制が展開されているEUにおいても、両者の区別は絶対的なものではなく、相対的なものとされている。例えば、「差別禁止」の一法理と位置づけられる「間接差別」法理は、フルタイム労働者とパートタイム労働者間の処遇の違いを射程に含む[23]という点でも、差別者の動機は問われず、差別を正当化する客観的な理由が問われるという点でも、「平等取扱い」に類似した性質をもっている。また、「差別禁止」の1つと位置づけられる「年齢差別」の禁止は、人権保障という側面のみならず雇用政策という側面ももち、また、客観的な理由による差別の正当化が認められているなど、「差別禁止」と「平等取扱い」の双方の側

---

[22] 以下の議論も含め、水町勇一郎「『差別禁止』と『平等取扱い』は峻別されるべきか？——雇用差別禁止をめぐる法理論の新たな展開」労旬1787号（2013）48頁以下参照。

[23] 例えば、欧州司法裁判所の1981年Jenkins事件判決（Case 96/80 *Jenkins* [1981] ECR 911）、1986年Bilka-Kaufhaus事件判決（Case 170/84 *Bilka-Kaufhaus* [1986] ECR 1607）参照。

第5章　有期労働契約と新たな法規制

面・性格をもつものといえる[24]。さらに、フランスで判例法理として確立している「同一労働同一賃金」原則は、男女賃金差別を超えて労働者一般に妥当する法理と位置づけられており、「平等取扱い」法理の1つと解釈されている[25]。これらの例が示すように、「差別禁止」と「平等取扱い」の区別自体、相対的なものである。

　第2に、その区別の相対性の根底には、「差別禁止」と「平等取扱い」の基礎にある原理自体が両者にわたって交錯しているという事情がある。安部圭介が指摘しているように、そもそも差別が禁止される根底には、①自分では変えられない「不可変の属性」や②自分で選択できるけれどもその選択自体が「基本的権利」にかかわるものを理由として差別されることは、個人の尊重という法の基本原理に反し許されないという思想・観念がある[26]。この「不可変の属性」や「基本的権利」は背景にある社会状況によって変わりうるものである。例えば、社会的差別や労働市場の状況のなかで有期労働契約しか選択できない状況に置かれている人（①）が存在したり、また、自分で短時間労働を選択できるけれどもその選択自体、基本的権利（家庭生活や市民的自由）として尊重すべきであると社会的に認識されることもありうる。その意味で「差別禁止」の根底にあったものが「平等取扱い」の領域にも及ぶことがありうる。また近年、労働法の新たな意義・機能を基礎づける法理論として世界的に広がりをみせている「潜在能力アプローチ（Capability Approach）」[27]によれば、さまざまな環境に置かれた人がそれぞれその潜在能力を発揮できるような環境を作り出すという要請は、単に狭義の「差別禁止」のみならず、さまざまな雇用形

---

24) 櫻庭涼子『年齢差別禁止の法理』（信山社、2008）287頁以下参照。
25) その嚆矢となったフランス破毀院社会部の1996年Ponsolle事件判決（Cass. soc. 29 octobre 1996, n° 92-43680, Bull. civ. V, n° 359, p.255）のほか、この法理を発展させたCass. soc. 18 mai 1999, n° 98-40201, Bull. civ. V, n° 213, p.156; Cass. soc. 20 juin 2001, n° 99-43905, Cass. soc. 26 novembre 2002, n° 00-41633, Bull. civ. V, no 354, p.347; Cass. soc. 13 janvier 2004, n° 01-46407, Bull. civ. V, n° 1, p.1; Cass. soc. 25 mai 2005, n° 04-40169, Bull. civ. V, n° 178, p.153など参照。
26) 安部圭介「差別はなぜ禁じられなければならないのか」森戸英幸＝水町勇一郎編著『差別禁止法の新展開』（日本評論社、2008）20頁以下。

態や労働形態（無償労働も含む）にも及ぶものである。この理論的視点からすれば、差別禁止も平等取扱いも、各人が潜在能力を発揮できる環境を作り出すための連続的な法的手段と位置づけられうる。

　第3に、以上の考察を日本の問題状況にあてはめてみると、日本で規範的判断として峻別論をとることには、より慎重にならざるをえない。日本の正規・非正規労働者間の処遇格差問題は、長期雇用慣行を柱とした日本的雇用（正社員）システムを背景に、欧米諸国に比べてより大きく不安定なものとなっており、近年その状況は深刻さを増している[28]。また、正規労働者の長期にわたる長時間労働問題が深刻化するなか、短時間労働などさまざまな雇用形態を柔

---

27) この理論は、1998年にノーベル経済学賞を受賞したアマルティア・センの潜在能力アプローチを基盤とし、労働法学者であるケンブリッジ大学（イギリス）のサイモン・ディーキンなどがその法制度化を提案しているものである（主要な論考として、S Deakin and F Wilkinson, *The Law of the Labour Market*（Oxford University Press, 2005）, A Sens, *The Idea of Justice*（Belknap Press of Harvard University Press, 2009）, G Davidov and B Langille（eds.）, *The Idea of Labour Law*（Oxford University Press, 2011）, MC Nussbaum, *Creating Capabilities: The Human Development Approach*（Belknap Press of Harvard University Press, 2011）など参照）。この理論のポイントは、機会の平等を重視し個々人の置かれている環境の多様さを十分に考慮しようとしない自由主義的経済理論やジョン・ロールズの正義論（John Rawls, *A Theory of Justice*, Harvard University Press, 1971）を批判し、さまざまな環境に置かれた人がそれぞれその潜在能力を発揮できるような環境を作り出すことを重視している点にある。このような環境を整えるために、国家、家族、共同体などの重層的なシステムによって、それぞれの人の多様性に応じた選択の機会を与えることを可能とするよう法制度を整備することが重要である。とりわけ労働法においては、①雇用差別禁止法を通じて各人に労働市場に参加する機会を保障する、②有償労働と無償労働の整合性を考慮しながら家庭内でのケア労働の機会を保障する、さらには、③会社法、社会保障法、税制、教育制度等と連携しながらさまざまな環境に置かれた人びとにその潜在能力を発揮できる機会を保障するという視点から、労働法の再編を図る必要があるとされている（石田信平「労働契約規制の規範的基礎と構造」労研628号（2012）73頁以下、同「労働法の目的、対象、手法の新展開——イギリス労働法学における労働市場規制論に焦点を当てて」RIETI Discussion Paper Series 13-J-030（2013）、水町勇一郎「労働法の新たな理論的潮流と政策的アプローチ」RIETI Discussion Paper Series 13-J-031（2013）8頁以下など参照）。

第 5 章　有期労働契約と新たな法規制

軟に活用して仕事と生活のバランスをとること（ワーク・ライフ・バランス）の重要性の認識は社会的に広がっている。また、差別禁止法等を支える法理論である潜在能力アプローチが主張・提案している点は、実態として正規と非正規労働者が二極化し労働の選択肢の多様性が乏しい日本にこそ、規範的にはより妥当しうるものといえる。このような日本の問題状況に照らすと、雇用形態による処遇格差問題を人権保障のための差別禁止問題と明確に区別して捉え、両者を峻別した法的アプローチをとることには、慎重にならざるをえない。

日本では、以上のような基礎的な考察を踏まえながら、差別禁止と平等取扱い（不利益取扱い禁止）とを排他的に選り分けるのではなく、両者をより広く連続性のあるものと捉えたうえで、その基礎にある理論的基盤・原理に遡りながら、日本の問題状況や法制度の枠組みに応じた適切な対応・手法をとるというアプローチをとるべきである。このような視点からすると、労契法 20 条の不合理な労働条件の禁止は、人権保障の観点から展開される「差別禁止」とは区別された、規範的重要性の低い法理だと安易に位置づけられるべきではない。また、雇用形態格差の問題について「同一（価値）労働同一賃金」の実現に向けた手法をとることは、理論的にも政策的にも誤りといえるものではない。

Ⅲ　労契法 20 条の内容と判断枠組み──「均衡」か「均等」か？判断のあり方は？

1　「不合理な労働条件の相違の禁止」の意味・内容

労契法 20 条は、期間の定めがあることによる「不合理な労働条件の相違」を禁止している。その意味・内容はいかなるものか。それは、有期契約労働者と無期契約労働者の労働条件の「均衡」を求めるものなのか、「均等」を求めるものなのか。条文のみからはその意味・内容は必ずしも明らかでない。

28）例えば、水町勇一郎「非正規雇用と法」『岩波講座 現代法の動態 3 社会変化と法』（岩波書店、2014）参照。

5-3 不合理な労働条件の禁止と均等・均衡処遇（労契法20条）

　この点について、学説は、①労契法20条の「不合理な労働条件の相違」の禁止は均衡処遇（バランスのとれた処遇）を求めるものであるとする見解[29]と、②労契法20条には同一の支給（均等処遇）を求めるものとバランス（均衡処遇）を求めるものの2つが含まれている[30]とする見解とに分かれている。もっとも、前者の見解（①）も、均衡処遇のみを求めるものと解しているのか、均等処遇も含むものと考えているのか、必ずしも明確ではない。

　この点につき、改正労契法の国会審議のなかで、厚生労働省労働基準局長（当時）の金子順一は、次のように発言している。

　「まず基本給のような給与がどうなるかということでございますが、一般的には、職種、仕事の内容、その他、同じような仕事の内容なのかどうか、あるいは責任の範囲がどうかといったような、その辺りについて一般的に有期と無期の方で違うケースも多いのではないかというふうに考えておりまして、仮にそういう意味で申し上げれば、相違があったとしても直ちに不合理にはならないのではないかというように考えております。

　一方、こういった基本給とは別に、職務や人材活用の仕組みとは全く関係しないような処遇、例えて申し上げますれば、通勤手当のようなもの、それから食堂の利用をどうするかといったようなもの、さらには出張旅費といったようなもの、こういったものにつきましては職務の内容や人材活用の仕組みと直接関連をするものではございませんので、有期と無期の間で支給、不支給の差を設けたといたしますと、特段の理由がない限りこれは合理的とは認められないのじゃないかと、こんなふうに考えているところでございます。」[31]

---

29) 菅野235頁以下、野田進「労働契約法20条」西谷敏ほか編『新基本法コンメンタール労働基準法・労働契約法』（日本評論社、2012）430頁以下、富永晃一「労働契約法の改正」法教387号（2012）58頁。
30) 岩村正彦＝荒木尚志＝島田陽一「鼎談・2012年労働契約法改正――有期労働規制をめぐって」ジュリ1448号（2012）34頁以下〔岩村正彦発言〕、阿部未央「不合理な労働条件の禁止――正規・非正規労働者間の待遇格差」ジュリ1448号（2012）62頁以下、緒方桂子「改正労働契約法20条の意義と解釈上の課題」季労241号（2013）24頁以下など。

第5章　有期労働契約と新たな法規制

また、厚生労働省の施行通達（前掲注5））は、本条の解釈について、次のように述べている。

「法第20条の不合理性の判断は、有期契約労働者と無期契約労働者との間の労働条件の相違について、職務の内容、当該職務の内容及び配置の変更の範囲その他の事情を考慮して、個々の労働条件ごとに判断されるものであること。とりわけ、通勤手当、食堂の利用、安全管理などについて労働条件を相違させることは、職務の内容、当該職務の内容及び配置の変更の範囲その他の事情を考慮して特段の理由がない限り合理的とは認められないと解されるものであること。」

以上のような、国会審議の状況やそれを踏まえた施行通達からすれば、起草者の意思としては、一方で、通勤手当、食堂の利用、出張旅費、安全管理といった職務の内容や人材活用の仕組み（職務内容・配置の変更の範囲）と直接関連しないと考えられる給付については、有期契約労働者と無期契約労働者との間で相違を設けることは、それを正当化する特段の事情がない限り、合理的とは認められないと解釈されている。ここでは、原則として、有期契約労働者と無期契約労働者との間で相違を設けないこと（同一に取り扱うこと＝均等処遇）が求められているといえる。他方で、職務内容や人材活用の仕組みと関連する基本給（職務給、職能給など）については、その前提となる職務内容や人材活用の仕組みが異なっている場合には、給付内容に相違があっても「直ちに不合理にはなら」ず（上記国会審議における金子順一発言）、その前提の違いも考慮して公正を欠くといえるような均衡を失する相違があってはじめて不合理な労働条件の相違となると位置づけられていると解釈することができよう[32]。このように、労契法20条は、その給付の性質によって、均等処遇（同一取扱い）が求められるものと、均衡処遇（バランスのとれた取扱い）が求められるものの、双方を含んだ規定であると解釈することができる。

もっとも、均等処遇と均衡処遇の区別は相対的なものであり、両者が妥当す

---

31) 平成24年6月19日第180回国会参議院厚生労働委員会会議録23頁。
32) 岩村＝荒木＝島田・前掲注30) 35頁〔岩村発言〕も参照。

る領域の区別はそれぞれの給付の性質・目的によって定まるものである（下記2参照）。

2　合理性（不合理性）の判断基準・枠組み

(1)　施行通達と学説

　労契法20条における合理性（不合理性）の判断は、どのような基準・枠組みでなされるのか。同条は、労働条件の相違の不合理性を、①職務内容、②職務内容・配置の変更の範囲、③その他の事情を考慮して判断するものとしている。

　この点につき、厚生労働省の施行通達（前掲注5））は、次のように述べている。

　「法第20条の『労働者の業務の内容及び当該業務に伴う責任の程度』は、労働者が従事している業務の内容及び当該業務に伴う責任の程度を、『当該職務の内容及び配置の変更の範囲』は、今後の見込みも含め、転勤、昇進といった人事異動や本人の役割の変化等（配置の変更を伴わない職務の内容の変更を含む。）の有無や範囲を指すものであること。『その他の事情』は、合理的な労使の慣行などの諸事情が想定されるものであること。」

　「法第20条に基づき民事訴訟が提起された場合の裁判上の主張立証については、有期契約労働者が労働条件が期間の定めを理由とする不合理なものであることを基礎づける事実を主張立証し、他方で使用者が当該労働条件が期間の定めを理由とする合理的なものであることを基礎づける事実の主張立証を行うという形でなされ、同条の司法上の判断は、有期契約労働者及び使用者双方が主張立証を尽くした結果が総体としてなされるものであり、立証の負担が有期契約労働者側に一方的に負わされることにはならないと解されるものであること。」

　この施行通達によれば、考慮要素となる「その他の事情（③)」として、「合理的な労使の慣行などの諸事情」が含まれうることが明らかにされている。また、その裁判上の主張立証責任については、労働条件の不合理性を基礎づける

事実を労働者側が、合理性を基礎づける事実を使用者側がそれぞれ主張立証し、裁判所がその総体として労働条件の合理性（または不合理性）を判断するものとされている。

　もっとも、この施行通達によっても、労働条件の合理性（不合理性）をそれぞれ具体的にどのような基準・枠組みで判断するのかは、明らかにされていない。この点について、学説上は、個々の労働条件（給付）の性質・目的に応じて合理性（不合理性）を具体的に判断すべきであるとの指摘がみられる[33]。また、合理性（不合理性）の判断において、当該労働条件の設定手続、すなわち、それが使用者によって一方的に行われたものか、労使の交渉を経て行われたものか（有期契約労働者を包含する形態か、合意を得て行われたか）などの事情（集団的労働条件設定のプロセス）が重要な判断要素となるとの見解もある[34]。

(2)　合理性（不合理性）判断の類型と例

　この合理性（不合理性）の判断にあたって、フランスおよびドイツなどEUの経験から得られる重要な視点は、労働条件の相違の合理性・不合理性（客観的な理由の有無）は問題となっているそれぞれの給付の性質・目的に照らして個別具体的に判断されること、および、合理性・不合理性は一律に定められるものではなく事案に応じて異なるものとされることである。

　このような個別具体性や多様性・柔軟性に留意しつつ、給付（労働条件）の性質・目的に照らした合理性（不合理性）判断のための給付の類型と判断の例を示すことにしよう。EUにおける議論・経験の蓄積等を参考にすると、給付（労働条件）はその性質・目的という観点から大きく次の6つのタイプのものに分類することができ、それぞれのなかで合理性の判断要素（合理性を基礎づける事情）は異なるものとされる。

　第1に、職務内容と関連性の高い給付（基本給や職務手当など）については、職務内容、経験、資格などの違いが合理性を基礎づける事情となりうる。例え

---

[33]　阿部・前掲注30) 62頁、緒方・前掲注30) 25頁以下。
[34]　菅野237頁、荒木478頁。

5-3 不合理な労働条件の禁止と均等・均衡処遇（労契法 20 条）

ばドイツでも、職務内容が違えば基本給を異なるものとすることが認められ、さらに職務内容が同じであったとしても学歴、資格、職業格付けが違う場合には基本給を異なるものとすることも客観的に正当であると解釈されている[35]。また、基本給が単なる職務内容だけでなく、キャリア展開に応じて設定されている場合（職能給など）には、キャリアコースの違いが基本給の違いの合理性を基礎づける事情となりうる[36][37]。なお、日本では、このような考慮に加えて、かりに給付（基本給等）の違いに合理的な理由があり同一の取扱い（均等処遇）が求められないとしても、その違いは、前提条件（職務内容等）の違いに応じてバランスのとれたもの（均衡を失しないもの）であること（均衡処遇）を求める要請がはたらくこと（労契法 20 条にはこの均衡処遇の要請も含まれていると解されること）には注意が必要である（前記 1 参照）。この均衡処遇の合理

---

35) Schaub/Koch/Linck/Vogelsang, Arbeitsrechts-Handbuch, 13.Aufl. (2009), S. 375.

36) 例えば、フランスの破毀院は、同一労働同一賃金原則の例外となる「客観的な理由」として、①提供された労働の質の違い（Cass. soc. 26 novembre 2002, n° 00-41633, *Bull. civ.* V, n° 354, p347; Cass. soc. 20 février 2008, n° 06-40085 et n° 06-40615, *Bull. civ.* V, n° 38)、②在職期間（勤続年数）の違い（Cass. soc. 20 juin 2001, n° 99-43905)、③キャリアコースの違い（Cass. soc. 3 mai 2006, n° 03-42920, *Bull. civ.* V, n° 160, p. 155〔職業能力向上のためのキャリアコースが設定されそのコースに進んだ労働者と進まなかった労働者の間で職務が同一であるにもかかわらず賃金格差が生じていることにつき、キャリアコースが異なることを考慮すると同一労働同一賃金原則には違反しないとされた〕）、④企業内での法的状況の違い（Cass. soc. 28 avril 2006, n° 03-47171, *Bull. civ.* V, n° 152, p. 146〔テレビ会社から期間の定めのない契約によって雇用された労働者が興行（番組）があるときだけ有期契約を結ぶ労働者に比べて自分の報酬が低い（前者は週 2770 フラン、後者は週 4000 フラン）ことを同一労働同一賃金原則に違反すると主張したことにつき、当該企業における法的状況の違いを考慮すると同原則違反にあたらないとされた〕）、⑤採用の必要性（緊急性）の違い（Cass. soc. 21 juin 2005, n° 02-42658, *Bull. civ.* V, n° 206, p. 181〔保育園長の病気休暇期間中にその臨時代替として雇用された園長に対しより高額の報酬を支払ったことにつき、保育園閉鎖を回避するための緊急の必要性に基づいたものであり法的に正当化されるとされた〕）など、多様な事情がそこに含まれうることを認めている。

37) また、教育訓練については、それが職務内容やキャリア展開と結びついて提供されている場合には、職務内容やキャリア展開の違いが教育訓練給付の相違の合理性を基礎づける事情となりうる。

第 5 章　有期労働契約と新たな法規制

性（不合理性）判断では、裁判例上公序法理として展開されている議論[38]）が参考になるだろう。

　第 2 に、勤続期間と結びついた給付（勤続手当、昇給・昇格、退職金・企業年金、年休日数など）については、勤続期間の違いが合理性を基礎づける事情となりうる。例えばフランスでは、勤続手当、昇給・昇格など当該企業における在職期間（勤続年数）に応じて発生・増加する給付については、在職期間が短く当該給付の要件を満たさない有期契約労働者等にそれを支給しなくても適法と解釈・運用されている[39]）。またドイツでは、一定期間以上の勤続により企業への忠誠を養うことを促す目的をもつ企業年金については、当該企業への勤続期間の短い有期契約労働者をその適用対象から除外することも正当とされている[40]）。もっとも、ここで重要なのは実際の勤続期間の違いであり、日本のように有期労働契約ではあるが、その更新によって勤続期間が長くなり支給要件である勤続期間を満たすような場合には、その支給対象から除外する合理的な事情とはならない。

　第 3 に、会社への貢献に対して支給される給付（賞与など）については、会社への貢献度の違いが合理性を基礎づける事情となりうる。逆からみると、この給付の支給や算定にあたって考慮されている会社への貢献の点で違いがなければ、有期契約・無期契約の形式を問わず、当該給付を同様に支給することが求められる。例えばドイツでは、労働者の過去の貢献に報いる功労報償的な性格をもつ特別手当（賞与）については、有期契約労働者に対しても、その貢献の割合に応じて手当を支給すべきものとされている[41]）。

---

38) 長野地上田支判平成 8・3・15 労判 690 号 32 頁［丸子警報器事件］、大阪高判平成 21・7・16 労判 1001 号 77 頁［京都市女性協会事件］参照。
39) Pélissier (J.), Supiot (A.) et Jeammaud (A.), *Droit du travail*, 24ᵉ éd., 2008, p. 435.
40) 前掲注 18)・19) の諸文献参照。
41) BAG vom 28.3.2007-10 AZR 261/06 ＝ AP Nr. 265 zu §611 BGB Gratifikation. これに対し、その手当が、将来に向けて労働者の忠誠を確保する勤労奨励的な性格を有する場合には、そこに定められた期日に労働関係が終了している有期契約労働者に対しては、それを支給しないことも正当であると解釈されている（Schaub/Koch/Linck/Vogelsang, Arbeitsrechts-Handbuch, 13. Aufl. (2009), S. 305 (Koch)）。

5-3 不合理な労働条件の禁止と均等・均衡処遇（労契法 20 条）

　第 4 に、同じ会社・場所で働くメンバーとしての地位に基づく給付（通勤手当、家族手当、住宅手当、社内食堂、託児施設、健康診断、病気休業、社内行事への参加など）については、メンバーとしての地位の違いが合理性を基礎づける事情となりうる。例えば、派遣労働者と派遣先企業の直接雇用労働者とでは、同じ場所で働く労働者という点では地位の同一性が認められるが、どの企業に雇用されているか（派遣元雇用か派遣先雇用か）という点では地位の違いがある。この点を考慮し、フランスでは、働く場所との結びつきの強い交通手段や食堂などの集団的施設の利用については派遣労働者にも同様に権利を認めるべきものとし、その他の福利厚生給付については派遣労働者への支給を法律上は強制しないという態度がとられている[42)43)]。ここでは、それぞれの給付が労働者のどのような地位に対して提供されるものかという給付の目的・性質を明らかにしたうえで、同様の地位に立つ労働者には、有期契約・無期契約等の形式を問わず、その給付を提供すべきものとされている。日本の労契法 20 条をめぐる国会審議や施行通達で指摘された通勤手当、食堂の利用、安全管理等については、このような性質をもつ給付として、有期契約労働者にも特段の事情がない限り同一の給付が求められているものといえよう。

　第 5 に、労働時間の長さや配置にかかわる給付（時間外労働手当、深夜労働手当、食事手当など）については、労働時間の長さや配置の違いが合理性を基礎づける事情となりうる。例えばドイツでは、時間外労働手当の目的が一定時間（協約時間）を超えて労働することによる労働者の肉体的負担を補償することにある場合には、パートタイム労働者についてもフルタイム労働者と同じ労働時間（協約時間）を超えた場合にのみ同手当を支給することも違法ではないとされている[44)]。また、昼食のために支給される食事手当については、午前中

[42)] 雇用企業が同一であるパートタイム労働者や有期契約労働者については、これらの給付も原則として同様に支給すべきものとされている。

[43)] これに対しドイツでは、労働協約に異なる定めがある場合を除き、派遣労働者に対しても派遣先企業の直接雇用労働者と同様の給付を行うべきものと解されている（vgl. Schaub/Koch/Linck/Vogelsang, Arbeitsrechts-Handbuch, 13. Aufl. (2009), S. 1250 (Koch))。

335

第5章　有期労働契約と新たな法規制

または午後にのみ就労する半日労働者には支給しなくてもよいと解釈されている[45]。

　第6に、雇用保障（優先的な人員整理の可否など）については、会社との結びつきの度合いが合理性を基礎づける事情となりうる。例えば、フランスでもドイツでも、有期契約労働者は、そもそも期間の満了によって会社との関係が終了することが想定され、その分企業との結びつきが弱い労働者と位置づけられている（そのような認識の下で雇用されている）ため、期間満了により契約関係を終了させることも違法ではないと考えられている。これに対し、例えば期間の定めのない契約で雇用されているパートタイム労働者については、労働時間が短いということだけでフルタイム労働者より優先して人員整理の対象とすることはできないと解釈されており、フルタイム労働者にもパートタイム労働者にも同じ人選基準を適用して被解雇者を決定すべきものとされている。日本では、整理解雇法理の適用または類推適用（労契法16条・19条）における希望退職者の募集や人選の合理性の場面で、企業との結びつき（長期雇用の期待）の度合いが合理性を基礎づける事情として考慮されており[46]、労契法20条の適用においても同様に解釈することができよう。

(3) 合理性（不合理性）判断の方法——労使交渉のプロセスをどう考慮するか？

　上に述べた合理性の判断類型・基準（(2)）は、あくまで例示にすぎない。そ

---

44) BAG vom 5.11.2003 AP Nr.6 zu §4 TzBfG; BAG vom 16.6.2004 AP Nr.20 zu §1 TVG Tarifverträge: Großhandel. もっとも、手当の目的が、約束された時間（所定労働時間）を超えて働かせることにより労働者の自由時間の利用を妨げたことに対する補償にある場合には、パートタイム労働者は所定時間外労働に対する時間外労働手当の支払いを請求できるとする見解がある（Schaub/Koch/Linck/Vogelsang, Arbeitsrechts-Handbuch, 13. Aufl. (2009), S. 375 (Linck)）。

45) Becker/Danne/Lang/Lipke/Mikosch/Steinwedel, Gemeinschaftskommentar zum Teilzeitarbeitsrecht (1987), S.202 (Lipke); Goos, Teilzeitarbait und ihre Sonderformen 1985, S. 29.

46) 最一小判昭和61・12・4労判486号6頁［日立メディコ事件］など参照。

の具体的な内容は、個別の事案ごとに、それぞれの給付の性質・目的に照らして判断されるべきものである。そこで、その内容を実際にどのような方法で判定するのか、とりわけ、当該労働条件の設定をめぐる労使交渉のプロセスを重要な判断要素として考慮に入れるべきかが問題となる。

　この点については、学説上、前述((1))したように、当該労働条件を設定するうえで労使の集団的な合意が得られていることを合理性判断において重視すべきであるとの見解が示されている（前掲注34）参照）。例えば、当該企業で働く労働者の多くを組織している労働組合と使用者との間で合意が成立している場合には、労働条件の相違の合理性を法的に推定する（この推定を覆すためには「特段の事情」の立証が必要となる）という手法をとることも考えられる[47]。このように労使合意の存在を重視することは、現場に近い労使の声を反映しながら個別企業の多様な実態に対応できる柔軟な法的基盤を作り、労使コミュニケーションを通じて無期労働者・有期労働者間の労働条件格差を漸進的に解消していくという意義をもちうる。

　しかし同時に、労働条件の格差をめぐる問題について労使合意を重視することに対しては、フランスやドイツなどでその危険性が指摘されていることには注意が必要である。例えばフランスでは、判例上「同一労働同一賃金」原則が男女間の賃金格差だけでなく労働者一般の間の賃金格差に適用されうる法理として一般化されている[48]が、その例外となる客観的な理由の判断において労使の合意（労働協約）を重視すると労使自身が格差を作り出す元となってしまうとの懸念が示されている[49]。またドイツでは、労働協約（またはその労働契約による援用）によって派遣労働者への不利益取扱い原則と異なる定めをすることが認められており（労働者派遣法9条2号3文）、労働組合と派遣会社等との間で派遣労働者の賃金を低く設定する動きが広がっていたが、連邦労働裁判

---

47) 就業規則変更による労働条件の不利益変更に関する最二小判平成9・2・28民集51巻2号705頁［第四銀行事件］など参照。

48) 前掲注25）の諸判決参照。

49) Lyon-Caen (A.), À travail égal, salaire égal: Une règle en quête de sens, *Revue de Droit de Travail*, 2006, pp. 17 et s.

所は、2010 年の判決[50]で、著しく低い賃金を設定していたキリスト教系組合連合（CGZP）の協約能力自体を否定し、同連合が締結した労働協約を無効とすることによって労使自身による格差の設定に歯止めをかけた。

　これらの懸念は、正規労働者のみで組織された企業内労働組合であることが多い日本の労働組合の実態のなかでは、より深刻なものとして現れる可能性がある。したがって、労働条件の相違の合理性の判断において労使合意の存在を重視する（それによって労使のコミュニケーションを促す）としても、その前提として、問題となっている有期契約労働者など非正規労働者も含む多様な労働者によって組織されている労働組合等との合意であること[51]、および、労使合意に基づく場合にもそこに不公正さが内在する可能性があることを意識しつつ手続と実体の双方を考慮した合理性（不合理性）判断を行うことが重要といえよう。

IV　課題——他の法理・条文との関係等

　以上述べたように、労契法 20 条は、それぞれの給付（労働条件）の性質・目的に照らして給付の前提となっている事情等を考慮し、有期契約労働者と無期契約労働者との間の給付の違いが不合理と認められる場合には、その違いを違法・無効とする旨の規定であるといえる。

　この規定は、パートタイム労働法上定められている差別的取扱いの禁止（①職務内容の同一性、②期間の定めのない労働契約〔またはそれと同視しうる有期労働契約〕の締結、③雇用の全期間における職務の内容・変更の範囲〔人事異動の有無と範囲〕の同一性を要件として通常の労働者とパートタイム労働者との差別的取

---

50) BAG vom 14.12.2010-1 ABR 19/10, NZA 2011, 289.
51) 非正規労働者を包摂した労使関係システムの整備を進めることを提言した報告書として、労働政策研究・研修機構「様々な雇用形態にある者を含む労働者全体の意見集約のための集団的労使関係法制に関する研究会報告書」（2013 年 7 月）（http://www.jil.go.jp/press/documents/20130730/report.pdf）がある。

5-3　不合理な労働条件の禁止と均等・均衡処遇（労契法 20 条）

扱いを禁止。2014 年改正前の 8 条。2014 年改正法では②の要件を削除したうえで 9 条に規定）とは、異なる性質・射程をもつものである。2014 年改正パートタイム労働法は、この「差別的取扱いの禁止」に加えて、労契法 20 条と同様の形態の「不合理な待遇の禁止」を定めた（8 条）。このように、「不合理な労働条件（待遇）の禁止」は、正規労働者と非正規労働者間の格差問題を是正していく法的アプローチの基本原則となりつつある。今後は、有期契約労働者、パートタイム労働者だけでなく、派遣労働者についても同一の法原則（不合理な労働条件の禁止）を法制度化することが重要な政策課題となるだろう。

また、この「不合理な労働条件の禁止」原則が、Ⅲ 1 で述べたように、「均等処遇」と「均衡処遇」の双方を含むものであるとすれば、本原則は丸子警報器事件判決等の裁判例（前掲注 38）参照）で展開されている公序法理と類似の性格をもつものと位置づけることができよう。このような理解に立てば、「不合理な労働条件（待遇）の禁止」原則は、均衡処遇の理念を含む公序法理を労契法やパートタイム労働法上明文で定めたものであり、これらの法律でカバーされていない領域（例えば派遣労働者に対する不公正な処遇）については、なお公序法理（民 90 条）によってカバーされるべき問題であると解することができる。

本条をめぐる今後の課題として、①各職場において労使による自主的な規範設定に向けた取組みが進められること、②裁判所においてさまざまな事案に応じた判断が蓄積されていくこと[52]、③学説において本条の趣旨・基盤に遡った問題の整理や解釈が深められていくことが挙げられる。これらの取組みを重層的に結びつけながら展開していくことにより、本条の解釈と運用が広く発展・定着していくことが期待される。

---

[52] 大分地判平成 25・12・10 労判 1090 号 44 頁［ニヤクコーポレーション事件］は、パートタイム労働法上の差別的取扱い禁止規定（2014 年改正前の 8 条）を適用して正社員と準社員（有期契約・短時間労働者）間の賞与・休日割増手当格差を違法と判断した裁判例であるが、その判断の内容は労契法 20 条の解釈においても参考になるものといえる。

第6章　パートタイム労働者

6-1　パート処遇格差の法規制をめぐる一考察
　　──「潜在能力アプローチ」を参考に

6-1　パート処遇格差の法規制をめぐる一考察
　　── 「潜在能力アプローチ」を参考に

両角　道代

はじめに

　「短時間労働者の雇用管理の改善等に関する法律」（以下、パートタイム労働法）は1993年に制定され、2007年の改正を経て、2014年に再び改正された。この改正では、2007年改正で設けられた差別禁止規定の適用範囲が拡大されるとともに（9条。以下、新9条という）、有期雇用労働者に関して制定された労契法20条にならい、短時間労働者と通常労働者との処遇の差異が不合理なものであってはならないとする規定が新たに設けられた（8条。以下、新8条という）。今後、パート労働者の処遇格差問題については、引き続き立法政策的検討が求められることに加え、改正法、とりわけ新設された8条の解釈適用が重要な課題となる。

　日本では、正社員に対して長期雇用制の下で安定した雇用と賃金が保障される一方、パート等の非正社員は労務管理において正社員と明確に区別され、低賃金や不安定雇用など不利益な処遇を受けてきた。ここ数十年来、正社員と非正社員の処遇格差は日本の労働市場の構造に起因する社会問題として認識され、何らかの形で改善が図られるべきことについては広いコンセンサスがあった。しかし、格差に対する直接的な法規制の是非や規制のあり方については、様々な見解の対立がみられた。

第 6 章　パートタイム労働者

　今回の法改正は立法政策の大きな進展であるが、パート処遇格差の法規制が何ゆえに正当化されるのかという理念的考察が不要となったわけではない。労契法 20 条と同様に、新 8 条が禁止する「不合理」な差異は抽象的な概念であり、その解釈は同条の理念的な位置づけ（例えば契約自治との関係、古典的差別禁止との関係、集団的労使自治との関係）と深く関わっているからである。同条の解釈に際しては、なぜ法的格差規制が正当化されるのかという基本的問題に立ち返り、理念的考察を踏まえた検討をすることが求められる。

　本稿では、上記のような問題意識から、近年労働法の新たな意義を示す基礎理論として注目を集めているアマルティア・センの「潜在能力アプローチ」を参考にしながら、パート格差規制の根拠と新 8 条の意義について考察することを試みる。以下、Ⅰでは、パート格差規制をめぐる学説と立法の発展を概観したうえで、問題点の整理を行う。Ⅱでは、右問題を考察する手がかりとして、センの「潜在能力アプローチ」と、同理論を応用した労働法理論の概要を紹介する。Ⅲでは、これらの理論を踏まえて日本のパート格差規制がどのように正当化されうるかを検討したうえ、新 8 条の解釈について一定の考察を行う。

Ⅰ　問題点の整理

1　学説・判例・立法政策の発展

(1)　公序等に基づく格差規制

　学説上は、1980 年代頃から、パート労働者を含む非正規労働者と正社員の賃金格差について、公序等に基づく法的救済の可否が論じられてきた[1]。救済肯定説は、パート賃金格差は一定の要件の下で公序違反に当たるとし、不法行

---

1) 学説の整理については、大木正俊「非典型労働者の均等待遇をめぐる法理論」季労 234 号（2011）223-242 頁、同「第 1 章　労働法　　（3）均等・均衡処遇」大内伸哉編『有期労働契約の法理と政策——法と経済・比較法の知見をいかして』（弘文堂、2014）74 頁を参照。

6-1 パート処遇格差の法規制をめぐる一考察――「潜在能力アプローチ」を参考に

為に基づく損害賠償請求または労働契約に基づく差額賃金請求を肯定した。ただし、右公序の具体的内容については「同一労働同一賃金原則」[2]、修正された「同一労働同一賃金原則」[3]、「同一義務同一賃金原則」[4]、「均衡の理念」[5]など説が対立し、公序違反の具体的要件・効果に関しても見解が分かれていた。また、信義則に基づく労働契約の付随義務として、使用者は企業組織に参加する労働者（非正規労働者を含む）を平等に取扱う義務を負うとの見解も主張された[6]。

これに対して、救済否定説は、日本の賃金制度においては職務以外の要素が賃金決定において重要な役割を果たしており、同一労働同一賃金原則を公序とは認めがたいこと[7]や、雇用形態を理由とする処遇格差は、性差別のように普遍的な法原理に違反するものとは言えず、その規制は各国の立法政策に委ねられるべきものであること[8]から、パート格差を規制する明文の法規定が存在しない以上、契約自治が尊重されるべきであり、格差改善は集団的労使自治に委ねられると主張した。

裁判例も、公序による非正規格差の救済可能性については分かれている。憲法14条や労基法3条・4条の基底にある「均等（均衡）の理念」を根拠として、正規労働者と非正規労働者が同一（価値）労働に従事しているにもかかわらず著しい賃金格差がある場合には公序違反を認めうるとする裁判例[9]があ

[2) 本多淳亮「パートの労基法違反がなぜ続発するか」季労127号（1983）11頁。
[3) 浅倉むつ子「パートタイム労働と均等待遇原則（下）」労旬1387号（1996）38頁。
[4) 水町勇一郎「『パート』労働者の賃金差別の法律学的検討」法学58巻5号（1994）64頁。
[5) 土田道夫「パートタイム労働と『均衡の理念』」民商119巻4・5号（1999）543頁。
[6) 毛塚勝利「平等原則への接近方法」労旬1422号4頁（1997）。
[7) 下井隆史「パートタイム労働者の法的保護」労働64号（1984）19頁、野田進「パートタイム労働者の労働条件」労働64号（1984）71頁。
[8) 菅野和夫＝諏訪康雄「パートタイム労働と均等待遇原則――その比較法的ノート」北村一郎編『現代ヨーロッパ法の展望』（東京大学出版会、1998）122頁、130-131頁。
[9) 丸子警報器事件・長野地上田支判平成8・3・15労判690号32頁、京都市女性協会事件・大阪高判平成21・7・16労判1001号77頁。後者は「均衡の理念」の根拠として、2007年改正後のパートタイム労働法および労契法3条2項も挙げている。

る一方で、雇用形態の違いに基づく賃金格差は契約自治に委ねられるとして法的救済を否定するもの[10] もあり、裁判例の数も少ないため、判例法理が確立されているとはいえない状況にある。

(2) 立法による格差規制

次に、立法による格差規制については、救済肯定説の論者から積極的な主張がなされる一方で、救済否定説に立つ論者の多くは、パート労働者の処遇改善が必要であること自体は認めつつ、その手段として強行法規による直接的な介入ではなく、ソフトロー的な手法や雇用政策的措置（職業能力開発の促進、再就職支援など）を選択すべきだと主張した。その理由としては、①パート労働者の処遇格差は「合理的理由」（企業との結びつきや拘束の弱さ等）によってある程度説明できること、②パート労働者の多くは自発的に雇用形態を選択していること、③直接的な格差規制は労働市場に対する過剰な介入であり、好ましくない結果（パートの雇用機会の減少、単純作業等への職務限定等）をもたらす可能性が高いこと等が挙げられていた[11]。

このように見解が対立する中、1993年に制定されたパートタイム労働法は、事業主には努力義務を課すのみでそれ自体としては法的拘束力を持たない法律であり、主として行政指導により短時間労働者の処遇改善を図ることが意図されていた。しかし、非正規雇用の増加や格差問題への社会的関心の高まりを受け、2007年に同法は全面的に改正された。改正法は「均衡待遇」（通常労働者との均衡の取れた待遇の確保）を短時間労働者の処遇に関する基本原則として掲げるとともに（同法1条）、労働条件の文書による明示義務、通常の労働者と同視すべき短時間労働者に対する差別禁止（旧8条）、通常労働者との均衡処遇の確保する努力義務、通常労働者への転換の推進などを定めた。また、同年に制定された労働契約法にも、労働契約の基本原則として「労働契約は、労働者及び使用者が、就業の実態に応じて、均衡を考慮しつつ締結し、又は変更す

---

10) 日本郵便逓送事件・大阪地判平成14・5・22労判830号22頁。
11) 下井・前掲注7) 14頁、菅野＝諏訪・前掲注8) 132頁。

6-1 パート処遇格差の法規制をめぐる一考察──「潜在能力アプローチ」を参考に

べきものとする」(均衡考慮原則) との規定が設けられた (同法3条2項)。

　2007年改正は従来のソフトロー的手法に加え、民事的効力を有する差別禁止規定を導入することにより、パート格差規制のあり方を大きく変質させた。しかし、この規定は、短時間労働者が①通常労働者との職務内容の同一性、②人材活用方法の同一性、③無期労働契約の締結という3要件をすべて満たす場合に通常労働者との同一取扱いを義務づける[12] というもので、その適用範囲は極めて限定されており、むしろ3要件が法規制を回避するネガティブ・チェックリストとして機能しているとの問題が指摘されていた[13]。また、2013年に労契法が改正され、有期雇用であることを理由として労働条件に不合理な差異を設けることが禁止された (労契法20条) ことから、パートタイム労働法制と有期雇用法制の整合性を図る必要が生じた。

　これを受けて、2014年に再びパートタイム労働法の改正が行われた (改正法の施行は2015年4月1日)。主な改正点は、差別禁止について契約期間に関する要件を削除したこと (新9条)、短時間労働者と通常の労働者との待遇の相違が不合理なものであってはならないとする原則規定を新設したこと (新8条) のほかに、雇入れ時の説明義務の強化 (雇入れ時に雇用管理改善措置を説明することを義務付け。新14条1項)、相談体制の整備の義務づけ (新16条)、行政的サンクションの強化 (新18条2項、30条) 等である[14]。

---

[12] 旧法8条の下でパート処遇格差を違法と判断した裁判例として、ニヤクコーポレーション事件・大分地判平成25・12・10労判1090号44頁。

[13] 厚生労働省「今後のパートタイム労働対策に関する研究会報告書 (座長　今野浩一郎学習院大学教授)」(2011) 21-22頁。

[14] パートタイム労働法改正の経緯及び詳しい内容については、水町勇一郎「パートタイム労働法の改正」法教409号 (2014) 68-71頁、奥田香子「改正パートタイム労働法と均等・均衡待遇」季労246号 (2014) 13-24頁、緒方桂子「パートタイム労働者に対する処遇の格差是正・再考──2014年パート労働法改正を契機として」労旬1828号 (2014) 6-15頁、厚生労働省雇用均等・児童家庭局短時間・在宅労働課「改正パートタイム労働法のあらまし」ジュリ1476号 (2015) 14-21頁、櫻庭涼子「公正な待遇の確保」ジュリ1476号 (2015) 22-28頁。

第 6 章　パートタイム労働者

2　問題の所在

(1)　格差規制の是非をめぐる議論の意義

このように、パート労働者の処遇格差に対する法規制は二度の法改正を通して確実に強化されてきた。法改正により明文の規定が設けられたことで、格差規制の是非をめぐる論争は解決されたようにも見える。しかし、右論争では、パート労働者であることを理由とする不利益取扱いを法的に禁止する理論的根拠は何か、パート格差規制に伴う労働市場への影響を法的議論の中でどのように考慮すべきか、等の論点が提起されていた。これらは現在も解明されたとは言えず、今後の立法政策はもちろん、改正パートタイム労働法（とりわけ 8 条）の解釈にも関わる根本的な問題である。

(2)　新 8 条の意義と解釈上の問題

パート法新 8 条は、「事業主が、その雇用する短時間労働者の待遇を、当該事業所に雇用される通常の労働者の待遇と相違するものとする場合においては、当該待遇の相違は、当該短時間労働者及び通常の労働者の業務の内容及び当該業務に伴う責任の程度（以下、職務の内容という）、当該職務の内容及び配置の変更の範囲その他の事情を考慮して、不合理と認められるものであってはならない」と定めている。改正法の施行通達[15]によれば、新 8 条はすべての短時間労働者の待遇（賃金の決定、教育訓練の実施、福利厚生施設の利用のほか、休憩、休日、休暇、安全衛生、災害補償、解雇等労働時間以外のすべての待遇が含まれる[16]）に関して適用される原則であり、9 条から 12 条により義務づけられる措置の前提となる考え方を示したものである[17]。そして 8 条は労契法 20 条

---

[15]「短時間労働者の雇用管理の改善等に関する法律の一部を改正する法律の施行について」（平成 26 年 7 月 24 日基発 0724 第 2 号／職発 0724 第 5 号／能発 0724 第 1 号／雇児発 0724 第 1 号）。
[16]　前掲注 15)　通達第 3 の 3 (2)。
[17]　前掲注 15)　通達第 3 の 3 (6)。

348

6-1 パート処遇格差の法規制をめぐる一考察——「潜在能力アプローチ」を参考に

にならって制定された規定であり、その立法趣旨に照らして単なる理念規定ではなく、それ自体として民事的効力を有するものと解される[18]。同条の文言は（比較対象となる通常労働者の範囲が事業所単位とされている等の違いはあるが）労契法20条とほぼ同じであり、両規定は非正規労働者の処遇に関する共通の基本原則を示したものとして整合的に解釈されるべきである[19]。

具体的には、同条に違反する不利益取扱いは不法行為とされうるほか、解雇や労働条件の定めは無効となる（無効となったあとの労働条件は労働契約の補充的解釈による→後記Ⅲ2(1)）。そして、短時間労働者と通常労働者との待遇の相違が不合理であるか否かは、労契法20条と同様に、個々の待遇ごとに同条の挙げる事情を考慮して総合的に判断される[20]。新9条は職務内容や人材活用の同一性を通常労働者との同一取扱いを義務づける規定であるが、新8条に関しては通常労働者との同一性は要件ではなく、職務内容等に関連のない待遇（たとえば社員食堂の利用）の差異であれば職務内容等を問わずに不合理と判断されうる[21]。また、同条は労契法20条と同じように、パート労働者に対する不利益取扱いを片面的に禁止したものであり、パート労働者を優遇することは本条に違反しない。これらの点については学説上もほぼコンセンサスがありそうである。

しかし、新8条の禁止する「不合理」な相違は抽象的な概念であり、その具体的判断基準は多くの点で学説や裁判所の法解釈に委ねられている（厚生労働省は、「不合理性」の具体的内容に関する指針を作成する予定は当面ないとしている[22]）。同様に「不合理」な相違を禁止する労契法20条の解釈をめぐっては、①同条は均等待遇だけでなく均衡待遇も含むのか、②「不合理」とは「合理性

---

[18] 水町・前掲注14) 71頁、緒方・前掲注14) 12頁、奥田・前掲注14) 20頁、櫻庭・前掲注14) 25頁。前掲注15) 通達は新8条の民事的効力については明言していないが、同条が労契法20条にならった規定であるとし、新8条が労契法20条と同様に民事的効力を有し、同条違反の効果や立証責任についても労契法20条に準じて考えうることを示唆している（第3の3 (7) (8)）。

[19] 水町・前掲注14) 71頁、緒方・前掲注14) 12頁、奥田・前掲注14) 20-21頁。

[20] 前掲注15) 通達第3の3 (5)、櫻庭・前掲注14) 26頁。

[21] 水町・前掲注14) 71頁。

を欠く」ことを意味するのか、より限定的な意味に解釈すべきなのか、③「その他の事情」には何が含まれ、不合理性の判断に当たって諸事情がどのように考慮されるのか、などの論点が提起されている（→後記Ⅲ2）。そして、各論点をめぐる見解の対立は、格差規制の理論的根拠に関する各論者の立場の違いを少なからず反映しているように思われる。これらの論点はパート法新8条の解釈についても問題となるので、格差規制の理論的根拠にさかのぼり、労契法20条との整合性を意識しつつ、パートタイム雇用の特質を踏まえて考察する必要がある。

(3) パート格差規制の理論的根拠

パートの処遇格差を法により規制することはなぜ正当化されうるのか。この問題については様々な見解があるが、本稿の問題関心からは以下のように整理できる。

第一に、パートを含む非正規労働者の格差規制を、性や人種自体を理由とする差別禁止（以下、古典的差別禁止という）と連続して捉え、古典的差別禁止の根底にある均等待遇原則（等しいものを等しく扱うことを求める法原則）によって根拠付ける見解がある（公理説）。この見解に立つ論者の多くは、憲法の人権規定（13条、14条1項）や労基法の差別禁止規定（3条、4条1項）またはそれらの規定の趣旨から、均等待遇原則に基づく同一取扱法理（具体的には同一労働同一賃金原則、その日本的形態である修正同一労働同一賃金原則、同一義務同一賃金原則等）を導き、これらが公序を形成すると主張する。また、憲法13条・14条や国際条約の根底にある均等待遇原則を日本の状況を踏まえて明文化したものが労契法上の均衡考慮原則（3条2項）であるとして、同条を労働契約上の一般的義務を定めたものとする見解[23]や、右のような理解を踏まえ

---

22) 第142回労働政策審議会（雇用均等分科会）（2014年6月2日、田中短時間・在宅労働課長の発言）「第8条などについては、具体的に示すべきではないかということがほかの議論の中でもありましたが……裁判例等を含めて世の中の状況がいろいろ変わってくれば、またその段階で必要なことを考えなければいけないと思います。……現時点において省令等でこれ以上のものを定めるというのは難しいと思っています。」。

て法改正により均衡考慮原則が同一（価値）労働同一賃金原則を含むことを明文化するよう提言する見解もある[24]。これらの説によれば、パート法新8条および新9条は、古典的差別禁止の基礎にある均等待遇原則をパートタイム労働者について具体的に明文化したものと理解される[25]。

第二に、非正規格差規制を労働契約上の平等取扱原則によって根拠付ける説がある（平等取扱義務説）[26]。この見解は、古典的差別禁止が雇用関係に限定されない絶対的一般的公序であるのに対し、非正規労働者に対する平等取扱いは雇用関係における相対的限定的公序であるとして両者を理論的に区別する。そして非正規労働者の平等取扱いは「企業組織という生活空間の内部の規律」であるとして、その根拠を労働契約の組織的性格に求め、使用者は信義則に基づいて企業組織に帰属する労働者を合理的理由がない限り平等に取扱う義務（労働契約に付随する平等取扱義務）を負い、非正規労働者の不利益取扱いは同義務に反しうるとする[27]。この説によれば、労契法20条やパート法新8・9条は平等取扱義務を明文化したものと位置づけられ、同義務の趣旨に照らして解釈されることになる[28]。

第三に、非正規雇用の格差規制は主として労働政策上の要請によるものであるとして、普遍的原理に基づく人権保障としての差別禁止と理論的に区別する見解がある（政策説）[29]。この見解は、パート労働者と正社員の処遇格差は労働契約に基づく地位の違いに基づくものであり、実質的には労働市場の構造（パート労働市場が正社員の内部労働市場と明確に区別されていること）の違いから

---

23) 緒方桂子「労働契約の基本原則」西谷敏＝根本至編『労働契約と法』（旬報社、2011）40頁。
24) 森ます美＝浅倉むつ子編『同一価値労働同一賃金原則の実施システム』（有斐閣、2010）315-316頁。
25) 緒方・前掲注14) 8頁。
26) 毛塚勝利「労働法における差別禁止と平等取扱」山田省三＝石井保雄編『角田邦重先生古稀記念 労働者人格権の研究（下）』（信山社、2011) 21-25頁。
27) 平等取扱義務の具体的内容については、毛塚・前掲注26) 29-31頁。
28) 労契法20条について、毛塚勝利「改正労働契約法・有期労働契約規制をめぐる解釈論的課題」労旬1783・1784号（2013）26-29頁。

第 6 章　パートタイム労働者

生じていることを重視する。政策説によれば、このような格差規制を違法とする普遍的・一般的な法規範は存在せず、パート格差規制は基本的に立法政策の問題とされる。このような立場からは、新 8 条および 9 条は、現在の日本におけるパート格差問題を前提として、立法府が労働政策上の目的を達成する手段として制定されたルールであり、右政策目的に照らして解釈されるべきものと位置づけられる。

　なお、非正規労働者の不利益取扱禁止を人権的差別禁止と理論的に峻別する見解（平等取扱義務説、政策説）に対しては、EU 法やヨーロッパの労働法理論においては非正規労働者の不利益取扱い禁止と人権的差別禁止は個人の尊重という共通の目的を有するものと理解されており、その違いは相対的なものであること、とりわけ日本では雇用形態が個人の自由な選択の結果と言えない場合が多いことから、立法論においても法解釈論においても両者の区別に拘るべきではないとの批判がなされている[30]。

(4) 考　　察

　古典的差別禁止は、ある者が他の者と労働者として等しいにもかかわらず、性や人種など不可変の属性自体を理由として異なる取扱いをすることを両面的に禁止するルールである。これに対して、パート格差規制は「均衡待遇」とい

---

29) 菅野＝諏訪・前掲注 8) 131 頁、労働政策研究・研修機構「雇用形態による均等処遇についての研究会報告書（座長　荒木尚志　東京大学教授）」(2011) 33-34 頁、労契法 20 条について大内伸哉「第 4 章　考察」大内編・前掲注 1) 286 頁。富永晃一「雇用社会の変化と新たな平等法理」長谷部恭男ほか編『岩波講座　現代法の動態 3　社会変化と法』（岩波書店、2014）78-79 頁も基本的に同趣旨と解される。

30) 水町勇一郎「『差別禁止』と『平等取扱い』は峻別されるべきか？——雇用差別禁止をめぐる法理論の新たな展開」労旬 1787 号（2013）48 頁、同「非正規雇用と法」(2014) 長谷部ほか編・前掲注 29) 48-50 頁。これらの論文において、水町教授はセンの潜在能力アプローチにも言及し、人権的差別禁止と非正規労働者の平等取扱いは根底において個人の尊重という共通の理念を基礎とすることを指摘する。この指摘は正当であるが、前者は雇用以外の分野にも及ぶ普遍的原理であるのに対し、後者は雇用の分野に限定され社会の変化に対応した政策的な性格が強い規範として、なお両者を区別することができるように思われる。

6-1 パート処遇格差の法規制をめぐる一考察──「潜在能力アプローチ」を参考に

う理念の下にパート労働者に対する不利益取扱いを片面的に禁止するものであり、特に新 8 条は通常労働者との同一性を要件とせずに不合理な処遇格差を違法とするところに大きな特徴がある。このように同条の構造は古典的差別禁止と大きく異なっており、これを（「等しい者を等しく扱う」という意味での）均等待遇原則によって正当化することは困難である。なお新 9 条の構造は差別禁止に近いが、雇用形態を理由とする不利益取扱いを片面的に禁止するという点で、やはり古典的差別禁止とは区別されよう。

また、古典的差別禁止がめざすのは、社会経済状況を問わず普遍的に人権として保障されるべき形式的な平等である。これに対して、雇用形態を理由とする不利益取扱いは、どのような社会状況においても法的正義に反するとか、労働契約の本質に基づく義務に違反するとまでは言えないように思われる。現実の社会において、パート労働者と正規労働者の間に著しい処遇格差が存在し、かつ個人が雇用形態を選択する自由が実質的に制限されている（たとえば家庭を持つ女性はフルタイム雇用を選択しにくい）からこそ、パート格差は社会的にも法的にも不公正なものと評価されうる。さらに現在の日本では、非正規雇用の増加に伴うパート労働者の多様化（基幹的パート、非自発的パート、生計維持パートの増加）により、かつて正社員との処遇格差を正当化するとされてきた根拠の多くが失われ、法的介入による格差是正が強く求められるに至ったのだと考えられる。

その意味では、パートタイム労働法に基づく格差規制は、普遍的な人権保障としての差別禁止と同列に論じられるものではなく、社会の変化に伴う「労働政策上の要請」に基づく法規制だと考えられる[31]。しかし、現在の日本においてパート格差規制が社会的公正の観点から極めて重要な意味をもつことを考えると、パート格差規制を単純に政策的な手段と捉えることには問題がある。パートタイム労働法の目的規定（1 条）が示すように、パート格差規制は社会政策の問題であると同時に経済政策にも深く関わっており、2014 年改正に際しても様々な政策的価値（日本的雇用システムへの配慮、社会的公正の実現、女性

---

31) 櫻庭・前掲注 14) 24 頁。

第6章 パートタイム労働者

や高齢者などの労働力の有効活用など）が考慮されている[32]。パート格差規制が単に政策的なものだとすると、立法政策においても、法解釈においても、様々な政策的価値を法的な観点からどのように重み付け、考慮するかという基準が非常に曖昧になる（公理説や平等取扱義務説においても、雇用形態間に適用される均等待遇原則や平等取扱義務は私的自治や使用者の経済的利益との調整を予定したものであるが、そこには右原則の趣旨に照らして一定の理論的な基準が存在する）。たとえば、新8条の不合理性の判断に当たって、当該処遇格差を維持することが使用者にとって（あるいは労働市場全体から見て）経済的合理性を有するという主張がどのように評価されるのか、単純な政策説からは明確な基準を示し得ない。

そこで、問題となるのは、パート格差規制を根拠付ける「政策上の要請」の内容をどう捉えるかである。パートタイム労働法や立法過程で掲げられた様々な政策目的をそのまま格差規制の根拠と考えるのではなく、その背後にある規範的要請を明らかにすることにより、新8条の解釈に関しても一定の理論的な基準を得ることができるように思われる。

II 潜在能力アプローチ

1 センの潜在能力アプローチ

アマルティア・センはインド出身の厚生経済学者である。厚生経済学とは、社会における資源配分の問題について、現存するメカニズムにとらわれず、あるべき経済の制度的仕組みを理論的に研究する学問である。厚生経済学の創始者であるピグーは、功利主義の立場から個人的効用の総和により経済メカニズムの是非を決定する立場を採った。その後継者であるパレートやカルドア・ヒックスらは、個人の効用を序数（選好順序を数値化した、個人間比較可能性を持

---

[32] 前掲注13）報告書19-20頁。

6-1 パート処遇格差の法規制をめぐる一考察——「潜在能力アプローチ」を参考に

たない情報）として捉え、「パレート最適」（資源配分において、他の誰かの状況を悪化させることなく、誰の状態をも改善することのできない状況であり、市場を全体として見た場合に総和として人々の効用が最大化されていることを示す）を社会的厚生が極大となる状態とみなした。こうして正当派厚生経済学は「科学としての厚生経済学」をめざして経済学と社会的価値を切り離し、外から与えられた価値判断に即して適切な経済政策を設計することに守備範囲を限定した。センはこれを批判し、再びアダム・スミスのように経済学と社会的価値を結びつけ、新しい「社会的選択の理論（social choice theory）」を構築することに取り組んだ。センの構想の全容[33]を紹介することは筆者の能力を超えるので、以下では彼の「潜在能力アプローチ」に限定して概要を紹介する[34]。

　センは、人々の福祉や社会の成功を図る尺度として「効用」ではなく「潜在能力（capability）」という概念を用いることを提唱する。ここでいう「潜在能力」とは、個々人が自ら価値を認める（価値を認める理由のある）生き方を選ぶ実質的な自由（the substantive freedoms to choose a life one has reason to value）を意味する[35]。個々人が有する潜在能力は生来の資質や環境により異なるが、社会の構造や制度によっても大きく左右される。センは、社会的正義の観点から、国家はその構成員である個人に対して一定の潜在能力を保障する責任を負うと考える。そして、厚生経済学の目的は、人々の多様性を踏まえ、社会の構成員である個人の潜在能力をできるだけ豊かに、かつできるだけ平等に保障するため、限られた資源をより効率的かつ公正に配分する資源配分メカニズムを考案することにあるとする。

　その主著の一つ、*Development as Freedom*（1999）[36]において、センは、社会の発展とは構成員である個人が有する潜在能力（実質的自由）が拡大するプ

---

33) センの理論の全体的な紹介については、鈴村興太郎＝後藤礼子『アマルティア・セン』（実教出版、2001）。
34) 潜在能力アプローチのより詳しい紹介として、石田信平「労働契約規制の規範的基礎と構造」労研 628 号（2012）77–81 頁。
35) Sen, A., Development as freedom (1999, Anchor Books), p. 74. アマルティア・セン（池本幸生＝野上裕生＝佐藤仁訳）『不平等の再検討』（岩波書店、1999）59–60 頁。

第 6 章　パートタイム労働者

ロセスであり、GNP や可処分所得によって計られる経済的な富は右目的を達成する上で非常に重要な手段だが、それ自体を社会の目的と考えるべきではないと主張している[37]。潜在能力は所得によって計ることのできない様々な自由を含む概念である。たとえば、経済的に裕福であっても、政治的自由を持たない人や労働市場から排除されている人は潜在能力を剥奪された状態にある[38]。また、センは分配的正義の観点から、形式的な機会の平等や資源の平等ではなく、潜在能力の平等を重視する[39]。機会や資源が平等に保障されていても、たとえば障害者や妊産婦はハンディキャップの故に実質的な選択の範囲を制限されるから、社会的不平等は解消されない。これに対して、自分が有する潜在能力をどのように用いるかは個々人の判断に委ねられるから、その結果として生じる格差は社会の責任ではないとされる。

センの潜在能力アプローチは厚生経済学の基礎理論であるが、いくつかの特徴ゆえに法学への応用可能性が高いものとなっている。第一に、センの理論においては、個人の自由が経済的に望ましい帰結をもたらす故ではなく、それ自体が有する規範的価値の故に尊重されている。センは、個人を自由の主体的な担い手として位置づけ、正当派経済学が前提とする人間像（効用の最大化を唯一の動機として行動する「合理的」な人間）を批判し、より複雑で能動的な人間像に基づく社会選択理論を構築する。そこで前提とされる人間像は、社会のあり方を決定する民主的手続に参加し、経済的合理性を重視しつつも、それ以外の動機（共感やコミットメント等）に基づく行動を選択する可能性のある存在である。

第二に、センは、社会における資源配分のメカニズムとして市場を絶対視せず、市場が法制度を含む複数の社会制度と相互に関連し、補完し合うことを想定している。潜在能力の保障という観点からみると、市場はそれ自体としても

---

36) 前掲注 35) 書。邦訳として、石塚雅彦訳『自由と経済開発』（日本経済新聞社、2000）。
37) Sen, supra note 35, pp. 3-4, p. 289.
38) Sen, supra note 35, pp. 94-95.
39) Sen, supra note 35, p. 288. セン（池本ほか訳）前掲注 35) 47-54 頁、75-77 頁。

6-1　パート処遇格差の法規制をめぐる一考察――「潜在能力アプローチ」を参考に

（個人に他人と物を取引する自由を与えるという点で）、それがもたらす結果においても（人々の有する潜在能力の総量を効率的に増大しうるという点で）、きわめて重要な社会制度である。しかし、市場は本来は物の取引に適合したメカニズムであり、あらゆる財の取引に適しているわけではないし、政治的自由のように市場が作り出すことのできない自由も存在する。また、市場メカニズムは潜在能力の総量を増大させるが、公平に分配することはできず、法制度など市場以外の制度によって公平な分配が保障される必要がある[40]。このようにセンの理論においては、市場の自律的メカニズムは絶対的なものとされておらず、国家の適切な介入を通して複数の社会制度が相互に補完し合うことにより、個人の潜在能力を豊かに、かつ平等に保障するという社会の目的が達成されると考えられている。

　センの理論の第三の特徴は、その抽象性の高さと柔軟性である。人々が必要とする潜在能力は様々であり（たとえば飢えずにいられること、医療を受けられること、物の売買ができること、教育を受けられること、労働市場に参加できること等）、社会が構成員に対して保障すべき潜在能力の具体的内容は、社会経済的状況や人々の価値観により変化しうる。センは一般に保障されるべき潜在能力のリストを示さず、その具体的内容はそれぞれの社会において民主的に開かれた手続を通して決定されるべきだとする。したがって政治的自由や手続的保障は、センの理論において重要な意味を付与されている。

2　労働法理論としての「潜在能力アプローチ」

　このような特徴を持つセンの理論は法学、特に社会法学との親和性があり、近年はイギリスなど英米圏を中心に労働法の新たな意義を基礎付ける理論として注目を集めている[41]。

---

[40]　Sen, supra note 35, pp. 142-143, p. 262.
[41]　労働法理論としての「潜在能力アプローチ」の全体的な紹介としては、石田・前掲注34）81-82頁、水町勇一郎「労働法の新たな理論的潮流と政策的アプローチ」RIETI Discussion Paper Series13-J-031（2013）8-11頁を参照。

第6章　パートタイム労働者

　イギリスの労働法学者ディーキンらは、市場中心主義の立場から労働法の規制緩和を迫るネオリベラリズムに対抗し、労働市場と法制度の関係を再考する基礎理論として、センの理論を応用した「潜在能力アプローチ」を提唱している[42]。ディーキンらは、労働市場は本質的に不完全な市場であり、人々が労働市場に参入する自由を実質的にもつためには、古典的契約自治などの私法的秩序だけではなく、一定の条件（住居など生活の基礎、教育、差別からの保護など）が社会的に整えられる必要があるとする。20世紀の福祉国家において、これらの条件は社会政策により整備されてきたが、近年は社会の変化（市場のグローバル化、流動化、労働関係の個別化など）により、法による新たな社会権の保障が必要とされるようになった（たとえば雇用差別禁止の拡大や両立支援の拡充など）。ディーキンらは、これらの社会権を、労働市場における個人の潜在能力を制度的に保障するもの、すなわち個々人が労働市場に参加し、自分の能力を発揮し、望ましい結果を実現することを可能にする手段を提供する制度として位置づける。

　「潜在能力アプローチ」は、労働法の意義を個人の潜在能力の保障という観点から捉えなおすことにより、市場中心主義とは異なる立場から、労働市場と法の関係を考察する。同理論によれば、雇用システムの中核にあるのは自律的な市場メカニズムではない。市場と法（労働法や社会保障法による社会権の保障がその重要な部分を構成する）は共に雇用システムを支える制度であり、両者が潜在能力の向上という規範的目標に向かって補完し合うことにより、雇用システムは経済的効率の観点からも、社会的正義の観点からも適切に機能しうると考えられている。

---

42) 詳細には、Deakins, S./Wilkinson, F. *The Law of the Labour Market. Industrialization, Employment and Legal Evolution* (OUP, 2005), pp. 342-353. Deakins, S./Supiot, A. (eds.), *Capacitas. Contract Law and the Institutional Preconditons of a Market Economy* (Hart Publicing, 2009), pp. 18-25. 他の論者による潜在能力アプローチの紹介は、石田・前掲注34) 81-82頁を参照。

6-1 パート処遇格差の法規制をめぐる一考察──「潜在能力アプローチ」を参考に

Ⅲ　パート格差規制の根拠と「不合理な差異の禁止」

1　「潜在能力アプローチ」からの示唆

　この「潜在能力アプローチ」から、日本におけるパート格差規制について、どのような示唆が得られるだろうか。センの「潜在能力アプローチ」によれば、多様な条件下にある個々人に一定の潜在能力を保障することが、社会正義に基づき国家に対して規範的に要請される。潜在能力とは個人が自分の生き方を選択する実質的な自由であり、そこには極めて多様な選択肢が含まれる。国家が保障すべき潜在能力の具体的内容は画一的に決まるわけではなく、社会の状況や時代により異なる。

　今日の社会においては、非常に多くの人が、生計を立て、家族を養い、社会とのつながりを得るために雇用を必要としている。雇用や有償労働は、個人が自分の選択に基づき価値のある生き方を実現する上で極めて重要な意義を有する。したがって、現代社会において国家が国民に対して保障すべき潜在能力の中には、個々人が労働市場に参加して職業活動を行う実質的自由（労働市場における潜在能力の保障）が含まれていると考えられる。この規範的要請は、日本では憲法上の勤労権（27条1項）や職業選択の自由（22条1項）により根拠付けられる[43]。しかし、この要請は抽象的なものであって、国家に具体的な立法や施策を義務づけるわけではないし、それ自体が（強制労働や職業選択の自由を不当に制限することは許されないという以上の）公序を形成するともいえない。職業や働き方に関する選択肢は多様であり、その中にはそれを選ぶ自由が形式的に保障されていればよいものと、多くの人々が現実に選択することができるよう実質的に保障されるべきものがあり、それぞれの内容は社会状況や

---

43) 雇用における潜在能力の保障は、諏訪康雄教授が提唱されるキャリア権の発想とも重なる部分があるように思われる。キャリア権については諏訪康雄「キャリア権の構想をめぐる一試論」労研468号（1999）54-56頁。簡単な紹介としては、両角道代「職業能力開発と労働法」争点245頁。

第 6 章　パートタイム労働者

人々の価値観により変化する。具体的にどの選択肢を積極的に保障するか、どのような方法を用いるかは、公的議論を経て立法府や政府が決定すべき問題である。

　かつての日本的雇用システムの下でも、パートタイム雇用という選択肢は存在していたが、主たる生計維持者（男性）には正規雇用という選択肢が実質的に保障されており、実際にパートタイム雇用を選択する人は主に主婦や学生などであった。これに対して、現在の日本では家族や雇用のあり方が急速に変化し、ライフスタイルや働き方の多様化が進んだ結果、様々な事情（育児・介護、健康状態、障害、年齢等）から正社員として制約のない働き方をすることが困難であるが、就労によって自分や家族の生計を維持し、キャリアを形成することを必要とする人々が増加している。パートタイム雇用は本来これらの人々のニーズに合った働き方の一つであるが、多くの人（生計維持者やキャリア形成を望む人を含む）にとって現実的な選択肢、すなわち実現可能で受容できる働き方であるためには、パート労働者に対する公正処遇や能力開発の機会等が保障されることが必要である。このように、社会の変化を受けて個人に対して保障されるべき潜在能力の内容が変化し、法による新たな権利保障が求められるようになったことが、パートの処遇格差に対する法規制を正当化する規範的根拠だと考えられる。この点で、パートタイム労働法制は、他の非正規雇用に関する法規制とはやや異なる位置づけを有するといえよう。

　さらに労働法全体を見ると、パートタイム労働法のほかにも、個人が多様なニーズに合わせて働き方を選ぶ自由を実質的に保障しようとする法制度が整備されつつある。性を理由とする間接差別の禁止（均等法 7 条）、妊娠・出産や産休等の取得を理由とする不利益取扱いの禁止（均等法 9 条 3 項）、育児介護法に基づく休業等の取得を理由とする不利益取扱いの禁止（同法 10 条、16 条など）などがこれに当たる。これらの規定は、働き方の違いを理由とする合理性のない（あるいは不合理な）不利益取扱いを禁止するという共通の構造を有している[44]。日本の雇用システムには、働き方の違い（短時間就労や長期休業など）が大きな雇用上の不利益につながりやすい構造があるため、人々が柔軟な働き方を選択する自由（潜在能力）が実質的に侵害されている。これらのルールは、

6-1 パート処遇格差の法規制をめぐる一考察——「潜在能力アプローチ」を参考に

社会の変化に対応して個人の潜在能力を保障するという規範的要請に応え、従来型の正社員と異なる働き方を選択した労働者に対する処遇の合理性を問題とすることにより、使用者に従来の雇用管理の見直しや改善努力を求め、それを通して雇用システムの修正を促す政策立法（変化促進型立法）と位置づけることができる[45]。それらは人権的差別禁止ルールとは異なり、日本的雇用システムへの配慮や経済的合理性、労使自治など様々な価値との調整を予定した漸進的な性格を持つルールである。

パート法新8条は、これらのルールの一つとして、個々の労働者に対してパートタイム雇用を理由とする不合理な不利益取扱いを受けない権利を保障するものと位置づけられる。他方、パートタイム労働法は「均衡待遇」という理念の下に、行政指導を通してパート労働者の処遇改善を図ることを基本とする法律であり、今回の改正で使用者に雇用改善措置等に関する説明義務が課せられたことにも、パート労働者の処遇のあり方が合理的であるか否かの自主的検討を促す趣旨が含まれていると考えられる[46]。このように、同法は日本的雇用システムや企業の人事政策との調整を図りつつパート処遇格差を改善していくことを強く意識した法律であり、新8条も変化促進型立法としての調整的・漸進的な性格を特に強く有すると考えることができよう。

---

44) 均等法9条3項や育児介護法上の不利益取扱禁止規定には、「合理性のない（あるいは不合理な）」不利益取扱いを禁止する旨の文言はないが、これらの規定は休業等を取得した労働者を休業等をしていない者と同一に扱うことを求めているのではなく、休業取得等以外の理由により合理的に説明できない不利益取扱いを禁止したものと解釈すべきであろう（均等法9条3項について、広島中央保健生協（C生協病院）事件・最一小判平成26・10・23労判1100号5頁参照）。
45) 両角道代「家族の変化と労働法」長谷部ほか編・前掲注29）148頁。労契法20条について、荒木尚志＝菅野和夫＝山川隆一『詳説労働契約法〔第2版〕』（有斐閣、2014）228頁、239頁。
46) 佐藤博樹「改正パートタイム労働法と企業の人材活用の課題」ジュリ1476号（2015）38頁。

第6章 パートタイム労働者

2　新8条の解説について

　前記のように、労契法20条の解釈については、①同条が均衡待遇を含むか、②不合理性の意味、③不合理性の判断のしかたと「その他の事情」の内容等の論点が提起されており、これらの点がパート法新8条に関しても問題となりうる。

(1)　新8条と均等・均衡待遇
　同条は短時間労働者と通常労働者の待遇の差異が「不合理なものであってはならない」と定めているが、これは①問題となる給付や利益の性質に照らして、差異を設ける合理的な理由が存在しない限り、通常労働者と同一の取扱いをしなければならないこと（「均等待遇」＜ただし「等しい者を等しく」という意味の均等待遇原則とは異なる＞）を意味するのか、それとも、①に加えて②差異を設ける合理的理由（たとえば転勤義務の違い）があっても、当該差異がその理由に照らして大きすぎるものであってはならないこと（「均衡待遇」）を含むのだろうか。
　この点に関しては、日本の非正規格差問題の根幹は職務内容等の実質的な違いと均衡を失する著しい処遇格差が存在することにあり、新8条は社会の変化に対応した潜在能力の保障という規範的要請に応え、そのような雇用システムの変化を促すことを目的として制定された規定である以上、上記①②の両方を含むと解すべきであろう。また、パートタイム労働法は「均衡待遇」を基本理念として掲げており（同法1条）、8条はその理念を受けて、9条から12条により義務づけられる措置の前提となる考え方として、すべての短時間労働者に適用される原則を定めた規定である[47]。このようなパートタイム労働法の構造からしても、新8条は均衡待遇を定めた規定であり、均衡待遇という原則の中に上記のような意味における均等待遇が含まれ、そして特にその中でも、すべての待遇について通常労働者との同一取扱いが求められる場合を定めたのが

---

47) 前掲注15) 通達第3の3 (1)。

9条であると解すべきであろう。したがって、新8条の不合理性は、第一に問題となる処遇格差が合理的（あるいは不合理でない）理由に基づくものであるか、第二に当該格差が右理由に照らして相当なものであるか、という二段階の審査により判断されるべきである[48]。

そうすると、同条違反の法的救済としては、まず、当該格差に合理的な理由がないと判断された場合は通常労働者との同一処遇が命じられる（上記①の「均等待遇」）。救済は損害賠償のほか、短時間労働者の労働契約の中で不利益な労働条件を定めた部分は無効となり、労働契約の補充的解釈により、通常労働者と同じ労働条件が設定される[49]。問題は、当該格差が格差を設ける理由に照らして大きすぎると判断された場合であるが、このような場合には格差全体が違法とされるのではなく、裁判所は格差の一部（理由との均衡を失する部分）を違法としてバランスの取れた処遇（上記②の「均衡待遇」）を命じうると解すべきであろう。このような事例（たとえば基本給の格差が職務内容やキャリア等の違いを考慮しても均衡を失すると判断された場合）においては、契約の補充的解釈によって具体的な労働条件を設定することが困難な場合が多いと考えられ、不法行為に基づく損害賠償による処理が中心となるであろう[50]。

(2) 不合理性の意味

労契法20条については、①同条の「不合理なものであってはならない」と

---

[48] 緒方・前掲注14) 12頁。奥田・前掲注14) 22頁も、同一取扱いが求められるべき場合に格差の大きさが考慮されてしまう危険があることを指摘しつつ、本条が均衡待遇を含むことを認めている。労契法20条についても、多くの論者がこのように解している（緒方桂子「改正労働契約法20条の意義と解釈上の課題」季労241号（2013）24頁、荒木ほか・前掲注45) 237頁など。反対説として大木・前掲注1) (2014) 90頁）。なお阿部未央「不合理な労働条件の禁止——正規・非正規労働者間の待遇格差」ジュリ1448号（2012）62-63頁は、奥田論文と同様の問題意識から、労契法20条について均等待遇と均衡待遇を峻別すべきことを説く。

[49] 緒方・前掲注14) 13頁、奥田・前掲注14) 20頁。前掲注15) 通達第3の3 (7)。労契法20条について、同条の契約補充効を認める見解も存在する（西谷453頁）。

[50] 労契法20条について、菅野239頁。

は「合理的なものと認められる必要はないが、不合理とまで認められるものであってはならない」ことであり、不合理とは「法的に否認すべき程度に不公正に低い」ことを意味すると解釈する説[51]と、②「不合理」とは「合理性がないこと」を意味するとの説[52]が対立している。両説の実質的な違いは主に処遇の不合理性に関する立証責任にあると思われる[53]が、パート法新8条についても同様に「不合理性」の意味が問題となりうる[54]。

　規定の文言からは①の解釈が妥当なようにも思われるが、立法資料を見る限り特に「合理性がないこと」と区別するために「不合理」という表現が選ばれたという事情は見当たらず、むしろ不合理性の範囲を限定しすぎる解釈は同条の変化促進的な性質と相容れないように思われる[55]。現時点での私見としては、「不合理である」とは「合理性がない」ことと同義に解した上で、同条が調整的・漸進的な規定であることを踏まえ、労使自治や使用者の経済的利益にも配慮した柔軟な解釈をすべきであるように思われる。なお、労契法20条については有期雇用の積極的活用を抑えるという政策的観点から格差の適法性を

---

51) 菅野235頁、荒木ほか・前掲注45) 234-236頁。
52) 緒方・前掲注48) 24頁。西谷452頁。
53) ①の説によれば、労働者側が不合理性を基礎付ける事実を、使用者側が不合理性の評価を妨げる事実を立証し、不合理とまで断定できない場合には本条違反は成立しない（荒木ほか・前掲注45) 235-236頁）。これに対し、②の説は、労働者側が格差の存在や当該格差を一般的に不合理と評価しうる程度の事実を立証すれば、使用者側が人事方針等に照らして当該格差が合理的であることを立証しない限り本条違反が成立すると説く（緒方・前掲注48) 27頁、毛塚・前掲注26) 27-28頁）。
54) 新8条について合理性欠如説を主張するものとして、奥田・前掲注14) 22頁、緒方・前掲注14) 12頁。
55) 労契法20条に関しては、就業規則が合意によらず労働契約の内容となる要件として「合理的であること」が求められる（労契法7条、10条）のに対し、同条のいう「不合理」は就業規則や個別合意等の効力を否定する要件であるから「合理性がないこと」とは区別すべきとの主張がなされている（菅野235頁、荒木ほか・前掲注45) 234頁）。しかし、少なくともパート法新8条については、規制対象が「労働契約の内容である労働条件」に限られず処遇全般（解雇や人事異動等の個別的措置を含む）に及ぶことからも、同条の「不合理」を就業規則の合理性要件と対比して解釈することは必ずしも適切でないように思われる。

6-1 パート処遇格差の法規制をめぐる一考察——「潜在能力アプローチ」を参考に

厳格に解釈することが主張されているが[56]、パート法新8条については異なる政策的考慮が必要であろう。仮に有期雇用が労働者にとって不利益な雇用形態だとしても（この点については議論がありうる）、パートタイム雇用は個人に柔軟な働き方の選択肢を与えうるものであり、本質的に不利益な雇用形態とはいえない。新8条はパートタイム雇用を良質な雇用機会とすることをめざす点では労契法20条と共通するが、その目的はパートタイム雇用の本質を活かすことにより個々人の働き方の選択肢（潜在能力）を拡大することであり、パートタイム雇用自体の抑制ではない。したがって、同条の「不合理性」の解釈においては、パートタイム雇用が労使双方にとってメリットのある雇用形態であるように、一定の配慮がなされるべきであろう。

(3) 不合理性の判断と「その他の事情」

(a) 基本的な考え方

新8条の不合理性は、問題となる給付や利益の目的や性質に応じて、関連する事情を考慮して判断される。具体的には、労契法20条と同様に、社員として享受すべき利益から短時間労働者を排除すること（たとえば、福利厚生施設の利用を認めないことや通勤手当を支給しないこと）は特段の理由がない限り不合理とされる[57]。これに対して、より複雑な労働条件、典型的には短時間労働者と通常労働者の基本給の差異が問題となる場合には、同条の挙げる「職務内容」、「職務内容及び配置の変更の範囲」、「その他の事情」を総合的に考慮して不合理性を判断することが必要となる[58]。そこで、このような場合に不合理性の判断はどのようになされるのか、「その他の事情」には何が含まれるのか等が解釈上の問題となりうる[59]。

前記の通り新8条は漸進的な変化促進型の政策立法であり、もともと使用者の裁量や経済的利益、労使自治等との調整を予定している。同条は、特定の賃

---

56) 緒方・前掲注48) 24頁。
57) 水町・前掲注14) 71頁。
58) 水町・前掲注14) 71頁、奥田・前掲注14) 23頁。

第 6 章　パートタイム労働者

金制度を採用することやパート労働者に正社員と同じ処遇体系を適用することを義務づけているわけではなく、人事方針や賃金制度に関する使用者の裁量を認めたうえで、その方針等によって合理的に説明できない格差の是正を求めている。したがって、同条の不合理性は当該企業の人事政策等のあり方を考慮に入れて判断されるべきである[60]。たとえば、ある企業が長期的キャリアの正社員を中心とする人事方針を採用し、正社員とパート労働者が従事する職務内容が同じであっても、キャリアコースの違い（中長期的に要求される職務遂行能力や企業への拘束度などの違い）を理由として、パート労働者の賃金を低く設定することは、格差の程度が当該理由に照らして相当と評価されうる限りにおいて、同条違反には当たらないと考えられる。

　しかし、他方で、前記のように、パートタイム労働法は、労働市場における潜在能力の保障という社会正義に基づく規範的要請（憲法27条1項、22条1項）に応え、社会の変化に対応して労働市場における個人の自由（多様な条件下にある個人が柔軟な働き方を選択する自由）を実質的に保障するために、均衡待遇という基本理念の下にパート処遇改善をめざす法律である。この目的を実現するために、新8条は個々の短時間労働者に対して公正な待遇を求める権利（短時間労働者であることを理由として不合理な不利益取扱いを受けない権利）を法的に保障し、使用者に対して右権利を尊重するよう要請しているものと考えられる。この権利は、男女均等のような普遍的な人権ではないが、単なる政策的手段でもなく、潜在能力の保障という規範的要請に根拠付けられた個人の権利として尊重されるべきである。新8条における不合理性の判断に当たっては、右のような同条の趣旨に照らして様々な価値の重み付けがなされるべきである。

---

59) 前掲注15) 通達によれば、「職務内容」とは業務の内容及び当該業務に伴う責任の程度（権限の範囲、成果について求められる役割、トラブル発生時等に求められる対応の程度、ノルマ等の成果への期待の程度、所定外労働の義務や程度など）を意味し、「配置の変更の範囲」とは雇用の全期間を通した人材活用の仕組みや運用（転勤、昇進を含む人事異動の有無や範囲）を意味する（第3の3 (3)、第1の3 (2)）。「その他の事情」としては、労契法20条と同様に「合理的な労使の慣行などの諸事情」が想定されている（第3の3 (3)）。

60) 労契法20条について、菅野237頁。

6-1 パート処遇格差の法規制をめぐる一考察――「潜在能力アプローチ」を参考に

(b) 「その他の事情」

このような観点から、新8条のいう「その他の事情」については以下のように考えられる。

労契法20条に関しては、問題となる労働条件の設定手続を「その他の事情」として特に重視すべきであり、「正規・非正規にわたる従業員の意見を聴き、その納得を得るための協議が真摯に行われたのであれば、その事実は不合理性を否定する有力な事情として考慮される」との見解が主張されている[61]。この見解は基本的には改正パート法8条の解釈としても妥当であるが、右手続にパート労働者が参加する機会が実質的に保障されていたことが重要な前提となる。多数労組との合意に基づいて決定された労働条件であっても、パート労働者の意見を実質的に反映する仕組みが確保されていなければ、労組との合意を重視すべきではない[62]。

また、日本におけるパート労働者と正社員の賃金格差は労働市場の構造を反映したものであるため、少なくとも短期的には格差を設けることが使用者にとって経済的合理性を有する可能性がある。しかし、上記のような同条の趣旨に照らし、当該格差が職務内容やキャリア展開等の違いにより合理的に説明できないものである以上、格差是正が使用者にとって経済的に不利益であることをそれ自体として「その他の事情」として考慮すべきではない。他方、パートタイム労働政策の観点からは使用者の経済的負担をまったく考慮しないことも適切ではないであろう。たとえば、使用者が賃金制度の見直しなどに真摯に取り組み、徐々に格差是正が進んでいると認められる場合には、そのことを「その他の事情」として考慮し、格差が是正される過程の途中であっても同条に違反しないと評価する余地があるように思われる（このような解釈は同条が漸進的な変化促進ルールであることにも適合的である）。

さらに、新8条は基本的に労契法20条と整合的に解釈される必要があるが、不合理性判断に当たって考慮されるべき政策的観点については、有期雇用と異

---

61) 荒木ほか・前掲注45) 242-243頁。同旨の見解として菅野237頁、荒木478頁。
62) 同旨、奥田・前掲注14) 21頁。

なる点があることを意識すべきである。有期雇用については、濫用防止の観点から無期雇用への移行を促すことが法政策的に重視されており（労契法18条参照）、有期雇用が無期雇用へのステップとして利用されている場合には、そのことを基本給の差異の不合理性判断に当たって「その他の事情」として考慮しうるとの見解が主張されている[63]。これに対して、パートタイム雇用については、パートのまま雇用を継続することが労働者の利益に合致する場合も多く、フルタイム雇用への転換制度があることによって賃金格差が正当化される余地は小さい。パートタイム労働政策の基本は、短時間就労というパートタイム雇用の本質を活かして柔軟な働き方の選択肢を提供することにある。したがって、賃金格差の不合理性判断に際しては、当該企業においてパートタイム雇用が実質的に柔軟な働き方の選択肢を提供するものとなっているかを「その他の事情」として考慮すべきだと考えられる。具体的には、労働者がパートであることのメリット（所定労働時間が有意に短い、残業がない又は少ない、労働時間を柔軟に増減できる等）を十分に享受している場合には、そのことは賃金格差の不合理性を否定する一要素として考慮されうる（もちろん、その事情を考慮しても格差が大きすぎる場合は不合理と判断される）。反対に、労働者が右のようなメリットを実質的に享受しえない状況にある場合には、格差の不合理性を肯定する有力な要素として考慮すべきであろう。

むすびに

　パート法新8条は、労契法20条とともに非正規労働者の待遇に関する基本原則を定める重要な規定であるが、同条のいう「不合理」という概念は抽象的であり、パート格差規制の根拠にさかのぼって解釈することが必要とされる。

---

[63] 荒木478頁、岩村正彦「有期労働契約と不合理労働条件の禁止」争点157頁など。荒木尚志「有期労働契約規制の立法政策」『菅野和夫先生古稀記念論集　労働法学の展望』（有斐閣、2013）188頁。

6-1　パート処遇格差の法規制をめぐる一考察──「潜在能力アプローチ」を参考に

　本稿において、筆者は、パートタイム労働法に基づく格差規制を政策的なものと理解した上で、パート格差規制を根拠付ける「政策」とは、パートタイム雇用に関する様々な社会政策や経済政策ではなく、それらの背後にあって、社会正義と憲法に基づいて規範的に要請される「個人の潜在能力（実質的な選択の自由）の保障」だと考えた。近年日本では社会の変化により、個人が柔軟な働き方を選択する自由を実質的に保障することへの規範的要請が高まり、これに応えて働き方の違いを理由とする合理性のない不利益取扱いを禁止するルールが生成しつつある。本稿では、パート法新8条をその一つとして位置づけたうえ、同条の解釈について一定の検討を試みた。

　パート労働者の処遇格差は日本の労働市場の構造と深く関わり、その改善は社会政策や経済政策における重要な課題とされている。このような問題については、立法政策はもちろん法解釈においても、隣接分野の理論をも取り入れた理念的考察が必要とされるように思われる。本稿はごく初歩的な試みに過ぎないが、今後も考察を続けていきたい。

第7章　派遣労働者

7-1　労働者派遣関係の法的構造——私法上の権利義務の観点から

7-1 労働者派遣関係の法的構造
——私法上の権利義務の観点から

山川　隆一

はじめに

　本稿は、労働者派遣関係が法的にどのような構造をもつものであるかを、民事上の権利義務という観点を中心に検討しようとするものである[1]。

　労働者派遣法（以下単に「派遣法」ということがある）については、1985年に制定された後、幾度もの改正を経ており、その内容にも変遷がみられる。たとえば、同法は、制定当初は、一定の専門業務等についてのみ労働者派遣を適法とするネガティブリスト方式を採用したが、1999年には、逆に一定の業務についてのみ労働者派遣を禁止する（ただし、専門業務等以外については派遣受入れ期間を制限する）ポジティブリスト方式に転換された。最近でも、2012年には、一定の違法派遣につき派遣先が直接雇用を申し込んだものとみなす旨の規定を設けるなど規制を強化した法改正が成立したが、その後、2014年3月には、派遣先による派遣労働者の受入れ期間の制限につき大きな変更を加えるなどした改正法案が国会に提出されている（その後、会期終了に伴い廃案となり、同年9月に再び国会に提出されたものの、衆議院解散で再び廃案となった）。

---

1) 以下の検討に当たっては、諏訪康雄教授、鎌田耕一教授、有田謙司教授、及び橋本陽子教授から多大な示唆を受けた。

第7章 派遣労働者

　このように、派遣法に関しては、労働者派遣の許容性やその条件等につき数度の政策的な変遷がみられた。他方で、そもそも労働者派遣とは何かについては、派遣法2条1号において、「自己の雇用する労働者を、当該雇用関係の下に、かつ、他人の指揮命令を受けて、当該他人のために労働に従事させることをいい、当該他人に対し当該労働者を当該他人に雇用させることを約してするものを含まないものとする」との定義規定が置かれており、この規定自体については、法改正や政策の変遷にかかわらず、特段変更は加えられていない。この定義のもとで、労働者派遣は、派遣労働者、派遣元事業主、派遣先事業主という三者の関係としてとらえられるが、こうした労働者派遣関係がどのような権利義務の構造をもつものであるかについては、制定当初から多くの議論があり、現在に至るまで必ずしも決着がついたとはいえない。

　派遣法は基本的には行政上の規制法規であり、私法（民事）上の権利義務という観点から労働者派遣関係をどう見るかという問題は、従来はさほど大きな実益を伴うものではなかったかもしれないが、労働者派遣の利用の拡大や、個別労働紛争の増加傾向の中で、労働者派遣をめぐる民事紛争も増加しつつある。こうした状況のもとでは、私法上の権利義務という観点から、労働者派遣関係がいかなる構造をもつかを検討することは有益ではないかと思われる。

　本稿で取り上げる労働者派遣関係は、派遣労働者、派遣元事業主（以下単に「派遣元」という）、及び派遣先事業主[2]（以下単に「派遣先」という）の三者が当事者となる点に特色がある。そこで以下では、派遣元と派遣先（Ⅰ）、派遣先と派遣労働者（Ⅱ）、及び派遣元と派遣労働者（Ⅲ）のそれぞれの関係に分けて検討を行うこととする。この3つの関係は相互に関連するものであり、1つのみを取り出して検討するだけでは十分ではないが、こうした関連性をどう考慮するかについては、便宜上、各関係の検討箇所において取り上げることとしたい。

---

[2] 派遣法上は、派遣先は事業を行う者であることは不可欠の要件とされておらず、派遣先という用語が用いられている。また、同法の規律に従わずに労働者派遣を受ける者を含めて、「労働者派遣の役務の提供を受ける者」という用語も用いられるが、本稿では便宜上「派遣先」という用語で統一することとしたい。

7-1 労働者派遣関係の法的構造——私法上の権利義務の観点から

I 派遣元・派遣先の関係

1 派遣元と派遣先の契約関係

　派遣法は、労働者派遣事業について規制を行う法律としての性格を有しているので、まず、派遣元と派遣先の関係について検討する。

　そもそも労働者派遣とは何かについては、派遣法2条1号において、「自己の雇用する労働者を、当該雇用関係の下に、かつ、他人の指揮命令を受けて、当該他人のために労働に従事させることをいい、当該他人に対し当該労働者を当該他人に雇用させることを約してするものを含まないものとする」との定義が置かれている。この定義は、派遣元と派遣労働者との関係に着目したものであり、派遣元と派遣先との関係については直接言及されていない。

　しかし、労働者派遣においては、派遣元と派遣先との間に、労働者派遣契約、すなわち、派遣元が、自己の雇用する労働者を、当該雇用関係の下に、かつ、派遣先の指揮命令を受けて、派遣先のために労働に従事させる契約が存在することが前提になっていると考えられる[3]。すなわち、労働者派遣は、一般に事業としてなされるものであるが、派遣元である事業主とその相手方との間には労働者派遣契約という契約が存在するものと想定される。また、労働者派遣契約の存在を前提に、派遣法は、26条以下において、同契約の内容等についての規律を行っている。さらに、派遣法は、かつて職安法44条により原則として禁止されていた労働者供給の一部を取り出して合法化したものであるが、労働者供給については、「供給契約に基づいて労働者の他人の指揮命令を受けて労働に従事させること」と定義されており、労働者を供給する者とその相手方との間に契約が存在することが前提となっているが、労働者派遣についても同様のことがいえると思われる。

---

[3] 西谷敏「労働者派遣の法構造」和田肇ほか編『労働者派遣と法』(日本評論社、2013) 69頁、中労委決平成25・7・3別冊中労時1457号31頁[日本電気硝子事件]。

375

なお、派遣法に従って適法に労働者派遣を行っている派遣元と派遣先との間では、労働者派遣契約が明示的に存在し、同法26条の定める内容を記載した契約書が存在するのが通常であろうが、同法にいう労働者派遣は、必ずしも同法の要件をみたして適法に行われているものに限られないので[4]、同法違反につき問責されうることを別にすれば、ここでいう労働者派遣契約は、明示のもののみならず、黙示の合意によるものも含まれうると考えられる[5]。

2 労働者派遣契約の性質・内容

労働者派遣契約については、派遣法26条1項において、「当事者の一方が相手方に対し労働者派遣をすることを約する契約」と規定されている。これに、同法2条1号の定める労働者派遣の定義を組み込むと、労働者派遣契約は、「当事者の一方が相手方に対し、自己の雇用する労働者を、当該雇用関係のもとに、かつ、当該相手方の指揮命令を受けて、当該相手方のために労働に従事させることを約する契約」と定義されることになる。

なお、派遣法上の労働者派遣の定義においては、派遣先の派遣元に対する報酬を支払うことは言及されておらず、報酬の支払は、労働者派遣契約の不可欠の成立要件とはいえないと考えられるが、労働者派遣は事業として行うことが通常想定されており、派遣先は派遣元に対して、労働者派遣契約に基づき報酬（派遣料金）を支払う義務を負うのが通常と考えられる。派遣法34条の2も、そのことを前提に、派遣元に対し、派遣料金の額を派遣労働者に明示することを義務づけている。

こうした労働者派遣契約は、仕事の完成そのものが目的とされていない点

---

[4] 最二小判平成21・12・18民集63巻10号2754頁［パナソニックプラズマディスプレイ事件］。

[5] たとえば、当初請負契約を締結した当事者間において、請負先が請負企業の労働者に対し、契約の趣旨を超えて指揮命令を行い、それが繰り返されているにもかかわらず請負企業が黙認しているような場合には、黙示の労働者派遣契約が成立したものと評価されうるであろう。

7-1 労働者派遣関係の法的構造——私法上の権利義務の観点から

で、請負契約とは異なる。その意味で、委任契約や雇用契約のように、労務の供給それ自体を目的とする契約（広い意味での役務提供契約）としての意味をもつといえるが、労務の供給の内容については、契約当事者（派遣元事業主）自らの労務供給を想定しておらず、派遣労働者に労働に従事させることを想定している点に特殊性がある。また、派遣労働者の労務供給については、派遣元ではなく、派遣先による指揮命令を契約の定義上想定している点にも特殊性がある。以上のような特殊性をもつ労働者派遣契約は、現行民法の典型契約には該当しないとみられ、上記のような内容をもつ無名契約として性格づけられるであろう。

いずれにせよ、労働者派遣契約のもとで、派遣元が派遣先に対して負う基本的な義務は、その雇用する労働者（派遣労働者）を、派遣先に赴かせたうえ、派遣先の指揮命令に従って労働に従事させる義務であると考えられる[6]。そして、派遣労働者を派遣先の指揮命令に従って労働に従事させることは、派遣元が派遣労働者との労働契約によって、派遣労働者に対してそのような労働に従事することを義務づけることにより実現される（Ⅲ2でみるように、派遣労働者は、派遣元に対する労働義務の内容として、派遣先の指揮命令に従って労務を供給する義務を負うと解される）。

また、派遣元は派遣先に対して、上記の基本的な義務の一環として、労働者派遣契約の定めるところに従って派遣労働者を選定する義務を負うものと考えられる。派遣先が、派遣元から派遣を受ける労働者を特定することは派遣法上予定されておらず（同法26条7項）、派遣する労働者の適格性の判断は派遣元が行うこととなっていることも、こうした解釈を根拠づけるものといえる。この結果、たとえば、労働者派遣契約により、派遣元が派遣先に対して、一定の資格、経験、能力等を有する労働者を派遣すべきものとした場合、派遣元がこれを尽くさないときには派遣元の債務不履行となり、派遣先は、派遣されてき

---

[6] 鎌田耕一「労働市場法講義（上）」東洋法学57巻3号（2014）397頁は、派遣元の義務は労働者派遣契約の本旨に従って適切な労働者を派遣先に派遣することであり、派遣元自身が労務提供または一定の仕事完成の義務を負うことはないとする。

377

た労働者の労務の受領を拒否することや、あらためて適格な労働者の派遣を請求すること（不完全履行に対する債務の本旨に従った履行の請求）ができ、また、その債務不履行により生じた損害の賠償請求や契約の解除を、それぞれについての要件のもとでなしうると思われる。

この点に関し、派遣労働者が派遣先の業務の遂行に当たり不正行為を行った事案において、派遣元が派遣労働者の稼働意欲や業務適性を確認すべき義務を怠ったことが派遣元の債務不履行に当たるとの主張を排斥した裁判例がある[7]。しかし、同判決は、派遣元は派遣労働者の前勤務先の退職理由、稼働意欲や業務適性を確認する措置を講じたとしつつ、同事件においては、派遣先において急に大量の人員が必要になったため派遣元への労働者派遣の要請がなされたという経緯から、勤勉、誠実に業務を遂行する人物であることの確認までは労働者派遣契約の内容にはなっていないと判断したものであり、労働者派遣を求める業務の内容や特性に応じた知識、技能、経験等を確認することが労働者派遣契約の内容になっていたこと自体は認めているものとみられるので、上記のような派遣元の義務を認める解釈を一般的に否定する趣旨のものとは解しにくい[8]。

ただし、派遣労働者が派遣先において同僚従業員に暴力を行使したといった事案などは、派遣労働者による労務供給に関する資格や経験、能力とは直接関係がないため、派遣労働者をそのような行為に及ばないようにすることが労働者派遣契約の内容となっているとは認めにくい場合が多いであろう。このような事案については、原則として、民法715条による使用者責任の問題として対処すべきことになろう。

以上のとおり、派遣元は、労働者派遣契約の定めるところに従って派遣労働者を選定したうえで、その労働者を派遣先に赴かせ、派遣先の指揮命令に従って労働させる契約上の義務（債務）を派遣先に対して負うと考えられる。

---

7) 東京地判平成15・10・22労判874号71頁［テンプロス・ベルシステム24事件］。
8) 和田肇「テンプロス・ベルシステム24事件判批」ジュリ1287号（2005）142頁参照。

3　派遣先の指揮命令と労働者派遣契約

(1)　派遣先の指揮命令の法的性格

　労働者派遣関係においては、派遣先が派遣労働者に対して指揮命令を行うが、①ここでの指揮命令とはどのようなものか、また、②派遣先の指揮命令は、労働者派遣契約とどのような関係にあるのかが問題となり、多くの議論がなされてきた。従来は、②に関して、労働者派遣契約により指揮命令権が派遣元から派遣先に譲渡されるのか、もしくは委任されるのか、または、派遣先は第三者のための契約等としての性格をもつ労働者派遣契約により指揮命令権を取得するのか、といった点が議論の焦点となってきたが、その前提として、そもそも派遣先による指揮命令は事実上の指揮命令にすぎないのか、法的にみて指揮命令権を行使しているものといえるのかという、①の問題を検討する必要があると思われる（この問題は派遣先と派遣労働者の関係にも関わる論点であるが、次の(2)における検討の前提となるので、便宜上ここで検討しておくこととする）。

　すなわち、①の点については、派遣先は、派遣労働者に対して事実上指揮命令を行っているにすぎないという理解も考えられる[9]。この点の議論の前提としては、そもそも指揮命令とはどのような性格のものかも問題となるが、現在のところ、指揮命令権（労務指揮権）とは、労働契約に関し、個別の契約や就業規則等では具体的に定められていない労働義務の内容を具体化ないし決定する権利をいうとの理解が一般的であると思われる[10]。これを前提に考えると、派遣先の指揮命令が事実上のものにすぎないとすれば、派遣先での就労という場面において、法的に労働義務の内容を具体化する行為が別途存在することに

---

[9]　安西愈『労働者派遣法の法律実務（上巻）〔新版〕』（労働調査会、2008）478頁（ただし、事実上の指揮命令という観念は、派遣労働者が派遣先に対して労働義務を負うものではないことの根拠づけとして用いられており、後述するように、指揮命令権の主体と労働義務の相手方を分離して考えれば、事実上の指揮命令という観念を用いる必要はないように思われる）。

[10]　土田道夫『労務指揮権の現代的展開』（信山社、1999）464頁。

第7章　派遣労働者

なる。その行為主体として派遣先の他に想定されうるのは派遣元であろうが、派遣元がこのような効果をもつ指揮命令権を派遣中の労働者に対して行使しているとは考えにくいので、これを行っているのは派遣先とみるべきであろう。

このように、派遣先による指揮命令は、単なる事実上のものではなく、派遣先における労働義務の内容を具体化する法的効果をもつものであると考えるのが自然だと思われる[11]。そうだとすると、派遣先が派遣労働者に対して、派遣労働契約上許容されない、あるいは違法な指揮命令を繰り返すような場合には、派遣労働者はその無効を主張する余地が生じることになる（ただし、次にみるように、派遣労働者が労働義務を負うのは派遣元に対してであると考えると、派遣労働者が訴訟を提起する場合には、派遣元を被告として、派遣先の当該指揮命令に従って就労する義務の不存在確認の訴えを起こすのが原則となると思われるが、派遣先に対する訴えの利益が認められないかについてはなお検討を要する）。

もっとも、このように解する場合でも、派遣先が派遣労働者に対して指揮命令権を有しているということは、派遣先は派遣労働者に対する労働義務の履行請求権まで有していることを意味するのかという問題は、別個検討すべきものである。この点については、これまでは肯定説が多かったように見受けられる[12]。しかしながら、後述するように（Ⅲ2参照）、派遣労働者は派遣元との間で労働契約を締結していることからすれば、労働義務を負うのはあくまで派遣元であると考えられるのであって、派遣先が派遣労働者に対して労働義務の履行請求権まで有する——すなわち、派遣労働者が派遣先に対して労働義務を負

---

[11] 次にみるように、こうした法的効果が直接帰属する相手方は、派遣労働者の労働義務の相手方である派遣元であり、派遣先ではないと考えられる。このように、派遣先自らには直接の法律効果は及ばないという意味においてであれば、派遣先の指揮命令が事実上のものであると表現することも不可能ではないであろう。

[12] 甲斐祥郎「労働契約と労働者派遣について」社会文化研究（広島大学）14号（1988）179頁、馬渡淳一郎『三者間労務供給契約の研究』（総合労働研究所、1992）108頁、鎌田耕一「派遣労働の法的性質」角田邦重ほか編『労働法の争点〔第3版〕』（ジュリ増刊）（有斐閣、2004）270頁、萬井隆令『労働契約締結の法理』（有斐閣、1997）108頁（派遣先は派遣労働者に対して債務不履行を理由として損害賠償を請求しうるとするが、労働契約の相手方ではないことから、懲戒処分は否定する）など。

う——と解すると、こうした派遣元に対する労働義務との関係をどう考えるかという問題が生じる。また、肯定説によると、労働契約関係の一部、すなわち、労働契約における労働者の基本的な義務をなす労働義務が派遣先との間に存在することになるが、こうした結果は、派遣先と労働者との間には労働契約は存在しないことを想定している派遣法の建前とは整合的でないように思われる[13]（二重の労働契約関係[14]と理解されることが多い出向との関係も不明確となる[15]）。

以上によれば、派遣先は派遣労働者に対して法的な意味での指揮命令権を取得し、それを行使するものと把握できるが、ここでの指揮命令権は、労働義務の履行請求権まで含むものとは解されず、派遣元が派遣先に対して有する労働義務の履行請求権の内容を、派遣就業の場面において具体化する効果をもつにとどまると解すべきことになろう（派遣先の指揮命令権は、このような内容の形成権として性格づけることができる）。このような理解によれば、派遣労働者が派遣先の指揮命令に違反した場合は、派遣元に対する労働義務の債務不履行を行ったものと評価されるのであり、派遣先に対して派遣労働者が直接債務不履行責任を負うことはないという帰結が導かれる。ただし、そのような場合、派遣元としては、派遣先に対して、派遣元自身の債務についての履行補助者としての派遣労働者の行為を理由とする債務不履行責任を負うことがあろうし、ま

---

13) この点については、派遣先と派遣労働者との間においても原則として労働契約関係を認めるべきであるとの見解もある。伊藤博義『雇用形態の多様化と労働法』（信山社、1996）324頁など。
14) 出向中の法律関係をめぐる理論状況については、土田道夫「『出向労働関係』法理の確立に向けて」荒木尚志ほか編『菅野和夫先生古稀記念論集　労働法学の展望』（有斐閣、2013）465頁参照。
15) 出向は、派遣法2条1号により、「当該他人に対し当該労働者を当該他人に雇用させることを約してするもの」（ここでは、当該他人との間に労働契約関係が発生することが予定される）として、労働者派遣の定義から除外されている。こうした出向においては、出向労働者と出向先との間には労働契約関係の一部が存在することになるが、そこでは、出向労働者は、出向先に対して労働義務を負い、それが出向先との労働契約関係の重要部分をなすと思われる。

た、契約責任とは別に、派遣労働者が派遣先に対して不法行為に基づく損害賠償責任を負うこともありうるであろう。

(2) **派遣先の指揮命令権の取得根拠**

次に検討する必要があるのは、派遣先は、以上のような特色をもつ派遣労働者に対する指揮命令権をどのようにして取得するのかという問題である。派遣先は、派遣元と労働者派遣契約を締結しているので、ここでは、労働者派遣契約が、派遣労働者に対する指揮命令権との関係でどのような性格をもつものなのか、あるいは、労働者派遣契約以外に派遣先の指揮命令権を根拠づけるものがあるのかが検討されることになる。

この問題については、これまで、労働者派遣契約の法的性質とも関連して、様々な見解が示されている[16]。すなわち、①派遣元は労働者派遣契約により派遣労働者に対する指揮命令権を派遣先に譲渡するという見解[17]、②派遣元が派遣先に指揮命令権の行使を委任しているという見解[18]、③派遣先が派遣労働者に対して指揮命令権を取得するのは、第三者のためにする契約（派遣元は要約者・派遣先は第三者・派遣労働者は諾約者）としての性格をもつ派遣労働契約によってであるという見解[19]、④労働者派遣契約は労働力の賃貸借としての無名契約であるとみる見解（派遣元が派遣労働者の労働力を派遣先の利用可能な状態に置くことにより派遣先の指揮命令を根拠づけるものといえよう）[20]、⑤派

---

[16] この問題については、萬井・前掲注12) 76頁以下、本庄淳志「文献研究労働法学・労働者派遣をめぐる法理論」季労233号（2011）202頁に詳細な紹介・検討がある。

[17] 横井芳弘「派遣労働者の法的地位」季労140号（1986）12頁、土田・前掲注10) 530頁、和田肇「労働者派遣の法規制に関する総括的検討」和田肇ほか編・前掲注3) 356頁など。

[18] 下井隆史「派遣労働の法律関係」ジュリ894号（1987）30頁、馬渡・前掲注12) 106頁など。なお、労務行政研究所編『労働者派遣法』（労務行政、2013）114頁は、「労働者に対する指揮命令に係る権限についても、派遣元から派遣先に委託されてはいるが本来的には、派遣先に留保され、労働についても観念的には派遣元に提供されている」とする。

[19] 甲斐・前掲注12) 190頁、鎌田・前掲注12) 115頁など。

7-1 労働者派遣関係の法的構造——私法上の権利義務の観点から

遣先が指揮命令を行うことは本来の労働契約の概念を逸脱するが、派遣法が許容する労働者派遣に限り、労働者派遣契約により派遣先の指揮命令権が創設されるとの見解[21]などがある。

　以上のうち、①説については、当初から派遣労働者として雇用された者については、いったん派遣元が保有した指揮命令権を譲渡するという評価は実態に適合しているのかという問題が指摘される。②説に対しても、指揮命令権の委任という評価につき同様のことが指摘できるほか、委任は基本的には委任者のためにするものであるが（同時に受任者の利益にもなることはあるが）、労働者派遣における派遣先の指揮命令は主として派遣先（受任者）のためになされるものではないかという問題がある。また、③説に対しては、上記のとおり派遣先の指揮命令権を労働義務履行請求権とは別物と解すれば、第三者のためにする契約という構成をとる必要はないのではないかという指摘ができそうである。さらに、④説については、賃貸借と構成する場合、労働力を派遣先の利用可能な状態に置くことが、労働者への指揮命令とどのような関係に立つのかが必ずしも明らかではないといえる[22]。⑤説についても、派遣労働者が労働義務を負う相手方があくまで派遣元であると考えれば、派遣法上許容されるか否かを問わず派遣労働契約も労働契約の範疇に入りうるのではないかという指摘が可能であるように思われる。

　このように、これまでの見解にはなお問題点が残されているように思われる。特に問題となるのは、労働者派遣関係においては、派遣労働者は派遣元との間で労働契約を締結していると位置づけられる一方で、派遣先による派遣労働者に対する指揮命令ないし指揮命令権の行使が本来的に予定されているという事態をどのように把握するかという点である（もっとも、この点は、主として派遣先の指揮命令権の取得をどのように根拠づけるかという説明の問題にかかわる

---

20) 安西・前掲注9）474頁。
21) 萬井・前掲注12）106頁以下。
22) この見解が、派遣先は派遣労働者に対して事実上の指揮命令を行いうるにとどまるという理解を前提としているとすると、事実上の指揮命令という把握についての前述したような疑問点を指摘できよう。

第7章　派遣労働者

ものであり、いずれの見解に立つかによって具体的にどのような差異が生じるのかは、必ずしも明らかでない)。なお検討を要する部分は残るが、上記のように、指揮命令権と労働義務の履行請求権を分離して考えることにより、端的に、派遣元は、派遣労働者との間で、派遣先の指揮命令に従って労働することを労働義務の内容とする労働契約を締結する一方で[23]、労働者派遣契約に基づき、派遣先に対し、一定範囲において、前述したような意味での派遣労働者に対する指揮命令権を設定[24]すると解すれば足りるように思われる[25]。

II　派遣先と派遣労働者の関係

1　指揮命令関係

　派遣法上、派遣先は、派遣労働者に対して指揮命令を行うことが想定されており、前述したように（I 3⑴参照）、ここでいう派遣先の指揮命令は、単なる事実上の指揮命令には留まらず、法的にも指揮命令権を行使しているものと考えるべきである。ただし、後述するように（III 2参照）、派遣労働者が労働義務を負う相手方は、あくまで労働契約の相手方である派遣元であると解すべきで

---

[23] この点についてはIIIで検討する。
[24] ここでいう指揮命令権の「設定」とは、派遣先と派遣元との関係において、派遣先による指揮命令権の一種の原始的取得を認める趣旨であるが、それにより派遣労働者の労働義務が具体化されることは、派遣元と派遣労働者との間の問題であるので、派遣労働契約に根拠があれば足りるといえる。なお、このような形での指揮命令権の設定は、派遣元による派遣先への授権と評価することもできると思われる。この点に関し、鎌田・前掲注6) 397頁は、「派遣先の行使する指揮命令権は、観念的には派遣元事業主に帰属しているが、労働者派遣契約により、派遣元事業主がその指揮命令権の一部を相手方（派遣先）に対して授権したものである」と述べている。
[25] 横井・前掲注17) 9頁は、派遣元は派遣労働者との間で、派遣先への労務の提供を内容とする労働契約を締結すると説いており、その点では本稿と同旨ともいえるが、このような理解によれば、同論文が採用する、指揮命令権の派遣先への譲渡という構成をとる必要もないように思われる。

あるので、派遣先の指揮命令権は、派遣労働者が派遣先に対して負っている労働義務の内容（派遣就業の場面におけるもの）を具体化するものとして位置づけられることになる。

では、このような派遣先の指揮命令権はいかなる内容・範囲について及ぶものか。まず、労働者派遣関係においては、派遣労働者は派遣先の業務に従事するものであり、派遣先の指揮命令権は、こうした派遣先での就業関係において行使されるものであることについては問題がないと思われる（派遣法は、派遣労働者が従事する労務の対象として、「業務」という概念を用いており、また、派遣先での労務の供給について、「派遣就業」という概念を用いている）。

こうした派遣就業関係における派遣先の指揮命令は、派遣先における業務に関して、派遣労働者が行うべき労務の具体的な内容・態様、労務がなされる時間や場所など、日常的な業務の遂行についてのものであることが通常であろう。そして、派遣法は、労働者派遣契約において、派遣労働者が従事する業務の内容、業務に従事する場所、派遣期間及び派遣就業日、並びに派遣就業の開始・終了の時刻及び休憩時間を定めるべきものとしており（26条1項1・2・4・5号）、上述したように（Ⅰ3(2)参照）、派遣先の指揮命令権が、労働者派遣契約により派遣先に設定されたものであると考えると、派遣先による指揮命令権の内容は、基本的に、このような労働者派遣契約上の定めにより決せられることになる。

なお、こうした労働者派遣契約の定めは、いうまでもなく派遣元と派遣先との間におけるものであるが、派遣法は、派遣元に対し、派遣労働者が従事すべき業務の内容など、上記の労働者派遣契約において定めるべき事項を、派遣労働者に明示することを義務づけているので（34条）、これにより明示された事項は、派遣元と派遣労働者の間における派遣労働契約の内容にもなりうると考えられる。

ここで、労働者派遣契約における「派遣労働者が従事する業務」の定めは、派遣先で行われる業務の中核的な内容、たとえば、○○に関する情報処理システムの設計や○○の製造などといったものとなることが多いと思われるが、派遣労働者が派遣就業に従事する際には、実際上、それらの業務と一体として行

われ、または密接不可分な業務[26]（いわゆる付随業務）にも従事することになるであろうから、そのような付随業務についても、派遣先は、労働者派遣契約により、派遣労働者に対する指揮命令権を取得し、これを行使できるものと考えられる。また、派遣就業の際に対象業務の遂行に伴って必要不可欠となる職場規律の遵守についても、派遣先の指揮命令権の内容に含まれうると考えられる（そのように評価できない場合は、派遣先がその施設管理権等を行使することによって対処することが考えられる）。

2　指揮命令以外の関係

次に、指揮命令以外の点では、派遣先と派遣労働者はいかなる関係に立つか。派遣法は、派遣先に対して、一定の法違反行為を行った場合の直接雇用の申込みみなし（40条の6）、自己の都合による労働者派遣契約の解除に当たっての派遣労働者の就業機会の確保等（29条の2）、派遣労働者の苦情処理（40条1項）など、派遣労働者との関係についても様々な措置をとることを求めており、派遣先が、同法上これを履行する義務や責任を負うことはいうまでもない。ただし、派遣法は、基本的には行政上の取締や指導等によりその実効性を確保するしくみを採用しており（40条の6の直接雇用申込みみなし規定は、例外的に私法上の権利義務関係を定めたものである）、同法上派遣先に課せられた義務が、ただちに派遣労働者に対する私法上の義務となるわけではない。

そこで、派遣先と派遣労働者の間にどのような私法上の権利義務関係が存在しうるかについて検討すると、まず、派遣先は、派遣労働者に対し、一定範囲において安全配慮義務を負うものと考えられる。安全配慮義務は、現在では労契法に定めが置かれており（5条）、労働契約上の使用者が労働者に対して負う形になっているが、もともと同義務は判例により生み出されたものであり、

---

[26] いわゆる事務機器操作が派遣対象業務となっている場合に、それに従事する労働者が自らの業務遂行の結果生じたごみを廃棄することなどが、付随業務の例として挙げられる。「付随業務」については、厚生労働省の「専門26業務に関する疑義応答集」（http://www.mhlw.go.jp/bunya/koyou/dl/haken-shoukai05.pdf）参照。

「ある法律関係に基づいて特別な社会的接触の関係に入つた当事者間において、……信義則上負う義務」[27]とされている。また、下請け企業の従業員が、元請企業の事業場において、元請企業の設備・工具等を用いて元請企業から事実上指揮監督を受けて就労していたなど、労働契約関係に準ずる支配・管理下に置かれていた事案で、元請企業が当該下請け企業の従業員に対して安全配慮義務を負うとされた事案がある[28]。これらのことから考えると、派遣労働者を自らの事業場で指揮命令下に置いている派遣先は、派遣労働者に対し、自らの支配・管理下に置いている限りにおいて安全配慮義務を負うと解してよいと思われる[29]。

他方、派遣労働者は、派遣先との関係で秘密保持義務や競業避止義務を負うであろうか。秘密保持義務や競業避止義務は、在職中は特別な合意がなくとも労働契約上の付随義務として発生することにほぼ争いはないが、退職後の機密保持義務や競業避止義務については、労働契約の当事者でも、個別合意や就業規則等の根拠が必要と解されている。派遣労働者は派遣先と労働契約関係には立たないので、労働契約に基づいて秘密保持義務や競業避止義務を負うものとはいえない。また、派遣労働者には、派遣先の就業規則（労働契約関係があることが前提となる）は適用されないため、それに基づき秘密保持義務や競業避止義務が発生するともいえない。ただし、派遣元の就業規則や派遣元との個別合意により、派遣先の秘密を保持する義務や派遣先との関係で競業行為を行わない義務を負わせることは可能と考えられる。また、派遣先が派遣労働者との間で、個別的に退職後の機密保持義務や競業避止義務につき合理的な範囲で合意することも可能であろう[30]。

以上の他、派遣先は、平成24年改正により設けられた派遣法29条の2によ

---

27) 最三小判昭和50・2・25民集29巻2号143頁［陸上自衛隊八戸車両整備工場事件］。
28) 最一小判平成3・4・11労判590号14頁［三菱重工業神戸造船所事件］。
29) 西谷・前掲注3) 79頁。
30) この場合、派遣労働者は派遣先に対し、派遣就業の終了後において、単なる指揮命令関係を超える関係に立つことになるが、そのことにより当該労働者派遣が直ちに労働者供給に該当するとの結果をもたらすとはいえないであろう。

第7章　派遣労働者

り、労働者派遣の役務の提供を受ける者として、自らの都合による労働者派遣契約の解除に当たって、当該労働者派遣に係る派遣労働者の新たな就業の機会の確保、労働者派遣をする事業主による当該派遣労働者に対する休業手当等の支払に要する費用を確保するための当該費用の負担その他の当該派遣労働者の雇用の安定を図るために必要な措置を講じなければならないものとされている。また、同法26条1項8号により、派遣労働者の新たな就業の機会の確保、派遣労働者に対する休業手当等の支払に要する費用を確保するための当該費用の負担に関する措置その他の労働者派遣契約の解除に当たって講ずる派遣労働者の雇用の安定を図るために必要な措置に関する事項を労働者派遣契約で定めるものとされている。

　これらは、いわゆる派遣切り等の事態に際して、派遣先に一定の責任の負担を求める趣旨で設けられた規定であるが、これらにより派遣先が負う義務は、派遣法に基づく公法上の義務であり、派遣先が派遣労働者に対して、就業の機会を確保する私法上の義務を直ちに負うものではないと考えられる。労働者派遣の中途解約等に伴う責任は、本来、派遣先が派遣元に対して負う契約上の債務不履行責任の問題として、また、派遣元の派遣労働者に対する休業手当や賃金請求の問題として解決されるものであり、それを前提として上記のような派遣法上の規定が置かれたものとみることができる[31]。ただし、派遣先が派遣元に対して労働者派遣の実施を依頼したのち短期間に、合理的な理由なく労働者派遣契約を中途解除したような場合には、派遣先は、不法行為に基づく損害賠償責任を負うことがありうると考える[32]。

---

[31] もっとも、労組法7条における派遣先の使用者該当性の問題は、私法上の義務の存否とは別に考えられ、派遣先が派遣法上の義務を尽くしていない場合には、その限りで使用者性を肯定できる。中労委決平成24・9・19別冊中労時1436号16頁［ショーワ事件］も、派遣労働者の就業機会の確保につき派遣先が労組法7条の使用者に該当しうることを認めている（結論としては、派遣先は就業機会の確保義務を尽くしたとされた）。

[32] 名古屋高判平成25・1・25労判1084号63頁［三菱電機ほか（派遣労働者・解雇）事件］。裁判例の状況については、本庄淳志「派遣先企業の責任」争点162頁参照。

3　黙示の労働契約の成否 —— 派遣先の指揮命令の位置づけとの関連

　労働者派遣関係においては、派遣先と派遣労働者との間において労働契約が成立しているかどうかが争われることがある。労働者派遣が法令に従って適正に行われている場合には、派遣先は派遣労働者に対して指揮命令を行うだけの立場にあるので、両者間に労働契約の成立を認めるのは難しいため、主として問題となるのは、派遣法等に違反して労働者派遣がなされている事案である。また、派遣先と派遣労働者との間で明示的に労働契約が締結されていることは考えにくいので、問題となるのは、黙示の労働契約が成立していると認められるかどうかである[33]。こうした黙示の労働契約の成否に関しては、既に相当数の裁判例がみられる。本稿は、黙示の労働契約の成否をめぐる一般的検討を目的とするものではないが、黙示の労働契約の成否の判断基準をどう考えるかは、派遣先が派遣元に対して行う指揮命令をどのように位置づけるかという、先に検討した論点と関連しているので、簡単に検討を加えることとする。

　まず、労働者派遣が派遣法等の法令に違反してなされている場合、そのことが黙示の労働契約の成否にいかなる影響を与えるかが前提的な問題となる。この点については、パナソニックプラズマディスプレイ事件最高裁判決[34]があり、製造業務の請負契約の形式がとられつつ、実際には、請負先が請負企業の従業員に対して指揮命令を行っていたという、いわゆる偽装請負の事案において、このような労務供給関係は、職安法違反の労働者供給ではなく労働者派遣に該当し、派遣法違反と評価されるとの判断を前提として、派遣法に違反した労働者派遣がなされていたとしても、特段の事情がない限り、そのことにより派遣元と派遣労働者との間における労働契約が無効になることはないと判断している。

　上記のうち派遣法違反の派遣労働契約が必ずしも無効となるものではないと

---

[33] その他に、法人格否認の法理の適用事例も考えられないではないが、ここでは省略する。

[34] 最二小判平成 21・12・18 民集 63 巻 10 号 2754 頁。

第 7 章　派遣労働者

の判断については、その理由として、同法の趣旨及びその取締法規としての性質、及び、派遣労働者を保護する必要性等があげられている。このうち、派遣法が取締法規であることについては、問題となる規定の趣旨によっては、取締法規に違反する法律行為が無効になることはありえないではないので（そのような取締法規は、単なる取締法規であるにとどまらず、私法上の効力規定としての性格をももつことになる）、必ずしも決め手になるものとはいえない。他方、派遣労働者の保護の必要性という点については、派遣法違反が認められる場合に派遣労働契約が無効となるとすると、雇用主としての責任を負う者が存在しなくなってしまうおそれがあるので、実質的に重要な意味をもつといえよう（派遣労働契約が無効であることは、本判決のような事案では派遣先との間に黙示の労働契約を肯定する 1 つの事情になりうるかもしれないが、黙示の労働契約の成立はあくまで個別事案の内容によるものであり、一般的には、派遣先を雇用主として責任を追及できない事案も少なからず生じうるであろう）。

　そこで次に、派遣法違反の効果とは別に、黙示の労働契約の成否をどのような基準により判断するかが問題となる。上記のパナソニックプラズマディスプレイ事件最高裁判決は、派遣法違反の労働者派遣がなされていた事案において、結論として黙示の労働契約の成立を否定したが、黙示の労働契約の成否の判断についての一般的な判断基準は示していない。

　この点につき判断基準を示した代表的な裁判例としては、サガテレビ事件高裁判決[35]が挙げられることが多い。同判決は、「事業場内下請労働者（派遣労働者）〔と〕……派遣先企業との間に事実上の使用従属関係が存在し、しかも、派遣元企業がそもそも企業としての独自性を有しないとか，企業としての独立性を欠いていて派遣先企業の労務担当の代行機関と同一視しうるものである等その存在が形式的名目的なものに過ぎず、かつ、派遣先企業が派遣労働者の賃金額その他の労働条件を決定していると認めるべき事情のあるときには、派遣労働者と派遣先企業との間に黙示の労働契約が締結されたものと認めうべき余地がある」と判示している。ここでは、①派遣労働者と派遣先企業との間の事

35）福岡高判昭和 58・6・7 労判 410 号 29 頁。

7-1 労働者派遣関係の法的構造——私法上の権利義務の観点から

実上の使用従属関係（指揮命令下での労務供給関係と言い換えられよう）、②派遣元の存在が形式的名目的なものに過ぎないこと、③派遣先企業が派遣労働者の賃金額その他の労働条件を決定していること、という3つの要件を示したものとみることもできそうである。

他方で、上記パナソニックプラズマディスプレイ事件最高裁判決の示した黙示の労働契約についての説示をみると、①については、派遣先（請負先）が原告労働者に対して指揮命令を行っていたことを肯定している一方で、②については、原告労働者が派遣元（請負元）から支給を受けていた給与等の額を派遣先が事実上決定していたといえるような事情もうかがわれないとして否定している。こうした認定判断は、サガテレビ事件高裁判決のあげる①と③が黙示の労働契約の判断基準を構成することと整合的であるように思われる（③については、「賃金額その他の労働条件」ではなく、端的に賃金額に焦点が当てられているが）。これに対し、②については、パナソニックプラズマディスプレイ事件最高裁判決は、派遣元企業の存在が形式的名目的にすぎないことには言及しておらず、派遣先は派遣元による原告労働者の採用に関与していたとは認められないことを、黙示の労働契約を否定する理由に挙げている。そこで、派遣先が派遣元による派遣労働者の採用に関与していたか否かという点（他方、サガテレビ事件判決によれば、派遣元企業の存在が形式的名目的にすぎないか否かという点）を、黙示の労働契約の成否の判断に当たってどのように位置づけるかが問題となる。

この点については、黙示の契約の成否の問題であっても、労働契約の成否を問題とする以上、労契法6条（ないし民法623条）の適用の問題として考えるべきこととなる。そして、労契法6条は、労働契約の成立要件として、ⅰ労働者が雇用され労働に従事すること、及び、ⅱ使用者がこれに対して賃金を支払うこと、という2点についての合意が成立したことを挙げている。明示の労働契約については、このような合意が成立したか否かを直接的に判断するが、黙示の労働契約の場合は、客観的・外形的な諸事実を総合評価することにより、労働契約が成立したといえるか否かを判断することになる[36]。そして、

第7章　派遣労働者

こうした評価に当たっては、ⅰ及びⅱについての合意がなされたと評価できるかという観点が重要なものとなると考えられる。

そうすると、上記①の、派遣労働者が派遣先の指揮命令の下で労務を供給していたという事実は、ⅰについての合意があったと評価しうる根拠をなす事実となり、上記③の、派遣先が派遣労働者の賃金額等を決定していたという事実は、ⅱについての合意があったと評価しうる根拠をなす事実となりうるといえそうである。

もっとも、労働者が雇用され労働に従事することというⅰの合意は、労働者が使用者に対して労働義務を負う旨の合意を意味するが、前述したように、派遣先の労働者に対する指揮命令権は、労働者の派遣元に対する労働義務の内容を具体化するにとどまるものと考えられるので、①の事実が存在したとしても、そのことから、派遣労働者が派遣先に対して労働義務を負うとの評価を完全に根拠づけるとは限らない。特に、もともと派遣労働者が派遣元に採用されたという事実が存在する場合には（黙示の労働契約が問題となる事案ではこのような事実が存在するのが通常であろう）、そのような評価をすることは難しい場合も少なくないであろう。

しかし、もともと派遣労働者が派遣元に採用されていたとしても、サガテレビ事件判決のあげる③の事実（派遣元の存在が形式的・名目的にすぎないこと）が存在する場合には、①の事実と相まって、ⅰの合意がなされたという評価がなされる可能性が高まるといえる。また、パナソニックプラズマディスプレイ事件最高裁判決のあげる、派遣先が派遣労働者の採用に関与していたという事実がある場合は、派遣元の存在が形式的・名目的とはいえないときでも、派遣先が単なる指揮命令以上の関与をしていることから、①の事実と相まって、ⅰの合意がなされたという評価がなされる可能性が高まるといえる[37]。

以上によれば、派遣先と派遣労働者の間における黙示の労働契約の成立の判

---

36) 黙示の意思表示の場合は、当事者の合意を直接認定できないので、外形的・客観的な事実がその成立を判断する場合の主要事実となるとの理解が一般である。司法研修所編『民事訴訟における要件事実第1巻〔増補版〕』（法曹会、1986）39頁。

断に当たっては、①派遣労働者が派遣先の指揮命令の下で労務を供給していたこと、及び、②派遣先が派遣労働者の賃金額等を決定していたことに加えて、③派遣元の存在が形式的名目的にすぎないことの他、派遣先が派遣労働者の賃金額等を実質的に決定していたことなど[38]も考慮すべき要素として位置づけられると考えられる。

III 派遣元と派遣労働者の関係

1 問題の所在

　派遣元と派遣労働者の間に労働契約関係が存在することは一般に承認されており、派遣法2条1号においては、派遣元と派遣先との「雇用関係」という文言によりそのことが示されている。しかし、派遣元と派遣労働者との間の労働契約（派遣労働契約）がどのようなものであるかについては、必ずしも詳細な検討はなされてこなかったように思われる[39]。ここで、労働契約における基本的義務は、労働者側の労働義務と使用者側の賃金支払義務であるが、派遣元の派遣労働者に対する賃金支払義務に関しては、理論的な問題は必ずしも多くはないように見受けられる。これに対し、派遣労働者の派遣元に対する労働義

---

[37] 菅野120頁も、社外労働者の労務提供の相手方が受入れ企業であるといえるかという判断要素を示しているが、ここでの労務提供の相手方とは、社外労働者が労働義務を負う（換言すれば、社外労働者に対して労務給付請求権を有する）相手方のことを意味するものといえる。

[38] 派遣元の存在が形式的名目的にすぎない事実、または、派遣先が派遣労働者の賃金額等を実質的に決定していた事実以外にも、派遣労働者が派遣先に対して労働義務を負っているとの評価を根拠づける事実は存在しうるので、③の事実は例示的なものと考えられる。

[39] 派遣労働者の労働契約については、いわゆる登録型派遣の特殊性をどう考えるかという重要な問題があるが、本稿は労働者派遣の一般的構造の検討を主たる目的としており、以下では触れないこととする。

第7章　派遣労働者

務については、労働者派遣関係において、派遣先が派遣労働者に対して指揮命令を行うことから、労働義務の内容をどのように考えるかが問題となる。また、労働契約には、基本的義務以外にも様々な付随義務が発生しうるが、労働者派遣関係においてはその内容はいかなるものかが問題となる。

2　派遣労働者の労働義務

　労働義務は、一般的には、使用者の指揮命令に従って労働者が労務を供給する義務といえるが、派遣労働関係は、派遣就業の場面において、派遣先が派遣労働者に対して指揮命令を行う点に特色がある。派遣先の派遣労働者に対する指揮命令の性格については、前述のとおり（Ⅰ3⑴参照）、事実上の指揮命令にとどまらず、法的な指揮命令権の行使ととらえるべきものであるが、他方で、派遣先が指揮命令権を行使するからといって、派遣労働者が派遣先に対して労働義務を負うとの帰結は必ずしも導かれない。派遣先の指揮命令権は、労働者派遣契約の定める範囲で、労働義務の内容を具体化ないし特定する効果をもつものと考えられるが、派遣法においては派遣元と派遣労働者が労働契約関係に立つとされていることと[40]、労働義務が労働契約上の基本的義務の1つであることとを整合的に考えれば、派遣労働者は、派遣先の指揮命令に従って労務を供給するという内容の労働義務を、労働契約の相手方である派遣元に対して負うと構成するのが妥当だと思われる[41]。

　すなわち、派遣労働者は、あくまで雇用主である派遣元に対して労働義務を負うが、労働義務の内容は、派遣就業の場面において、派遣先の指揮命令権の行使により内容が具体化されることになると考えられる。また、労働者が当初から派遣労働者として派遣元に雇用される場合は、派遣先の指揮命令により労働することを派遣元に約し、派遣元はこうした労働義務の履行に対して報酬を

---

[40] このことは、派遣元に労働契約上の雇用主としての責任を問いうることを前提に労働者派遣を定義したうえで、従前は労働者供給として違法とされた労働力の利用形態を合法化した派遣法の趣旨からしても、解釈論上重要な前提命題になると思われる。

[41] 西谷・前掲注3）75頁、安西・前掲注9）478頁、下井・前掲注18）35頁など。

7-1 労働者派遣関係の法的構造——私法上の権利義務の観点から

支払うという内容の労働契約が締結されると考えることになる（なお、常用型派遣労働者の場合は、派遣先ではなく派遣元の指揮命令のもとで、派遣元のために労務を供給することがありうるが、そのような場面については通常の労働契約と同様に考えれば足りる）。

指揮命令下での労務供給は、労働者の交渉力の弱さの結果生じる現象として、労働契約の重要な特色の1つであるが、契約の直接の相手方以外の指揮命令により一定範囲で供給すべき労務の内容が決定されることにより、労働契約としての性格が失われるとまではいえないであろう（債権債務関係の内容につき、その当事者でない第三者が一定の法的効果を伴う関与をなすことは、選択債権について第三者が選択権を持つ場合〔民法409条〕においても承認されている）。

他方で、前述したように、派遣元は、こうした派遣労働契約を締結するとともに、派遣先との間の労働者派遣契約によって、派遣労働者に対する指揮命令権を設定する（Ⅰ3(2)参照）。そして、派遣労働者が派遣先の指揮命令に違反した場合、派遣労働者が債務不履行として責任を負う相手方は、派遣先ではなく派遣元となり、一方で派遣先は、この場合に、労働者派遣契約上の債務不履行が成立すると評価されるのであれば、派遣元に対して債務不履行責任を追及することになる（Ⅰ3(1)参照）。

また、前述したように、派遣法は、派遣元に対し、労働者派遣契約において定めるべき事項を、派遣労働者に明示することを義務づけているので、これにより明示された事項は、派遣元と派遣労働者の間における派遣労働契約の内容になりうる。そうすると、派遣先が有する指揮命令権の範囲を超えた指揮命令（法令に違反する指揮命令を含む）に派遣労働者が従わなかった場合、派遣労働契約の定めに従わなかったことにはならず、派遣労働者の派遣元に対する労働義務の不履行とは評価されないことになろう[42]。

派遣労働者が派遣元に対して負う労働義務は、以上のように、派遣就業の場

---

[42] もともと派遣先に設定された指揮命令権の範囲を超えた指揮命令は、派遣労働者の派遣元に対する労働義務の内容を具体化する効果をもたないが、労働者派遣契約の内容が派遣労働者に明示されることにより、実際上、派遣元と派遣労働者の間において、派遣先の指揮命令に無限定に従うという契約がなされることも妨げられることになろう。

395

第 7 章　派遣労働者

面において、派遣先の指揮命令により内容が具体化される点で特殊なものであるが、それだけで労働義務の全てが尽くされるわけではなく、指揮命令とは切り離されたものも存在しうる。まず、派遣元は、労働者派遣契約により、派遣先に対し、派遣労働者を派遣先の事業所に赴かせる義務を負うが、これに対応して、派遣労働者は、派遣労働契約に基づき、派遣就業を行うべき派遣先に赴く義務を負うものと考えられる[43]（派遣労働契約上、派遣元が派遣労働者の派遣就業の場所を変更できる権利を有している場合は、派遣元が配転を命じることになる）。また、派遣就業の実施状況については、派遣先が管理をして派遣元に報告することが通例であろうが、それとは別に、派遣労働契約や就業規則等の定めにより、派遣労働者も派遣元から一定の報告を求められる場合がありうる。このような場合、派遣労働者は、派遣元に対して、こうした定めに基づく報告義務を負うと考えられる。

3　その他の義務

　労働契約における当事者の義務は、労働義務と賃金支払義務に尽きるものではないことはもちろんであるが、派遣労働契約に関しては、その特質に即して内容を検討する必要がある。本稿ではその全体を取り上げる余裕はないので、派遣労働者にとって重要な能力開発と安全配慮について簡単に検討する[44]。
　派遣労働者については、教育訓練などの能力開発は基本的に派遣元が行うことが想定されている。ここで派遣元が行う教育訓練は、派遣就業とは別のものであり、いわゆる Off-JT として位置づけられるが、派遣元は、派遣労働者に対し、派遣労働契約や就業規則等の定めに従い、こうした Off-JT を受けるこ

43）派遣元が派遣労働者の赴くべき派遣先事業所を選定することができる場合は、当該選定行為は、通常の労働契約における配置の一種ともいえる。均等法に基づく指針でも、男女差別に当たる労働者派遣を、同法 6 条違反の配置における差別の 1 つとして扱っている（平成 18・10・11 厚労告 614 号第 2 の 3 (2)（イ）③）。
44）この問題については、萬井隆令「労働者派遣と労働契約」西谷敏＝根本到編『労働契約と法』（旬報社、2011）75 頁、西谷・前掲注 3）75 頁参照。

とを命ずる権利をもつと考えられる。能力開発は、派遣労働者のキャリアアップのためにも重要であり、派遣法の平成26年改正法案は、派遣労働者のキャリアアップに配慮した段階的かつ体系的な教育訓練を実施することを義務づけていた（30条の2）。このような規定が設けられても、そこから直ちに、派遣労働者が派遣元に対して私法上の教育訓練実施請求権をもつことにはならないであろうが、派遣法上、労働者派遣事業の許可基準の一環として（7条1項2号）、能力開発体制（適切な教育訓練計画の策定、教育訓練の施設、設備等の整備、教育訓練の実施についての責任者の配置等）が整備されていることが求められるため[45]、就業規則等の規定の整備を通じ、そうした教育訓練が派遣労働契約の内容になっているとして、派遣労働者に請求権が認められる事例も生じることがありうると思われる。

他方、いわゆるOJTについては、日常業務の遂行過程において行われるものであるため、派遣労働者の場合は、派遣先において指揮命令を受けて労働する中で行われるのが通常だと思われる。その場合、派遣労働者に対する教育的な趣旨の言動などは、厳密にいえば指揮命令の領域を超える場合もありうるであろう。しかし、OJTは派遣労働者にとっても有用であることを考えると、そうした言動が指揮命令とは独自の不利益を課すようなものでない限り、指揮命令に付随する行為として、労働者派遣の枠組みの中で適法に行いうると解すべきであろう。

以上の他、派遣元は、派遣労働者に対し、派遣就業の実施に当たって種々の規律を課することが通常だと思われる。たとえば、派遣労働者は、派遣元の就業規則等に従い、派遣元に対して、労働契約上の付随義務として、いわゆる企業秩序遵守義務を負うこととなろう（派遣先の企業秩序が直ちに派遣元の企業秩序に含まれるとはいえないであろうが、派遣先で円滑に派遣就業を実施することが、派遣元の企業秩序の一部をなすと評価することは可能であろう）。労働者の付随義務としては、その他に、秘密保持義務や退職後の競業避止義務なども考えら

---

45) 一般労働者派遣事業に係る許可基準2(3)イ（http://www.mhlw.go.jp/bunya/koyou/haken-shoukai06/dl/manual_08.pdf）参照。

第7章 派遣労働者

れ、派遣元との関係での秘密保持や競業の避止については、通常の労働契約と同様のことが妥当すると考えられる。また、前述したように、派遣労働者は、派遣先に対し、労働契約の付随義務としての競業避止義務等は当然には負わないものと考えられるが、派遣先の企業秘密を漏えいしないことや退職後に派遣先との競業を行わないことについては、派遣元との契約により、派遣元に対する義務として設定されることもありえよう。

これに対し、派遣元側が派遣労働者に対して負う付随義務としては、まず安全配慮義務が考えられる。労契法5条により、派遣元が派遣労働者に対して安全配慮義務を負うことはもちろんであるが、問題はその内容いかんである。すなわち、派遣労働者は、派遣先の指揮命令を受けて、通常は派遣先の事業場で就労するものであるから、そうした派遣就業関係における派遣元の安全配慮義務の内容が問題となるのである。

この点については、安全配慮義務という概念が、使用者が労働者を支配・管理に置いていることから信義則に基づいて認められてきたこと[46]にかんがみれば、派遣元は、派遣労働者に対して指揮命令を行っていない場合でも、それ以外の面において派遣労働者をその支配・管理下に置いていることはありうるので、その限りにおいて、派遣労働者に対して安全配慮義務を負うと解すべきであろう。たとえば、労働時間については、派遣労働者は派遣先に対してその決定のもとで就労することになるが、派遣元においても、36協定等により時間外労働の限度を設定したり、健康診断により派遣労働者の心身の健康状況を把握したりするなどの管理は行うのであり、長時間労働をしている労働者に対して、派遣先との協議等によりその業務を軽減する措置をとるなどの対応は可能である。このような措置をとらなかったことにつき、派遣元が安全配慮義務違反の責任を負うことはありうると思われる[47]。

---

46) 陸上自衛隊第331会計隊事件・最二小判昭和58・5・27民集37巻4号477頁など参照。

7-1 労働者派遣関係の法的構造——私法上の権利義務の観点から

おわりに

　本稿においては、労働者派遣関係の構造について、私法上の権利義務関係という観点から、派遣元と派遣先との関係、派遣先と派遣労働者との関係、及び派遣元と派遣労働者との関係に分けて検討を試みた。そして、まず、派遣元と派遣先との関係については、派遣元は、派遣先との労働者派遣契約に基づき、派遣労働者を選定したうえ、その労働者を派遣先に赴かせ、派遣先の指揮命令に従って労働させる義務を負い、そのために、派遣先に対して、派遣労働者の労働義務の内容を具体化する効果をもつ指揮命令権を設定するものと構成できるのではないかと考えた。

　次に、派遣先と派遣労働者との関係については、派遣先は、上記のように派遣労働者が派遣元に対して負っている労働義務の内容を具体化する効果をもつ指揮命令権をもつこと、安全配慮義務など労働契約を必ずしも前提としない付随義務は発生しうること、派遣労働者と派遣先との黙示の労働契約の成否を考える際には、派遣先が労働義務の相手方とされていると評価しうるかも考慮要素となることなどを示した。

　最後に、派遣元と派遣労働者との関係については、派遣労働者は派遣元に対し、派遣先の指揮命令によって内容が具体化される労働義務を負うが、労働義務の内容には、その他に、派遣先の指揮命令とは切り離されたものも存在しうること、派遣就業中の派遣元の安全配慮義務などの労働契約上の付随義務も想定しうることなどを論じた。

　このような労働者派遣関係の構造を簡単に図示すると、おおむね以下の図の

47）東京高判平成21・7・28労判990号50頁［ニコンほか事件］は、不法行為上の注意義務につきおおむね同旨の見解を述べるが、労働契約上の安全配慮義務についても同様のことが言いうると思われる。なお、このような場合、派遣先がその指揮命令により派遣労働者の傷病を生じさせたとして、派遣元とともに安全配慮義務違反による債務不履行責任を負うこともありうる。その場合の両者の責任は不真正連帯の関係に立つと解すべきであろう。同事件参照。

第7章　派遣労働者

【図】労働者派遣関係の構造

労働者派遣契約
　＊派遣労働者の選定等・派遣労働者による労務供給
　＊派遣先の指揮命令権設定

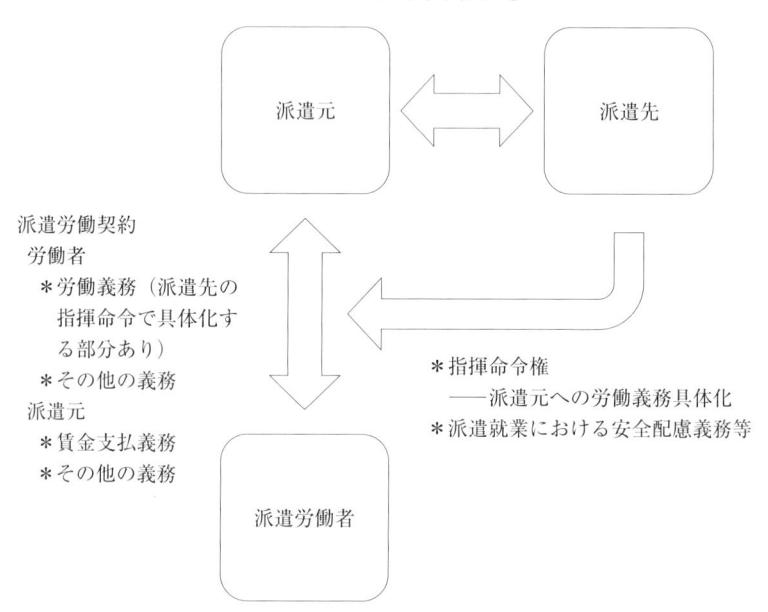

```
        ┌──────┐  ⇔  ┌──────┐
        │ 派遣元 │      │ 派遣先 │
        └──────┘      └──────┘
```

派遣労働契約
　労働者
　　＊労働義務（派遣先の指揮命令で具体化する部分あり）
　　＊その他の義務
　派遣元
　　＊賃金支払義務
　　＊その他の義務

＊指揮命令権
　　——派遣元への労働義務具体化
＊派遣就業における安全配慮義務等

派遣労働者

ようなものとなろう。

　本稿は、労働者派遣の基本的構造に関わる部分に焦点を当てて検討を行ったにとどまり、労働者派遣関係における関係当事者間の権利義務の内容を包括的に取り扱ったものではない。また、その検討結果についても、なお試論にとどまる部分も多く、労働者派遣の実態等を踏まえたさらなる検証が必要だと思われる。これらの点については今後の検討課題としたい。

＊本稿は、平成23年度科学研究補助金・基盤研究（B）「非正規雇用問題の総合的立法政策の研究」（研究代表者　荒木尚志教授）の研究成果の一部である。

第8章　高齢者雇用

8-1　中高年齢層における就労・生活と法政策

8-1　中高年齢層における就労・生活と法政策

小西　康之

I　はじめに

　我が国においては、少子高齢化が進行しており、今後も一層の進展が予想されている。このことから、労働市場の今後の見通しとして、労働力不足が深刻化するとの見方が一方で示されている[1]。

　他方で、公的年金をはじめとした我が国の社会保障財政においては、これからも厳しい状況が続くことが予想される。これまでも、公的年金についてみると、支給開始年齢が引き上げられてきている。少子高齢化の進展にともない、将来的にも中長期的には、年金支給開始年齢のさらなる引き上げも十分予想される。こうした事情のほか、グローバリゼーションや技術革新のさらなる進展[2]が見込まれることもあわせ考えると、労働力不足が全産業分野においてみとめられる可能性は高くなく、産業分野によっては労働力の需要と供給が対応していない、いわゆる「雇用のミスマッチ」が生ずる可能性が高いといえよ

---

1)　厚生労働省編『平成23年版　労働経済白書』（日経印刷、2011）28頁以下等。
2)　技術革新が労働に及ぼす影響について、最近多くの著作が出版されている。エリック・ブリニョルフソン＝アンドリュー・マカフィー著、村井章子訳『機械との競争』（日経BP社、2013）、タイラー・コーエン著、池村千秋訳『大格差——機械の知能は仕事と所得をどう変えるか』（NTT出版、2014）等を参照。

第 8 章　高齢者雇用

う。こうした「雇用のミスマッチ」に適切に対応できなければ、ますます社会保障財政への負担が増し、それが労働力コストをさらに増大させる結果、中長期的には労働力需要の低下に拍車がかかり、より深刻な雇用失業情勢に至ることも予想される。

国の政策と企業の動向に大きく依存するこうした労働市場の将来像は、労働者の就労や生活に大きな影響を与える。なかでも、日本の雇用システムのもとで相対的に厳しい就職状況に置かれている[3]、そして、職業生活からの引退過程にあるまたはそれと近接している中高年齢層にとっては、その影響は一層大きなものとなろう。こうしたことからすると、中高年齢層に対する就労機会の確保など、中高年齢層の就労や生活に関しての法政策のあり方を検討することは重要な課題であるといえる。

そして、この課題に取り組むにあたっては、労働者のエンプロイアビリティ（就業可能性、就業態勢）の向上が鍵概念になると思われる[4]。また、中高年齢層という一定の年齢層に関する法政策を検討するにあたっては、①各人においてライフステージが時間的に移行するという特徴を踏まえるとともに、②中高年齢層の就労・生活状況だけでなくその他の年齢層の就労・生活状況にも留意する必要がある[5]。

本稿は、上記の視角のもとで、中高年齢層における就労・生活に関しての法政策につき検討するものである。具体的には、まず、中高年齢者[6]に対して

---

[3] 有効求人倍率（就職機会積み上げ方式）（2014 年 12 月）をみると、年齢計で 1.09 倍であるのに対し、45 歳〜49 歳は 0.98 倍、50 歳〜54 歳は 0.98 倍、55 歳〜59 歳は 1.01 倍、60 歳〜64 歳は 0.95 倍である（厚生労働省「一般職業紹介状況（平成 26 年 12 月分）」）。また、OECD, "Back to Work: Japan, Improving the Re-employment Prospects of Displaced Workers" (2015) p. 54 は、高年齢者は職を失うリスクが特に高く、再就職率は特に低いと分析する。

[4] 小西康之「これからの雇用政策の理念と長期失業への対応」労研 651 号（2014）81 頁参照。

[5] 本稿においては、ライフステージの一時期にあるという観点を示すために「（中）高年齢層」という用語も使用するが、以下では、一般に用いられる「（中）高年齢者」との用語を主として使用する。

我が国の雇用政策はどのように展開されてきたか、そして、これらの政策にはどのような意義が認められるかについて分析した上で（Ⅱ）、今後の中高齢層における就労・生活に関しての法政策の方向性について検討する（Ⅲ、Ⅳ、Ⅴ）。

Ⅱ 中高年齢者雇用対策の歴史的展開[7]

1 失業対策事業への失業者の生活の「依存」

　第二次世界大戦直後、日本国内は、復員軍人、海外からの引揚者、戦時中軍需産業に勤務していたが戦後になり失業するに至った者など、職を求める人々で溢れていた。

　このような状況に対応するため、戦前に実施されていた失業者救済土木事業にならい、公共事業が大々的に実施されることとなったが、公共事業による失業者の吸収という本来の目的を十分に達成することはできなかった。そうしたなか、1949（昭和24）年に緊急失業対策法が制定され、失業対策の主役は新たに創設された失業対策事業に委ねられることとなった。

　緊急失業対策法は、経済安定本部の認証を要する公共的建設及び復旧の事業を「公共事業」とし、従来の公共事業の一環として実施してきた「失業応急事業」を「失業対策事業」とした。そして、事業主体は原則として都道府県または市とされ、事業主体の負担する経費は確定財源によることとされる一方、事業費中の労力費（賃金など）および事務費は国庫補助の対象とされた。当該事業の就労者は、公共職業安定所の紹介する失業者に限るものとし、賃金は同一

---

6) 「中高年齢者」の意義は時代によって異なった意義づけがなされる（この点について、本稿で適宜言及する）。
7) 概説部分については、労働省職業安定局失業対策部編著『失業対策の変遷』（日刊労働通信社、1973）、清水傳雄『高年齢者雇用対策の展開』（労働法令協会、1991）、濱口桂一郎『労働法政策』（ミネルヴァ書房、2004）等を参照した。

地域において同一職種に従事する労働者に通常支払われる賃金の額よりも低く定めなければならないこととされた。また、長期にわたって同事業に就労させることは失業者の臨時的な吸収という事業本来の目的とは合致しないため、公共職業安定所は原則として6か月以内に定職に就くように就職あっせんに努めることとされ、また、毎月2回以上職業相談を実施することとされた。

　こうして実施された失業対策事業は、失業者の生活に一定の安定をもたらすものであったが、問題点も認められた。経済の高度成長が本格化していくに伴い労働力需要が増大していったにもかかわらず、失業対策事業に従事する人数は増加を続けていた。そして、失業対策事業従事者には労働市場に自立・自活の機会が存するにもかかわらず、失業対策事業のもとに滞留し続け、そのまま就労者の高齢化が進行するという状況が顕在化していたのである。すなわち、失業対策事業による失業者の吸収とそれによる失業者の生活維持との結びつきが硬化してしまい、就労者の生活が失業対策事業に「依存」する（または「依存」せざるをえない）状況が作り出され、それに伴い国の財政に負担がかかる状態にあった。

　失業対策事業の上記の実態に対しては国民の厳しい批判が向けられるようになり、政府も失業対策制度の改善にむけて検討を進めた。そして1963（昭和38）年に職業安定法および緊急失業対策法が改正されるに至った。改正職業安定法においては、「中高年齢失業者等に対する就職促進措置」という新しい制度が設けられ、中高年齢者、身体障害者等であって、就職促進のための特別の措置を必要とすると認定された失業者に対して、手当を支給して生活の安定を図りつつ、職業指導、職業紹介等の措置を計画的に実施することとした。そして、緊急失業対策法の改正により、これらの措置によってもなお就職できなかった者についてのみ失業対策事業において就労する可能性が認められることとされた。

　当該改正により、失業対策事業の性格は大きく転換することとなった。また、失業対策事業を実施していく中でクローズアップされた中高年齢者への対策の検討が、我が国における中高年齢者雇用対策の端緒を生み出す背景となった。

2 労働市場における高齢者の適正配置

(1) 雇用対策法の制定

1960年代、日本は高度成長期にあり、労働力需要の増大に労働力の供給が追いつかない状況が続いた。この労働力需要は若年者、とりわけ新規学卒者に集中する傾向がみられた。また上記事情への対応という側面もあり、大企業を中心として、長期雇用や年功序列制度が一般的となっていった。このように若年者に対する雇用需要が増大する一方で、この時期には、技術革新の進展や生産工程の変化などを理由として、中高年齢者が離職する可能性の増大も予想されるなど、年齢、職種、地域、産業等の別によって労働力需給の不均衡が顕著になってきた。

こうした状況を踏まえつつ、その後の労働力不足基調への移行、そして、年齢、職種、地域、産業等による労働力需給の不均衡の進行に対処すべく、1966（昭和41）年に雇用対策法が制定された。

雇用対策法は、中高年齢者の雇用対策に関して、「中高年齢者等の雇用の促進」との章を設け（第6章）、適職の選定、雇用率の設定、雇用促進のための国の援助義務について規定した。

なお、雇用対策法の制定をうけて職業安定法が改正された。同法には「中高年齢者の雇用」と題された章が新設され（第3章の2）、同章には、中高年齢者に関する雇用率の設定等についての規定が置かれた。

このほか雇用対策法により、「職業転換給付金」制度が創設され、中高年齢失業者等の求職活動を積極的に支援する制度が設けられた。

(a) 適職の選定等

雇用対策法は、中高年齢者および身体障害者の雇用の促進のために、国は事業主その他関係者に対して資料の提供その他の援助を行わなければならないこと、労働大臣は中高年齢者および身体障害者の適職を選定公表してそれへの雇用の促進に努めなければならない旨を規定した。これらの措置は、中高年齢者や身体障害者の雇用促進については、雇用主の自主性を尊重しつつ、その理解と協力を得ることが重要であるため、資料の提供等の援助を充実させるととも

に、適職を選定公表して、中高年齢者や身体障害者にその能力に適した職場がひろく開放されるよう、関係者を啓発し、かつ、広く国民全般にわたって機運を醸成することを目指すために設けられた[8]。

(b) 中高年齢者の雇用率

職業安定法においては、身体障害者雇用促進法と同様の考え方で[9]、労働大臣は適職として選定された職種ごとに雇用率を設定することができることとされた。適職ごとに雇用率を設定することとしたのは、中高年齢者がその能力に適する職業に就くことを促進するためであることから、一律に定めるのではなく、中高年齢者の適職ごとに設定することが適当であると考えられたためである[10]。

雇用率の対象となる中高年齢者は、35歳以上の年齢の者であるとされた。この年齢は、職業安定法の中高年齢者等就職促進措置の制度の年齢が35歳以上とされていたこと、就職が困難である労働者の全国的な年齢水準の動向等を考慮して定められた[11]。

そして、常時労働者を使用する事業所の雇用主は、雇用率の設定された職種の雇入れについて、当該職種の中高年齢の労働者の比率が所定の雇用率以上になるように努めなければならないこととされた[12]。このように、雇用率は雇用主の努力義務とされたが、労働大臣は特に必要と認める場合（中高年齢者が公共職業安定所に多数求職しており、その就職の現状および見通しが悪化している場合）には、雇用主に対して雇用率の達成について必要な措置をとるよう要請することができることとされた。

当該要請の対象となる事業所は、常時100人以上の労働者を使用する事業所とされた。これは、雇用率を達成するために必要な措置をとることにより中高

---

8) 労働省職業安定局失業対策部編著・前掲注7) 366頁。
9) 清水・前掲注7) 75頁。
10) 清水・前掲注7) 77頁。
11) 労働省職業安定局失業対策部編著・前掲注7) 361頁。
12) ただし、具体的な雇用率は、民間事業所については設定されなかった。民間事業所については、中高年法のもとではじめて設定されるに至った。清水・前掲注7) 77頁。

年齢者の雇用を促進するには、当該職種の労働者が相当数存在する場合のほうが有効であると考えられたこと、小規模の事業所では作業が分業化されておらず職種が明確でない場合が多いこと等の理由により、身体障害者の雇用率の場合の先例にならったものである[13]。

(2) **中高年法の制定**

雇用対策法の成立後も、我が国の経済は拡大し続け、それに応じて労働の需要も依然として増大を続けた。他方で労働力供給については、戦後のベビー・ブーム期に生まれた者が労働市場に参入した1960年代終盤以降は、進学率の向上という事情とあいまって、鈍化傾向がみられた。

以上のように全体としては労働力が不足する状況にあったが、年齢別、地域別に労働力需給状況をみるとかなりの不均衡がみとめられ、中高年齢者にとって就職は容易ではなかった。こうした雇用情勢は、求人が中高年齢層にまで拡大されることにより改善されつつあったが、他方で、人口構成の高齢化による中高年齢層の大幅な増加が見込まれていたため、中高年齢者の雇用問題は、ますます重要かつ困難な問題になっていると考えられた[14]。

こうした状況に対応するために、1970 (昭和45) 年12月に労働省において、「今後の失業対策制度に関する基本構想」がとりまとめられた。この基本構想においては、今後の失業対策は中高年齢失業者に重点を置き、特別の対策を講ずることとされた[15]。

この基本構想について労働省内で議論がなされ、1971 (昭和46) 年2月に「中高年齢者等の雇用の促進に関する特別措置法 (中高年法) 案[16]」が閣議決

---

13) 労働省職業安定局失業対策部編著・前掲注7) 362頁。
14) 清水・前掲注7) 81頁以下参照。
15) 特別対策の対象者は、労働市場に対する適応性を有する者に限ることとされ、45歳以上65歳未満の者とされた。
16) 本法律が特に単独立法とされたのは、中高年雇用対策をこの際一段と飛躍的に充実強化させるとともに、今後の雇用対策の大きな柱とするためであった。清水・前掲注7) 93頁以下。

定され、第65回通常国会において一部修正の上可決成立した。

当該法律は、中高年齢者（45歳以上）等がその能力に適合した職業に就くことを促進するための特別の措置を講ずることにより、その職業の安定を図ることを目的とし、中高年齢者の適職の開発、求人者等に対する指導及び援助、中高年齢者雇用率制度、中高年齢者の雇用奨励措置などを定めた。

なお、従来職業安定法に規定されていた中高年齢者の雇用の促進に関する具体的な措置は、拡充され中高年法に取り入れられたため、職安法においてはこれらの規定はなくなった。また、中高年法の施行後は、緊急失業対策法に基づく失業対策事業には、新たに発生する失業者は就労できないこととなった。これにより、第二次世界大戦後これまで重要な失業対策として位置づけられてきた失業対策事業は、終息に向かうこととなった。

(a) 適職の開発

労働大臣は、中高年齢者の雇用の促進に関する諸施策の基礎として、中高年齢者の適職、労働能力の開発方法その他中高年齢者の雇用の促進に関し必要な事項について、調査、研究および資料の整備に努めることとされた。

こうした規定が設けられたのは、中高年齢者は若年者に比し職業や職場への適応性が一般的には乏しいと考えられ、このことが中高年齢者の雇用の機会を狭めているのが実情であるとの認識のもと、中高年齢者に適合した職業や労働能力の活用方法等についての調査研究を行い、その成果に基づき、中高年齢者の雇用の機会の増大を図るための施策を推進するための基礎とするとともに、民間事業主が中高年齢者を積極的に活用しまたその特性に応じて適正な職場配置を行うことを促進することが必要であると考えられたためである[17]。

(b) 中高年雇用率制度

中高年法においては、労働大臣により選定された中高年齢者の適職に応じ、中高年齢者の雇用率を設定することとされた。具体的には、当面、官公庁等について33職種、民間事業所について29職種に雇用率が設定された。そして常時労働者を使用する事業所の事業主は、当該雇用率が制定された職種の労働者

---

17) 清水・前掲注7) 104頁。

の雇入れについては雇用率を達成するよう努められなければならないとされた。すなわち、当該雇用率の達成は努力義務であり、この義務違反に対する罰則規定は置かれなかった。これは、中高年齢者に安定した雇用の場を確保するためには、雇用主の理解と協力のもとに、その能力に適合する職業へ適正な労働条件のもとに、その能力に適合する職業に定着させることが肝要であり、罰則をもって強制すべきものではないと考えられたためである[18]。

　中高年法は他方で、当該雇用率制度の実効性を確保するため、①雇用率未達成の事業主が、中高年齢者でないことを条件としてその職種についての求人の申込みを行った場合には、公共職業安定所はこれを受理しないことができるという、「求人の申込みの受理に関する特例」と、②労働大臣は、中高年齢者の雇用を促進するために特に必要があると認める場合には常時100人以上の労働者を使用する事業所であって、雇用率が未達成であり、かつ、中高年齢の雇用者数を増加するのに著しい困難を伴わないと認められる事業主に対して、雇用率を達成するために必要な措置をとることを要請することができるという、「雇入れの要請」に関する規定を設けた。

　(c)　中高年齢者の雇用奨励措置

　中高年法は、55歳以上65歳未満の中高年齢者が雇用率設定職種の労働者として雇用されることを促進するため、当該中高年齢者について職場適応訓練を行う事業主に対し、職場適応訓練費の額について特別な配慮を加えることとした。これは、中高年齢者の雇用促進を図るためには、実際の職場において実地の作業手順、知識、技能等を習得させるとともに、作業環境になじませる職場適応訓練を積極的に行うことが効果的である、また、企業の自主的努力による中高年齢者の雇用促進を目的としている中高年齢者雇用率制度の効果をより大きなものにするためには、事業主に対し援助を行うことによって中高年齢者を雇い入れやすくする必要がある、と考えられたためである[19]。

---

18)　清水・前掲注7) 109頁。
19)　清水・前掲注7) 112頁。

第 8 章　高齢者雇用

(3) 小　括

　雇用対策法および中高年法の制定により、適職の選定と中高年齢者の雇用率の制度が設けられた。これらの措置は、国が主導となって労働市場全体の中で中高年齢者にとっての適職を設定し、当該適職に中高年齢者を誘導する政策を採用したものといえよう。そこには、いわば「適材適所」といった考えを看取することができる。そして、中高年齢者が適職に従事できるべく訓練を施すことも予定されているが、これは中高年齢者のエンプロイアビリティの向上を目的とした政策であったと評価することができよう。

　このほか、上記の制度の構築に際して、中高年齢者に身体障害者と同様の位置づけが与えられていたことは興味深い。「中高年齢者」というのが一つの属性として意識されていたこと、そして、企業内で統一的な労働市場が形成されており中高年齢層にある労働者は時間とライフステージの経過とともに当該労働市場内を連続的に移動することが支配的ではなかったことがうかがわれる。

　このように、この時期は、国が外部労働市場の存在を念頭に置いて中高年齢者の雇用促進に積極的に関与しようとした時期であったと評価することができよう。

3　企業の雇用維持による高年齢者の生活の安定

(1) 中高年法の改正

　その後、1973（昭和 48）年の石油危機を契機に我が国の経済情勢は大きく転換し、企業における雇用調整への動きが広く認められるようになった。1971（昭和 46）年に中高年法が制定されたものの、経済状況の悪化と連動するように、中高年齢者の雇用不安も一層高まっていった。

　なかでも、高年齢者においては雇用状況の改善の遅れが顕著であり、石油危機後は、高年齢者を中心とする希望退職や解雇が行われるようになった。

　こうした状況の中で中高年法の改正の議論が行われ、国会での審議を経て、1976（昭和 51）年 5 月に同法の一部を改正する法律が可決、成立した。

　中高年法改正のポイントは以下の点にある。

(a) 高年齢者雇用率制度

　従来の中高年齢者雇用率制度に対しては、①雇入れについての制度であるため、雇用不拡大期では十分に機能しにくく、特に高年齢者にとって必要な雇用の維持には直接的効果がないこと、②日本においては職種別労働市場が確立していないため、職種概念が不明確なうえに、企業の雇用管理も職種を中心に行われていない現状では、行政上も企業側でも、実効を上げることは困難であること、また、同制度は一事業所でも職種ごとに達成しなければならないため、行政事務のみならず事業主の雇用管理をも煩雑にしていることが指摘されていたこと、③中高年齢者を全体として対象にするため高年齢者に効果が及びにくく、かつ、職種別であるため定年制等の雇用賃金慣行の是正に十分なインパクトを与えにくいこともあり、特に高年齢者には十分な対策とはいえない面があること、が指摘されていた[20]。また、高年齢者の雇用の確保を困難にしている大きな原因の一つが55歳定年制にあると考えられた。

　そこで当該法改正において、60歳までの定年延長の実施について事業主の自主的取組みを促し、これによって高年齢者の雇用の安定を図ることを目的として創設されたのが高年齢者雇用率制度である[21]。

　当該雇用率は高年齢者について設定されることとされた。高年齢者の範囲は、労働省令で定めることとされており、55歳定年制のもとで55歳以上の雇用失業情勢が特に厳しくなっていることや、この年齢層が今後急速に増加していくものと見込まれることから、55歳以上の者と定められた。

　また、改正前の中高年法においては、選定職種について雇用率が設けられていたが、改正法により、職種にかかわりなく従業員総数に高年齢者雇用率を乗じた数の高年齢者を雇い入れる制度に改められた。適用単位についても、事業所単位ではなく企業単位に適用されることとされた[22]。そして事業主は、一定の雇用関係の変動（雇用関係の発生である雇入れと雇用関係の消滅である離職が

---

20) 清水・前掲注7) 151頁参照。
21) 昭和61年4月10日参議院社会労働委員会会議録第7号第7部7頁政府委員白井晋太郎発言、労働省職業安定局高齢者対策部企画課編『Q&A 高年齢者雇用安定法』（ぎょうせい、1987) 46頁参照。

第8章　高齢者雇用

含まれる）がある場合に、当該雇用率の達成に努めなければならないこととされた。すなわち、事業主には、高年齢者を雇い入れを促進するだけでなく、全体の雇用量が増大してない場合であっても、高齢者の離職を防止することで雇用の維持を図ることが要請されたのである。他方で、高年齢者以外の者の離職を促してまで高年齢者の雇用の促進を達成することまで求めるというものではなかった。

　具体的な雇用率については、当該雇用率が設定されることによる効果とそれに伴う経済的社会的影響にも配慮する必要があり、特に、他の年齢層の労働者の雇用への影響は最小限にとどめられ、全労働者が公平かつ適切に雇用されるよう努められなければならないことから、6％と定められた。

　高年齢者雇用率制度は、事業主に努力義務を課すものであり、事業主に雇用率の達成を強制するものではなかったが、改正中高年法は、高年齢者雇用率を達成するための制度として、「求人の申込みの受理に関する特例」や「高年齢者の雇入れ等の要請」などについての規定を設けた。

　(b)　選定職種への雇入れの推進

　改正中高年法においては、それまでと異なり、職種と切り離されたかたちで高年齢者雇用率を達成することが要請されることになった。ただし、改正中高年法においても、選定職種は中高年齢者の能力に適合すると認められる職種であり、この選定職種に着目して中高年齢者の雇用を図っていくことも有効であると考えられていたため[23]、選定職種に基づいた制度は存している。すなわち改正中高年法においては、公共職業安定所は、選定職種（63種）について、正当な理由がないにもかかわらず中高年齢者でないことを条件とする求人の申込みがあった場合には、これを受理しないことができること、および必要があ

---

22)　適用単位が企業単位とされたのは、①高年齢者の雇用は定年制その他の雇用賃金慣行と密接な関連を有し、雇用賃金慣行のあり方は企業全体において一元的に考えられるのが通例であり、②雇用率の達成方法については、事業主の雇用管理の自主性を重んじ、高年齢者の能力に応じた弾力的な配置や事業主の創意工夫の余地をできる限り広いものとしておく必要があるため、であった。清水・前掲注7) 160頁以下。

23)　清水・前掲注7) 157頁参照。

ると認めるときは、事業主またはその団体に対し、中高年齢者を選定職種の労働者として雇入れることを促進するため必要な指導を行うことができるとされた。

(2) 雇用維持政策の進展

第2次世界大戦後に制定された労働法規には、解雇予告制度など解雇についての手続規制や一定の場面における解雇制限についての定めは置かれていたが、一般的に解雇理由を制限する規定は設けられていなかった。

しかし、司法レベルでは、使用者による解雇を制限する動きは進展していた。多数の裁判例の積み重ねにより、使用者による解雇を制約する法理が形成されつつあったのである。そして、1975（昭和50）年には、最高裁は、「解雇が客観的に合理的な理由を欠き社会通念上相当として是認することができない場合には、権利の濫用として無効である」旨判示し[24]、解雇権濫用法理が判例上確立するに至った[25]。

また、1974（昭和49）年に成立した雇用保険法は、失業給付制度を整備するほか、雇用保険の保険事故である失業を予防し減少させるという目的のために、新たに雇用改善事業、能力開発事業および雇用福祉事業を設けた。なかでも、雇用維持政策との関係で注目すべきは、雇用改善事業の一つとして実施された雇用調整給付金（その後、雇用調整助成金）制度である。当該制度は、経済上の事由により事業活動の縮小を余儀なくされた事業主に対して、被保険者の失業の予防を図るために交付金を支給する制度であり、失業に対して事後的な対策により対処しようとする従来の政策の方向性を大きく変えるものであった。

---

[24] 最二小判昭和50・4・25民集29巻4号456頁〔日本食塩製造事件〕。

[25] その後解雇権濫用法理は立法化されないままであったが、2003（平成15）年の労働基準法改正によって、同法に「解雇は、客観的に合理的な理由を欠き、社会通念上相当であると認められない場合は、その権利を濫用したものとして、無効とする」との規定が置かれた（18条の2）。2007（平成19）年の労働契約法の制定にともない、同条は労働契約法16条に移行され、現在に至っている。

第8章　高齢者雇用

(3)　定年制を基礎とした雇用維持政策

(a)　60歳定年制に向けての端緒

1960年代後半には、経済の高度成長を背景に、雇用状況は全般的に改善されてきたが、年齢別の労働力需給は依然として不均衡のままであり、中高年齢者、とりわけ高齢者における就職状況の厳しさは継続していた。

この当時すでに、中高年齢者の雇用問題を解決するには、定年制などに代表される雇用システムにも踏み込む必要があることが認識されており、具体的には定年年齢の60歳への引上げの推進等が強く要請されるようになった。

こうした状況のなかで、1973（昭和48）年9月に雇用対策法を一部改正する法律が成立した。

そこでは、①国は、高年齢者の職業の安定を図るため、定年の引上げの円滑な実施を促進するために必要な施策を充実するものとされた。そして当該施策の一環として、国は、事業主その他の関係者に対して、定年の引上げを推進するため、資料の提供その他の援助を行うようにしなければならないこととした[26]。このほか、②定年に達する労働者の再就職等の促進を図るために諸措置を講ずることについても定められた。

なお、雇用対策法の一部改正の施行にあわせて定年延長を促進すべく、定年の引上げを行った中小企業事業主に対して定年延長奨励金が支給されることとされた。このほか、定年前職業講習制度および定年前職業訓練制度も設けられた。

(b)　高年法による60歳定年制の制度化

石油危機後においても労働力人口の高齢化が進行し、それに伴い、高年齢者の雇用問題も一層深刻化することが予想された。

そうしたなか、国会においては、社会党、公明党からそれぞれ「定年制及び中高年齢者の雇入れの拒否の制限等に関する法律案」が提案されるなどの動きが認められた。

---

[26] 当該改正法に先立ち、昭和48年5月18日労働省基発48号において、当面、今後5年間程度の間に60歳定年が一般化することを目標とすること等が通達されていた。

労働省内においても高齢者雇用のあり方、とりわけ60歳台前半層までを含めた継続雇用推進のための方策について議論がなされた。労働省はそこでの議論を踏まえて法案を作成し、中高年法の一部改正法案が1986（昭和61）年2月に閣議決定され、国会に提出された。当該法律案は1986（昭和61）年4月に可決、成立した。当該改正法により、中高年法は「高年齢者等の雇用の安定等に関する法律」（高年法）に名称変更された。

当該高年法の最大のポイントは、長年にわたり懸案であった定年延長の立法化問題に決着をつけ、60歳定年の努力義務について規定している点である。そして高年法は、この趣旨を踏まえ、事業主の自主的な努力をできる限り尊重しながら60歳以上への定年の引上げを促進していく必要があることから、労働大臣は60歳を下回る定年を定めている事業主に対し、当該定年を60歳以上に引き上げるように要請することができることとするなど、定年の引上げに関する諸施策を定めた。

このほか、高年法は、高年齢者の再就職を促進するための諸施策も定めるほか、シルバー人材センター等の指定について定め、定年退職者等の就業ニーズに応じた臨時的かつ短期的な就業機会の提供体制も整備した。また、国は高年齢者の職域の拡大等に関して調査・研究等に努めるものとするとの規定も置かれている。

このように中高年法の一部改正法により、総合的な高年齢者雇用就業対策が実施されることとなったが、他方で、同法により、高年齢者雇用率制度は廃止されることとなった[27]。

その後、老齢厚生年金の定額部分支給開始年齢の引上げ（2001（平成13）年度から2013（平成25）年度までに60歳→65歳）に先立ち、高年法の1994（平成6）年改正により、60歳定年の義務化が定められた（1998（平成10）年4月1日施行）。

---

[27] ただし高年法は、雇用する労働者のうちに高年齢者が占める割合が労働省令で定める割合を超える事業主に対する助成について規定した。これを受けて、60歳台前半層の者が6％を超える事業主に対して助成を行うこととされ、具体的制度として、1986（昭和61）年に高年齢者多数雇用報奨金が新設された。

(c) 65歳までの雇用延長の動きと差別禁止規制の登場

その後も公的年金の支給開始年齢の引上げの動きがみられ、それとリンクするかたちで65歳までの高年齢者の雇用の確保が重要な課題となった。

そこで2000（平成12）年には、老齢厚生年金の報酬比例部分支給開始年齢の引上げ（2013（平成25）年度から2025（平成37）年度までに60歳→65歳）をうけて、高年法が改正され、①定年の65歳以上への引上げ、②継続雇用制度の導入、③定年制の廃止、のいずれかの措置（高年齢者雇用確保措置）を講ずることが努力義務とされた。そしてその後の2004（平成16）年改正では、65歳未満の定年の定めをしている事業主に対して、上記①、②、③のいずれかの措置を講ずることが法的義務とされた。

このほか、高年齢者の就職の困難な状況に鑑み、募集・採用時に関する規制が行われた。2001（平成13）年に改正された雇用対策法は、使用者は募集・採用時に年齢にかかわりなく「均等な機会を与えるよう努めなければならない」との努力義務規定を設け、2007（平成19）年の改正により、当該規定は禁止規定にあらためられた。このほか2004（平成16）年の高年法改正においては、募集・採用時に年齢制限を設ける場合の理由提示の義務化が定められた。

(4) 小　括

この時期においてはまず、雇用率が適職ごとに算定される方式から、企業全体で算定される方式へ変更された。この変更は、労働市場の実態の変化に伴い、外部労働市場の存在を前提とした適職選定と適職配置の考えが希薄になったことを示すものといえる。

またこの時期は、中高年齢者に対する対策としての雇用率制度自体の存在意義が問われた時期でもあった。

これまでの雇用率を設定する対策は、労働者を「（中）高年齢者」と「非（中）高年齢者」の2つに区分し、企業内における一定部署や企業内の労働者全体に対する前者の割合を算定し、その数値を改善しようというものであった。こうしたアプローチは、「（中）高年齢者」、「非（中）高年齢者」といった属性の他に、労働者の事情をくみ取るものではない。そのため、こうしたアプ

ローチは、2分化された各カテゴリー間での労働者の移動が連続的に行われることが支配的でなく、雇用率を算定するにあたり、外部労働市場等を通じて、最も重要な指標となる、「雇用されている（中）高年齢者」の数を容易に（この場合は増やす方向で）調整することができる場合には、当該制度を実施することにより期待されている目標の達成（中高年齢者の雇用の促進）に向けての手段としては適切であると評価することも可能である。

　他方で、企業と従業員との間で雇用関係を継続していくなかで企業特殊的な「技能」を形成していく内部労働市場を中心とした雇用システムとの関係においては、当該企業が、中高年齢者に関する雇用率を未達成の状況にあったとしても、外部労働市場から速やかに中高年齢者を雇用することが困難となる。こうした雇用システムを採用する企業を増加していくことに伴うかかる事態の拡大は、当該雇用率制度が当時の雇用システムとの関係において、中高年齢者の雇用促進との目的達成の手段として必ずしも妥当とはいえなくなってきた。

　こうしたなかでこの時期には、企業内で雇用を維持する政策が志向されるようになった。こうした方向性は、定年制という雇用期間に「枠」を設定する制度の確立によって一層強化された。

　この時期のこうした雇用政策は企業の主導による雇用の促進を志向するものであり、国は企業の行動に対して間接的に関与することにとどまるものであったといえよう。また、企業による雇用維持や定年制の確立は、外部労働市場から距離を置き、企業内部における中高年齢者の生活の安定に直接結び付くものであったが、外部労働市場における労働者のエンプロイアビリティを向上させるという視点が特に強く意識されたものではなかったと評価することができよう。

III　中高年層の就労・生活に関しての法政策のアプローチ

　これまでの中高年齢層に対する法政策の姿勢は、労働者のエンプロイアビリティの観点を中心として見ると、以下のようにまとめることができる。

第 8 章　高齢者雇用

　まず雇用対策法、中高年法によって設定された適職選定および職種別雇用率の制度は、内部労働市場・外部労働市場を介して、高齢者を適職に誘導することにより、高齢者の雇用を図ろうとするものである。すなわち当該制度は、各企業・事業所レベルで高年齢者の雇用を増加させることに限るものではなく、労働市場全体のレベルで、（その実効性は別として）高年齢者を適職に誘導し、人材の有効活用（適材適所）をすすめることにより、高年齢者の雇用の増加だけでなく、労働市場全体における雇用の「パイ」を増大させることも視野に捉えたものであったと評価することができよう。そして、中高年齢者を適職に誘導するという方向性は、中高年齢者のエンプロイアビリティを向上させるという意味合いも含むものであったと理解することができる。

　これに対して、その後高年法の成立により導入された雇用率制度や、定年制度を基礎とする雇用維持制度は、各企業レベルでの取り組みを主体として高年齢者の雇用を確保しようとするものである。こうした取り組みは、企業のイニシアティブのもとで企業内部において人員配置が適正に行われうることを企図したものであり、実際にこうした取り組みが機能していた時期もみられた。そして、公的年金の受給開始まで雇用が維持される場合には、高齢労働者についても就労を基礎とした生活の安定が図られていたといえよう。

　ただし、こうした人員配置は企業内部で行われるものであるから、適正配置という観点からは自ずと制限が存する場合がある。さらに、グローバリゼーションや技術革新が進展し、企業が雇用を維持することが難しくなってきているなか、年功序列制度とあいまって、中高年齢者はコスト高の労働者と位置づけられ、希望退職や整理解雇の対象とされることも少なくない。外部労働市場で通用するエンプロイアビリティという人的資本を維持・発展させていない労働者が企業外に排出されることは、当該労働者の就労を基礎とした生活の安定の毀損とそのまま結びつくであろう。

　さらに、企業が企業内部で雇用の維持を図るため、企業レベルで中高年齢者と非中高年齢者との間で雇用の「パイ」の分配がなされることはあっても、こうした取り組みが労働市場全体での「パイ」の拡大に結び付くことは多くない。

このため、雇用維持政策のもとで中高年齢者の雇用を確保することは、場合によっては、（企業内、企業外の）非中高年齢者の雇用に影響が及ぶことも考えられる。すなわち、企業内での人員の適正配置に制約があることから、労働市場全体において人員の配置が最適化されない結果として、雇用が縮減する結果がもたらされうる。そしてそれだけでなく、産業や国のレベルでの生産性や競争力が低下することも考えられる。この場合非中高年齢者だけでなく中高年齢者の雇用にもマイナスの影響が拡大することとなろう。

　こうしたことを踏まえると、今後の中高年齢労働者の就労を基礎とした生活の安定を実現する法政策のあり方を考えるにあたっては、以下の３点を考慮する必要があると思われる。

　第１に、産業政策等を通じて日本の社会・経済全体の発展を図ることが基本的な要請として指摘できよう（雇用対策法１条１項参照）。社会・経済の持続的発展が見込まれなければ、これまでに達成された生活レベルを維持することはできず、高年齢者をはじめとする労働者の就労と生活の安定は低下せざるをえない。かかる要請への対応との関連では、発明や知的財産に関する政策などが重要な意義を有することとなろう。

　第２に、第１の点を踏まえ、中高年齢者に限らず、さまざまなライフステージにある労働者のエンプロイアビリティを社会・経済への負担に留意しつつ高めていくことが必要である。こうすることにより、労働需要に適切なかたちで労働力が供給されることで、雇用の「パイ」全体が拡大する可能性が高まり、このことがさらに、中高年齢者の雇用の増大をもたらすことが考えられる。こうした好循環を可能とするためには、あわせて、女性、若年者のエンプロイアビリティを高めつつ雇用に結び付けていくことも重要な課題となる[28]。

　第３に、第２の点とも関連するが、中高年齢者の就労を基礎とした生活の安定を図るにあたっては、すでに中高齢期にある労働者のみを政策の対象とする

---

28) 2014年６月24日に閣議決定された『「日本再興戦略」改訂2014——未来への挑戦』においても、高齢者の活躍推進のほか、女性・若年者の活躍推進について言及されている。

第8章　高齢者雇用

のは妥当でない。労働者は若年期から高齢期までのライフステージを移行する。したがって、各労働者につきそれぞれのライフステージに適したかたちでエンプロイアビリティを維持・向上させていく必要がある。継続的に到来する各ライフステージにおいてこうした対策をとることで、労働者は中高齢期に至るまで就労を基礎とした生活を安定して送ることが可能となるであろう。

IV　検討課題——就労を基礎とした生活の発展にむけての対策

1　高年齢雇用継続給付制度の見直し

　高年法は、定年を65歳未満に定めている事業主は、①定年の65歳以上の引上げ、②継続雇用制度の導入、③定年制の廃止、のいずれかの措置を講じなければならないとされているところ、多くの企業では、④65歳までの継続雇用制度を導入している（9条)[29]。

　継続雇用制度を導入している企業の多くは、60歳以降の賃金を60歳定年時の賃金よりも大幅に減額した制度設計を行っている。このように賃金額が大幅に減額され、一定の要件を満たした場合には、雇用保険制度から高年齢雇用継続給付が支給される（最大で支給対象月の賃金の15％、財源は使用者負担）。当該給付は、定年後に低下した賃金の一部を補填する機能を有しているといえる。

　しかし、当該制度は、当該制度が創設された雇用保険法一部改正法が成立した1994（平成6）年時点においては、65歳までの雇用継続の促進がその後の我が国の雇用対策として最優先の課題であるとして設けられたものであり[30]、65歳までの雇用確保措置が義務付けられている現在のような状況においても

---

[29]　2014年6月時点の調査によると、定年年齢の引上げを実施した企業が15.6％、継続雇用制度が81.7％、定年年齢の廃止が2.7％である（厚生労働省「平成26年高年齢者の雇用状況」）。

[30]　労働省職業安定局雇用保険課編著『改正　雇用保険制度の理論』（財形福祉協会、1995）155頁。

利用されることまで予定したものではなかった[31]。また、現在では、当該制度の存在を前提として、企業の多くは60歳後の賃金を低く設定し、当該高年齢労働者は賃金に加えて高年齢雇用継続給付を受給する傾向がみられるが、こうした取扱いは労働市場に一定の負荷や歪みを生じさせ、労働力の需要にも影響を及ぼすことが予想される。さらに、高年齢労働者にとっても、賃金が大きく低下することにより、就労に対するインセンティブが低下し、その結果として、自らのエンプロイアビリティの向上に努めることが少なくなる、または、職業能力が十分に発揮されないこともあろう。こうしたことも長期的には、高年齢者の就労や生活を不安定にする方向に働くことが予想される。今後はこうした点を考慮しながら、高年齢雇用継続給付のあり方について再検討することが望まれる[32]。

2　失業給付制度と公的老齢年金制度の将来

現行の雇用保険制度は、一般被保険者の範囲を65歳に達した日までに雇用されるものとし、被保険者が「失業」状態(離職し、労働の意思と能力を有するにもかかわらず、職業に就くことができない状態、雇用保険法4条3項)にあり一定の要件を満たした場合に、基本手当を支給することとしている。しかし、被保険者が「労働の意思と能力」を有するか否かを判別することは困難であり、そのため、受給にあたりモラルハザードが生じる危険も少なくない。これに対して、公的老齢年金制度は一定の年齢に達した場合に一律に金銭給付を支給するものである。

以上のように、失業給付制度と公的老齢年金制度とは一応の「棲み分け」が

---

31) 平成24年1月6日労働政策審議会職業安定分科会雇用保険部会「雇用保険部会報告書」も参照。
32) 平成25年12月26日労働政策審議会職業安定分科会雇用保険部会「雇用保険部会報告書」は、高年齢雇用継続給付制度に関して、「今後の高齢者雇用の動向や社会経済情勢等を勘案しつつ、引き続き中長期的な観点から議論していくべきである」としている。

第8章　高齢者雇用

なされているところであるが、前述の失業給付制度の特徴のほか、高年齢層においては労働の意思および能力の程度が各人ごとに大きな差異が認められること等にかんがみると、失業給付制度と公的年金保険制度との接合（さらには統合）の可能性について検討する余地も存しうると思われる[33]。

3　「年齢」の意義と年齢差別禁止法制導入の可能性

現行の高年法においては、高年齢者雇用確保措置の一つとして定年制の廃止をあげている。また、雇用対策法は、中高年齢者の雇用問題の深刻化に対応するため、2001（平成13）年改正により、募集・採用時の年齢差別禁止規定を置くに至っている（10条）。このように日本においても、年齢を理由とした異別取扱いを禁止したり、それを解消する選択肢を提示したりするなどの動きがみられるようになった。こうした状況からすると、将来においてはより積極的に、そしてより一般的なかたちでの、雇用の場面における年齢差別禁止法制の導入について議論がなされることも十分予想される[34]。

我が国における年齢差別禁止法制の導入の可能性やその是非についての具体的検討を本稿で行うことはできないが、この問題を考えるにあたっては、さしあたり、「年齢」の特徴を明らかにする必要があるように思われる。

「年齢」というメルクマールについては、①客観的に判定可能な基準を提供する（これに対し、能力の判定は困難である）、②誰もが出生と同時に生存をスタートさせ、不可逆的に、同じスピードで、客観的時間を経過する、と考えられている（年齢基準の客観性）。そして、このことを前提として、③ある時点で

---

[33] 比較法的には、勤続年数に応じて算定される法定退職金制度を設けている国も存する（たとえば、イタリア）。たとえば、高齢期の生活保障のために、基礎的な部分は一定年齢到達後に保険給付として支給されるものとしつつ（1階部分）、基礎的な部分を超える部分（2階部分）については、一定年齢到達のほか、失業等限られた事由が存する場合には引き出すことのできる「強制貯蓄」制度のようなシステムは検討の素材として考えられないであろうか（現行制度との関連では、財形貯蓄制度も参照）。

[34] 年齢差別禁止規制に関する文献としては、さしあたり、柳澤武『雇用における年齢差別の法理』（成文堂、2006）、櫻庭涼子『年齢差別禁止の法理』（信山社、2008）を参照。

は各人間で異別取扱いがなされていたともしても、各人の過去から将来にわたる同年齢の時点では同じ取扱いがなされていることもありうる（過去・現在・未来の異時点間での比較可能性）。こうした事情は年齢による異別取扱いを許容する方向に作用するように思われる。

　他方で、④企業に在籍中の年齢は各人によって異なり、そういう観点からすると、「同一年齢にある者について同一処遇すれば公平である」というテーゼが必ずしも通用しない場合も考えられる。また、⑤成果・能力主義の観点からは、より成果・能力に近づくかたちで処遇を決定すべきである、と評価することも可能である。しかし、⑥各人のライフスパンにおける成果・能力の起伏は同じ形状を辿らないものの、概括的にみると（特に肉体的に関して）同じような経過をたどる（ので年齢に基づく処遇にも合理性がある）と評価することも可能であるように思われる[35]し、⑦成果・能力主義の観点から現時点でのパフォーマンスを評価することができたとしても、将来における進展の可能性までは判定できないことも指摘することができよう。雇用関係は、継続的に展開することからすると、この点も看過すべきでないように思われる。

　年齢に関する以上の事情に鑑みると、我が国において現時点で厳格なレベルでの年齢差別禁止法制を適用すべきケースはさほど多くないのではないだろうか。ただ、年齢に基づいてなされる労働条件の相違が不合理であることを許容しないとの規範（労働契約法20条参照）を定立する可能性は考えられよう[36]。とりわけ、一定の年齢層の労働者を排除するかたちでの異別取扱いは不合理であると認められやすくなるのではなかろうか。こうした規整のあり方は、限られた労働力の有効活用という雇用政策上の目的との関係においても一定の合理

---

[35] 他方で、人間の脳は従来考えられていたよりもはるかに柔軟だとする見解も存する（エレーマ・フォックス著、森内薫訳『脳科学は人格を変えられるか？』（文藝春秋、2014）201頁以下等参照）。また、技術革新によって能力の個体差が一定程度補われることも十分考えられる。

[36] 富永晃一「雇用社会の変化と新たな平等法理」荒木尚志責任編集『現代法の動態3 社会変化と法』（岩波書店、2014）78頁は、「年齢」については、年齢による雇用管理を前提とする長期雇用慣行を前提とする限り、比較対象者との差異が大きいため、異別取扱いを厳格に禁止できず、均衡取扱い法理に拠らざるを得ないとする。

性は認められるように思われる。

4　中高年齢層に着目した労働市場の整備

持続的に社会・経済を発展させ、国民の就労を基礎とした生活の安定を図るにあたっては、国は使用者による働きかけに間接的に関与するにとどまらず、より積極的に労働市場の整備に関わっていくことが必要である。そこでは、労働者のエンプロイアビリティに着目した関与が求められよう。

エンプロイアビリティは、各人ごとにまたは各ライフステージごとに異なった具体的諸相をみせる。国は、中高年齢層に一般的に認められるエンプロイアビリティの傾向を考慮して労働市場のあり方を検討することが求められよう。高年法が規律するシルバー人材センターは労働者派遣事業を行うことができるが、こうした取り組みの積極的な活用なども求められよう。

V　おわりに

グローバリゼーションや技術革新の一層の進展が予想されるなか、中高年齢層に関わる雇用政策は、労働者の生活の安定を国や使用者による就労関係の維持に偏するかたちで図るのではなく、労働者の人的資本たるエンプロイアビリティを基軸に据えその向上を図ることによって、実現することが求められよう。そこでは、2つの意味においてライフステージを考慮する必要がある。すなわち、①当該労働者が人生において移行する各ステージにおいてエンプロイアビリティを向上させる必要があるとともに、②中高年齢者の雇用政策を考えるにあたっても、他のライフステージにある労働者の就労を基礎とした生活の安定と両立するかたちですすめていくことが要請される。このことは、外国人労働者の受け入れが制限されている現在において、限られた人的資源のなかで国民の生活の安定を図るためには、必要条件であるといえよう。またこのように対応しうる環境を構築することは、将来検討することが不可避と思われる公

的年金の支給開始年齢の引き上げの可能性にも対処できる基盤を提供することにもなろう。こうした社会を実現するにあたっては、労働市場に対する国家のより積極的な関与が必要となる。さらに、より高次の目標として、労働市場政策と産業政策等他の法政策とが連携・協調して適切に対応していくことで、エンプロイアビリティの向上、就労を基礎とした生活の安定、そして社会・経済の持続的発展がスパイラル状に進展していく環境を整えることが求められる。

　これからの国の果たすべき役割はますます大きくなるといえよう。

第9章　障害者雇用

9-1　働く障害者の「労働者性」の検討

9-1　働く障害者の「労働者性」の検討

永野　仁美

I　はじめに

　障害者[1]は、その障害ゆえに、時にステレオタイプに、就労は困難であると考えられてきた。障害者は、「働くことができない者」あるいは「就労に困難を抱える者」とカテゴライズされてきたのである。しかし、障害者を取り巻く環境は、近年、大きく変化している。

　まず、就労形態が、肉体労働中心からデスク・ワーク中心に変化した。この変化は、例えば、工場等で肉体労働に従事することは困難であった車椅子の身体障害者に、就労の可能性を開いている。また、医療や技術の進歩によって、障害を軽減する手段や障害を補う手段（例えば、パソコンによる文字の拡大、文字の音声化等）が発達し、かつて、障害ゆえに行うことが困難であった様々なことが、行い得るものとなりつつある。こうした状況の中で、障害者の就労可能性は、大いに高まっていると言うことができる。

　障害者を取り巻く法的環境も、大きく変化している。日本では、就労に困難を抱える障害者の雇用を促進するために、1960年に雇用率制度が設けられ、

---

[1]「障害者」の表記については、障がい者とするものや障碍者とするもの等が存在する。本稿では、法文で使用されている「障害者」という表記を使用する。

第9章　障害者雇用

以降、障害者の雇用の「量的」拡大が図られてきた。これに、2013年の法改正で、新たに、差別禁止及び合理的配慮の提供義務という新しいアプローチが加わることとなった。その背景には、2006年に、障害者の権利や障害を理由とする差別禁止等を規定する障害者権利条約（以下、「権利条約」という）が採択されたことがある[2]。保護の客体と考えられてきた障害者は、現在では、権利の主体と捉えられるようになってきている。

さらに、障害概念にも変化が見られる。かつて、障害は、医学的に確認される、そして、個人にその原因を還元することのできる、身体的、精神的もしくは知的な、または、感覚器官の機能障害（impairment）を指すものを考えられてきた（障害の医学モデル・個人モデル）。しかし、現在では、論者によりバリエーションは存するものの、障害は、社会との関係性の中で生じるとの考え方が、広く受け入れられている（障害の社会モデル）[3]。障害という状況に対しては、社会にも責任があるということである。

こうした様々な変化の中で、就労は困難であると考えられてきた障害者は、現在では、何らかの配慮があれば（あるいは、なくても）就労が可能な人々であると認識されるようになってきている。

本稿では、変容する雇用・就労の1つとして、「働く障害者」に焦点を当て、障害者の就労に関わる諸問題について検討することとしたい。以下では、まず、障害者の就労の状況を確認し（Ⅱ）、次いで、「働く障害者」の労働者性と労働法の適用の有無について、現行法における取扱いを確認することとする（Ⅲ）。そして、その後、「働く障害者」に関して生じている課題・法的論点として、賃金・工賃に関する課題（Ⅳ）、及び、福祉的就労で働く障害者への労

---

[2] 日本は、障害者権利条約の批准のための国内法の整備を実施した後（障害者基本法改正、障害者差別解消法制定、障害者雇用促進法改正等）、同条約の批准についての国会承認を得て、2014年1月20日、批准書を国連事務総長に寄託した。権利条約は、2014年2月19日より、日本について効力を発生させている。

[3] 川島聡＝東俊裕「障害者の権利条約の成立」長瀬修＝東俊裕＝川島聡編著『障害者の権利条約と日本〔増補改訂版〕』（生活書院、2012）22頁、星加良司『障害とは何か』（生活書院、2007）36-70頁等。

働法の適用可能性（Ⅴ）を取り上げ、それぞれについて検討することとしたい。

Ⅱ　障害者の就労の状況

1　障害者の就労の場

　障害者が働くことを希望する場合、自営の場合を除くと、その働き方には次のような選択肢がある。1つめは、労働市場において雇用されて働く働き方（一般就労）である。現在の日本では、障害者雇用促進法が、障害者の労働市場において雇用されて働く働き方を支援している[4]。これまでは、雇用率制度[5]を中心として、障害者の雇用促進が図られてきたが、前述のように、2013年の法改正で、障害者に対する差別禁止、及び、事業主の障害者に対す

---

[4] 障害者雇用促進法が法の適用対象としている障害者は、「身体障害、知的障害、精神障害……その他の心身の機能の障害……があるため、長期にわたり、職業生活に相当の制限を受け、又は職業生活を営むことが著しく困難な者」である（障害者雇用促進法2条1号）。この定義は、障害者雇用促進法の持つ「障害者の職業の安定」という目的から導かれるものであるが、これに当てはまらない障害を持つ者も、当然、労働市場には存在する。障害の程度が軽く就労にあたっての制限が軽微な者が、障害者雇用促進法の適用対象にならないことについては、懸念も示されている。岩村正彦＝菊池馨実＝川島聡＝長谷川珠子「座談会・障害者権利条約の批准と国内法の新たな展開——障害者に対する差別の解消を中心に」論究ジュリ8号（2014）18頁。

[5] 雇用率制度は、1960年の身体障害者雇用促進法により、まず、身体障害者の雇用についての努力義務として始まった。その後、1976年に、納付金制度が導入され、努力義務であった身体障害者の雇用は、法的義務へと変更された。さらに、1987年には、法の適用対象が、「身体障害者」から「障害者」へと変更され、知的障害者の雇用率への算入も可能となり、1997年には、知的障害者の雇用義務化も実現された。精神障害者については、2005年の法改正で、雇用率への算入が可能となっていたが、2013年の法改正で、その雇用義務化がついに実現された（2018年4月1日施行）。永野仁美『障害者の雇用と所得保障——フランス法を手がかりとした基礎的考察』（信山社、2013）41-52頁等。

第 9 章　障害者雇用

る合理的配慮の提供義務が導入されるに至っている（2016 年 4 月 1 日施行）。したがって、今後は、雇用率制度と差別禁止原則の双方によって、障害者の労働市場における雇用の量的・質的改善が図られていくことが期待される。

なお、この一般就労の中には、通常の会社における雇用だけでなく、特例子会社における雇用も含まれる。特例子会社は、雇用率制度の枠内で設立される子会社であり、特例子会社で雇用されている労働者は、特例子会社を設立した親会社に雇用されているものとみなされる（障害者雇用促進法 44 条）。特例子会社では、障害者に対して特別の配慮がなされていることから、現在、これに対しては、障害者の継続雇用に貢献しているとの積極的な評価がなされている[6]。しかし、特例子会社は、障害者を数多く集めて就労の場を提供することから、障害者のインクルージョンの観点からは問題があるとの批判も存在しているところである。

こうした一般就労の他に、障害者の場合には、障害を持たない者にはない 2 つめの選択肢として、福祉的就労[7] の場での就労もある。福祉的就労については、障害者の福祉サービスの利用に関して定める障害者総合支援法が規定している[8]。すなわち、同法が定める「訓練等給付」に含まれる就労移行支援と就労継続支援とが、障害者に対して福祉的就労の場を提供することとなっている。

前者の就労移行支援は、就労を希望する障害者に、2 年を標準期間として、生産活動その他の活動の機会の提供を通じて、就労に必要な知識及び能力の向

---

[6]　労働政策審議会障害者雇用分科会意見書「今後の障害者雇用施策の充実強化について」（2013）7 頁。なお、厚生労働省「平成 26 年障害者雇用状況の集計結果」（2014）によると、特例子会社の認定を受けている企業は、2014 年 6 月 1 日現在、391 社に及び、雇用されている障害者の数は、2 万 2309.0 人である。特例子会社で働く障害者は、雇用率制度の対象となる企業で働く障害者の約 5％ を占めている（22309.0／431225.5）。なお、重度身体・知的障害者はダブルカウント、重度以外の身体・知的・精神障害者である短時間労働者は、0.5 でカウントされている。

[7]　福祉的就労は、広くは、福祉政策の下で就労の場の提供を受けていることを指す。本稿では、障害者総合支援法に基づき就労支援を受けている就労を「福祉的就労」として扱うこととする。

上のために必要な訓練その他の便宜を提供するものである（障害者総合支援法5条13項、同施行規則6条の8）。そして、後者の就労継続支援は、通常の事業所に雇用されることが困難な障害者に、就労の機会を提供するとともに、生産活動その他の活動の機会の提供を通じて、その知識及び能力の向上のために必要な訓練その他の便宜を提供するものである（同5条14項）。就労継続支援には、A型とB型とがあり、A型が雇用契約に基づく就労が可能な者を対象とし、一般に「雇用型」と呼ばれているのに対し[9]、B型は雇用契約に基づく就労が困難な者を対象とし、「非雇用型」と呼ばれている（同施行規則6条の10）。就労移行支援や就労継続支援A型・B型の利用は、原則、本人の希望に基づくが、最終的な利用の可否は、専門機関等の意見も参考にして、市町村が決定することとなっている（障害者総合支援法19条1項）。

2　障害者の就労の実態

以上のように、障害者が働くことを希望する場合には、一般就労や福祉的就労という選択肢がある。その就労実態は、厚生労働省の調査によると、次のようなものとなっている。

まず、障害者の就業率は、現在、身体障害者で45.5％、知的障害者で51.9

---

[8] 福祉的就労は、2005年の障害者自立支援法以前は、障害者福祉各法（身体障害者福祉法、知的障害者福祉法、精神保健福祉法）によって規定されていた。すなわち、障害者が訓練を行いながら職業活動に従事する授産施設や福祉工場が、障害者福祉各法に基づき設置されてきた。しかしながら、この縦割りの法体系は制度を複雑なものとしていたことから、2005年の障害者自立支援法により、3障害共通の事業体系へと再編されることとなった。障害者総合支援法の前身である障害者自立支援法以前の旧障害者福祉各法に基づく福祉工場は、おおむね就労継続支援A型に、授産施設は、就労継続支援B型へと再編されている。また、従来より一般就労への移行に重点をおいたサービスを提供していた施設が就労移行支援に転換したとされている。

[9] A型は、雇用型であることから、ここで働く障害者を労働市場で雇用されて働く障害者として整理することもできるだろうが、本稿では、A型で働く障害者を福祉的就労の場で働く障害者として整理する。

%、精神障害者で28.5%となっている。このうち、一般就労で常用雇用[10]されている身体障害者の割合は53.0%であり、そのうちの77.9%が、週30時間以上で雇用されている状況にある。他方、常用雇用以外の働き方をしている身体障害者の割合は45.7%で、就労移行・継続支援等を利用している者の割合は、5.9%である。この割合は、重度障害者のみでは8.7%と少し高い。知的障害者については、常用雇用されている者の割合は20.1%となっている。このうち週30時間以上で雇用されている者の割合は72.4%で、常用雇用されている者の大部分を占めている。他方、就労移行・継続支援等を利用している者の割合は46.0%で、身体障害者と比較して非常に高い。また、重度の者のみでは、この割合は58.7%とさらに高くなっている。そして、精神障害者については、常用雇用されている者の割合は32.4%で、そのうち週30時間以上で雇用されている者の割合は52.6%となっている。精神障害者では、身体・知的障害者と比べて、短時間で働く者の割合が高い。就労移行・継続支援等を利用している者の割合は27.3%で、1級の者では、この割合は48.9%となっている。障害種別に関わらず、重度の者ほど、就労移行・継続支援等を利用している割合が高いという状況が確認される[11]。

Ⅲ 「働く障害者」の労働者性と労働法の適用の有無

以上のように、現在では、多くの障害者が、多様な形で働いている。働く際

---

10) ここには、雇用型と呼ばれる就労継続支援A型の事業所で就労している者も含まれる。
11) 厚生労働省「平成23年度障害者の就業実態把握のための調査報告書」3頁以下。なお、従業員数5人以上の規模の事業所に雇用されている障害者の数は、身体障害者が約34万6000人、知的障害者が約7万3000人、精神障害者が約2万9000人となっている。精神障害者については、精神障害があることを事業主に伝えていない者も多いため、雇用者数はかなり低めに出ている可能性がある。同「平成20年度障害者雇用実態調査結果の概要」(2009) 5頁以下。

には、当然、労働法による保護を受けることになる。しかし、働く障害者に関しては、労働法の適用に関して複雑な問題が生じている。そこで、以下で、まず、働く障害者が、労働基準関連法令（労働基準法、最低賃金法、労働者災害補償保険法、労働安全衛生法、男女雇用機会均等法等）の適用の対象となるか否かを画する労働基準法（以下、労基法という）上の「労働者」に該当するのか否かについて、すなわち、働く障害者の労働者性について、現行法ではどのように考えられているのかを確認することとしたい。

1　労働市場で雇用されて働く障害者

(1)　労基法上の労働者の判断基準

　労基法9条は、労働者とは、「職業の種類を問わず、事業又は事業所……に使用される者で、賃金を支払われる者をいう」と定義している。この定義に当てはまる者は、原則として、すべての労働基準関連法令の適用を受けることになる。

　労基法上の労働者であるか否かの判断基準は、使用者の指揮命令を受けて働いているという「使用」性と、労働の対償として報酬を得ているという「賃金」性の2点にあるとされる。「使用」性については、①仕事の依頼、業務従事の指示等に対する諾否の自由の有無、②業務遂行上の指揮監督の有無、③時間的・場所的拘束性の有無、④他人による労務の代替性の有無等の要素から判断がなされ、「賃金」性については、欠勤の場合に応分の報酬が控除されたり、残業をした場合に通常の報酬とは別の手当が支給されたりしている場合には、賃金としての性格が強くなるとされている。そして、「使用」性と「賃金」性だけでは労働者性の判断が困難な場合には、事業者性の有無（機械・器具の負担、報酬額）や、専属性の程度（他社の業務への従事が事実上制限されているか否か）、採用の選考過程、公租公課の負担（報酬の給与所得としての源泉徴収や社会保険料等の控除の有無）、労働保険の適用、退職金制度、福利厚生の適用等が、労働者性の判断を補強する要素として用いられることとなっている[12]。

(2) 雇用されて働く障害者の労働者性

　労働市場で雇用され働いている障害者も、こうした労働者性の判断基準を満たしている場合には、労基法9条の「労働者」に該当することとなる。そして、労基法を基礎とした労働基準関連法令の適用も当然に受けることになる。なお、この労働者性の判断は、労基法が持っている強行的な性格から、当事者の主観や形式的事情ではなく、客観的な事実や実質的な事情に基づいて行わなければならないとされている。したがって、障害者であることのみを理由として、働く障害者の労働者性を否定することはできない。また、仮に、障害者であることを理由として、上記の判断基準を満たしているにも関わらず、主観的に労働者性の否定がなされれば、それは、障害者に対する差別に該当することにもなろう（障害者雇用促進法35条（2016年4月1日施行））。

2　福祉的就労の場で働く障害者

　これに対して、福祉的就労の場で働く障害者の労働者性に関する判断は、より複雑である。そして、この点に関しては、現場等においても、しばしば疑義が生じていた。そこで、厚生労働省は、2007年5月に通知[13]を出し、福祉的就労の場で働く障害者が労基法9条の労働者に当たるか否かについての判断基準を示すに至った。まず、この2007年通知の内容を確認することとしたい。

(1) 2007年通知の内容

　福祉的就労の場で働く障害者の労働者性の判断は、長きにわたり、1951年10月の通知[14]に基づいて行われていた。しかしながら、その後、福祉の場に

---

12) 長谷川珠子「障害者の福祉と雇用と『福祉的就労』」濱口桂一郎編著『福祉と労働・雇用』（ミネルヴァ書房、2013）82-83頁、水町64-68頁、野川50-52頁等。
13) 平成19年5月17日基発第0517002号（授産施設、小規模作業所等において作業に従事する障害者に対する労働基準法第9条の適用について）。
14) 昭和26年10月25日基収第3821号（授産事業に対する労働基準法の適用除外について）。

おける障害者の就労実態が大きく変化したことから、1951年通達を適用する意義は、次第に失われることとなった。そうした状況の中で、2007年通知が新たに作られることとなった。

2007年通知は、まず、福祉的就労の場では、障害者の社会復帰や社会参加を目的とした訓練等が期待されており、障害者の労働習慣の確立、職場規律や社会規律の遵守、就労意欲の向上等を主たる目的に具体的な作業指示が行われるため、そこで行われる作業が使用従属関係下において行われているか否かについての判断が困難な場合が多いことを指摘している。そして、その上で、次の2つのケースに分けて、労働者性の判断を行うことを定めている。すなわち、訓練等の計画が策定されている場合と、訓練等の計画が策定されていない場合である。

1つめの訓練等の計画が策定されている場合には、次の4つの要件を満たすならば、福祉的就労に従事する障害者は、労基法9条の労働者ではないものとして取り扱うこととされている。すなわち、①作業が訓練等を目的とするものである旨が定款等の定めにおいて明らかにされていること、②当該目的に沿った訓練等の計画（訓練等の計画が策定されていない場合における4つの要素（下記参照）が含まれていないものに限る）が策定されていること、③作業に従事する障害者又はその保護者との間の契約等において、これら訓練等に従事することの合意が明らかであること、④作業実態が訓練等の計画に沿ったものであることの4つの要件である。これらの要件を満たす場合には、福祉的就労に従事する障害者の労働者性は否定されることとなる。

他方、訓練等の計画が策定されていない場合には、次の4つのいずれかに該当するか否かを、個別の事案ごとに作業実態をもとに総合的に判断して、使用従属関係下にあると認められる場合には、労基法9条の労働者であるとして取り扱うこととされている。4つとは、すなわち、①所定の作業時間内であっても受注量の増加等に応じて、能率を上げるための作業が強制されていること、②作業時間の延長や、作業日以外の日における作業指示があること、③欠勤、遅刻・早退に対する工賃の減額制裁があること、④作業量の割当、作業時間の指定、作業の遂行に関する指導命令違反に対する工賃の減額や作業品割当の停

止等の制裁があることの4つである。そして、ここで挙げられている4つのいずれにも当てはまらないことが、労働者性を否定する、すなわち、労働基準関連法令の適用除外のための要件とされている。これら4つの事情はいずれも、労働者性の判断における、「使用」性及び「賃金」性の有無に関する事情と言うことができる。

(2) 就労継続支援A型・B型で働く障害者の労働者性[15]

2007年通知は、以上のような判断基準を示しているが、実際の福祉的就労の場、すなわち、就労継続支援A型及びB型のそれぞれで働く障害者の労働者性、及び、労働法の適用の有無は、次のように考えられている。

まず、就労継続支援A型での就労は、一般就労は困難であるが、生産活動に係る知識や能力の向上を図ることにより、雇用契約に基づく就労が可能な者が対象となるとされている（障害者総合支援法施行規則6条の10第1号）。具体的に想定されている利用者像としては、①就労移行支援事業を利用したが、企業等の雇用に結びつかなかった者、②特別支援学校を卒業して就職活動を行ったが、企業等での雇用に結びつかなかった者、③企業等での就労経験はあるが、現在は雇用関係にない者、④施設を退所して就労を希望するが、一般就労するには必要な体力や就業経験が不足している者等が挙げられている[16]。

就労継続支援A型では、雇用契約が締結されることから、これを利用する障害者は、労基法上の労働者であるか否かの判断基準を満たす限り、労基法9条の労働者に該当するとされる。2007年通知との関係で見ると、A型で働く障害者は、訓練を受けているわけではないし、また、労働者性を認められるために必要な4つの事情も満たすと考えられていることになる。そして、A型で働く障害者には、労基法をはじめとする労働基準関連法令の適用があり、これに関する苦情・疑義等も、労働基準監督署に対して行われることとなってい

---

15) 就労移行支援は、有期での利用を前提として、職業訓練を提供するものであることから、ここでの検討対象外とする。
16) 障害者福祉研究会編『逐条解説障害者自立支援法』（中央法規、2007）457頁・458頁。

る[17)18)]。

　他方、就労継続支援B型は、一般就労が困難であり、かつ、雇用契約に基づく就労（A型）も困難である者が対象となるとされている（障害者総合支援法施行規則6条の10第2号）。B型の具体的な利用者像としては、①就労移行支援事業等を利用したが、必要な体力や職業能力の不足等により就労に結びつかなかった者、②年齢や体力などの理由で一般就労の場から離れたが、生産活動を続けたい者、③施設を退所するが、50歳に達しており就労は困難な者等が挙げられている[19)]。

　このようなB型の利用者の多くは、労基法9条の労働者ではないとされている。B型の利用者は、4つの要件を満たした形で訓練等の計画が策定されている場合は、労基法9条の労働者ではないとされるし、訓練等の計画が策定されていない場合にも、労基法9条の労働者と取り扱われるために必要な4つの事情を満たさないと考えられているからである[20)]。また、B型利用者については、特に、①利用者の出欠、作業時間、作業量等が利用者の自由であること、

---

17) 平成18年10月2日障障発第1002003号（就労継続支援事業利用者の労働者性に関する留意事項について）。

18) なお、就労継続支援A型の事業所には、雇用契約を締結せずに就労の機会の提供を受ける者（雇用無）もいる。A型事業所については、利用定員の半数かつ9人未満の範囲内で雇用契約によらない者の利用が可能とされているからである。障害者福祉研究会編・前掲注16) 458頁。雇用無のA型利用者は、次の就労継続支援B型の利用者と同様の扱いとなる。

19) 障害者福祉研究会編・前掲注16) 459頁。

20) この他、B型事業所で働く障害者については、「使用」性と「賃金」性によっては労働者性の判断が困難な場合に、労働者性の判断基準となりうる事業者性の有無（機械・器具の負担、報酬額）によって、労働者性が否定されることもありうる。福祉的就労の場を提供している非常に小規模な事業所については、事業者性が否定される可能性があるからである。実際、2007年通知は、「小規模作業所等における事業収入が一般的な事業場に比較して著しく低い場合には、事業性を有しないと判断される場合があることに留意すること」としている。行政実務においては、事業が営利性を有していることが、労働者性判断の前提になっていると言うことができる。池添弘邦「福祉的就労者の労働者性と個別的労働関係法の適用」松井亮輔＝岩田克彦編著『障害者の福祉的就労の現状と展望——働く権利と機会の拡大に向けて』（中央法規、2011）274頁。

②各障害者の作業量が予約された日に完成されなかった場合にも、工賃の減額、作業員の割当の停止、資格剥奪等の制裁を課さないものであること、③生産活動おいて実施する支援は、作業に対する技術的支援に限られ、指揮監督に関するものは行わないこと、④利用者の技能に応じて工賃の差別が設けられていないことが、通達によって求められている[21]。

　したがって、B型で働く障害者には、労働者性はないということになり、労働基準関連法令の適用もないということになっている。また、それゆえに、B型で就労する障害者から労働基準関係法令の適用に関して苦情・疑義等がなされた場合の対応も、A型の場合とは異なっている。すなわち、B型の利用者からの苦情・疑義等に対しては、①原則として障害福祉サービス指定基準に基づいて、苦情処理としての対応を迅速に行う、②事業所内で苦情解決が図られなかった場合には、市町村又は都道府県が最終的に処理方針を決定し、事業所に対し必要な指導を行う等の対応がなされることとなっている[22]。

Ⅳ　「働く障害者」の賃金・工賃

　働く障害者の労働者性の判断、及び、労働基準関連法令の適用は、以上のようになっている。それでは、働く障害者にとっても最も重要な就労条件の1つであると言える賃金・工賃の保障は、どのようになっているのであろうか。次に、この点について、労働基準関連法令の適用との関連にも触れつつ、その課題とともに検討したい。

21）前掲注17）障障発第1002003号。
22）前掲注17）障障発第1002003号。

1　労働市場で雇用されて働く障害者

(1)　最低賃金の減額特例

　まず、労働市場で雇用されて働く障害者には、他の労働者と同様に、労働基準関連法令の適用があることから、最低賃金法（以下、最賃法という）の適用もある。したがって、労働市場で雇用されて働く障害者には、最低賃金が保障される（最賃法4条1項）。

　しかしながら、日本の最賃法は、「精神又は身体の障害により著しく労働能力の低い者」について、最低賃金の減額を認めている（減額特例、最賃法7条1号）。すなわち、使用者は、都道府県労働局長の許可を受けたうえで、その障害者の労働能力を考慮した最低賃金の減額をすることが可能となっている。それゆえ、最低賃金以下で就労している障害者が存在することとなっているが、障害者に対する最賃の減額特例が認められている理由については、障害のある労働者に最低賃金を適用すると、障害を持つ労働者の雇用機会が阻害され、かえって労働者に不利な結果を招くことがあるからであるとの説明がなされている[23]。

　なお、最低賃金の減額は、対象となる障害者と同一又は類似の業務に従事する労働者であって、減額しようとする最低賃金額と同程度以上の額の賃金が支払われている者のうち、最低位の能力を有する者（比較対象労働者）の労働能率の程度に対する、当該障害者の労働能率の程度に応じて決められることとなっている（最賃法施行規則5条）。そして、その際には、職務の内容（職務の困難度、責任の度合い等）や、職務の成果（一定時間あたりの労働によって得られる成果等）、経験（これまでの経験とその経験を生かしてどのような能力を発揮することが期待できるか等）等が、総合的に勘案される[24]。また、最低賃金は、労働者に対して賃金の最低額を保障することで、労働者の生活の安定、労働力の質

---

[23] 佐藤宏「福祉的就労の多様な実態に応じた労働保護法上の課題」松井＝岩田編著・前掲注20) 260頁。
[24] 長谷川・前掲注12) 86頁。

的向上等に資するものであるから、原則としてこれを遵守しなければならず、最低賃金の減額の特例は、あくまで特例的な措置であるとされている[25]。そして、精神又は身体の障害がある労働者であっても、その障害が当該労働者に従事させようとする業務の遂行に直接支障を与えることが明白である場合の他は許可しないこと、当該業務の遂行に直接支障を与える障害がある場合にも、その支障の程度が著しい場合[26]にのみ許可することとされている[27]。

しかしながら、減額特例の運用は、必ずしもそうはなっておらず、また、とりわけ、減額特例の認められ方に、地域ごとに大きな差が見られることが問題視されている[28]。こうした現状に鑑みて、減額に関して統一的な運用基準を作成し、恣意的な運用や地域間の格差が生じないような措置を講ずべきだとする見解も存在しているところである[29]。

(2) 賃金水準

以上のように、最賃法では、障害を理由とする最低賃金の減額特例が定められているが、現在、雇用されている障害者の賃金の平均月額は、身体障害者で25万4000円、知的障害者は11万8000円、精神障害者で12万9000円となっている。常用労働者全体の平均月額は、26万1000円であるので、身体障害者については、障害を持たない労働者とほぼ同水準の賃金が支払われていると言

---

[25] 平成18年10月2日障障発1002001号（障害者自立支援法の施行に伴う最低賃金の減額の特例許可手続について）。
[26] 支障の程度が著しいとは、当該労働者の労働能率の程度が当該労働者と同一又は類似の業務に従事する労働者であって、減額しようとする最低賃金額と同程度以上の額の賃金が支払われている者のうち、最低位の能力を有する者の労働能率の程度にも達しないものであることとされている。
[27] 昭和34年10月28日基発第747号（最低賃金法第5条の現物給与等の適正評価基準及び同法第7条の最低賃金の減額の特例の許可基準について）。
[28] 首都圏では、最低賃金の4割を超えて減額されることは稀だが、地方では7割以上の減額が認められる事例もあるという。出縄貴史「福祉的就労の現状と課題」松井＝岩田編著・前掲注20）195頁。
[29] 池添・前掲注20）291頁。

うことができる。その一方で、知的障害者と精神障害者の賃金水準は、かなり低い結果となっている[30]。これに関しては、減額特例の仕組みも影響していようが、1ヶ月の労働時間が短いことも、影響していると思われる。

2　福祉的就労の場で働く障害者

(1) 減額特例・工賃の支払い

他方、福祉的就労の場で働く障害者の賃金・工賃の保障は、次のようになっている。

まず、就労継続支援Ａ型の障害者は、労基法上の労働者であることから、当該障害者の雇用にあたって、事業所は、労働基準関係法令を遵守しなければならない。労働の対価として賃金の支払いがなされ、最賃法の適用も当然にある。ただし、労働市場で働く障害者と同じように、Ａ型の障害者も、最低賃金の減額特例の対象となりうる。

これに対し、Ｂ型を利用している障害者は、労基法上の労働者ではないとされる。それゆえに、労基法上の賃金に関する規定は適用されず、最賃法の適用もない。そして、就労の対価として支払われる報酬は、賃金ではないとされ、工賃と呼ばれている。この工賃の支払いに関しては、法的保護の仕組みは何ら整えられていないのが現状である[31]。

(2) 賃金・工賃水準

こうした法の適用状況の差異もあり、福祉的就労の場で働く障害者については、Ａ型とＢ型とで、その賃金・工賃水準に大きな違いが生じることとなっている。

就労継続支援Ａ型の障害者は、月額平均7万2000円の賃金を得ているが、Ｂ型の障害者は、月額平均1万4000円の工賃しか得ることができていない[32]。

---

30) 内閣府『平成25年版障害者白書』19頁。
31) 佐藤・前掲注23) 257頁。

第9章　障害者雇用

こうした大きな差が生じている背景には、A型は、雇用の場であり、労働基準関係法令の適用があるのに対し（一般就労が困難な者がA型を利用するため、賃金水準は労働市場で働く者と比較すると低いが）、B型は、雇用の場でないとされ、労働基準関連法令の適用がないこともあろう。

こうしたB型の非常に低い工賃水準は、政策上も課題とされている。実際、厚生労働省は、この課題への対策として、2007年度から2011年度にかけて「工賃倍増5か年計画」を策定し、工賃向上のための取組みを行うこととした。しかしながら、この取組みは、十分な成果を残すことができなかった[33]。そこで、厚生労働省は、2012年度からの3年間について、新たに「工賃向上計画」を策定し、さらなる工賃の向上を目指すこととしている。工賃向上計画では、①工賃向上に資する取組みを目標設定により計画的に進めること、②個々の事業所においても「工賃向上計画」を作成することを原則とすること、③経営力育成・強化や専門家による技術指導・経営指導による技術の向上を図ること等が定められている[34]。こうした取組みによって、工賃向上が実現されることが期待されている。

この他に、工賃向上のための施策として、2008年度から5か年の時限的措置として発注促進税制もスタートしている。これは、障害者の働く場に対する発注額を前年度より増加させた企業及び個人事業主に対し、一定の条件のもとで、減価償却資産の割増償却を認め、結果として、法人税や所得税の負担を軽減するものである。同制度は、さらに、2年間延長されて、現在に至っている[35]。また、2012年には、国や地方公共団体等に優先的に障害者就労施設か

---

32) 内閣府・前掲注30) 19頁。
33) B型事業所等における工賃の平均は、この間の景気の低迷等の影響もあって、2006年度から2012年度の間で、約1万2000円から約1万4000円に引きあがったに過ぎなかった。
34) 厚生労働省「障害者の就労支援対策の状況」http://www.mhlw.go.jp/bunya/shougaihoken/service/shurou.html。
35) 厚生労働省「障害者の働く場に対する発注促進税制」http://www.mhlw.go.jp/seisakunitsuite/bunya/hukushi_kaigo/shougaishahukushi/dl/zeisei_130415a/pdf。

ら物品等を調達するよう努力義務を課すこと等を盛り込んだ障害者優先調達促進法（「国等による障害者就労施設等からの物品等の調達の推進等に関する法律」）が制定され、2013年4月より施行されている。こうした施策は、福祉的就労の場を提供している事業所の収益を伸ばすものであり、そこで就労する障害者の工賃水準の向上に寄与するものと言うことができるものである。

(3) 利用料の支払い

以上のような低い工賃水準に加えて、福祉的就労の場での就労に関しては、もう1つ大きな課題がある。福祉的就労の場は、障害者総合支援法が定める訓練等給付の1つとして提供されることから、ここで就労する場合には、障害福祉サービスの利用についての利用者負担が課せられることである。

現在、この利用者負担に関しては、所得に応じて月額上限が設けられており、低所得者には、負担は課されていない（障害者総合支援法29条3項2号、同法施行令17条）。しかしながら、障害者と同一世帯にある者の収入次第で、利用料が発生する場合もあることから、これが、問題視されている。

なお、この問題に関しては、現在、A型の利用者のうち雇用関係にある者については、都道県知事への届出を行うことによって、利用者負担を減免することが可能という取扱いがなされている。A型では、事業者と障害者の間で雇用関係が結ばれており、事業者から労働の対価として賃金が支払われるという特別な関係が見られることや、障害者雇用納付金制度からA型の事業主に対して障害者雇用調整金等が支給されていること等を考慮して、このような取扱いがなされている[36]。B型で働いている障害者についても、同様に、利用者負担を減免する仕組みを設けることが課題となりうるのではないかと思われる[37]。

---

36) 平成19年7月31日障発第0731001号（就労継続支援A型事業における利用者負担減免事業実施要綱について）。

第 9 章　障害者雇用

V　福祉的就労で働く障害者への労働法の適用可能性

　以上で、働く労働者の労働基準関連法令の適用の状況や、賃金・工賃の水準について確認してきた。労働基準関連法令は、労働市場で働く障害者や就労継続支援 A 型で働く障害者には適用されており、また、彼らの賃金水準も、知的・精神障害者や A 型利用の障害者では低いものの、ある程度確保されている。しかしながら、就労継続支援 B 型で働く障害者には労働基準関連法令の適用がなく、また、彼らに支払われる工賃の水準も非常に低いこととなっている。こうした現状に鑑みて、B 型で働く障害者を念頭に、労働基準関連法令の適用対象となる障害者の範囲の拡大を求める見解が存在する[38]。労働者に認められる労働法上の保護が、彼らには一切及ばないことは問題であるとする考え方が、その背後にはある。

　この点に関しては、ILO が、全国福祉保育労働組合からの申立てを受けて 2009 年 3 月に出した報告書[39] において、次のような指摘をしている。すなわち、「授産施設における障害者が行う作業を、妥当な範囲で、労働法の範囲内に収めることは極めて重要であろう」との指摘である（75 段落）。「妥当な範囲」の解釈が問題となりうるが、こうした指摘も念頭に置きつつ、以下で、福祉的就労の場で働く障害者への労働基準関連法令の適用可能性を検討したい。

---

[37]　職業リハビリテーションの目的で就労継続支援事業 B 型を利用している障害者の利用料の支払いについては、全国福祉保育労働組合からの申立てを受けて 2009 年 3 月に国際労働機関（ILO）が出した報告書の結論が注目される。この点に関し、同報告書は、利用料の減額に対する日本政府の取組みは注目されるが、職業リハビリテーション・サービスの無料提供を提言する ILO99 号勧告に鑑み、障害者が就労継続支援の利用を阻止・排除されることがないよう、また、一般雇用への参入がなされるよう、あらゆる取組みが実施されることを希望する旨を述べている（77・79 段落）。

[38]　松井亮輔「福祉的就労障害者の働く権利と機会の拡大を目指して」松井＝岩田編著・前掲注 20）17 頁。

[39]　前掲注 37）を参照。

1　2007年通知の問題点

　現在、福祉的就労に従事する障害者の労働者性の判断は、前述の2007年通知に基づいて行われている。福祉的就労で働く障害者への労働基準関連法令の適用可能性を検討するにあたり、まず初めに、この2007年通知の問題点について考察することとする。

　まず、2007年通知は、旧通知と比較して、福祉的就労に従事する障害者の労働者性を狭めるものであるとの指摘がなされている[40]。旧通知では、労働者性を否定するためには、出欠、作業時間、作業量等が作業員の自由で、施設がこれらについて指揮監督していないことが厳格に求められていた[41]。しかし、2007年通知では、とりわけ、訓練等の計画が策定されていると、労働者性は比較的容易に否定されることとなっているからである。

　B型で働く障害者の労働者性を否定する理由として、しばしば挙げられているのは、彼らが事業所で従事している作業には「訓練」としての側面があるということである。こうした訓練としての側面に鑑みて、2007年通知は、訓練等の計画が策定されている場合には、事業所側と障害者（あるいは保護者）との間で、訓練であることの「合意」があれば、労働者性は否定されるとされている。

　しかしながら、「訓練」としての側面を強調することは、必ずしも妥当であるとは言えない。例えば、判例は、大学病院の研修医の労働者性が問題となった事例において、研修医の臨床研修が医師の資質向上という教育的側面を持っ

---

[40] かつての福祉的就労の場（授産施設）は、障害者の訓練施設としての主要な役割を担っていた。しかし、現在では、雇用に近い作業実態が、福祉的就労の場でみられるようになってきている。しかしながら、こうしたケースすべてを労働者として扱うことは、特に小規模な事業所にとって、経済的にも、事業所の管理運営の上でも、大きな負担を課すこととなり、施設運営の障害となる可能性がある。こうした点を考慮して、福祉的就労の場で働く障害者の労働者性を狭める方向で2007年通知は策定されたのではないかとする見方が示されている。柳屋孝安「施設における障害者訓練と労働者性判断に関する一考察」季労225号（2009）183-185頁。

[41] 柳屋・前掲注40) 183-184頁。

第9章　障害者雇用

ていても、それが使用者のための労働という側面を有している場合には、労働者性は否定されないとしているからである（最二小判平成 17・6・3 労判 893 号 14 頁［関西医科大学研修医（未払賃金）事件］）。また、外国人研修・実習生についても、現在では、出入国管理法の改正により、労働契約のない座学の期間を除き、1 年目の実地研修中も労働者性が認められることとなっている。これらは、すなわち、研修や実習の場合であっても、実質的に「使用される」とみなしうる要素があり、かつ就労の対価とみなしうる報酬が支払われている関係が存在するならば、労働者と認められるということを意味している[42]。福祉的就労の場合にも、訓練等を目的とする作業において、業務遂行上の指揮命令があり、仕事の依頼・業務従事の指示等に対する諾否の自由がないケースや、勤務場所及び勤務時間について指定がなされているようなケースがありえよう[43]。こうした場合には、「訓練」であることを理由に労働者性を否定することはできないだろう。

　加えて、労働者性の判断を、当事者間の「合意」という主観的な判断に委ねることも妥当ではないと考えられる[44]。労基法をはじめとする労働関係法規の多くは、当事者の意思（合意）に関わらず規制を課すという強行的な性格を持っている。その理由は、当事者の意思や当事者が容易に操作し得る形式的な事情を重視すると、当事者による法形式の操作によって法の潜脱・形骸化がもたらされることになりかねないことにある[45]。また、障害者の場合には、その障害ゆえに、十分な判断能力を期待できない場合も想定されうる。したがって、当事者の「合意」の有無によって、労働者性の判断をすることとしている点においても、2007 年通知には問題があると言え、その見直しが求められ

---

[42]　野川 53 頁。
[43]　2007 年通知は、訓練等の計画が策定されている場合、当該訓練等の計画の中に、労働者性を肯定することとなる 4 つの要素が含まれていないことを求めるに留まる（Ⅲ 2 (1) を参照）。
[44]　他方で、労働者性判断において当事者意思を尊重する立場をとる見解もある。柳屋・前掲注 40) 186 頁・191 頁・192 頁。
[45]　水町 71 頁。

る[46]。

2 B型利用者の就労の実態と課題

ところで、福祉的就労への労働基準関連法令の適用拡大を求める論者の多くは、その理由として、就労継続支援B型利用者の就労の実態を挙げている。

B型で働く障害者の多くは、一般雇用へと移行することなく、長期にわたりB型事業所で就労する。したがって、B型事業所を「訓練」のための場所として位置づけることには無理があるとの指摘がなされている[47]。そして、実際に、B型を利用している障害者の就労実態を見てみると、早朝から勤務していたり、業務量に応じた休日出勤や時間外労働を行っていたり、A型の利用者と同じラインで働いていたりと、指揮命令を受けて働いているとしか捉えられない障害者もいるということが報告されている[48]。

B型で就労している障害者の実態が、このようなものであるならば、労働者性に関する判断枠組みを逸脱することなく労働者性の判断をし、労働基準関連法令を適用していくことが必要であろう[49]。現在の2007年通知の判断基準に照らして見ても、彼らには労働者性を認めるべきであろう。

しかしながら、現在、B型利用者が、上記のような働きをしていながら、労

---

[46] 以上1の記述については、長谷川・前掲注12) 84頁・85頁を参照。
[47] 佐藤・前掲注23) 266頁。
[48] 出縄・前掲注28) 196-200頁。なお、通知では、雇用型、非雇用型の就労者が混在している事業所（多機能型事業所）に対して、作業工程の中で両者を完全に分離することが求められている（前掲注17) 障障発第1002003号）。しかし、現実には、完全に分離することは難しい場合が少なくない。また、実際の就労状況を見ると、非雇用型の障害者の生産性や工賃が、雇用型より必ずしも低いとは言えない場合もあり、就労の実態と制度上の建前とが乖離している例もあるとされている。佐藤・前掲注23) 253頁。
[49] 旧通知時代での事例であるが、2007年4月、神戸東労働基準署長が、社会福祉法人神戸育成会が運営していた3つの作業所に対し、作業所の実態が「訓練」の範囲を超えた「労働」に当たり、労働法規を適用すべき状態にあるとの改善指導を行ったケースがある。なお、2007年通知は、このケースを契機として作成された。出縄・前掲28) 196頁。

働者性を認められないでいる。その原因は、複数存在しよう。まず、A 型事業所の数が不足していることがある。A 型での就労を希望しても、その場所がないため、A 型で働くことが可能であるにも関わらず、B 型で就労せざるをえないところがある[50]。そして、B 型事業所の多くは、その経営基盤が極めて脆弱で、実際のところ、低額の工賃を支払うのがやっとのところが多い。こうした事業所については、労働者性判断の前提として求められる事業の営利性が、そもそもないということになり、そこで働く障害者について、労働者性が認められないこととなってしまう[51]。さらに、日本には、客観的かつ公平な職業能力評価基準が存しないことも、労働者性が認められない原因の 1 つとなっていると言えよう[52]。A 型事業所が不足する中で、職業能力評価がなされないまま市町村によって B 型の利用を決定されると、その決定を受けた障害者は、労働者性を認められないまま就労することになる。

こうした原因によって、障害者の就労実態と制度との間にずれが生じることとなっていると言えよう。今後は、これらの原因を 1 つずつ取り除いていくことで、労働者性を肯定し得る働き方をしている障害者に対し、労働基準関連法令の適用をきちんと行っていくことが強く求められることとなろう。

3 福祉的就労における就労条件の保障

しかしながら、その一方で、現在の B 型のような、労働者としてではない就労の場も必要なのではないかと考える。障害者の存在の多様性を無視して、一律に、少しでも働いていると言える者を労働者として扱うと、福祉的就労を通じて社会とのつながりや生きがいを求めている障害者の就労機会を奪うことになりかねないからである[53]。障害者に労働者性を認めるということは、そ

---

[50] 厚生労働省「平成 24 年社会福祉施設等調査の概況」(2014) によると、就労継続支援 B 型事業所は、全国に 7360 事業所あるのに対して、A 型事業所は、1374 事業所しかない。

[51] 前掲注 20) を参照。

[52] 出縄・前掲注 28) 202 頁。

の使用者に対して、労働基準関連法令の順守を求めることを意味する。労基法違反に対しては、刑事罰も科されることから、使用者には大きな負担が課せられることになる[54]。また、障害者にも、使用者の指揮命令下で就労することが課せられる。命令違反は、場合によっては懲戒の対象にもなりうる。このように、労働者性を認めるということは、福祉的就労の場を提供する事業者にも、これを利用する障害者にも、負担を課すことにつながる。これは、常に望ましいこととは言えないだろう。

　しかし、その一方で、現在のB型のような福祉的就労の場で働く障害者に対し、就労条件の保障をする仕組みが全く存しないことは、前述の工賃水準に関する課題からも導かれるように、問題である。この点、フランスでは、福祉的就労の場で働く障害者にも、労働安全衛生に関する法の適用はあり、また、労働法ではなく福祉法により、報酬を含む一定の就労条件の保障がなされることとなっている[55]。福祉的就労の特性を踏まえた特別法によって、福祉的就労の場で就労する障害者の就労条件の保障を行う仕組みを整えることが、日本においても求められるのではないだろうか[56]。

---

53) 佐藤・前掲注23) 252頁・253頁。池添・前掲注20) 281頁・287頁。他方で、福祉的就労の場で働く障害者への労働法の適用を求める見解もある。①日本の福祉的就労は、障害者権利条約が規定する「あらゆる形態の雇用」に含まれると解釈できることから、福祉的就労に従事する者への差別が禁止されること、②福祉的就労の場は、現実には、訓練の場というよりは就労の場となっていることが、その理由として挙げられている。松井亮輔「国際的動向からみた日本の『障害者就労支援』――『就労継続支援』の現状と課題を中心に」月刊福祉91巻5号（2008）30-32頁。

54) 佐藤・前掲注23) 254頁。

55) 例えば、フランスの福祉的就労の場で働く障害者には、最低賃金の55%から110%の報酬が保障されている。永野・前掲注5) 176-183頁。

56) 佐藤・前掲注23)（246-265頁）では、福祉的就労者保護法（仮）の制定が提案されている。また、福祉的就労の特殊性に配慮した福祉労働法のような法律の制定を求めるものとして、山田省三「障害者雇用の法理――その基礎理論的課題」季労225号（2009）27頁。

第 9 章　障害者雇用

Ⅵ　終わりに

　以上、働く障害者に関連する諸問題について、検討を行ってきた。障害者の中には、労働市場において一般就労が可能な者もいれば、それが困難な者もいる。また、労働市場での就労が困難な者の中にも、何らかの支援を受けつつＡ型事業所のような場で、雇用契約を締結して働くことが可能な者もいれば、障害ゆえに生産性が低減しており、雇用契約を締結して働くことが困難な者もいるだろう。このように障害者が非常に多様な存在であることを考慮すると、障害者の働き方についても、一般就労に限らない、多様な選択肢（Ａ型やＢ型）が存在することには、意義があろう[57]。

　しかしながら、障害者が、その障害ゆえに、不当にその労働能力を低く見積もられたり、劣悪な就労環境で働かされたりということは、新たに障害者雇用促進法の中に導入された障害者に対する差別禁止の観点からも、あってはならない。労働者性が認められる障害者については労働基準関連法令を適用し、労働者に対する保護を及ぼしていくことが求められる。そして、そうでない障害者については、その障害の特性に配慮した形で就労できる場所を確保しつつ、そこでの就労条件を保障する仕組みを整えることが重要だと考える。福祉的就労（とりわけ、Ｂ型）に従事する障害者に対する就労条件の保障は、今後の、障害者の就労における非常に重要な課題の 1 つと言えよう。

---

[57]　一般労働市場での就労が困難な重度の障害者が現に存在する以上、職業の自由に関与する機会を確保するため、一般労働市場より保護された福祉施設が必要であるとするものとして、福島豪「障害者にとっての就労と労働市場」法時 85 巻 3 号（2013）36 頁。

第 10 章　労災補償と労働者

10-1　労災保険法上の「労働者」概念をめぐって

10-1　労災保険法上の「労働者」概念をめぐって

渡邊　絹子

I　はじめに

　日本の労災補償制度は、労働基準法（以下「労基法」という）と労働者災害補償保険法（以下「労災保険法」という）の二本立てになっており、両法はともに 1947 年に制定された。このような二本立て構造となったのは、労災保険法が、もともと、労基法上に定める使用者の災害補償責任の履行を確保するための責任保険としての役割を果たすことを目的[1]として導入されたことに起因する。

　法制定から 70 年近くの年月が経過しているが、この間、労基法に規定され

---

1) 労災保険法の制定過程では、この保険事業を使用者の災害補償責任の責任保険とするか、労働者を直接対象とする労働者保険として労基法とは別個のものにするかにつき議論がなされ、結果的に後者の考え方が採用されたことから、将来的に労基法の災害補償以上の労働者保護を行う可能性が開かれることとなった。しかし、両法の給付の内容・水準は同じであり、保険給付がなされるべき場合の使用者の免責規定（労基法 84 条 1 項）などに鑑みれば、制定当初の労災保険法は、保険制度としては責任保険ではなく、損害保険の形ををとってはいるものの、実際には使用者が負う労基法上の災害補償責任の責任保険と解して差し支えないとする（東京大学労働法研究会編『注釈労働基準法（下巻）』（有斐閣、2003）848 頁以下〔岩村正彦執筆部分〕、村中孝史「労災保険制度の展開と適用対象」法学論叢 162 巻 1～6 号（2008）40 頁参照）。

457

る「災害補償」の内容に大きな変化はみられない一方で、労災保険法は、1960年以降、保険給付の年金化、通勤途上の災害の保険事故化、特別加入制度の創設等といった「労災保険のひとり歩き現象」と称されるほどの独自の発展を遂げ、労災補償制度の根幹を成すに至っている[2]。労働災害といえば労災保険で補償されるとの社会認識の定着は、そのことを端的に物語っている。

労災保険の独自の発展は、総じて保険の対象範囲の拡大と給付内容の充実をその内容としており、労基法上の災害補償の枠外に保護を拡大するという方向性で捉えられるものである。こうした労災保険の独自の発展は、被災労働者やその遺族からすれば望ましいものと受け止められるものの、制度発足当初には明確であった労基法上に定める使用者の災害補償責任の担保という労災保険の性格を希薄化させることとなった[3]。このような労災保険と労基法上の災害補償との乖離は、学説上、労災保険の性質に関する議論（いわゆる社会保障化論争[4]）を生じさせることにもなった。

労災保険が多面的に展開し、その出発点から大きな変貌を遂げている間にも、制度を取り巻く状況は大きく変化し、多くの課題が投げかけられており[5]、その対応に迫られている。とりわけ、雇用形態や就業形態の多様化の進展は著しく、労災保険の適用対象となる「労働者」に該当するか否かの判断を難しくさせている。しかも、その「労働者」についても、労基法上の災害補償の枠を超える労災保険の独自の発展に鑑みて、労基法とは別個に検討する必要性が指摘されるようになっている。すなわち、労災保険で保護すべき人的適用範囲のあり方が、労災保険の独自の発展に加え、近年の働き方の多様化によっ

---

2) 岩村正彦「労災保険政策の課題」講座7巻19頁以下、西村健一郎「労災保険の発展と労災補償についての荒木理論」良永彌太郎＝柳澤旭編『荒木誠之先生米寿祝賀論文集 労働関係と社会保障法』（法律文化社、2013）46頁以下。労災保険法の展開について、同48頁以下、岩村・前掲注1) 849頁以下参照。
3) 岩村・前掲注2) 20頁以下。
4) 社会保障化論争の分析、総括として、小畑史子「文献研究15 労災補償」季労177号（1995）119頁以下、岩村・前掲注2) 22頁以下参照。
5) 岩村・前掲注2) 27頁以下参照。

て改めて問われているといえよう。

　本稿では、近年の雇用形態・就業形態の多様化が労災保険に与えている影響を確認しつつ、労災保険法の人的適用範囲を画する労働者概念をめぐる問題状況を明らかにすることとしたい。そこで、まず、労災保険の適用範囲を確認し、次に、その適用をめぐって展開されている労働者概念の議論状況を把握する。さらに、近年の雇用形態・就業形態の多様化との関係で重要な働きを担っている特別加入制度について、その概要と問題点を整理した上で、最後に、労災保険法上の労働者概念をめぐる問題状況をもとに若干の考察を試みることとしたい。

II　労災保険の適用範囲

1　適用事業

　労災保険法では、「労働者を使用する事業を適用事業とする」と規定されており（3条）、個人事業か法人事業かを問わず、また、業種に関係なく、労働者を1人でも使用している事業は、非適用事業に該当しない限り、労災保険が適用されることになる。非適用事業とされるのは、国家公務員災害補償法や地方公務員災害補償法が適用される国の直営事業及び官公署の事業（2条）のほか、政令[6]によって定められている農林、畜産、養蚕または水産の小規模事業（常時使用する労働者が5人未満）である。後者は、1969年改正法による1972年4月1日からの労災保険の全面強制適用にあたり、当分の間、非適用事業として定められたものであり（1969年改正法附則12条1項）、暫定任意適用事業とされている[7]。

　以上のように、全面適用には未だ至っていないものの、「労働者を使用する

---

6) 失業保険法及び労働者災害補償保険法の一部を改正する法律及び労働保険の保険料の徴収等に関する法律の施行に伴う関係政令の整備等に関する政令17条。

事業」は、労災保険法の適用を受けることとなっている。そこで、重要となるのが、ここでいう「労働者」とは、どのような者なのかということであるが、労災保険法では「労働者」に関する定義規定が置かれておらず、解釈に委ねられている状況にある。この点について、これまで判例、多数学説、行政解釈は、前述した労災保険法の沿革に鑑み、一貫して、労災保険法上の「労働者」とは労基法上の「労働者」と同義であると解している[8]。その結果、労災保険法の適用をめぐる争いは、労基法上の労働者性判断の問題に帰着することになった。しかし、後に検討するように、前述した労災保険法の独自の展開や近年の就業形態の多様化による労働者像の変容などを背景に、これまでの通説・判例の立場に疑問を呈する見解も強く主張されるようになってきている。

2　労基法上の「労働者」概念

　前述したように、労災保険法上の労働者は労基法上の労働者と同義であると解されていることから、まずは労基法上の労働者に関する判断基準について把握することとしたい。

　労基法9条では、「この法律で『労働者』とは、職業の種類を問わず、事業又は事務所（以下「事業」という。）に使用される者で、賃金を支払われる者をいう。」と定められており、「使用される」ことと「賃金を支払われる」ことの2つの要件が満たされる必要がある。後者の「賃金」については、「賃金、給料、手当、賞与その他名称の如何を問わず、労働の対償として使用者が労働者に支払うすべてのものをいう」（労基法11条）とされており、報酬に労務対償性が認められる限り、報酬に賃金性があると解されることから、「賃金が支払

---

[7] 1969年改正時点では、常時5人未満の労働者を使用する商業やサービス業などの非工業的な事業が暫定任意適用事業とされていた。その後の政令改正により、ほとんどの事業が適用事業とされたものの、現在でも一部の事業が残存している状況にある。なお、これらの暫定任意適用事業が任意に労災の適用を受けないときは、労基法の災害補償の規定による補償がなされることとなる（岩村・前掲注1）854頁）。

[8] 岩村・前掲注1）854頁。

われる」という要件の相対的重要性は低くなるため[9]、実際上問題となるのは、「使用される」という要件となってくる[10]。

これらの要件を満たしているか否かの具体的判断基準について、裁判例において示された労働者性の判断基準を整理・分析し、まとめたものとして、労働基準法研究会第一部会「労働基準法の『労働者』の判断基準について」[11]報告がある。同報告は1985年に出されたが[12]、その後の裁判例においても大きな影響を与えている[13]。

同報告では、「『労働者性』の有無は『使用される＝指揮監督下の労働』という労務提供の形態及び『賃金支払』という報酬の労務に対する対償性、すなわち報酬が提供された労務に対するものであるかどうかということによって判断されることとなる。この二つの基準を総称して『使用従属性』と呼ぶこととする」とし、「労働者性の判断基準」を次のようにまとめている。

まず、「使用従属性」に関する判断基準として、①「指揮監督下の労働」に関する判断基準と、②報酬の労務対償性に関する判断基準とがあり、①については、(i)仕事の依頼、業務従事の指示等に対する諾否の自由の有無、(ii)業務遂行上の指揮監督の有無、(iii)拘束性の有無、(iv)代替性の有無（指揮監督関係の判断を補強する要素）、②については、時間給、欠勤の控除あるいは残業手当の付与等、報酬の性格が使用者の指揮監督の下に一定時間労務を提供していること

---

9) 池添弘邦「労働保護法の『労働者』概念をめぐる解釈論と立法論——労働法学に突きつけられている重い課題」労研566号（2007）49頁。
10) 池添・前掲注9）49頁、東京大学労働法研究会編『注釈労働基準法（上巻）』（有斐閣、2003）144頁以下〔橋本陽子執筆部分〕。
11) 労判465号（1986）69頁以下参照。
12) さらに、1996年には「建設業手間請け従事者及び芸能関係者に関する労働基準法の『労働者』の判断基準について」という報告（労旬1381号（1996）56頁以下参照）がまとめられ、これらの業種について、より具体的な判断基準を示しており、その後の裁判所の判断に影響を与えている。
13) 同報告の基準を踏襲し判断している裁判例として、横浜南労基署長（旭紙業）事件（最一小判平成8・11・28労判714号14頁）、新宿労基署長（映画撮影技師）事件（東京高判平成14・7・11労判832号13頁）、藤沢労基署長（大工負傷）事件（最一小判平成19・6・28労判940号11頁）等。

に対する対価と判断されるか否か、を挙げている。

　次に、労働者性が問題となる限界的事例においては、使用従属性の判断が困難な場合があることを踏まえ、「『労働者性』の判断を補強する要素」をも勘案して、総合判断する必要があるとする。ここでの補強要素としては、①事業者性の有無と②専属性の程度、③その他が挙げられ、さらに①については、(i)機械、器具の負担関係、(ii)報酬の額、(iii)独自の商号使用等のその他要素があり、②については、(i)他社の業務に従事することが制度上あるいは事実上制約されている場合に専属性の程度が高いと評価できること、(ii)報酬に固定給部分があるなど生活保障的な要素が強い場合にも労働者性を補強しうるとする。そして、③その他の補強要素として、(i)採用方法、(ii)給与所得としての源泉徴収、(iii)労働保険の適用、(iv)服務規律の適用、(v)退職金制度、福利厚生の適用等、「使用者」がその者を自らの労働者と認識していると推認される点を挙げている。

　以上のように、判断要素自体は明確になってきてはいるものの、多様な判断要素を総合的に判断することになるため、具体的な事案において、問題とされている者が労働者に該当するかどうかを判断することは容易ではない[14]。たとえば、傭車運転手の労働者性が争われた横浜南労基署長（旭紙業）事件（最一小判平成8・11・28労判714号14頁）では、一審判決（横浜地判平成5・6・17労判643号71頁）が、会社の運送係の指示によって毎日の始業・終業時刻が自ずから定まっていたこと、運送先、運送品の数量、運送距離等の業務内容も一方的に定まっていたことを指揮命令を受けていたと評価し、労働者性を肯定する要素と捉えたのに対し、最高裁は、会社が行っていたそれらの指示を運送という業務の性質上当然に必要とされるものであって、使用者による指揮命令とは評価できないとし、労働者性を否定する要素と判断した。このように多様な判断要素に対する事実評価の難しさ（裁判所によっても評価が異なりうること）

---

[14] 同報告による判断基準の問題点については、橋本・前掲注10）146頁以下、國武英生「大区の負傷と労災保険法上の労働者性——藤沢労基署長（大工負傷）事件・最一小判平成19・6・28労判940号11頁」労働111号（2008）155頁以下参照。

をはじめ、労働者性を肯定する要素と否定する要素が混在している場合の総合判断における各判断要素の関係性に対する評価（どの判断要素をどれだけ重視するのか等）の曖昧さなど、労働者性判断は極めて困難な状況にある[15]。

Ⅲ　労災保険法の適用範囲に関する議論状況

　労基法上の労働者性判断の問題状況に対して、学説では、解釈論及び立法論において多様な見解が主張され、活発な議論状況にあるといえる[16]。しかしながら、労基法上の労働者概念に関する議論において、労災保険法上の労働者概念のことがどこまで意識されているかについては論者によって差があり、議論の俎上にあるとは必ずしも言い難い[17]。

　他方で、労災保険法の適用範囲を画する「労働者」概念は、労基法上のそれと同義であるとの判例の立場は確立しているものの、そのような立場に対する批判的見解をはじめ、労災保険法独自の視点から適用範囲を模索する動きが見られるようになっている。ここでは、労基法上の労働者概念の議論展開に深く立ち入ることはせず、労災保険法上の適用範囲をどのように確定するかとの視点から、問題を考察することとしたい。

---

15) 岡田健「フリーの映画撮影技師（カメラマン）が労働基準法及び労働者災害補償保険法上の労働者に当たるとされた事例」判タ1125号（2003）293頁。
16) 労基法上の労働者概念に関する学説の状況については、橋本・前掲注10) 148頁以下、労働政策研究・研修機構『「労働者」の法的概念に関する比較法研究（労働政策研究報告書 No.67)』（2006）28頁以下〔皆川宏之・岩永昌晃執筆部分〕、池添・前掲注9) 53頁以下等参照。
17) 近藤昭雄「労災保険の社会保障化と適用関係——『労働者』概念議論に即して」山田省三＝石井保雄編『労働者人格権の研究（下巻）（角田邦重先生古稀記念）』（信山社、2011）396頁。

第10章　労災補償と労働者

1　働き方の多様化と労災保険の適用問題

　労働法全般において、「労働者」に該当するか否かで法の適用の有無が分かれる二分法的な処理が行われており、そのことが従来より「労働者」概念をめぐる議論を活発にさせていたが、前述したように、近年の雇用形態や就業形態の多様化の進展は、その動きに拍車を掛けている[18]。すなわち、雇用形態や就業形態の多様化の進展によって、労基法上の労働者に該当しないと判断される就業者、あるいは前述した判断枠組みのもとでは、法的な位置づけが難しい就業者が多数存在するようになる[19] 一方で、そのような者の中には労働保護法による保護を及ぼす必要性があると解される者が多数存在していることが問題視されている。労働保護法の中でも、労災保険法は、労働者が就労できない状況に陥った際の保護を与えるものであり、その保護を受けられるか否かは、その後の生活に多大な影響を与えうるもの[20]であることから、法的紛争にまで発展することも少なくない[21]。

　具体的に、労災保険との関係で問題となっている者としては、まず、契約労働者と呼ばれる者[22]がいる。業務委託・請負などの労働契約以外の労務供給契約の下で、委託者・注文者のために自分で役務を提供し、その報酬で生活する就業者であって、特定の委託者・注文者の事業組織に組み入れられており、そこからの報酬が主たる収入となるために、委託者・注文者との間に経済的又

---

18) 村中・前掲注1) 42頁。
19) 岩村・前掲注2) 31頁以下。
20) 労災保険の有利性について、岩村・前掲注2) 29頁、村中・前掲注1) 43頁以下参照。
21) 村中・前掲注1) 45頁。労基法上の労働者概念に関して、先例的意義の大きい判例とされる横浜南労基署長（旭紙業）事件をはじめ、本来は労災保険法の適用をめぐる争いが提起されている裁判例は少なくない。労働保護法の労働者概念をめぐる裁判例の動向については、労働政策研究・研修機構編『「労働者」の法的概念に関する比較法研究』(2006) 47頁以下〔池添弘邦・奥野寿執筆部分〕参照。
22) 鎌田耕一編著『契約労働の研究――アウトソーシングの労働問題』（多賀出版、2001）79頁以下、同「個人請負・業務委託型就業者をめぐる法政策」季労241号（2013) 57頁以下参照。

は組織的従属関係が認められる者[23]がこれに該当する。傭車運転手や建設業の一人親方などとして、従来からこのような働き方をする者は存在していたが、近年では、事業運営の効率化や人件費削減の観点から業務のアウトソーシングやダウンサイジングが進められるなど、企業による「非労働者」化の動きが加速しており、契約労働者と呼ばれる働き方に該当する新しいタイプの就業者も出現してきており、その比重は高まっているといえよう。

これらの者の中で、建設業の一人親方等の一部の者については、労基法上の労働者に該当しない、すなわち独立自営業者であることを前提にして、労災保険に特別加入する制度が設けられており、労災保険による一定の保護を受けることが可能となっている。しかしながら、後述するように、この労災保険の特別加入制度については、そもそも対象となる者の範囲が限定されている等の問題点も多く、いわゆる契約労働者に該当するような働き方をしている就業者が、労災保険法の適用対象となる労働者に該当すると主張して、被災してから事後的に労災保険給付の請求を行うといった事例が後を絶たない状況にある。

また、シルバー人材センターが提供する、いわゆる「生きがい就労」の従事者やボランティア（特に有償ボランティア）活動従事者が、当該活動によって被った災害に対する保護のあり方も問われている[24]。これらの者は、基本的に労基法上の労働者に該当しないことから、労災保険法の適用もないとされている。しかしながら、これらの活動に従事する者は増えることが予想され、活動自体に一定の危険が内在しており、その危険が具現化した場合の補償が必要であることなどに鑑み、労災保険による保護の必要性が問われている[25]。

2　労災保険法上の「労働者」をめぐる議論

前述したように、これまで労災保険法の適用範囲を確定する労災保険法上の

---

[23] 鎌田・前掲注22）季労241号57頁。
[24] 岩村・前掲注2）32頁以下。
[25] 岩村・前掲注2）32頁以下。ボランティア活動について、山口浩一郎『労災補償の諸問題〔増補版〕』（信山社、2008）86頁以下参照。

第 10 章　労災補償と労働者

労働者は、労基法上の労働者と同義であると解され、労基法上の労働者性の判断枠組みによって判断されている。この点について、労災保険法の趣旨・目的に照らして、労災保険法独自の労働者概念を解釈によって、あるいは立法的措置によって定立する必要性が検討されるべきだとの主張がなされている[26]。

たとえば、労基法上の災害補償を超えて展開された労災保険法の独自の発展を社会保障化として捉えた上で、労災保険の適用関係を「『場』の要件」と「『主体』の要件」に基づき判断するとの説が主張されている[27]。ここでいう「『場』の要件」とは、「労働者を『使用する』事業」から導かれるものであり、「その労務の利用なくしては、企業業務の遂行（利潤の獲得）が成り立たないという関係」[28]が存在することと解している。そして、「『主体』の要件」とは、「労災保険の適用要件としての『労働者』」のことであり、「身一つで、前述の『場』において労務に従事することを通して、その対価としての賃金を得ることによって、自分とその家族の生活（生計）の維持を図らざるを得ない存在」[29]と解し、労働実態に即して、2つの要件を満たしているか否かで労災保険の適用を決定するというものである。この説によれば、労働力の外部化を図ったとしても、当該労働力の利用が当該企業の業務展開において不可欠な要素となっている限り、「場の要件」を満たし、また、雇用関係とは言い得ない形態（業務委託契約等）での労働力の提供でも、個人として自己の労働力を提供し、その対価として金銭的給付を得ているのであれば「主体の要件」を満たし、労災保険の適用対象となると解されることとなる[30]。

この説では、労基法上の労働者概念は、あくまで労基法の適用に関してのも

---

26) 近藤・前掲注 17) 391 頁以下、水町勇一郎「労働者性——横浜南労基署長（旭紙業）事件」『社会保障判例百選〔第 4 版〕』（有斐閣、2008）191 頁、藤原稔弘「『会社一本』と呼ばれる大工の労災保険法上の労働者性——藤沢労基署長（大工負傷）事件」判時 1999 号（判評 592 号）（2008）196 頁以下、高木紘一「映画撮影技師の労災保険法上の『労働者』性」判時 1818 号（2003）207 頁、西村・前掲注 2）56 頁、菅野 449 頁等。
27) 近藤・前掲注 17) 391 頁以下。
28) 近藤・前掲注 17) 407 頁以下。
29) 近藤・前掲注 17) 410 頁。
30) 近藤・前掲注 17) 407 頁以下。

のであり、労災保険法の適用に関する基準とはなり得ないという考え方が前提とされており[31]、また、労基法上の災害補償との関係については、労災保険法の独自の発展を社会保障化と捉え、そのことから労災保険独自の概念、理論構成が必要であるとし[32]、労基法の災害補償責任の担保という労基法と労災保険法との結びつきが、解釈上切り離されている点に特徴がある。

　また、進展する就業形態の多様化という状況下では、労働者概念を統一的に定めるよりは、法律の目的に応じて法の保護対象となる労働者概念を確定すべきとの立場から、解釈論としての労災保険法上の労働者概念の確定において特に重視すべき点を指摘する見解もある[33]。そこで指摘されている労災保険法上の労働者性判断において重視すべきこととは、使用者が無過失の災害補償責任を負担する根拠であり、それは「事業者が、自己の事業を遂行し利益を得るために、労働災害の危険性のある特定の作業場で労務を提供することを法的に義務づけること」[34] であり、そのことから、「契約関係を通じて、危険の内在する場所での就業を法的に義務づけられていたこと」が労災保険法上の労働者性の重要な要件の一つとなるとする。さらに、使用従属性ではなく、「事業者性の有無を労働者性の判断の中心に置き、かつ事業者性を労働者性の相関概念として明確に捉え、事業者性の要件を充たしていなければ、労働者性が認められるという判断方法を採用すべき」[35] と主張する。この説においても、労基法の災害補償責任の担保という労基法と労災保険法との結びつきが切り離されており、解釈によって労災保険法独自の労働者概念を導こうとしている点に特徴がある。

　さらに、立法論として、労災保険法独自の労働者概念を立てる、あるいは自営業者か否かにかかわらず包括的に労災保険の適用を行うなど、現行よりも広く労災保険法の適用を考える必要性を指摘するもの[36] や、前述した契約労働

---

31) 近藤・前掲注 17) 397 頁以下。
32) 近藤・前掲注 17) 400 頁。
33) 藤原・前掲注 26) 198 頁以下。
34) 藤原・前掲注 26) 200 頁。
35) 藤原・前掲注 26) 200 頁。

者やボランティア、シルバー人材センターを介しての生きがい就労従事者らに対して労災保険の適用を積極的に認めようとする見解がある[37]。また、契約労働者等について、労災保険法とは別に新制度の創設によって保護を与えようとする見解もある[38]。

他方で、労災保険法上の労働者概念は労基法上の労働者概念と一致し[39]、しかも、それが労基法において統一的に解釈される場合には、労災保険の基礎にあるとされる労基法上の災害補償についても配慮して同概念を解釈する必要があるとしつつ、労基法上の使用者の災害補償義務や労災保険制度の趣旨をも確認した上で、労基法上の労働者に関する従来の判断基準を肯定的に評価する

---

[36] 西村・前掲注2) 56頁。
[37] 「シンポジウム　多様化する雇用形態と労働法理」労働81号（1993）220頁以下〔伊藤博義発言部分〕、山口・前掲注25) 86頁以下、同「ボランティアと労災保険」労判754号（1999）2頁。
[38] 鎌田・前掲注22) 季労241号65頁以下では、いわゆる契約労働者について、「契約労働者業務災害補償保険制度」の創設について試論が展開されている。同制度は、委託者企業に保険料を負担させる強制加入の公的保険制度として設計されており、委託者および契約労働者がその法的地位を事前に照会する行政手続の導入の必要性についても検討されている。また、田中健一「労災保険特別加入制度の問題点の検討」季労241号（2013）98頁も、特別加入制度の問題点を検討した上で、いわゆる契約労働者保護のためには、労災保険の外枠で労災補償の制度を設計することが必要であると結論づけている。この他、岩村・前掲注2) 37頁は、契約労働者等の問題は特別加入によって対応すべきとしつつ、その制度上の限界として、仮に、契約労働者に関する保険料を発注企業にも分担させるとした場合には、労災保険の基本構造と抵触する危険があることから、特別加入制度での対応は難しく、労災保険とは別個独立の制度を作るほかないと指摘する。
[39] 村中・前掲注1) 52頁以下は、労災保険法上の労働者が労基法のそれと一致するとしつつも、労基法上の労働者概念がルールに応じて可変であるとの立場をとったとして、労災保険の適用を判断する場面において、他の労基法上のルールの適用範囲を判断する場面とは異なった範囲を示すものと解釈によって導くことができるかという問題に対して、裁判においては当該事案の妥当な解決を目指すとの観点から、ある程度の微調整が行われていると指摘する。同時に、その調整は微調整に留まらなければならないとし、両法の関係を完全に切り離して、労災保険法独自の労働者概念の解釈を行うことについては否定的である。

見解もある[40]。

　また、立法論だとしても、労災保険法と労基法との関係性を切り離し、労災保険法独自の人的適用範囲を確定した上で、問題となっている契約労働者等を労災保険法の人的適用範囲に含めるといった方向性については、労災保険の基本的構造[41]を変容させるおそれが強いことを理由に[42]、否定的に解する見解が存在する[43]。そのような立場からは、契約労働者等の問題解決については、特別加入制度で対応することが最も問題が少なく、現実的であるとの指摘がな

---

40) 村中・前掲注1) 55頁以下。

41) 岩村・前掲注2) 36頁以下では、労災保険の基本的構造について、他の社会保険給付や生活保護よりも労災保険給付の水準は高く設定されるべきであるという給付の優位性、労災保険事業の財源は専ら使用者の負担とすべきであるとする使用者の財政負担、業務と傷病・障害・死亡との因果関係判断の定式化、因果関係判断にあたって労働者の過失を考慮しないという原則が重要な構成要素となっており、次のように集約されるとする。すなわち、「労災保険は、保険事故発生の有無の判断および給付額の算定方法を定式化する。これにより、個別案件ごとの使用者および被災労働者間の帰責関係をめぐる複雑な判断を排除し、迅速・確実に給付を支給する。保険技術でカバーする保険事故は、業務災害や通勤災害といった、使用者の事業活動に伴って労働者に生じる危険に限定される。したがって、事業活動費用に内部化できる労働者の過失は、労災保険の保障対象となるが、労働者の私生活上の傷病・障害・死亡は保険事故には含まれない。こうした保険事故の範囲の限定が、使用者のみが保険事業の財源を負担することを根拠づける。そして、保険事故の範囲を限定しているからこそ、財源が使用者負担の保険料に限定されているにもかかわらず、労災保険は、他の社会保険等に比べて有利な給付を支給する。つまり、労災保険においては、使用者の事業活動との関連で保険事故を限定すること、使用者のみが保険料という形で財政負担をすること、および有利な給付を提供することは、相互に密接に結びついている」のであるという。

42) 岩村・前掲注2) 36頁以下は、ボランティアやシルバー人材センターを介する生きがい就労については、民間の損害賠償保険が販売されており、労災保険の人的適用範囲を拡大することは、民間保険会社の活動領域を浸食するという問題を生じさせることになる点で、さらに注意が必要であるとする。

43) 岩村・前掲注2) 36頁以下。村中・前掲注1) 51頁も、労災保険法独自の判断基準を設定することについては、財政負担に関する問題など、新たな問題を惹起することになるとともに、適用対象に関して二分法的なアプローチを採用する限り、限界事例における判断の困難さを免れることはできないとして、現実的な方法ではないとする。

第 10 章　労災補償と労働者

されている[44]）。

　以上のように、労災保険法の人的適用範囲を如何に画するかについて、様々な見解が見られるが、解釈論として、労災保険法と労基法との関係性を切り離し、労災保険法独自の労働者概念を立てるといったことについては一考に値するが、なお否定的な見解が多く、立法的措置による対応が強く主張されているといえよう。そこでの立法的措置に関しては労災保険法とは別の新制度の創設を提唱するものから、労災保険法独自の労働者概念を立てることを主張するもの、特別加入制度の拡大によって対処すべきとするもの等、その措置内容についてかなりの違いが存在する。

Ⅳ　特別加入制度の概要とその問題点

　労災保険は、前述したように、労基法に定める使用者の災害補償責任の履行を確保するために発足したという沿革によって、その適用対象者は、適用事業に使用される労基法上の労働者であると解されている。したがって、労基法上の労働者に該当しない者は、労災保険の適用はなく、業務上の災害に対する保護がない状況[45]）にある。しかしながら、業務の実態、災害の発生状況等からすれば、労働者と同様に保護の必要性が認められる者が存在しているとの認識の下、それらの者に労災保険による保護を与えるものとして 1965 年に創設されたのが、特別加入制度である。これにより、労基法上の労働者に該当しない一定の者について、労災保険による保護が拡大されることとなったが、任意加入という方式が採用されたため、その選択をしない者やそもそも任意加入できる一定の範囲に含まれていない者には、保護が及ばない状況にある。

44）岩村・前掲注 2）37 頁、村中・前掲注 1）58 頁。なお、岩村・前掲注 2）37 頁では、最も問題が少ない理由として、労基法の労働者概念に手を加える必要がないこと、保険料も加入者負担であって、発注企業等の保険料負担はないが、特別加入制度限りのこととして労災保険の基本構造との抵触の問題が生じず、任意加入であることから民間保険の事業展開の圧迫という問題も生じにくいことを挙げる。

10-1　労災保険法上の「労働者」概念をめぐって

1　加入対象者

特別加入が認められるのは、労災保険法 33 条に列挙されている者であり、以下の通りである。

(1)　中小事業主等

常時 300 人（金融業若しくは保険業、不動産業又は小売業を主たる事業とする事業主については 50 人、卸売業又はサービス業を主たる事業とする事業主については 100 人）以下の労働者を使用する事業（労災則 46 条の 16）の事業主であって、労働保険事務組合に労働保険事務処理を委託する者（労災保険法 33 条 1 号）および労働者以外の者でその事業に従事する者（同条 2 号）が対象となっている。中小事業主の加入については、その事業に使用する労働者も含めた包括加入が前提となっている（労災保険法 34 条、昭 40.11.1 基発 1454 号等）。

(2)　一人親方等

厚生労働省令で定める種類の事業を、労働者を使用しないで行うことを常態とする者（いわゆる「一人親方」、労災保険法 33 条 3 号）および労働者以外の者でその事業に従事する者（同条 4 号）が対象となっており、厚生労働省令で定められている事業（労災則 46 条の 17）は、①自動車を使用して行う旅客又は貨物の運送の事業、②土木、建築その他の工作物の建設、改造、保存、原状回

---

45)「法人の代表等に対する健康保険給付」（保発 0701002 号）は、被保険者 5 人未満の法人の代表者等の業務上の傷病について、当面の措置とはしつつも、健康保険による保険給付の対象とするよう指示している。同通達は、法人の代表等が労基法上の労働者には該当しないために労災保険の対象外とされており、かつ、健康保険では業務上の傷病が保険給付の対象となっていないことから、法人の代表等の業務上の傷病に対する保護がない状況を踏まえ、極めて小規模事業の代表等の実態からは何らかの保護が要請されることに鑑み、発出されたものである。しかしながら、この通達の指示する対応は、健康保険法上、明らかに問題があり、労災保険の特別加入制度によって解決が図られるべきと指摘されている（小西啓文「労災特別加入制度の今日的課題」週刊社会保障 2581 号（2010）46 頁）。

復、修理、変更、破壊若しくは解体又はその準備の事業、③漁船による水産動植物の採捕の事業（⑦に掲げる事業を除く）、④林業の事業、⑤医薬品の配置販売の事業、⑥再生利用の目的となる廃棄物等の収集、運搬、選別、解体等の事業、⑦船員法1条に規定する船員が行う事業となっている。

これらの者については、その団体を任意適用事業主とみなし、一人親方等を労働者とみなして労災保険が適用される（労災保険法35条、前掲基発1454号等）。

(3) 特定作業従事者

厚生労働省令で定める種類の作業に従事する者も特別加入の対象者となっている（労災保険法33条5号）。具体的には、①特定農作業従事者、②指定農業機械作業従事者、③職場適応訓練従事者、④事業主団体等委託訓練従事者、⑤危険有害作業の家内労働者、⑥労働組合常勤役員、⑦介護作業従事者（労基則46条の18）となっている。

一人親方等と同様に、これらの者については、その団体を任意適用事業主とみなし、特定作業従事者等を労働者とみなして労災保険が適用される（労災保険法35条、前掲基発1454号等）。

(4) 海外派遣者

労災保険法は、属地主義の原則により、本来であれば日本国内の事業にその適用は限られ、海外で働く者には適用されないはずであるが、次の場合、特別加入することが可能となっている。①開発途上にある地域に対する技術協力の実施事業を行う団体が、当該団体の業務の実施のために派遣し、当該開発途上にある地域において行われる事業に従事させる者（労災保険法33条6号）、②日本国内で事業を行う事業主が、海外において行われる事業に従事させるために派遣する者（同条7号）である。

2　保険給付等

　特別加入者に対しては、業務災害、通勤災害が発生した場合[46]に、労働者と同様に労災保険から保険給付が支給される。業務災害として保険給付が行われることとなるのは、加入の申請書に記載している業務・作業内容に関してである。このように加入の申請書に特別加入者が従事する業務内容等を記載するのは、特に中小事業主等の場合、労働者と同視しうる立場で活動しているのか、そうでないのかといった区別が難しいことから、労災保険でカバーする保険事故の範囲を確定するためである。また、保険給付の額を算定するために必要な給付基礎日額についても、加入時に定めることとなっている。

　保険料は、特別加入者が全額負担することとなっており、保険料は、加入時に定められる給付基礎日額が保険料算定の基礎となる賃金総額に反映されることとなっている。

3　特別加入制度の問題点

　特別加入制度については、加入に関する問題のほか、業務上外の認定をめぐる問題等が存在するが[47]、ここでは労災保険の適用との観点から、加入に関する問題を中心に整理することとする。

　まず、特別加入制度に関しては、申請手続等をはじめ非常に複雑な制度内容となっていることが問題となる。制度の複雑さは、たとえば、複数の事業がしばしば併せ行われている実態があるときの保険関係の成否判断や、特別加入の申請書記載の業務内容や就業時間の持つ意味等、特別加入に関わる基本的事項についての理解を難しくさせていると考えられる[48]。このような制度の分かり難さは、特別加入によって保護できる者の脱落を招く要因の一つとなってい

---

[46]　通勤災害については、一定の範囲が対象外とされている。
[47]　田中健一「労災保険特別加入制度をめぐる現代的課題——個人請負業者等の労災保険上の保護を視野に入れて」労旬 1786 号（2013）24 頁以下、同・前掲注 38）90 頁以下、小西・前掲注 45）46 頁以下参照。

第 10 章　労災補償と労働者

ると考えられる。

　次に、特別加入できる範囲が限定的であることが問題となっている。具体的には、次のような問題が認められる。中小事業主等については、業種による加入制限はないものの、事業単位での加入方式である上に、特別加入できるのは労働者を使用する中小事業主とされていることから、当該事業に従事する労働者がいない場合には、加入を希望したとしても、事業不成立を理由に特別加入することができない[49]。一人親方等については、特別加入が認められる事業が前述した 7 種類に限定されており、また、特定作業従事者等についても、対象作業種類が細かく規定されており（労災則 46 条の 18）、中小事業主と比較すると特別加入の対象範囲が非常に制限的なものとなっている。

　さらに、特別加入は、海外派遣者を除き、事業主加入方式が認められておらず、団体加入方式によらなければならないことから、加入についてのハードルが一段高くなっている[50]。すなわち、中小事業主等の特別加入では、労働保険事務組合に労働保険事務処理を委託しなければならないが、事務委託には労災保険料以外に手数料（組合費）の支払が必要となり[51]、費用負担において不利な面がある。また、一人親方等や特定作業従事者等については、それぞれが組織する団体を通じて特別加入することが必要とされているが、団体によっては、保険料の納付事務などの事業主と同様の保険事務を行うという負担を嫌い、特別加入団体設置に消極的な状況があることが指摘されている[52]。さらに、このような特別加入団体の承認に関する問題によって、特別加入手続が取れないといった事態も生じている[53]。

---

[48]　西村健一郎「特別加入者の業務起因性──姫路労基署長（井口重機）事件」『社会保障判例百選〔第 3 版〕』（有斐閣、2000）113 頁、岩村・前掲注 1) 902 頁。

[49]　田中・前掲注 47) 26 頁以下。

[50]　小西・前掲注 45) 47 頁。

[51]　田中・前掲注 47) 28 頁。

[52]　田中・前掲注 47) 28 頁では、農作業自営業者の特別加入団体としての役割を担っている農業協同組合の状況について言及している。それによると、特別加入団体の承認を受けている農協は、調査に回答した農協の約 18％ にすぎず、事務組合を設置している農協と合わせても、特別加入事務を扱える農協は半数に達していないという。

これらの問題は、特別加入制度の成り立ちと密接に関係していると考えられる。まず、特別加入制度が複雑化したのには、特別加入制度創設前に大工、左官等の一人親方に行われていた擬制適用といった行政措置があり、特別加入制度はそれを土台として適用範囲を実質的に拡大していったという背景が指摘される[54]。次に、対象者の範囲が限定的であることについては、特別加入制度が強制の契機を持つ社会保障というよりは、任意加入の契約保険であるという性格付けがなされていたこと、また、政府のできるところから特別加入制度の対象にしていくという場当たり的な対応が立法当初から予定されていたこと、労災保険における特別加入制度の位置づけは、あくまで「サービス」であって、労災保険が本来補償する範囲を超えてまでの社会保障制度ではないといった考え方が影響を与えているといえよう[55]。特別加入制度の対象者の範囲は順次拡大されているが、特別加入制度はあくまで労災保険の中の特例であって、その対象範囲の拡大については慎重でなければならず、いわば場当たり的な対応に終始している姿勢に変化はないように思われる。そして、問題が指摘されている団体加入方式の採用は、労災保険の事務手続を簡素化して事業主等の負担を軽減するとともに、保険者たる政府の保険運営を能率的にすることが強く要請されたことによるものと説明される[56]。前述したように、事業主に保険料以外の費用負担が発生するといった問題があることからすれば、事業主等の負担軽減よりは能率的保険運営に力点が置かれていたことが窺われる。団体加入方式が事業主等の負担軽減に繋がる面があることは否定できず、また、能率的保険運営も重要ではあるが、それらの要請のために、結果的に、特別加入し難い現在の状況が生み出されてしまっているといえよう。

---

53) 田中・前掲注47) 28頁以下参照。
54) 小西・前掲注45) 47頁。
55) 小西・前掲注45) 48頁。
56) 小西・前掲注45) 47頁、田中・前掲注47) 28頁。

第 10 章　労災補償と労働者

V　むすびにかえて

　雇用形態・就業形態の多様化によって、判例上確立された前述の労基法上の労働者性判断では、「労働者」とされない者が多数出現するようになっている。問題は、これらの者の中にも、労働者と同じような労働保護法による保護の必要性が認められる者が少なからず存在しているにもかかわらず、それらの者に保護が及ばない状況にあることである。労働保護法の中でも、特に労災保険法がその中核を担うようになっている労災補償の場面では、そのような問題状況が深刻な形となって現れやすい。

　他方で、労災保険法は、その適用範囲を画する重要な概念である「労働者」について特に定義規定を置いておらず、また、社会保障的な性格を強める方向で独自の発展を遂げている。そのことから、働き方の多様化を背景とする「労働者」概念をめぐる問題状況について、前述したように、労災保険法独自の観点から学説の展開が見られるようになってきている。以下では、それらをもとに労災保険法上の労働者概念について若干の考察を試みたい。

　もともと、労災保険法は、労基法上に定める使用者の災害補償責任の履行を確保するための責任保険としての役割を果たすことが期待されて導入された沿革から、労災保険法の「労働者」や「業務災害」といった基本概念は、労基法に定めるそれと不可分に結びついていると解されている[57]。労災保険法が独自の発展を遂げたからといって、そのような結びつきを切り離す解釈は果たして妥当なものであろうか。労基法と労災保険法との関係性を切断する解釈は、両法の沿革、労基法上の災害補償の事由が生じた場合に労災保険給付を行うこととしている規定（労災保険法12条の8）に見られるような両法の関係性の整合的理解といった点からすると、現状では困難であるように思われる[58]。また、そのような解釈は、労災保険の基本的構造を変容させるおそれが強い[59]

---

[57]　岩村・前掲注2) 19頁。
[58]　西村・前掲注2) 56頁。

476

ことからすれば、否定的に解さざるを得ないであろう。

　では、立法論としては、どうであろうか。働き方の多様化による問題状況に鑑みれば、何らかの対応を迫られているのは確かである。

　まず、現行制度において既に存在する特別加入制度での対応が最も問題が少ないと主張されているが、これについては、前述したように、特別加入制度自体について少なからず問題点が指摘されており、疑問であるといわざるを得ない。特別加入制度自体の問題解決を図らぬまま、近年の働き方の多様化への対応を特別加入制度によって処理しようとすることは、現行制度の利用という意味では確かに現実的な選択肢ではあるものの、問題を深刻化させることが懸念される[60]。

　次に、労基法とは別に、労災保険法の趣旨・目的から労災保険法独自の労働者概念を立てるということは、根本的な問題解決の手段として考慮に値するが、その中身については十分に議論されておらず、今後の展開を待たねばならない状況にある。もっとも、労基法上の労働者概念に関する議論の展開が大きな示唆に富んでいることは確かであり、その動向に留意する必要があろう。前述した、解釈論において主張されている事業者性に着目した労働者性判断のあり方や「契約関係を通じて、危険の内在する場所での就業を法的に義務づけられていたこと」を重要な要件と捉える見解は、労基法上の労働者概念に関する議論状況を反映したものと考えられるが、立法論として、労災保険法独自の労働者概念を検討する際に大いに参考になろう。

　さらに、新制度の創設を含め、労災保険とは別の制度による対応という選択肢が提唱されているが、その具体的内容については十分に検討されているとは言い難く、現状では評価することが難しい。ただ、ボランティア等について見

---

59) 岩村・前掲注2) 36頁以下参照。
60) たとえば、特別加入者の範囲を拡大させることは、結果的に制度をより複雑化させ、国民の制度理解を後退させることに繋がりかねず、現実の利用に結びつかないことが懸念される。なお、特別加入対象者の範囲、加入の任意性、加入者のみによる費用負担、業務上外認定のあり方等、特別加入制度自体の妥当性も改めて検討されるべき問題であるように思われる。

第10章　労災補償と労働者

られる民間保険の活用を含め、検討に値する選択肢であると考えられる。
　労基法上の労働者概念に関する議論の進展を視野に入れつつ、労災保険制度の趣旨・目的、将来のあり得べき方向性から、その適用範囲を画する労働者概念のあり方を立法論として検討することが今後の重要な課題になるといえよう。

事　項　索　引

欧　文

ILO …………………………………185

あ　行

請負労働 ……………………………170
エンプロイアビリティ ……………404

か　行

外国人………………………………16
家内労働者 …………………………112
過半数代表 …………………………244
過半数代表者 ………………………52
間接雇用 ……………………………182
管理監督者 …………………………75
偽装請負 ……………………………170
期待保護タイプ ……………………290
均衡 …………………………………328
均等 …………………………………328
均等待遇 ……………………………180
空白期間 ……………………………270
クーリング期間 ……………………270
グローバル化 ………………………205
経済学 ………………………………81
契約社員 ……………………………166
契約理論 ……………………………221
契約労働 ……………………………122
契約労働者 …………………………464
ゲーム理論 …………………………221
限定正社員 ………………9, 33, 67, 85, 230
公序 …………………………………344
公的老齢年金制度 …………………423
高度プロフェッショナル制度 ……34
高年齢雇用継続給付制度 …………422
高年齢者雇用率 ……………………413
合理的期待 …………………………295
高齢者………………………………16

国際労働機関 ………………………185
雇用（傭） …………………………23
　　──する労働者 ………………150
雇用契約 …………………………24, 111
雇用対策法 …………………………407

さ　行

在宅ワーク ………………………29, 119
最低賃金 ……………………………443
最低賃金制度 ………………………219
裁量労働制 ………………………75, 203
サーチ理論 …………………………222
差別禁止 ……………………………317
自営業者 …………………………26, 117
事業者 ………………………………154
失業給付制度 ………………………423
失業者 ………………………………148
失業対策事業 ………………………405
実質無期契約タイプ ………………289
従業員代表制 ……………………53, 241
従属労働論 …………………………19
準労働者 ……………………………121
障害（碍）者 ……………………16, 431
障害者権利条約 ……………………432
障害者雇用促進法 …………………433
障害者総合支援法 …………………434
女性…………………………………15
ジョブ型正社員 …………………9, 85
自律型労働時間制度 ………………76
シルバー人材センター ……………465
成果主義 ……………………………197
正規雇用 …………………………42, 215
正規労働者 ………………………8, 159
正社員………………………………42
整理解雇 ……………………………87
潜在能力アプローチ ………………354

479

事項索引

た　行

ダイバーシティ……………………211
多様な正社員……………………67, 230
中高年法……………………………409
中高年齢層…………………………404
直接雇用……………………………227
通算契約期間………………………266
定年制………………………………416
適用除外制度…………………………94
テレワーク……………………………29
デロゲーション………………………51
同一の使用者………………………267
同一労働同一賃金原則……………345
独占禁止法……………………143, 153
特別加入制度………………………470
取締役………………………………111

な　行

年齢差別禁止法制…………………424

は　行

パート（タイム）労働者………11, 163, 345
パートタイム労働指令……………318
パートタイム労働法………………346
派遣労働……………………………168
派遣労働契約…………………393, 395
派遣労働者……………………………13
比較制度分析…………………………83
非正規雇用……………………………35
非正規労働者………………8, 33, 159
一人親方……………………………471
評価制度……………………………208
福祉的就労…………………………438
不更新条項…………………………301
不合理な労働条件の禁止………49, 311
不利益取扱い禁止…………………317
フルタイム…………………………228
ボランティア…………………………28

ま　行

無期雇用……………………………223
無期転換ルール………………45, 265
黙示の労働契約……………………389

や　行

雇止め法理……………………38, 287
有期雇用労働者………………………12
有期労働契約指令…………………319
有償ボランティア…………………465

ら　行

臨時工………………………………160
労災保険法…………………………457
労災保険法上の労働者……………459
労使委員会……………………245, 251
労使協定……………………………174
労働基準法上の労働者……20, 102, 152, 460
労働協約……………………………172
労働組合法上の労働者……20, 105, 131
労働契約…………………………4, 21, 23
　黙示の――………………………389
労働契約法上の労働者……………105
労働時間規制…………………………91
労働時間制度…………………………72
労働者……………………………3, 6, 101
　雇用する――……………………150
　労災保険法上の――……………459
　労働基準法上の――……20, 102, 152, 460
　労働組合法上の――……20, 105, 131
　労働契約法上の――……………105
労働者供給…………………………375
労働者性……………………………436
労働者代表法制……………………177
労働者派遣…………………………375
労働者派遣契約……………………376
労働者派遣法………………………373
労働者類似の者……………………123
労務者…………………………………3

判 例 索 引

裁判所名	裁判年月日	判例集［事件名］	頁
神戸地判	昭和32・7・19	労民集8巻5号780頁［山陽商事事件］……………	102
最大判	昭和48・12・12	民集27巻11号1536頁［三菱樹脂事件］…………	273
最一小判	昭和49・7・22	民集28巻5号927頁［東芝柳町工場事件］…	38, 289, 292
最三小判	昭和50・2・25	民集29巻2号143頁［陸上自衛隊八戸車両整備工場事件］…………………………………………………………	387
最二小判	昭和50・4・25	民集29巻4号456頁［日本食塩製造事件］…………	415
最一小判	昭和51・5・6	民集30巻4号437頁［CBC管弦楽団労組事件］………………………………………105, 106, 131, 138, 140, 146	
最二小判	昭和58・5・27	民集37巻4号477頁［陸上自衛隊第331会計隊事件］…………………………………………………………	398
福岡高判	昭和58・6・7	労判410号29頁［サガテレビ事件］……………	390〜392
最二小判	昭和61・7・14	労判477号6頁［東亜ペイント事件］……………	87
最一小判	昭和61・12・4	労判486号6頁［日立メディコ事件］…	38, 289, 290, 336
東京高判	平成2・3・28	労民集41巻2号392頁［亜細亜大学事件］………	293
大阪高判	平成3・1・16	労判581号36頁［龍神タクシー事件］…………	290
最一小判	平成3・4・11	労判590号14頁［三菱重工業神戸造船所事件］……	387
最一小判	平成3・11・28	民集45巻8号1270頁［日立製作所武蔵野工場事件］…………………………………………………………	87
横浜地判	平成5・6・17	労判643号71頁［横浜南労基署長（旭紙業）事件］…………………………………………………………	462
名古屋地判	平成7・3・24	労判678号47頁［ダイフク事件］……………	289
大阪地決	平成8・1・29	労判689号21頁［情報技術開発事件］…………	308
名古屋地決	平成8・2・1	労経速1618号16頁［中部交通事件］…………	289
長野地上田支判	平成8・3・15	労判690号32頁［丸子警報器事件］……………………………………………40, 242, 334, 339, 345	
大阪地判	平成8・5・20	労判697号42頁［駸々堂事件］…………………	308
最一小判	平成8・11・28	労判714号14頁［横浜南労基署長（旭紙業）事件］………………………………………20, 103, 461, 462, 464	
最二小判	平成9・2・28	民集51巻2号705頁［第四銀行事件］…………	337
東京地判	平成10・2・2	労判735号52頁［美浜観光事件］………………	112
大阪地判	平成11・6・25	労判769号39頁［ジャパンオート事件］………	111
東京地判	平成13・1・25	労判802号10頁［新宿労基署長（映画撮影技師）事件］…………………………………………………………	104
最三小判	平成13・6・22	労判808号11頁［トーコロ事件］………………	52
東京高判	平成13・6・27	判時1757号144頁［カンタス航空事件］………	305

481

判例索引

大阪地判	平成 14・5・22	労判 830 号 22 頁［日本郵便逓送事件］	346
東京高判	平成 14・7・11	労判 832 号 13 頁［新宿労基署長（映画撮影技師）事件］	104, 461
東京地判	平成 15・10・22	労判 874 号 71 頁［テンプロス・ベルシステム 24 事件］	378
大阪地判	平成 15・10・29	労判 866 号 58 頁［大阪中央労基署長（おかざき）事件］	112
大阪地判	平成 17・1・13	労判 893 号 150 頁［近畿コカ・コーラボトリング事件］	303, 304
最二小判	平成 17・6・3	労判 893 号 14 頁［関西医科大学研修医（未払賃金）事件］	450
京都地判	平成 18・4・13	労判 917 号 59 頁［近畿建設協会事件］	301
最一小判	平成 19・6・28	労判 940 号 11 頁［藤沢労基署長（大工負傷）事件］	105, 461
東京地判	平成 20・7・31	労判 967 号 5 頁［新国立劇場運営財団事件］	131, 138
神戸地尼崎支判	平成 20・10・14	労判 974 号 25 頁［報徳学園事件］	303
東京高判	平成 21・3・25	労判 981 号 13 頁［新国立劇場運営財団事件］	106, 137
最二小決	平成 21・3・27	労判 991 号 14 頁［伊予銀行・いよぎんスタッフサービス事件］	14
宇都宮地栃木支決	平成 21・4・28	労判 982 号 5 頁［プレミアライン（仮処分）事件］	39, 295
大阪高判	平成 21・7・16	労判 1001 号 77 頁［京都市女性協会事件］	334, 345
東京高判	平成 21・7・28	労判 990 号 50 頁［ニコンほか事件］	399
東京高判	平成 21・9・16	労判 989 号 12 頁［INAX メンテナンス事件］	106, 137
最二小判	平成 21・12・18	民集 63 巻 10 号 2754 頁［パナソニックプラズマディスプレイ事件］	14, 291, 376, 389〜392
東京高決	平成 21・12・21	労判 1000 号 24 頁［アンフィニ（仮処分）事件］	39
東京地判	平成 22・4・28	判時 2091 号 94 頁［ソクハイ事件］	171
東京地決	平成 22・7・30	労判 1014 号 83 頁［明石書店事件］	305
東京高判	平成 22・8・26	労判 1012 号 86 頁［ビクターサービスエンジニアリング事件］	106, 137
京都地判	平成 22・11・26	労判 1022 号 35 頁［エフプロダクト事件］	308
大阪地判	平成 23・2・18	労判 1030 号 90 頁［奈良観光バス事件］	300
最三小判	平成 23・4・12	民集 65 巻 3 号 943 頁［新国立劇場運営財団事件］	106, 132, 133, 136, 140, 172
最三小判	平成 23・4・12	労判 1026 号 27 頁［INAX メンテナンス事件］	106, 132, 134〜136, 138, 140, 144, 172
福岡地決	平成 23・7・13	労判 1031 号 5 頁［トーホーサッシ事件］	308
東京地判	平成 23・10・31	労判 1041 号 20 頁［日本航空（雇止め）事件］	299

判例索引

仙台高 秋田支判	平成 24・1・25	労判 1046 号 22 頁［学校法人東奥義塾事件］………39	
東京地判	平成 24・2・17	労経速 2140 号 3 頁［本田技研工業事件］……………302	
最三小判	平成 24・2・21	民集 66 巻 3 号 955 頁［ビクターサービスエンジニアリング事件］………108, 132, 134〜136, 138, 144, 147	
東京高判	平成 24・2・22	労判 1049 号 27 頁［加茂暁星学園事件］………………293	
東京高判	平成 24・9・20	労経速 2162 号 3 頁［本田技研工業事件］………301, 302	
東京地判	平成 24・11・15	労判 1079 号 128 頁［ソクハイ事件］…126, 142, 150, 172	
大阪地判	平成 24・11・16	労判 1068 号 72 頁［医療法人清恵会事件］……………307	
東京高判	平成 24・11・29	労判 1074 号 88 頁［日本航空（雇止め）事件］…298, 299	
東京高判	平成 25・1・23	労判 1070 号 87 頁［ビクターサービスエンジニアリング（差戻審）事件］………………109, 135, 142	
名古屋高判	平成 25・1・25	労判 1084 号 63 頁［三菱電機ほか（派遣労働者・解雇）事件］………………388	
山口地判	平成 25・3・13	労判 1070 号 6 頁［マツダ防府工場事件］………………14	
最三小決	平成 25・4・9	労経速 2182 号 34 頁［本田技研工業事件］……………302	
前橋地判	平成 25・4・24	労旬 1803 号 50 頁［NHK 前橋放送局事件］……142, 152	
東京地判	平成 25・9・26	労経速 2198 号 3 頁［ソクハイ事件］……………………126	
最三小決	平成 25・10・22	労経速 2194 号 11 頁［日本航空（雇止め）事件］……299	
大分地判	平成 25・12・10	労判 1090 号 44 頁［ニヤクコーポレーション事件］………………179, 339, 347	
神戸地判	平成 26・6・5	労判 1098 号 5 頁［NHK 神戸放送局事件］……………152	
最一小判	平成 26・10・23	労判 1100 号 5 頁［広島中央保健生協（C 生協病院）事件］………………361	

労働委員会名	命令年月日	命令集［事件名］	
中労委	昭和 35・8・17	中労時 357 号 36 頁………………………………………119	
中労委	平成 22・7・7	別冊中労時 1395 号 11 頁［ソクハイ事件］………………………126, 142, 150, 151, 154	
中労委	平成 24・9・19	別冊中労時 1436 号 16 頁［ショーワ事件］……………388	
中労委	平成 25・7・3	別冊中労時 1457 号 31 頁［日本電気硝子事件］………375	

変貌する雇用・就労モデルと労働法の課題

2015年4月24日　初版第1刷発行

編著者	野川　　忍
	山川　隆一
	荒木　尚志
	渡邊　絹子

発行者　塚原　秀夫

発行所　株式会社　商事法務
〒103-0025 東京都中央区日本橋茅場町3-9-10
TEL 03-5614-5643・FAX 03-3664-8844〔営業部〕
TEL 03-5614-5649〔書籍出版部〕
https://www.shojihomu.co.jp/

落丁・乱丁本はお取替えいたします。　印刷／大日本法令印刷
© 2015 Shinobu Nogawa, Ryuichi Yamakawa, Printed in Japan
Takashi Araki, Kinuko Watanabe
Shojihomu Co., Ltd.
ISBN978-4-7857-2276-0
＊定価はカバーに表示してあります。